管理类学术论文写作概论

主 编 靳 娟
副主编 梁喜生

北京邮电大学出版社
www.buptpress.com

内 容 简 介

当前,管理学的研究正呈现方兴未艾之势,科学研究的成果最终要以学术论文的形式来体现,掌握论文写作方面的知识和方法是当代大学生必备的基本功。本书着重探讨了管理类学术论文写作的基本知识、方法和技巧,旨在提高大学生的科研能力,提升其写作水平。

本书可作为高年级工商管理类本科生的教材,也可作为科研工作者的参考用书,对于想扩充论文写作知识的朋友们来说,本书也不失为一本较全面的辅导教材。

图书在版编目(CIP)数据

管理类学术论文写作概论 / 靳娟主编 . -- 北京:北京邮电大学出版社,2017.7(2024.8重印)
ISBN 978-7-5635-5105-7

Ⅰ. ①管… Ⅱ. ①靳… Ⅲ. ①管理学—毕业论文—写作—高等学校—教学参考资料 Ⅳ. ①G642.477

中国版本图书馆 CIP 数据核字(2017)第 114594 号

书　　　名:	管理类学术论文写作概论
著作责任者:	靳　娟　主编
责 任 编 辑:	满志文　穆晓寒
出 版 发 行:	北京邮电大学出版社
社　　　址:	北京市海淀区西土城路 10 号(邮编:100876)
发　行　部:	电话:010-62282185　传真:010-62283578
E-mail:	publish@bupt.edu.cn
经　　　销:	各地新华书店
印　　　刷:	北京虎彩文化传播有限公司
开　　　本:	720 mm×1 000 mm　1/16
印　　　张:	17.75
字　　　数:	375 千字
版　　　次:	2017 年 7 月第 1 版　2024 年 8 月第 6 次印刷

ISBN 978-7-5635-5105-7　　　　　　　　　　　　　　　定　价:46.00 元
· 如有印装质量问题,请与北京邮电大学出版社发行部联系 ·

前　言

　　毕业论文的写作是高等院校人才培养方案中的一门必修课,也是专业人才培养方案的重要组成部分。应届毕业生只有在毕业前撰写一篇具有一定理论意义和应用价值的学术论文,并通过评审和答辩环节,才能顺利毕业获得学士学位。

　　写好一篇学术论文,既要系统地掌握和运用专业知识,又要有较宽的知识面,并有一定的逻辑思维能力和写作功底。所以,对本科学生来说,了解学术论文写作方面的基本知识,掌握学术论文的写作方法和技巧,具有十分重要的意义。本书正是为了满足大学生这方面的需求而创作的。

　　本书包括三部分内容:第一部分(第一章至第二章)为基础篇,主要介绍学术论文写作的基本概念、管理类本科毕业论文中存在的问题以及科学研究的过程与中层理论建构。第二部分(第三章至第七章)为核心篇,主要阐述学术论文的选题、研究方法、材料收集与整理、论文结构、撰写规范、格式要求、毕业论文的写作与修改等。第三部分(第八章)为补充篇,主要介绍本科毕业论文答辩的准备工作和相关技巧。

　　虽然笔者曾给本科生开设过论文写作的课程,在教学过程中也有过很多思考,但编写一本独具特色的学术论文写作方面的教材并非易事。本书是作者多年教学成果的结晶,具有以下特点:第一,内容全面。本书涵盖学术论文选题、研究方法、材料收集和论文写作方面的技巧,内容全面充实。第二,学术信息丰富。本书运用最前沿、最新颖的学术资料,力图不落俗套,给人耳目一新的感觉。第三,实例众多。本书力求理论联系实际,在编写过程中选用了近年来涌现出来的作品中具有代表性的论文,以激发学生的学习动力和学习兴趣。

　　本书是集体智慧的结晶:靳娟作为本书主编,负责第一章、第二章、第三章、第四章、第七章的撰写工作;梁喜生负责本书第五章、第六章的撰写工作;徐晚晴负责第八章的撰写工作。靳娟对本书进行了总纂。

　　在写作过程中,我们参阅了不少同行教师和专家的研究成果,从中得到不少启发,在此向他们表示真挚的谢忱。另外,对在本书写作、出版过程中给予帮助的人们表示由衷的感谢!

　　由于写作时间仓促,再加上作者水平有限,本书难免存在疏漏与错误之处,还望同行专家和读者批评斧正。

编　者

目　　录

第一章　管理类学术论文概述 … 1
第一节　科学研究的目标、类型与特征 … 1
第二节　学术论文的概念、类别和特点 … 4
第三节　毕业论文的概念、类型和特点 … 7
第四节　当前高校管理类本科毕业论文中存在的问题及对策建议 … 13

第二章　科学研究的过程与中层理论的建构 … 22
第一节　科学研究的过程 … 22
第二节　理论的内涵与类型 … 26
第三节　中层理论的构成要素 … 29
第四节　科学是理论与研究之间不断相互作用的过程 … 40

第三章　学术论文的选题 … 43
第一节　课题、论题与题目 … 43
第二节　论文选题的重要性 … 45
第三节　选题的原则 … 47
第四节　选题的途径 … 57

第四章　论文研究方法 … 64
第一节　文献研究法 … 64
第二节　访谈法 … 74
第三节　问卷调查法 … 93
第四节　案例研究法 … 113
第五节　范文 … 121

第五章　材料的收集与整理 … 142
第一节　收集材料的重要性 … 142
第二节　材料收集的原则 … 145
第三节　检索资料的途径和方法 … 146

第四节　材料的整理 …………………………………………… 160
　　第五节　EndNote 简介 ………………………………………… 165

第六章　学术论文的结构与撰写规范 …………………………………… 168
　　第一节　学术论文的写作要求和结构 …………………………… 168
　　第二节　学术论文各部分的撰写规范 …………………………… 170
　　第三节　范文 ……………………………………………………… 194

第七章　本科学位论文的写作与修改 …………………………………… 202
　　第一节　本科学位论文写作的基本流程 ………………………… 202
　　第二节　学位论文开题报告的撰写 ……………………………… 203
　　第三节　学位论文提纲的编写 …………………………………… 205
　　第四节　学位论文初稿的写作 …………………………………… 209
　　第五节　学位论文的修改与定稿 ………………………………… 212
　　第六节　范文 ……………………………………………………… 215

第八章　本科毕业论文的答辩 …………………………………………… 236
　　第一节　本科毕业论文答辩概述 ………………………………… 236
　　第二节　毕业论文答辩前的准备 ………………………………… 238
　　第三节　毕业论文答辩的程序及答辩提问方式 ………………… 241
　　第四节　毕业论文的答辩技巧 …………………………………… 244
　　第五节　范文 ……………………………………………………… 250

参考文献 …………………………………………………………………… 276

第一章
管理类学术论文概述

大学生毕业后,不论从事何种工作,都必须具有一定的研究和写作能力。在党政部门和企事业单位从事管理工作,要学会搞调查研究,学会起草工作计划、总结、报告等,为此就要学会收集和整理材料,能提出问题、分析问题和解决问题,并将其结果以文字的形式表达出来。至于将来从事教学和科研工作的人,他们的一项重要任务就是科学研究和撰写论文。由此可见,撰写学术论文是在校大学生必须掌握的基本功,是其终身学习、体现价值、立足社会的一种必不可少的重要能力。

毕业论文是学术论文的一种。毕业论文的撰写是高等院校人才培养方案中的一门必修课,也是专业人才培养方案的重要组成部分。应届毕业生只有在毕业前撰写一篇具有一定理论意义和应用价值的学术论文,并通过评审和答辩环节,才能顺利毕业获得学士学位。大学生在学习期间,已经按照教学计划的规定,学完了公共课、基础课、专业课以及选修课等,每门课程也都经过了考试或考查。但是,学习期间的这种考核是单科进行的,主要是考查学生对本门学科所学知识的记忆程度和理解程度,而毕业论文则不同,它不是单一地对学生进行某一学科已学知识的考核,而是着重考查学生运用所学知识对某一问题进行探讨和研究的能力。写好一篇毕业论文,既要系统地掌握和运用专业知识,又要有较宽的知识面,并有一定的逻辑思维能力和写作功底。所以,对本科学生来说,了解学术论文写作方面的知识,掌握学术论文的写作方法和技巧,具有十分重要的意义。

本章主要介绍科学研究的目标、类型与特征、学术论文的概念、类别和特点、毕业论文的概念、类型与特点以及当前高校管理类本科毕业论文中存在的问题和解决策略。

第一节　科学研究的目标、类型与特征

一、科学研究的目标

科学研究是指运用严密的科学方法,在混沌的世界里探索未知的现象(如全球气候变暖、传染病、转基因食品等),揭示客观规律,创造新理论、新技术,开辟知识新应用

领域的智力性劳动。科学研究的目标是追求真理,对未知现象寻求理解、解释并且能够做出预测;这样,通过政策决策,知识就能被用于控制或改变这些现象,显著地改善人类生存的物质条件。此外,知识本身还会进一步剔除野蛮和无知,改变我们个人与社会看待整个世界的眼光和方法,从根本上使我们的存在变得更广大、更美好。正如爱因斯坦所说:"关心人类本身必须始终成为一切技术努力的目标,要关心如何组织人的劳动和商品分配,从而我们的科学思维对于人类是福祉而非诅咒。"

二、科学研究的基本类型

(一) 根据科学研究的任务划分

根据研究工作的任务,科学研究通常可以划分为以下三种类型:

1. 基础研究

基础研究是对新理论、新原理的探讨,目的在于发现新的科学领域,为新的技术发明和创造提供理论前提。

2. 应用研究

应用研究是把基础研究发现的新的理论应用于特定的目标的研究,它是基础研究的继续,目的在于为基础研究的成果开辟具体的应用途径,使之转化为实用技术。

3. 开发研究

开发研究又称发展研究,是把基础研究、应用研究应用于生产实践的研究,是科学转化为生产力的中心环节。

基础研究、应用研究、开发研究是整个科学研究系统中三个互相联系的环节,它们在一个国家、一个专业领域的科学研究体系中应协调一致地发展。

(二) 根据科学研究的目的划分

按照研究工作的目的,科学研究可分为以下三种类型:

1. 探索性研究

这类研究是对研究对象或问题进行初步了解,以获得初步印象和感性认识,并为日后周密而深入的研究提供基础和方向。

2. 描述性研究

这类研究是正确描述某些总体或某种现象的特征或全貌的研究,其任务是收集资料、发现情况、提供信息,并描述主要规律和特征。

3. 解释性研究

此类研究旨在探索某种假设与条件因素之间的因果关系,探寻现象背后的原因,揭示现象发生或变化的内在规律。

(三) 根据科学研究的性质划分

按照研究工作的性质,科学研究可以划分为以下两种类型:

1. 定性研究

从研究的逻辑上看,定性研究是基于描述性的研究,它在本质上是一个归纳的过程,即从特殊情景中归纳出一般的结论。定性研究侧重于和依赖于对事物的含义、特征、隐喻、象征的描述与理解。

定性研究是根据社会现象或事物所具有的属性和在运动中的矛盾变化,从事物的内在规定性来研究事物的一种方法或角度。进行定性研究,要依据一定的理论与经验,直接抓住事物特征的主要方面,将同质性在数量上的差异暂时略去。

2. 定量研究

定量研究通过搜集用数量表示的资料或信息,并对数据进行量化处理、检验和分析,从而获得有意义的研究结论。它通过对研究对象的特征按某种标准化量的比较来测定对象特征数值,或求出某些因素间的量的变化规律。由于其目的是对事物及其运动的量的属性做出回答,故称定量研究。

定量研究与演绎过程更为接近,即它从一般的原理推广到特殊的情景中。定量研究侧重于且更多地依赖于对事物的测量和计算。

三、科学研究的特征

科学研究是一项专业性极强的活动,它具有以下几个特征:

(一)客观性

所谓客观性,是指科学研究所使用的一切方法和程序均不受个人主观判断或其他无关因素的影响。这种客观性主要表现在以下几个方面:首先,科学研究对象的客观性。科学研究的对象来源于客观世界,来源于人类生产和生活的现实,是客观现实的需要。其次,科学研究的过程要求严格的客观性。科学研究是研究事实和事实的意义,用事实说明问题,从中找出规律性的东西,并且要用事实来检验研究者的观点是否为客观真理,是否真正找出了规律性的东西。最后,科学研究结论的客观性。科学研究的结论是经得起检验的,是能反映一定客观规律的结论,而非主观臆断和胡乱猜想。

(二)系统性

科学研究通常采用系统的方法进行。系统的方法通常是以一个明确的问题开始,直到结论的获得为止。系统性主要表现在以下几个方面:首先,任何科学研究都建立在前人研究的基础之上。进行科研,首先要掌握前人的科研成果,正如牛顿曾说过的:"我看得比别人远那是因为我站在巨人的肩膀上!"其次,科学研究必须注重客观事物之间的内在联系。最后,科学研究本身就是一种系统的研究活动。它是按一系列规定好的步骤进行的一种科学探索,是规范化的行为方式,而不是随意、盲目、偶然性的活动。

(三)创造性

创造性是科学研究最本质的特征,主要表现在以下几个方面:首先,科学研究本身就是一种创造性的活动。科研的任务是探索自然界、人类社会和思维的某些未知领域,发现新规律,创造新成果,从而加深或扩大我们对某一问题的认识。其次,科学研究需创造出新的、更加科学的方法。进行科学研究,方法上的革新、突破很重要,科学最重要的任务就是发现的方法。新方法的发现与创造往往能开拓研究的新领域,深化研究进程,从而获得新的研究成果。最后,科学研究是极艰巨的创造性劳动。研究者需要付出艰苦的努力,要有勇气和毅力攻坚克难,持之以恒,才能在方法上有所突破创新,才能获得新的发现,把我们对未知领域的认识不断向前推进。

第二节　学术论文的概念、类别和特点

一、学术论文的概念

对于"学术"一词,《辞海》解释说:"指较为专门、有系统的学问。如学术论文。"国家标准局发布的GB 7713—1987《科学技术报告、学位论文和学术论文的编写规格》中这样界定学术论文:"学术论文是某一学术课题在试验性、理论性或观测性上具有新的研究成果或创新见解和相关知识的记录;或是某种已知原理应用于实际中取得新进展的科学总结,用以提供学术会议上宣读、交流和讨论;或在学术刊物上发表;或作其他用途的书面文件。"

从上述有关学术论文的定义来看,它具有以下几个方面的含义:

第一,从文体上看,学术论文归属于议论文。按照文章的表达方式和风格,可以将其分为记叙文、议论文、说明文、散文和应用文。议论文是对某个议论对象进行剖析,发表意见,提出见解或主张并说明理由,使读者信服的文体。学术论文是议论文的一种,是一种证明自己观点的文章。议论文的过程要素包括:论题(提出要进行论述的问题)、论点(对所论述的问题提出的见解、主张和表示的态度)、论据(证明论点的材料、依据)、论证(用论据来证明论点的过程,论证的目的在于揭示出论点和论据之间的内在逻辑关系)。通俗地说,议论文的论点是解决"要证明什么",论据是解决"用什么来证明",而论证是解决"如何进行论证"的问题。由此看来,学术论文主要以逻辑思维的方式为展开的依据,强调在事实的基础上,展示严谨的推理过程,得出令人信服的科学结论。比如,一个人要研究钱钟书的"钱学"。他的论文题目是"论钱学的基本精神和历史贡献",很有挑战性。他认为"钱学"的基本特点是博大精深,这是论点,但他怎么能让读者或者圈内的人认可他的观点呢?他就要旁征博引,充分地论证"钱学"的博大精深。没有充分的材料,光在口头上喊或凭自己的感觉是不行的。他必须以理服人,必须摆事实,讲道理。让人看到他充分的论据,让人感到确实是这样,不得不承认钱钟书是一个博大精深的学者。

第二,学术论文是作者对科学的探索或对科学成果的阐述,并通过论文公诸于世,与社会进行交流。科学研究的目标是追求真理,解释并预测自然或社会现象,只有将

它写出来,记载下来,才能在证明、推理和实验的过程中,进一步深入了解它的各个部分、层面及存在的问题、原因,并由此推测它在哪些方面能作推广和改进等,从而引发一些新的问题,推进研究的深化和发展。如果说科学研究成果是科学家献给世界的一颗颗"珍珠",那么学术论文就是对"珍珠"的采集。由此可见,学术论文强调研究者对研究方法、研究过程和研究成果的阐述。

第三,学术论文是对已有科研成果的继承和发展。根据已知探究未知,是科学研究的一般特点。邓小平曾指出:任何一项科研成果,都不可能是一个人努力的结果,都是吸收了前人和今人研究的若干成果。为此,研究者必须阅读大量的相关文献资料,才能在前人研究成果的基础上有新观点、新见解、新主张和新创造。因此,学术论文强调对学术史的回顾和已有研究成果的综述。

第四,学术论文是描述科研成果、进行科研交流和传播的一种工具。科学研究产生新知识、新理论,不是为了孤芳自赏,而是为了传播和应用,只有不断传播和广泛应用,研究成果才能创造出社会效益和经济效益,才有强大的生命力,才能推动人类社会的进步。就这个意义而言,研究者将研究成果用论文形式写出来,只是完成了传播的一半,只有把成果进行传播(发表、宣读、交流),得到大家的认可,并应用于社会实践,才算完成了另一半。哈佛大学有句名言"不发表即死亡"。科研成果如果不能以文章形式见诸于世,再好的观点、见解和发明,都不过是人类头脑中一些看不见的思维活动,世人永远无法了解。我们都知道,在中国小学的课本上有一个"曹冲称象"的故事;我们也都知道,在世界科技史上有阿基米德洗澡发现浮力定律的故事。几乎一样的故事,前一个历经岁月而停留在文化的层次上,作为课文,成为一代又一代中国儿童的榜样;而后一个则成为科学殿堂中闪闪发光的明珠,作为科学定律无时无刻不在造福人类。可见,把自己的科研成果放到科学的殿堂之中,是十分重要的。在科学的共同体中,判断一个人是否成功,就是看其有没有研究成果,多数时候这就意味着学术论文被同行专家审核通过并且在学术期刊上发表。因此,学术论文写作既强调论文的创新性和应用价值,又强调论文的逻辑性和语言表述。

二、学术论文的类别

按研究的内容,可将学术论文分为理论研究论文和应用研究论文。理论研究侧重于对各学科的基本概念和基本原理的研究;应用研究侧重于如何将各学科的知识转化为专业技术和生产技术,直接服务于社会。

按写作目的,可将学术论文分为交流性论文和考核性论文。交流性论文的目的在于专业工作者进行学术探讨,发表各家之言,以显示各门学科发展的新态势;考核性论文的目的在于检验学术水平,成为有关专业人员晋级升迁的重要依据。

按研究的学科,可将学术论文分为自然科学论文和社会科学论文。每类又可按各自的门类分类。如社会科学论文,又可细分为文学、历史、哲学、教育、政治、经济、管理等学科论文。

管理类论文是学术论文的一种。所谓管理类论文，是一种专门研究管理现象，阐发管理理论，指导管理工作实践的学术论文。管理类论文在管理研究中占有很重要的地位。它不仅是描述管理研究过程、反映管理研究成果的一种很重要的手段，同时也是进行管理学术交流的一种常用工具，所以，无论是管理专业的高校大学生，还是从事管理学研究的专业人士，都应当娴熟地掌握管理类论文写作的知识、方法和技巧。

三、学术论文的特点

（一）科学性

科学性是一切学术论文的灵魂，没有科学性的学术论文是毫无生命力的。学术论文的科学性，主要是指作者能用科学的思想方法进行研究，并得出科学的结论。它要求作者以辩证唯物主义和历史唯物主义的科学态度与方法对待研究工作，尊重客观实际，坚持实事求是，并以具有普遍意义的科学结论和理论形态表述出来。学术论文的科学性体现在两个方面：第一，内容的科学性，即内容要真实、成熟、先进和可行。真实即客观存在的事实或被实践证明的公则、法理；成熟即论文的成果能指导实践活动；先进是指具有当代科学技术的先进水平；可行是指在技术上行得通，办得到，有应用价值。第二，表述的科学性。在立论上，不得带有个人好恶的偏见，不得主观臆造，必须切实地从客观实际出发，从中引出符合实际的且客观、正确、鲜明的结论；在论据上，应尽可能多地占有资料，以最充分的、确凿有力的、典型的论据作为立论的依据；推理要有逻辑性；结构要严谨、完整；语言要准确、清晰。

近年来，一些研究者出于急功近利的目的，不择手段，导致剽窃、抄袭、造假等学术腐败事件层出不穷，这与学术研究的科学性严重背道而驰。如，2014年1月，日本理化学研究所学术带头人小保方晴子及其研究团队在英国《自然》杂志上发表论文，宣布他们把体细胞放入弱酸性溶液中并施加刺激，成功培育出能分化为多种细胞的STAP"万能细胞"。因培养过程简单安全，有望给再生医疗带来新思路，论文发表后备受关注。美国相关领域的学者放下了手中的全部活计，全力以赴尝试复制小保方晴子的实验，并号召全美的各大生物实验室尝试该项实验。2014年2月17日，美国学者在《自然》杂志的新闻栏里发表了一篇通讯，公开质疑小保方晴子的实验，小保方晴子研究涉嫌造假的争议由此展开。日本理化学研究所经调查后宣布，论文第一作者、理化学研究所发育生物学中心（CDB）研究室主任小保方晴子存在捏造、篡改等学术不端行为。共同作者虽无学术不端行为，但由于未能发挥把关作用也"责任重大"。此后，《自然》杂志也撤回了两篇论文。小保方晴子的学术神话几近破灭，他的上司和论文共著者——理化学研究所发育和再生科学综合研究中心副主任笹井芳树于2014年8月5日在实验室内自杀身亡，给原本就不平静的日本科学界带来极大震惊。无独有偶，中国学术界的造假事件也屡见不鲜。从事科学研究的相关人士应从中汲取教训，只有坚持科学研究的客观性、真实性、可靠性，才能确保学术论文的科学性。

（二）学术性

学术性是学术论文最基本的特征。学术性又称理论性，是指人们在研究客观事物时，不是停留在具体现象上，而是应对大量的事实、材料进行分析、研究，透过现象，深入剖析事物的本质，提炼出事物的特性，掌握事物的规律。因此，学术论文不是简单地描述客观事物运动的全过程，或者简单地堆砌数据、罗列证据，而是通过大量的概念、定义、公理进行说服，对形成和应用的资料进行认识上的深入加工，通过论证、阐发，由感性认识上升到理性认识，把研究成果提高到理论高度来认识。一篇缺乏学术性的文章，难以称得上学术论文。

（三）创新性

科学研究是对新知识的探求，创新性是科学研究的生命。学术论文的创新性体现在作者要有自己独到的见解，能提出新的观点、新的理论。这是因为科学的本性就是"革命的和非正统的""科学方法主要是发现新现象、制定新理论的一种手段，旧的科学理论就必然会不断地为新理论推翻"（斯蒂芬·梅森）。因此，有无创新性、是否"贡献新知识"是衡量学术论文价值的根本标准。一篇论文如果仅仅是材料的堆砌、现象的罗列或者重复别人已经取得的研究成果，缺乏新见解，没有新结论，哪怕它的结构再完善，文字再精彩，都只能是时间和人力的浪费，没有任何价值。每一位从事学术研究的人都应当谨记季羡林先生的话："没有创见，不要写文章，否则就是浪费纸张。"

我们这里所说的创新不一定要求论文所提出的观点是空前绝后、绝无仅有的，也不一定限于重大发明，而是要求作者在本专业范围内，对所研究的问题有真知灼见，有个人独特的看法，而不是简单重复、机械模仿或全盘抄袭别人的工作。也就是说，撰写论文应当是"求同存异"，以"求异"的眼光发掘别人没有研究的问题，然后在综合别人认识的基础上进行创新。

（四）平易性

平易性指的是学术论文要用通俗易懂的语言表述科学道理，不仅要做到文从字顺，而且要准确、鲜明、和谐、生动。

第三节 毕业论文的概念、类型和特点

一、毕业论文的概念

毕业论文属于学术论文的范畴，是高等院校毕业生在所在学院相关专业老师的指导下，按照学术论文标准，在规定的时间内完成的总结性的独立作业，是学生运用在校学习的基本知识和基础理论，去分析、解决一两个实际问题的实践锻炼过程，也是学生在校学习期间学习成果的综合性总结，是整个教学活动中不可缺少的重要环节。

毕业论文从内容和形式上都体现了学术论文的特征。从内容上看,毕业论文需要注重对客观事物的理性分析,剖析事物的本质和规律,在此基础上提出解决问题的对策和建议;从形式上看,毕业论文具有议论文的一般特征,也由论点、论据和论证三大要素组成。它不但要对某一研究对象表明作者的见解,而且要阐明为什么要提出这种见解,为什么抱有这种态度。

二、毕业论文的类型

为了进一步探讨和掌握毕业论文的写作规律和特点,需要对毕业论文进行分类。由于毕业论文本身的内容和性质不同,研究领域、对象、方法、表现方式也不尽相同,因此,毕业论文就有不同的分类方法。

第一,按内容性质和研究方法的不同,可以把毕业论文分为理论性论文、实验性论文、描述性论文和设计性论文。后三种论文主要是理工科大学生可以选择的论文形式,这里不作过多介绍。文科大学生一般写的是理论性论文。理论性论文具体又可分成两种:一种是以纯粹的抽象理论为研究对象,研究方法是严密的理论推导和数学运算,有的也涉及实验与观测,用以验证论点的正确性;另一种是以对客观事物和现象的调查、考察所得的观测资料以及有关文献资料数据为研究对象,研究方法是对有关资料进行分析、综合、概括、抽象,通过归纳、演绎、类比,提出某种新的理论和新的见解。

第二,按议论的性质不同,可以把毕业论文分为立论文和驳论文。立论性的毕业论文是指从正面阐述论证自己的观点和主张。一篇论文侧重于以立论为主,就属于立论性论文。立论文要求论点鲜明,论据充分,论证严密,以道理和事实服人;驳论性毕业论文是指通过反驳别人的论点来树立自己的论点和主张。如果毕业论文侧重于以驳论为主,批驳某些错误的观点、见解、理论,就属于驳论性毕业论文。驳论文除满足立论文对论点、论据、论证的要求以外,还要求针锋相对,据理力争。例如,"家庭联产承包责任制改变了农村集体所有制性质吗?"一文,针对"家庭联产承包责任制改变了农村集体所有制性质"的观点,进行了有理有据的驳斥和分析,以论辩的形式阐发了"家庭联产承包责任制并没有改变农村集体所有制"的观点。

第三,按研究问题的大小不同,可以把毕业论文分为宏观论文和微观论文。凡关系到国家全局性、带有普遍性意义的论文,称为宏观论文。它研究的面比较宽广,具有较大范围的影响。反之,研究局部性、具体问题的论文,是微观论文。它对具体工作有指导意义,影响的面窄一些。

第四,按照毕业论文的学位层次,可以将毕业论文分为学士毕业论文、硕士毕业论文和博士毕业论文。学士毕业论文是合格的本科毕业生所撰写的毕业论文。根据《中华人民共和国学位条例》的要求,本科毕业论文的规格为:通过自己所撰写毕业论文,能较好地反映自己在大学三年级、四年级或五年级所学到的基础知识来分析和解决本学科内某一基本问题或具体问题的学术水平和能力,并要求有一定的科学性和创新性。本科毕业论文一般字数要求在2万字左右,选题不能太大,内容也不能太复杂;硕士毕业论文的规格为:硕士毕业论文应能反映出作者广泛而深刻地掌握专业基础知识,具有独立进行科学研究的能力,对所研究的题目有新的独立见解。硕士毕业论文具有一定的理论深度和较好的科学价值,对本专业学术水平的提高有积极促进作用,在学术上或实际上都对国家建设事业具有一定的作用和意义;博士毕业论文的规格为:博士毕业论文要求作者在博士生导师的指导下,能够选择自己潜在的研究方向,开辟新的研究领域,掌握相当渊博的本学科相关领域的理论知识,具有相当熟练的科学研究能力,对所研究的问题能够提出创造性的见解,必须有独创性的科研成果。博士毕业论文具有较高的学术水平和学术价值,对该学科水平的提高有新的突破,具有开创性,处于领先水平,对本学科的发展具有重要推动作用。

本书主要介绍本科毕业论文的写作知识、方法和技巧。

三、毕业论文的特点

毕业论文既然归属于学术论文,就具有学术论文的一般特点,但是与学术论文相比,它又具有自己的特点。

(一)指导性

毕业论文是在指导教师的指导下由学生独立完成的科学研究成果。毕业论文可以被看作是大学生毕业前夕提交的最后一次作业,它离不开专业教师的悉心指导。对于如何进行科学研究、如何选题、如何进行论文写作,指导教师都要给予学生及时、必要和具体的帮助。在学生撰写毕业论文的过程中,指导教师要善于启发学生发现问题、提出问题,注意发挥学生的积极性、主动性和独创性,着重培养学生独立从事科学研究的能力;学生要主动和指导教师进行沟通,多向指导教师、专家和其他同学请教,努力钻研,攻坚克难,才能顺利完成毕业论文的写作任务,提交一篇合格的毕业论文。

(二)习作性

根据高校教学计划的规定,在大学阶段的前期,学生应集中精力学好本学科的基础理论、专业知识和基本技能;在大学的最后一个学期,学生则要集中精力写好毕业论文,进行论文答辩。学习专业知识和写好毕业论文其实是相辅相成的、统一的;专业基础知识的学习为写作毕业论文打下坚实的基础;毕业论文的写作则是对所学专业基础知识的运用和深化。撰写毕业论文是学生运用已经掌握的专业基础知识和理论,独立进行科学研究活动,分析和解决实际问题,把知识转化为能力的一次实际训练。写作的目的是培养学生掌握综合运用所学知识解决实际问题的能力,为将来作为专业人员撰写学术论文做好准备。因此,毕业论文实际上是一种习作性的学术论文。

（三）规范性

由于其性质、内容、特点、功用所决定，学术论文在体例格式上具有一定的规范要求。世界上许多国家都对学术论文（包括毕业论文）的撰写和编排制定了国家标准，国际标准化组织也制定了一系列的国际标准，不同学科和专业的学术机构还制定了本学科和本专业的国际标准。

学位论文一般可以分成三大部分：前置部分、主体部分和结尾部分。前置部分包括封面、题名页、独创性声明、致谢、摘要、目录等；主体部分包括引言（绪论）、正文、结论；结尾部分包括参考文献、作者简历及在学期间所取得的科研成果等。这是许多高校对学位论文的结构规定。对于每一部分，各高校也都有具体详细的格式要求。

假如把一篇学位论文比喻成一个陶器，那么论文的写作规范就是这个陶器的外在形式，而论文本身的学术价值和创新性就是这个陶器的内在质地。一个陶器光有好的质地，缺乏好的外在，那么也称不上一件上乘的艺术品，只能是一个器皿而已。只有当外在和内在、形式和质地都达到完美时，才会出现质的飞跃，实现价值的提升。严格的学术规范非但不应该成为学术创造的枷锁，反而是孕育学术创新的温床，是新的学术创造的模板，就如同以纪律为前提的自由才是真正的自由一样。大学生在撰写毕业论文的过程中，应尽早掌握学位论文规范，最终才可以从规范走向创造。

（四）创新性

这是由科学研究的任务决定的。科学研究的任务是对新的知识的探求，在综合别人研究成果的基础上去发现别人没有发现过或者没有涉及过的问题，提出别人没有提出过的新观点、新见解，因此，创新是科学研究工作和学位论文的灵魂。

美国的菲利普斯教授把博士论文的"独创性贡献"（即创新）归纳为 15 种类型：第一，第一次用书面文字的形式把新信息的主要部分记录下来，这可以称为"发现"。第二，继续做前人做出的独创性工作（在前人基础上的独创性前进）。第三，进行导师设计的独创性工作（导师提出了可能做出"独创性"成果的方向）。第四，在即使并非独创性的科研工作中，提出一个独创性的方法、视角或结果。第五，含有其他研究生提出的独创性的观点、方法和解释（几乎是同时提出的）。第六，在证明他人的观点中表现出独创性（方法、途径等）。第七，进行前人尚未做过的实证性研究工作（对前人提出的假设的实证性研究，或新的实证性方法）。第八，首次对某一问题进行综合性表述（首次相关性研究，同样是独创性成果）。第九，使用已有的材料作出新的解释（对前人发现的现象、试验结果做出新的解释）。第十，在本国首次作出他人曾在其他国家得出的实验结果（被封锁的实验方法、科研成果）。第十一，将某一方法应用于新的研究领域。第十二，为一个老的研究问题提供新证据。第十三，应用不同的方法论，进行交叉学科研究(研究方法的创新)。第十四,重视本学科中他人尚未涉及的新的研究领域。第十五,以一种前人没有使用过的方式提供知识。

与博士论文和专业人员的论文相比,本科毕业论文由于受各种条件的限制,在文章的质量方面要求相对低一些。这是因为:第一,大学生缺乏写作经验。多数本科大学生是第一次撰写论文,对撰写论文的知识和技巧知之甚少;第二,多数大学生的科研能力还处在培养形成之中。大学期间,学生主要是学习专业基础理论知识,缺乏运用知识独立进行科学研究的训练;第三,撰写毕业论文受时间限制。一般学校都把本科毕业论文安排在最后一个学期,而实际上停课写毕业论文的时间仅为十周左右,在如此短的时间内要写出高质量的学术论文是比较困难的。虽然如此,本科毕业论文对创新性还是有一定要求的,为此,大学生在写作过程中必须付出艰苦的劳动。

四、撰写本科毕业论文的意义

撰写本科毕业论文对于培养学生初步的科学研究能力,提高其综合运用所学知识分析问题、解决问题的能力有着重要作用。具体来讲,撰写毕业论文具有以下几个方面的重要意义:

(一) 撰写本科毕业论文是对业已完成的学习的梳理和总结

本科毕业论文是学生在校学习期间的最后一次作业,它可以全方位地、综合地展示和检验学生对所学知识的掌握程度及运用所学知识解决实际问题的能力。撰写毕业论文的过程,可以说是对专业知识的学习、梳理、消化和巩固的过程。同时,在调查研究、搜集材料、深入实际的过程中,既可以印证已学过的书本知识,还可以学到许多课堂上和书本里学不到的常识与经验。由于以往课程的考核都是单科进行的,考核内容偏重于对本门课程所学知识的掌握程度和理解程度。而撰写毕业论文,既要系统地掌握和运用专业知识和专业理论,又要有一定的自我创新能力和实际操作能力(如调查研究、搜集材料等能力)。在这一过程中,学生可以把所学知识和理论加以梳理与总结,从而起到温故知新、融会贯通的作用。此外,学生在毕业论文写作过程中,对所学专业的某一侧面和专题作了较为深入的研究,会培养学习的志趣,这对于他们今后确定具体的专业方向,增强攀登某一领域科学高峰的信心大有裨益。

(二) 促进知识向能力的转化

能力与知识是相辅相成的关系。知识不是能力,但却是获得能力的前提与基础。而要将知识转化为能力,需要个体的社会实践。本科毕业论文写作就是促进知识向能力转化的重要环节。

由于大学课程考试大都偏重于知识的记忆,范围也仅限于教科书所规定的内容,这种考试没有学生自我选择的空间(怎么考、考什么完全由教师决定),无法实现学生的实际操作能力的提高。而论文写作恰恰能弥补这一缺陷。论文的一个特点就是创新性,学生提出自己的新观点、新见解或实验成果,都必须建立在以前所学的专业知识、理论的基础之上。这样,论文的写作就会促进专业知识向应用能力的转化,培养学生的科学研究能力。撰写毕业论文,对培养和提高学生分析的问题能力、理论计算能力、实验研究能力、计算机使用能力、社会调查能力、资料查询与文献检索能力、文字表达能力,都会有所帮助,为以后从事相关工作和学术研究打下必要的基础。

(三)为未来工作、研究做好准备

毕业论文是一个总结性质和习作性质的文章,它具有承前启后的作用。一个学生,在大学毕业以后,或走上社会从事实际工作,或继续学习和深造。毕业论文的写作,对以前而言是总结,对以后而言是开路。总结以前是为了便于以后的工作和学习,它标志着一个阶段的结束,启示着一个新的阶段的来临。所以,我们写毕业论文,等于是在两个阶段之间进行"切换"。论文写得好,对于未来的工作、学习是有利的。每个毕业生都应当以积极的态度、正确的方法投入这项工作,用实际行动为前一段的学习画上句号,为未来的工作和学习开创新的序曲。

(四)提高文章写作的水平和书面语言表达的能力

写作是传达信息的一种方式。现代社会是一个信息社会,各行各业都离不开信息,而信息的提供、收集、储存、整理、传播等都离不开写作。对于高校学生来说,不论从事哪种专业的学习,都应当具有一定的书面表达能力。因为,进入社会后,无论在哪个行业、哪个单位,从事哪种职业,书写的能力是不可缺少的。

写毕业论文的过程也是训练写作思维和能力的过程。要写论文,就必然会遇到如何收集、整理和鉴别材料,如何进行社会调查,如何分析和整理调查结果,如何写提纲和起草,如何修改和完善等方面的常识、方法和技能。通过撰写毕业论文,可以有效地提高学生的写作能力和语言文字表达能力。从这个意义上说,毕业论文不是一种形式,它内在的功能是多方面的。

(五)通过问题反馈,为相关的教学工作提供参照信息

毋庸置疑,各高校、各专业的本科毕业论文中肯定会暴露出一些问题,这些问题在某种程度上反映着学校教学工作的状况。对于学校和教师来说,如果大多数学生的论文写得好,内容和格式符合要求,且能提出自己的见解,那么,就说明前期的教学工作取得了实际的成效,学生的素质培养没有出现什么偏差。相反,如果学生论文中出现的问题比较多,说明教学中存在的问题也比较多,就需要有针对性地加以改进和调整。

第四节 当前高校管理类本科毕业论文中存在的问题及对策建议

一、当前高校管理类本科毕业论文中存在的问题

(一) 部分学生对毕业论文的重要性认识不足,写作态度不认真

目前,我国高校一般实行的是学年学分制,本科学生基本上要修完4年学业才能顺利毕业。在培养计划中,毕业实习和毕业论文大多安排在第八学期,而这一学期同时又是毕业生寻找工作单位的时期。近年来,随着高校扩招,就业压力越来越大,择业时间提前,就业难度增加,许多大四学生四处奔波,忙于参加各种招聘会,就业压力使他们不得不把主要精力放在寻找理想的工作方面。笔者在调研中发现,目前大部分学生的毕业实习单位就是今后的工作单位,由此产生了两个问题:一是个别学生毕业实习的内容与毕业论文主题的相关性较小;二是部分学生提前就业。有些学生在毕业论文尚未完成之时就已与用人单位签好了合同,甚至有些用人单位要求已确定工作单位的学生提前上岗锻炼,致使这些学生根本无暇顾及毕业论文的写作。而且,在后一种情况下,学生往往认为毕业论文的成绩与就业没有直接关系,毕业论文质量的好坏不会对其就业造成影响,故不少学生仅仅是应付差事,只求合格。加之部分同学准备考证、考研和出国留学,缺乏分身之术,无法将时间和精力投入到论文写作中。

由于在主观意识上对论文重要性认识不足,导致学生在写作态度上的不认真,这表现在两个方面:第一,缺乏主动性。部分学生认为论文写好写坏都能通过,很少与指导教师交流和沟通,有些学生甚至在毕业论文写作期间从未与指导教师主动联系过。第二,缺乏计划性。由于态度上的不认真,部分学生对论文漫不经心,缺乏计划性,迟迟不动手,拖延时间,到最后阶段才匆匆提交一篇文章敷衍了事。

(二) 部分学生写作能力较差

近年来,我国高校的大规模扩招使得大学教育在形式上由精英教育转向大众教育,但是高校要真正实现这一转变还需要一个过程,学生入学标准的降低和招生人数的增加使得过度依靠"放羊式管理"的管理模式弊端丛生,导致一些学生缺乏日常的专业知识积累和系统的学术训练,发现问题和解决问题的能力较弱,论文写作能力较差。这主要表现在以下几个方面:第一,大幅度抄袭现象严重。由于思想上的不重视,不少学生受到社会上不良学术风气的影响,投机取巧,在论文写作中对他人论文依赖性过大,存在大幅度的抄袭、拼凑现象。造成这一现象的原因有很多,计算机和网络的普及固然为论文抄袭提供了便利条件,但更为主要的是学生自身缺乏严谨求实的学风,对论文抄袭的性质没有正确的认识,同时由于管理层认为对抄袭行为的监督成本较高,

许多学校对本科论文抄袭行为缺乏有效的惩罚措施。第二,理论联系实际能力薄弱。例如,2013年,某高校工商管理专业的一个学生选择的论文题目是"S物流公司人力资源管理体系优化研究",通篇内容是介绍S公司在人力资源管理系统优化方面的做法和对策,缺乏应有的理论基础和个人观点,类似工作总结或工作报告,达不到学术论文的基本要求;2014年,该校同专业的一个学生选择的论文题目是"百度企业大学的模式研究",通篇内容也是介绍百度公司在创建企业大学方面的思路和经验,内容空泛,缺乏理论深度。第三,一些论文严重偏题,抓不住重点和核心。例如,2015年,某高校公共管理专业的一个学生选择的论文题目是"心理学介入信访工作的对策研究",全文3万字,作者用大段文字介绍信访工作特别是阳光信访工作的重要性,最后只用了2 000字来探讨如何将心理学方法介入到信访工作中,蜻蜓点水,缺乏实际内容。

(三) 毕业论文选题不当

尽管大多数高校管理类专业一般都设有毕业论文选题指南,但由于部分教师不重视毕业论文工作,对其投入的精力较少,不注重题目更新,在提供的论文题目上表现为部分题目或大而空,或缺乏新颖性,或没有紧扣时代的脉搏。许多学生由于平时对一些问题缺乏深入思考和钻研,没有自己感兴趣或有一定资料积累的课题,在毕业论文选题时显得十分被动,匆匆随意选择一些题目,导致毕业论文选题不当,这主要表现在以下几个方面:

1. 选题范围过大或过窄

笔者研究过大量的本科毕业论文,发现不少本科论文选题过大、过于宏观和空泛,学生依靠个人的知识在指导教师的指导下,在规定的时间内难以顺利完成。例如,2013年,某高校工商管理的一个学生选择的论文题目是"中国文化背景下的公司治理模式研究";2015年,某高校公共管理专业学生选择的论文题目是"京津冀地区雾霾的治理对策"。由于上述论文涉及面太宽,抓不住要害,只能泛泛而谈,蜻蜓点水,无法深入。

当然,还有部分学生选题狭窄,缺少研究的意义和价值,论文东拉西扯,难以深入展开,以致毕业论文工作量不足,很难达到预期目标。

2. 选题缺乏可行性

由于缺乏经验,一部分学生的论文选题不具备可行性,要么数据资料无从获取,要么受主观或者客观条件的限制,实地调研根本无法开展,最后的结果往往是闭门造车,泛泛而谈,得出的结论往往是主观想象。例如,"青岛外贸业存在的问题及对策研究"一文,这种选题虽然在字面上没有问题,但学生在实际论文写作过程中往往会发现,针对橡胶行业这类特殊行业的数据往往难以收集,在专业的统计年鉴中查不到,必须到企业做实地调研才能获得,而在实际的调研过程中,如果企业不配合,真实数据也难以得到,因此学生在论文写作过程中只能规避行业的实际运营情况,导致论文缺乏具体内容作为支撑,失去针对性和应用价值。

3. 选题和专业不符

有些论文选题和学生所学专业不符,甚至相差甚远,导致学生无法利用所学到的专业知识解决论文中出现的问题。例如,2015年,某高校工商管理专业的一名学生论文的选题是"大学生主观幸福感和个性特征的关系研究",这个选题显然属于心理学的研究领域,工商管理专业的同学缺乏专业知识,对相关理论也不熟悉,写起来会比较困难。

4. 选题思路单一

在选题时,许多本科学生往往关注那些前期研究成果丰富、理论研究非常成熟、关注度比较大的热点问题,或者是重复别人已经研究很透彻的问题。如,工商管理专业的学生倾向于选择诸如"家庭财务管理""中小企业融资""员工激励"等相关题目。因为此类选题参考文献较多,论文资料收集容易,论文写作有更多可以借鉴的模板。这就导致学生的选题思路单一,研究主题和思路比较接近,重复率较高,有时候甚至只是题目上的一两个字之差,不同的只是使用的案例不一样而已。例如,2012年,某高校工商管理专业的3名同学同时选择了"互联网企业大学发展模式"的论题;2014年,某高校公共管理学生有2名同学将"我国新型养老模式"作为研究论题;2015年,某高校公共管理学生的2名同学将"网络谣言的政府监管研究"作为研究论题。这些都属于选题雷同,犯了毕业论文的大忌。

5. 选题缺乏创新

由于知识方面的局限,学生们往往对相关学科领域的研究发展缺乏深入了解,动不动就以为自己的研究是提出的新思想、新思路、新方法、填补国内外空白等,其实该选题往往已经被研究得相当深入和透彻。笔者研究了近年来某高校工商管理类本科毕业论文,发现真正有创新性的毕业论文实属凤毛麟角。

(四)写作不规范

由于思想上的不重视、知识方面的局限和写作经验的缺乏,不少本科毕业论文存在写作不规范现象,突出表现在以下几个方面:第一,文献综述缺失或不完整。作为论文重要组成部分的文献综述被许多学生忽略或轻视。第二,语言不规范。有些论文语言不通顺;有些论文的口语化现象严重;有些论文语言的文学性明显。第三,格式不规范。在每年的毕业论文中,总会出现包括引文注释、图表、字体等格式不规范现象,且打印错误也较多。第四,参考文献不规范。其一是不少学生的毕业论文参考文献数量较少,而且存在参考文献与论文相关度不高的现象,甚至参考文献与文献综述不匹配、不相关;其二是文献标注不规范。很少有学生对参考文献的标注符合基本的学术规范,有的甚至都没有标注;其三是参考文献质量不高。很多学生缺乏熟练的文献索引能力,不了解哪些期刊是好的期刊,哪些文章是高质量的文章,参考文献多数来自质量不高、影响力不大、引用率低下的普通杂志。其结果是,低质量的参考文献直接影响到毕业论文的写作质量。

二、对策建议

针对上述管理类本科毕业论文中存在的问题,笔者提出如下对策和建议:

(一)进一步提高指导教师、学生和管理人员对毕业论文重要性的认识

如前所述,毕业论文的撰写是本科生开始从事科学研究的初步尝试,是培养学生运用所学的专业知识去分析和解决实际问题、开展独立工作和培养创新意识的重要途径,也是对学生能力、素质的全面检查,在当今培养富有创新精神和实践能力的人才方面尤其具有重要作用。因此,毕业论文是人才培养的重要组成部分,它的实践性和综合性是其他教学环节所不能代替的。

(二)重视本科毕业论文选题环节,提高学生对毕业论文的重视程度

把好本科毕业论文选题关,是确保毕业论文质量的前提。毕业论文的选题必须符合专业培养目标的要求,应与科学研究、技术开发、经济建设和社会发展紧密结合,并根据管理学科的特点与学生自己的兴趣而定。因此,应进一步完善和重视毕业论文的选题环节。第一,毕业论文写作应当贯穿于整个本科教育过程。学校可以通过开设学科前沿讲座,引导学生对本学科前沿热点问题的关注,激发学生对某些专题研究的兴趣,为日后论文的选题做好准备。第二,不断完善本科导师制。这可以使学生较早了解导师的科研项目,参与到导师的科研项目中,提前做好选题的充分准备。第三,充分利用实习基地。及时了解实习基地的工作需求,努力将毕业论文与学生就业和未来发展相结合。第四,进一步完善毕业论文选题指南的编写和实施细则。选题应围绕本专业的前沿问题、难点问题和热点问题,注重学生的主体地位,充分调动学生的积极性和创造性,鼓励学生个性化发展,以制度来保证毕业论文选题的规范化。

(三)强化毕业论文的质量监控体系

高校要进一步加强对毕业论文写作过程中选题、开题、中期检查和论文答辩等环节的过程管理,完善毕业论文的质量监控体系。对关键环节要严格管理,加强检查力度,具体可分为:初期检查,即对论文选题和开题等进行检查;中期检查,即对学生毕业论文工作计划的执行情况进行检查;后期检查,即对学生毕业论文的答辩情况、评分情况进行检查。检查的方式可采取教研室普查、学院抽查相结合的方式。为达到通过检查提高毕业论文质量的目的,学校须对检查发现的问题采取切实有效的整改措施。同时,可以借鉴国外经验,积极探索创建高校本科学生论文写作诚信机制,对论文抄袭等学术不诚实行严厉惩罚,以杜绝弄虚作假等不良行为。

(四)进一步加强指导教师队伍建设,提高毕业论文的指导水平

在选择毕业论文指导教师时,应要求指导教师具有系统的理论知识,同时也要求

指导教师有较强的科研能力和强烈的责任心。对于管理类本科生,毕业实习采取校内外双导师制可以加强对学生的实习指导。校外指导教师可以指导学生更好地接触和了解社会问题,为论文写作提供更多的素材;校内指导教师则可指导学生有针对性地收集和阅读相关期刊与书籍,了解社会前沿问题及焦点问题来源、现状和走势,指导学生运用所学的专业知识,分析社会问题,并据此提出自己的见解。

(五) 开设科研训练和论文写作方面的课程

对大学生而言,要撰写出高质量的毕业论文,不仅要有十分丰富的专业基础理论知识和较高的综合运用能力,而且需要大学生熟练掌握毕业论文的理论知识、技术和方法,这样才能收到事半功倍的效果。为此,高校要开设科研训练和论文写作的相关课程,切实教会学生论文写作的方法和技巧,培养他们养成良好的学风和诚信品质,提高论文写作的能力。这也是我们编写此书的宗旨所在。

本章思考题:下面是一篇本科毕业论文初稿的目录及绪论部分,认真思考:这篇论文存在的主要问题是什么?

影视行业小微公司战略发展研究

目录

第一章 绪论	3
1.1 研究背景及意义	3
1.2 研究内容	4
1.3 研究方法	5
1.4 论文结构	5
1.5 论文研究创新点	6
第二章 基础理论和文献综述	6
2.1 SWOT 分析	6
2.2 波特五力模型	7
2.3 影视企业竞争战略文献	8
第三章 某文化公司外部环境分析	10
3.1 宏观环境分析	10
3.1.1 政治因素	10
3.1.2 经济因素	11
3.1.3 社会因素	11
3.1.4 技术因素	11

3.2 产业分析及竞争对手分析 ·· 12
3.2.1 五力模型分析 ··· 15
3.2.2 竞争对手分析 ··· 15
第四章 某文化公司内部环境分析 ·· 18
4.1 某文化公司概况 ··· 18
4.2 某文化公司资源及能力分析 ··· 19
4.2.1 产品分析及核心竞争力 ······································· 19
4.2.2 人力资源管理状况分析 ······································· 21
4.2.3 业务经营情况分析 ·· 22
第五章 某文化公司创业战略规划及保障措施 ····························· 26
5.1 SWOT分析及战略规划 ··· 26
5.1.1 J公司优势与劣势 ·· 26
5.1.2 J公司机会与威胁 ·· 27
5.1.3 J公司战略规划 ··· 28
5.2 创业战略实施保障措施 ··· 30
5.2.1 扩大投资渠道,放宽市场准入口 ······························ 30
5.2.2 立足本土文化,开拓多层文化市场 ··························· 31
5.2.3 加大与院线的沟通力度,建立现代化影院 ·················· 32
5.2.4 提升电影质量,降低投资风险 ································ 33
结语 ·· 37
参考文献 ··· 38

绪 论

0.1 研究背景及意义

在海外影视大兵压境的国际环境和国内影视市场已经不能满足人民群众日益增长的精神文化需要的情况下,我国影视产业采取了加快开放的主动战略,对境外资本、民营资本以及其他社会资金投资广播、电影、电视行业放宽了限制,这对在市场经济下自发成长起来的影视小公司来说,喜忧参半。2003年12月30日,广电总局颁发了《关于促进广播影视发展的意见》(以下简称《意见》)。《意见》指出"逐步加大广播影视市场的开放力度,逐步放宽市场准入,吸引、鼓励国内外各类资本广泛参与广播影视产业发展,不断提高广播影视产业的社会化程度。允许各类所有制机构作为经营主体进入除新闻宣传外的广播电视节目制作业,允许境外有实力有影响的影视制作机构、境内国有电视节目制作单位合资组建由中方控股的节目制作公司。"可以说,《意见》的出台为我国的社会资本、民营资本以及境外本资进入我国影视市场亮起了绿灯。2004年11月28日,国家广播电影电视总局、中华人民共和国商务部联合公布了《中外合资、合作广播电视节目制作经营企业管理暂行规定》第44号令(以下简称《规定》)。《规定》的出台,再次放宽了外资进入我国影视市场的门槛,即合资、合作的对象从国有电视节目制作单位扩展到中国广播电视节目制作机构和境内其他投资者。选择范围的拓宽、合作伙伴的增加、投资股份的明确都为海外影视在中国影视市场大展身手提供了良好的发展环境和政策保障。我国影视市场对境外资本的逐步开放,势必极大地促进我国广播影视产业的发展。

然而,资金雄厚、技术先进、经验丰富、管理成熟、创意新锐的国际影视在跻身中国影视市场的同时,也势必会加剧我国影视制作行业的竞争。我国影视市场对投资方的开放不是递次的,而是同时的,即对境外资本和我国民营资本的开放是同时的,这对于起步晚、经验少、规模小的国内影视小公司而言,在带来发展机遇的同时,更多地将演变为生存危机,毕竟"胳膊拧不过大腿",而国内广电政策的不断松动、节目市场供求失衡又为我国影视小公司的生存与发展拓宽了新的环境空间。置身于机遇与挑战、竞争与淘汰的新的发展环境之中,我国影视小公司如何在竞争中求发展,在合作中求创新业已成为新闻业界和理论界关注的焦点。从这个角度而言,研究我国影视小公司的生存状态、经营战略和发展前景具有较强的指导意义。

0.2 研究内容

自20世纪90年代以来,随着我国广播电视改革的深入和文化产业市场开放的加快,我国影视行业小公司得到了迅猛的发展。所谓影视行业小公司,就是指我国民营资本投资的、以市场需求为导向的影视节目制作行业或企业。就我国影视行业小公司的现状来分析,一方面,民营资本投资影视节目的制作发行已经在我国影视市场上占据了重要的地位,并呈现持续增长的势头。在复杂多变、竞争激烈的生态环境下,影视行业小公司自觉更新经营理念,主动走集约化、产业化、专业化、市场化、多元化的发展之路,根据自身条件和行业特点,创造了多种多样的生产经营方式和诸多赢利模式,并向数字化、网络化方向展开。另一方面,影视行业小公司的发展也遭遇到了政策不稳定、投融资不足等方面的问题,规模普遍偏小,节目内容同质化,知识产权保护意识淡薄。这些问题或多或少地制约着影视行业小公司的进一步发展。因此,我国广电体制改革必须进一步深化,积极鼓励民营资本对影视产业的投入,放宽对影视行业小公司的限制,为影视行业小公司的发展创造一个宽松、稳定的环境。就影视行业小公司自身而言,应当进一步更新经营管理理念,发展规模经济,启动资本运营,以不断创新来积极应对与国内外传媒机构的激烈竞争。

0.3 研究方法

(1)文献研究法:通过检索国内各种数据库与相关文献,在阅读、分析文献的基础上得出研究主题的研究现状,为论文的研究提供学术、理论基础;同时对相关的文献资料进行归纳、演绎和比较分析,得出相关结论。

(2)调查研究法:通过访问、实地考察等方式调查收集第一手资料。

0.4 论文结构

本文采取文献研究、计量研究等研究方法,紧紧围绕"影视行业小公司战略发展"这一主题展开,在研究国内外关于这方面的文献的基础上,深入分析在现在的环境下,小型影视公司可以通过哪些途径进行产业结构升级,并提出解决措施。本文的初步研究框架拟定如下:

第一章 绪论:介绍了本文的研究背景及研究意义,阐述了研究内容及研究方法。

第二章 创业战略理论概述:介绍了战略管理理论和公司创业理论。影视文化品牌以创意为根基,以市场营销为突破口,借用专业的影视制作去演绎客户新形象。

第三章 某文化公司外部环境分析:本文进行了宏观环境分析,包含政治因素、经济因素、社会因素和技术因素。此外还进行了产业分析及竞争对手分析,包括五力模型分析、竞争对手分析。

第四章 某文化公司内部环境分析:介绍了某文化公司概况,对该公司公司进行了资源及能力分析,进行了产品及核心竞争力分析、人力资源管理状况分析、业务经营情况分析。

第五章 某文化公司创业战略规划及保障措施:对某文化公司进行SWOT分析及战略规划和五力理论模型分析及战略规划,提出创业战略实施保障措施。

第六章 结语:纵观中国电影产业,资金匮乏、投资回报结构单一和投融资机制不完善仍然是阻碍其健康发展的重要因素,而要改变这些局面,我们需要从政府、市场、质量三个角度出发。

0.5 论文研究创新点

本文采用实证研究的方法,以大量的数据和一手资料为基础,运用所掌握的投资学和管理学知识,按照理论与实践相结合的原则,在对某文化公司的内、外环境作详尽分析的基础上,提出了公司的战略方案,并基于上海影视投资有限公司的特征提出了有针对性、操作性较强的战略实施策略。

第二章
科学研究的过程与中层理论的建构

学术论文既然是对科学研究过程和成果的阐述,因此,了解科学研究的过程是进行论文写作的基础和前提。科学研究的目的是探索自然现象和社会现象的未知领域,揭示规律,提出新理论、新观点和新方法,那么,什么是理论?理论包含哪些要素?本章主要介绍科学研究的过程和思路、如何建构中层理论以及理论和研究的关系。

第一节 科学研究的过程

一、求知的四种方式

我们生活的这个大千世界有很多未知的领域,有无数真理和知识需要我们去探索,就单个人而言,求知的方法有以下四种:

(一) 古圣先贤

我们每个人都从古圣先贤那里继承了很多众所周知的知识,例如,地球是圆的;春天播种秋天收获;糖果吃多了会造成蛀牙等。从有人类记载的历史至今,宗教一直都是最有影响力的真理来源之一,甚至一些著名的科学家,如爱因斯坦都认为神是自然界或社会中不能使用科学方法解释的许多现象之一。

(二) 专家

古圣先贤传授给我们的知识很有用,但是,社会生活中时刻会出现新的问题、新的矛盾,需要我们去认识、去解决,于是就不断有新知识的产生,这些新知识的提出者、拥有者被我们称为专家,我们有需要时就要向他们求教。比如,当我们遇到纠纷时,就需要找律师进行解决。然而,对专家的知识我们必须保持谨慎的态度,不应该无条件接受。众所周知,医生在诊断病情时也会犯错误,并且,随着新证据的出现,许多知识都需要更新。也就是说,真理都是暂时的、相对的,没有绝对真理。

（三）逻辑推理

对于没有现成答案的问题,我们也可以用逻辑推理的方式知晓结果。例如,在法庭上,诉讼律师最擅长使用逻辑分析,并恰到好处地引用资料作为补充,来使主审法官相信为何原告是无罪的。

（四）科学方法

什么是科学？科学寻求的是对自然现象逻辑上最简单的描述。既然科学寻求的是对自然现象逻辑上最简单的描述,由于我们了解自然现象的基本途径是观测与实验,因此追求科学目的的正确方法就必须尊重观测与实验,尊重逻辑推理。这两个基本特征正是科学方法的基本特征,反过来说,任何方法只要切实满足上述基本特征,就是科学方法。

克林格尔（Kerlinger）在1986年曾对科学方法下过一个明确的定义："Scientific research is systematic, controlled, empirical, and critical investigation of natural phenomena guided by theory and hypotheses about the presumed relations among such phenomena."（Kerlinger, 1986, pp.10）即科研是在理论和假说的指引下,针对自然现象之间的假定关系,进行系统的、控制的、实证的和批判性的调查。

据此,我们对科学方法进行明确的界定:科学方法是一种通过观察、调查、实验、数学方法而得到系统知识的求知方法。求知的科学方法既包括逻辑推理,也包括数据,逻辑和数据二者相辅相成,缺一不可,因此,它所创造的知识较为令人信服。

显然,科学方法是人类所有认识方法中比较高级、比较复杂的一种方法。它具有以下特点:第一,鲜明的主体性。科学方法体现了科学认识主体的主动性、创造性以及具有明显的目的性。第二,充分的合乎规律性。科学方法是以合乎理论规律为主体的科学知识程序化。第三,高度的保真性。科学方法是以观察和实验以及它们与数学方法的有机结合对研究对象进行量的考察,保证所获得的实验事实的客观性和可靠性。

二、社会科学与自然科学的关系

（一）社会科学与自然科学的区别

自然科学是研究客观事物之间客观联系及其发展的科学,它要描述的对象没有自由意志;社会科学是研究人的主观世界以及与客观世界相互联系之间的科学,研究对象包括无法直接观察的抽象概念。因此,社会科学的理论是"概率性"的,而不是"绝对性"的,要验证社会科学的理论,我们需要反复地对不同的样本进行分析和比较。

（二）社会科学与自然科学的相似性

社会科学以自然科学为基础,使用接近自然科学的方法,在基于系统性证据的基础上,研究社会事实背后的因果关系。社会科学和自然科学追求的终极目标同样是"基于因素和机制的解释理论"。因此,从根本上来说,社会科学更接近自然科学,而不是历史学,更不是哲学、法理学甚至意识形态。复旦大学教授唐世平曾指出,社会科学的基本特性是"研究者在确立一个或一类社会事实后(what),都会问一个"为什么会是这样,而不是那样?"(why)的问题,而对这个"为什么"的问题,社会科学的回答方式是:什么样的因素(factors,包括 situations)、通过什么样的机制(mechanisms)、经历了大致的什么样的过程(how, sequences, time)导致了一个或者一类特定的(发生了的或没有发生的)社会事实。

三、科学研究的过程

科学研究过程是对自然或社会现象做系统的、受到控制的、实证的和批判的调查。因此,科学研究方法必须按照一定的系统性、有步骤的程序进行,如图 2-1 所示。

图 2-1 科学研究过程简示图

(一)提出要研究的问题

在进行科学研究时,我们应当首先认识到问题的存在。选题来自现实生活,在现实中存在大量尚未解决、需要探索的问题,只要我们睁大双眼,用心思考,经常问自己:"是什么"和"为什么",就会发现许多有意思的问题,但不是所有的问题都会成为研究课题,它可以作为一个研究课题的初型,逐步提炼、发展成为研究课题。

例如,在观察物体的运动时,我们注意到物体在某种条件下会运动得越来越快(加速运动),而在另一种条件下则会运行得越来越慢(减速运动)。那么。我们就会提出问题:"物体为什么会像它所发生的那样进行运动?"再如,观察蜡烛燃烧,我们发现蜡烛燃烧时的火焰分为三层,于是提出:"蜡烛燃烧时各层火焰的温度一样高吗?"等问题。

(二)进行文献研究

一旦有了自己感兴趣的问题,接下来我们就要有针对性地查阅相关的文献资料,弄清楚对这些问题前人的研究情况及成果,重点是弄清哪些方面前人已有研究,得出一些什么结论,观点是否一致,有哪些分歧的观点,分歧的实质是什么,还有哪些方面尚未涉及,哪些方面还需要进一步探索。通过广泛的文献研究,就可以审定哪些课题比较有研究价值,研究应向什么方向展开,从而就可以确定自己的研究课题,例如,Westphal 对"董事会的组成结构对一个公司绩效的影响"问题感兴趣,在文献分析的基础上,他看到在预测董事会对 CEO 社会关系的影响时,组织治理中的两个主流理论——委托代理理论和社会网络理论是相互冲突的,于是,他把自己的研究界定在检测相互冲突的命题上,希望从中找到一些与我们的直觉不同的结果。

（三）寻找理论并建立研究假设

在对研究问题进行文献研究的基础上，研究人员需要对其研究可能出现的结果提出一种或多种假设。它给予被调查的事物一种尝试性的解释，将影响我们获取信息的内容。在这里，寻求理论依据至关重要。理论是指人们对自然、社会现象，按照已知的知识或者认知，经由一般化与演绎推理等方法，进行合乎逻辑的推论性总结。现有的理论是回答研究问题和产生有意义假设的基础。如，针对蜡烛燃烧时火焰的温度，我们可做出如下猜想或假设："蜡烛燃烧时各层火焰的温度不同，其中外焰温度最高"等。再如，"变革型领导对下属心理资本的实证研究"（李磊，尚玉机，席西民. 中国管理科学学术年会论文集，2009）一文，在对相关概念进行界定和对文献进行分析的基础上提出自己的研究假设：Luthasn（2004）认为领导者有能力和动力去培养他们的下属，可以鼓励来自下属的互惠行为，积极性可能表现出来螺旋上升与下降以及"传染效应"。这实际反映了领导者在影响下属心理资本过程中的重要作用。Bass 也认为，变革型领导通过让员工意识到所承担任务的重要意义，激发下属的高层次需要，建立互相信任的氛围，促使下属为了组织的利益牺牲自己的利益，并达到超过原来期望的结果。这种激发下属更高境界追求的导向与心理资本所关注的积极心理状态是一致的，即它们都关注未来，强调理想状态下的自我"是什么样的人"或"会成为什么样的人"，所以作者推测变革型领导力对下属心理资本有着积极的影响。

（四）开展实证研究

实证研究是指研究者亲自收集观察资料，为提出理论假设或检验理论假设而展开的研究。实证研究具有鲜明的直接经验特征。实证主义所推崇的基本原则是科学结论的客观性和普遍性，强调知识必须建立在观察和实验的经验事实上，通过经验观察的数据和实验研究的手段来揭示一般结论，并且要求这种结论在同一条件下具有可证性。根据以上原则，实证性研究方法可以概括为通过对研究对象大量的观察、实验和调查，获取客观材料，从个别到一般，归纳出事物的本质属性和发展规律的一种研究方法。

例如，我们要验证蜡烛燃烧时外焰温度是否最高时，可用一根火柴迅速平放在火焰中，约1秒钟后取出，看哪一部分最先烧焦，以此确定火焰温度最高的地方。如处于酒精灯外焰部分的火柴烧焦了，处于内焰部分的火柴略有变化，处于焰心部分的火柴没有明显的变化等，这些都是证明酒精灯火焰哪部分温度最高或最低的证据。

实证研究的一般步骤是：进行调查，或案例研究、实验、访谈；将调查或案例研究、实验、访谈等途径得到的数据资料做系统整理和定量分析；概括和归纳计量分析的结果；以逻辑和数学方法得出研究结论；做出理论上的诠释，建立理论模型；检验研究命题或理论模型，接受或修改甚至推翻原假设。

综上,在科学研究过程中有四个步骤:提出要研究的问题、进行文献研究、找到理论并提出研究假设、开展实证研究。上述四个步骤不一定遵循单一的方向:对于一些步骤,相互之间存在回馈循环;对于其他步骤,它们的顺序可能被颠倒。如从研究问题到文献回顾再到理论和假设,由于做完文献研究,就会发现原来提出的研究问题不太准确,因此,研究问题就可能被修改或精炼,这又会影响到文献研究所关注的领域和相关理论的选择,因此,在这些步骤之间会有一些循环。从第三步到第四步,这两个步骤也可以颠倒。当没有现成理论可以解决感兴趣的现象时,作者可以从实证研究开始,进行观察,然后再提出命题或新的理论。

第二节　理论的内涵与类型

一、理论的内涵、特征与好理论的判断标准

(一) 理论的内涵

科学的核心是建构理论。什么是理论?坎贝尔(Campbell)(1990年)指出,"理论是一组文字或符号表示的断言,说明什么变量重要,为什么重要,它们之间如何相互作用及其原因,以及它们相关与否的条件"。克林格尔(Kerlinger)(1986年)指出,"理论是一组相关概念、定义和命题,它通过变量之间的特定关系表达了对现象的系统性理解,目的是解释和预测现象"。

基于上述观点,笔者认为,管理学上所建立的理论是关于概念(变量)之间关系的陈述,目的是回答如何、何时和为什么(how, when and why)的问题,是解释而不是描述(其目的是回答"是什么")。

(二) 理论的特征

从理论的概念出发,理论应具有以下特征:第一,理论来自于经验的实践;第二,理论是一种抽象的系统的认识;第三,理论的目标是对经验现实做出解释。

(三) 好理论的判断标准

韦克(Weick)在1979年曾提出一个GAS模型,如图2-2所示,用以概括好理论的判断标准。

1. 普适性

普适性指的是理论的解释范围广泛。理论的普适性表现在:它不因为时间、地点和人为因素而发生变化。过去如此,将来也如此;在中国如此,在外国也如此;用普通的语言描述是如此,用数学语言表述也是如此;它既适用于对自然现象的解释,也适用于对人类社会现象的解释。

例如,在自然条件下,鸡蛋碰石头的结果一定是鸡蛋破碎。这虽然只是一个简单的自然现象,但是这个现象反映出一个真理:脆弱的东西与坚硬的东西直接碰撞,受到损伤的一定是脆弱的一方。它不仅适用于鸡蛋,也适用于所有结构相似的蛋或物体。不仅如此,这个真理也适用于人类社会。人们常常把一个弱者与一个强者的正面冲突比喻成鸡

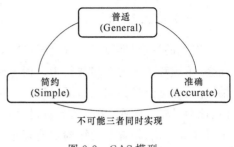

图 2-2　GAS 模型

蛋碰石头就是对它普适性的一种反映。再如,"星星之火可以燎原"不一定非要指草原或森林大火,一场革命、一种思想的传播都可以表现出同样的真理。这就是真理的普适原理。只要是真理就一定具有普适性。

2. 简洁性

简洁性又称奥卡姆剃刀定律(Occam's Razor)。奥卡姆剃刀定律又称"奥康的剃刀",它是由 14 世纪逻辑学家、圣方济各会修士奥卡姆的威廉(William of Occam)提出来的。这个原理称为"如无必要,勿增实体",即"简单有效原理"。正如他在《箴言书注》2 卷 15 题所说:"切勿浪费较多东西去做,用较少的东西,同样可以做好的事情。"

如果每一个结果都有解释它的单独表述,那么显然这样的理论不具有简洁性。只有很少的概念就能解释许多结果的理论才是强有力的。因此,如果两个理论所包含的概念数目相同,那么其中能够解释更多结果的理论更好。如果两个理论能够解释的结果一样多,那么使用概念较少的理论更好。

3. 准确性

在其他方面相等的情况下,使用数学公式来表述的理论,较之那些以松散文字来表述的更为准确。理论应该尽量准确,只有这样才能让不同的研究者都同意它的预测,否则毫无用处。

社会科学的理论很难达到完全用数学公式表述的程度,有时候也很难有很高的准确性。社会科学里很多理论表述的都是相关关系,很多预测都是概率性预测,出现误差或者反例也是常有的事。从这一点来说,社会科学确实不如物理、化学、天文学、生理学等自然科学"硬气"。但很多不那么"硬"的社会科学学科,都在追求这种科学的准确性,比如,"豆瓣的经济学人小组"简介里有这样一句话:经济学是对自由、效率和市场的坚定信念——这就如同惯性、引力和能量守恒之于物理学一样。当今中国的管理学蓬勃发展,追求准确性并与国际先进水平接轨,是很多中国学者孜孜以求的目标。

二、理论的类型

按照理论所揭示的范围,社会科学的理论可以分为宏大理论、细微理论和中层理论。

(一) 宏大理论

宏大的社会科学理论是高度复杂、非常抽象和系统的理论,其揭示的规律适用于社会、组织和个人的大多数行为。西方政治研究在传统上是一种典型的宏观理论,从柏拉图、亚里士多德到霍布斯、洛克、卢梭、孟德斯鸠、密尔等古典学者都力图通过对人性、社会、国家、政府、法律的分析,构建一种系统的、完整的政治理论体系。马克思的阶级斗争理论、帕森斯的结构功能理论、霍曼斯的社会交换理论都是宏大理论。在管理学领域,影响比较大的宏大理论有社会资本理论、资源依赖理论、委托代理理论。它们就像一种范式,代表那些广泛意义上的观点和看法,常常发挥学术研究中的通用参考框架的作用,为我们的研究提供富有成效的理论支撑。因此,这些理论往往作为建立及检验组织和管理中新的中层理论的基础。

(二) 细微理论

细微理论又被称为"工作假设",它指的是普通人在日常生活中建立起来的常识。例如,当某位员工早晨上班迟到了,而前一天晚上电视台直播了一场欧洲杯足球赛的实况,该员工所在部门的主管便假设他是由于看电视过晚,影响睡眠导致迟到。与宏大理论一样,细微理论更多地作为基本假设而非可以检验的假设。

(三) 中层理论

《社会理论与社会结构》于1949年初版以后,便成为社会科学领域的核心著作和重要理论源头之一,在全世界范围内为社会科学家和研究者广泛阅读。该书作者默顿提出了"参考群体""自证预言""中层理论""越轨的失范理论"等一系列影响深远的概念。他认为,"中层理论"是指:"What I have called theories of the middle range: theories that lie betmwwn the minor but necessary working hypotheses that evolved in abundance during the day-by-day routine of research, and the all-inclusive speculations systematic efforts to develop a unified theory that explain all the observed uniformaities of social behavior, social organization and social change)(P39)",即中层理论是介于日常研究中低层次的而又必需的操作假设与无所不包的系统化的统一理论之间的那类理论,而统一性的理论试图解释社会行为、社会组织和社会变迁中的一切观察到的一致性。也就是说,默顿所说的中层理论指的是那种是介于抽象的统一性理论和具体的经验性描述两者之间的一种理论。

中层理论具有以下基本特征:第一,它主要用于指导经验研究,中层理论范式强调理论的可验证、可观察性,如社会流动理论、社会分层理论、角色冲突理论、参照群体理论等。第二,它只涉及有限的社会现象,一般由几组有限的假定组成,且通过逻辑推导可以从这些假定中产生出能够接受经验调查证实的具体假设。第三,它可以融入所谓的社会学理论体系之中,成为社会学思想体系的一部分。第四,它能区分出微观社会学问题与宏观社会学问题,从而划清微观与宏观问题的界限。第五,它承传了早期社会学家的思想观点和理论构建策略,是经典理论研究工作的直接延续。第六,它没有认定自己可以对当今一切紧迫的实际问题提出理论解决的终极办法,实际上在某种意义上为我们指明了未知的或需进一步研究的方面。

中层理论的倡导者认为,宏观理论太抽象、太空乏,无法检验,无法证实,缺乏精确性与操作性;微观理论太具体、太琐碎,容易陷入钻牛角尖的危险,缺乏普遍性与实用性。他们提出政治学研究应当努力发展中层理论,既关注一般社会政治问题,又能提出切实可行的理论假设;既有价值取向的指导,又有事实证据的支持。自20世纪60年代以来,西方政治研究中盛行的政策研究、决策分析、政治文化论、政治社会化、多元论、团体理论均属中层理论的范畴。中层理论要求缩短宏观理论与微观理论之间的差距,取得了一定的成效。我们在本书中所探讨的理论就是中层理论。

第三节 中层理论的构成要素

中层理论主要包括概念、变量、边界条件、命题和假设,如图2-3所示。

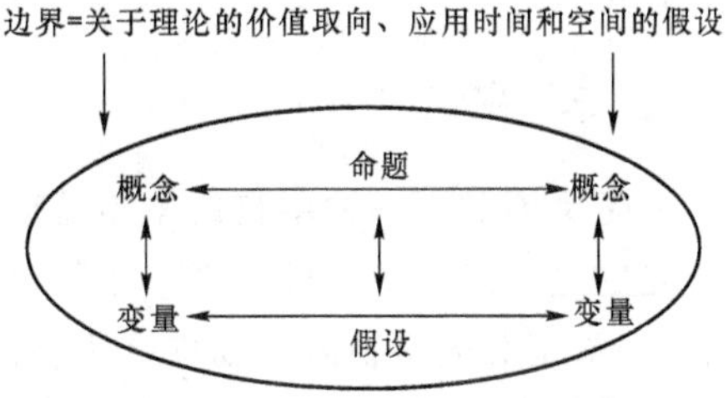

边界=关于理论的价值取向、应用时间和空间的假设

图 2-3 中层理论的构成

一、概念

概念是中层理论最基本的要素。

（一）概念的内涵和特征

1. 概念的内涵

人类在认识过程中,从感性认识上升到理性认识,把所感知的事物的共同本质特点抽象出来,加以概括,就成为概念。中华人民共和国国家标准GB/T 15237.1—2000将概念界定为:"'概念'是对特征的独特组合而形成的知识单元"。德国工业标准2342将概念定义为:一个"通过使用抽象化的方式从一群事物中提取出来的反映其共同特性的思维单位"。据此,本书认为,概念是反映对象的本质属性的思维形式。

2. 概念的特征

概念具有两个基本特征,即概念的内涵和外延。概念的内涵就是指这个概念的含义,即该概念所反映的事物对象所特有的属性。例如:"商品是用来交换的劳动产品"。其中,"用来交换的劳动产品"就是概念"商品"的内涵;概念的外延则是指这个概念所反映的事物对象的范围,即具有概念所反映的属性的事物或对象。例如,"森林包括防护林、用材林、经济林、薪炭林、特殊用途林",这就是从外延角度说明"森林"的概念。概念的内涵和外延具有反比关系,即一个概念的内涵越多,外延就越小;反之亦然。如,"人"的内涵是"能直立行走制造工具进行劳动的高等动物",外延即所有人都包括在内;"中国人"的内涵是"具有中国国籍的能直立行走制造工具进行劳动的高等动物",内涵较之前面的"人"增多了,然而外延只能指"具有中国国籍的人",而不能指所有的人了。

在学术研究中,在概念的使用上,我们要注意以下两个方面:第一,尽可能使用相关概念的名称,而不是自己去编一个名称;第二,最好使用那些在相应的文献体系中已经被接受的概念,而不是一些日常使用的术语,例如,"组织公民行为",而不是"热爱组织"。

(二)构念

构念是研究人员基于研究上的需要,所想象、创造出来的抽象观念,如知识经济、工作满意度、组织承诺、工作幸福感、工作积极压力等。

与概念想比,构念具有两个特点:第一,构念必须具有明确而有效的定义;第二,构念的界定必须以测量或衡量作为原则。

研究人员创立构念的目的是将其作为理论建立的基础,使现象与关系可以精确地表达出来。

(三)定义

定义即对于一种事物的本质特征或一个概念的内涵和外延的确切而简要的说明;或是通过列出一个事件或者一个物件的基本属性来描述或规范一个词或一个概念的意义;被定义的事物或者物件称为被定义项,其定义称为定义项。

在下定义时,研究者要把握以下原则:第一,定义项的概念认知度高于被定义项。在定义中,用来定义的项(对象)必须是比被定义项更为普及的。在理论系统中,要用已定义的概念定义未定义的概念。如果在定义项中必须使用认知度较低的概念,就必须先加以定义。如,"健康就是非病非亚健康状态",在此例中,用"亚健康"来定义"健康",而我们对"亚健康"这一概念的认知度低于对"健康"的认知度,因此该定义不符要求,被称为晦涩定义。第二,定义项中不能直接或间接地包含被定义项。如果直接包含,则称为同语反复;如果间接包含,则称为循环定义。例如,对"聪明人"一词的定义是"聪明的人",便是同语反复;"健康就是非病非亚健康状态"也是同语反复。第三,对被定义项要恰当归类。例如,"中国属于联合国",联合国是一个组织,而中国是一个国家,称为归属不当,应改为"中国属于联合国成员国"。第四,定义项与被定义项的外延必须是全同关系。如果定义项外延大于被定义项,称为定义过宽。反之则为定义过窄。如,"爱情是一种男女之间的感情"就是定义过宽,因为母子之间也有感情但不是爱情;"爱情是男女基于性欲的感情",而性欲只是人的生命某一阶段的机能,但爱情可以伴随终生,因此该定义属于定义过窄。第五,定义一般为肯定性陈述,但并不是不能用否定性陈述。当用否定性陈述时,即当 A 被定义为非 B 时,AB 必须互补。"健康就是非病状态"之所以错误,因为它们只是互斥不是互补。

在管理学的实证研究中,对概念下操作化定义非常重要。对于同一概念,研究者所下的操作化定义不同,研究结论就可能不尽相同。

操作化也称具体化,或分解化。所谓操作化,是指在调查研究中,将抽象的概念和命题逐步分解为可测量的指标与可被实际调查资料检验命题的过程。它是对复杂的社会现象进行定量研究的一种方法,此种方法在管理学研究中被广泛地应用。

操作化是现代社会调查研究方法必经的一个阶段。操作化的作用表现在三个方面:第一,使概念或命题具体化,使调查研究得以进行;第二,使概念或命题量化,对社会现象的分析从定性和定量两个方面进行,避免了对社会现象分析的片面性;第三,对社会现象的分析是建立在量的基础上,操作化使定性分析即结论建立在科学的基础上,而不是一种主观的臆断。

概念和命题的操作化步骤如下:第一,明确概念的确切含义;第二,进行探索性研究,确定概念操作化的框架;第三,对概念或命题进行分解。所谓分解,就是将整体分解为部分,将复杂的事物或命题分解为简单的要素,然后对各个部分或要素进行研究的一种方法;第四,确定命题的评价体系。在设计操作化框架中,确定各部分或各因素在整体框架中所占的地位或权重,也就是把命题分解为若干部分或若干因素之后还须确定每一部分或因素在整体中所占的地位。

阅读链接   **包容型领导风格的要素**

Hollander(2009 年)从支持与认可、沟通—行为—公正、自我—唯利—不尊重 3 个要素测量包容型领导风格。Carmeli、Reiter-Palmon 和 Ziv(2010 年)把包容型领导风格分为开放性、可获得支持和帮助、可接近性 3 个维度,并设计了测评问卷。在以往文献的基础上,笔者对浙江高校科研团队的成员和领导进行了深度访谈、开放式问卷调查和专家访谈,调查的主题是包容型领导风格的维度和行为表现。通过对调研资料内容分析、归类和反向归类,基于领导与员工的关系视角,把包容型领导风格分为 3 个维度:①领导者包容员工的观点和失败。即领导者能开明地听取员工的观点,理性地包容员工的错误,在员工犯错误时给予员工鼓励、支持和指导;②认可并培养员工。即尊重和认可员工,重视对员工的培养,当员工取得成绩时能够给予称赞而非妒忌;③领导者公平对待员工。即领导者能够考虑到员工的需求和利益,以公平公正态度对待员工,并使员工共享收益。

资料来源:方阳春.包容型领导风格对团队绩效的影响——基于员工自我效能感的中介作用[J].科研管理,2014(5):153-154.

二、变量

概念有两大类,即常量和变量。常量是仅有一个不变值的概念,通俗地解释,常量就是理解起来没有歧义的概念,如宁波市、小学生等。与常量对应的概念是变量,就是具有一个以上不同取值的概念,通俗地解释,就是理解起来有歧义的概念,例如,高校教师职称包括助教、讲师、教授、副教授四个取值；个人收入包括高收入、中等收入、低收入、无收入四个取值。

在统计学中，变量按变量值是否连续可分为连续变量与离散变量两种。在一定区间内可以任意取值的变量称为连续变量，其数值是连续不断的，相邻两个数值可作无限分割，即可取无限个数值。例如，生产零件的规格尺寸，人体测量的身高、体重、胸围等为连续变量，其数值只能用测量或计量的方法取得。反之，其数值只能用自然数或整数单位计算的则为离散变量，例如，企业个数、职工人数、设备台数等，只能按计量单位数计数，这种变量的数值一般用计数方法取得。

变量的类型有很多，我们在管理学研究中常用的变量包括：自变量、因变量、控制变量、中介变量和调节变量，如图2-4所示。

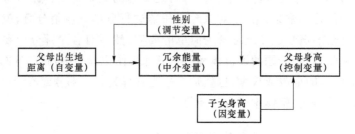

图2-4 父母出生地距离与孩子身高关系理论中的变量类型

（一）自变量和因变量

自变量指的是在研究中由研究者者所操纵的因素或条件。因变量也称反应变量，是指由于自变量而引起的变化和结果。通常自变量是原因，因变量是结果，二者具有因果关系。科学研究的目的就在于获得和解释这种前因后果。例如，在"唾液淀粉酶在水解淀粉"的实验中，所给定的低温（冰块）、适温（37℃）、高温（沸水浴）就是自变量，而由于低温、适温、高温条件发生变化，唾液淀粉酶水解淀粉的反应结果也随之变化，这就是因变量。再如，我们研究"领导风格对科技人员创新行为的影响"，其中，领导风格是自变量，科技人员创新行为则是因变量。

（二）控制变量

控制变量也称无关变量，是指研究过程中除自变量以外的影响研究结果的因素或条件，控制变量和额外变量（是指研究中无关变量引起的变化或结果）相对应。如，在"唾液淀粉酶在水解淀粉"的实验中，除自变量（低温、适温、高温）以外，试管洁净程度、唾液新鲜程度、可溶性淀粉浓度和纯度、试剂溶液的剂量、浓度和纯度、实验操作程序、温度处理的时间长短等，都属于控制变量。如果控制变量中的任何一个或几个因素的给定不等同、不均衡、不稳定，则会对实验结果造成干扰，产生误差。

（三）中介变量

假设 X 为自变量,Y 为因变量,如果 X 通过影响变量 M 来影响 Y,M 既是一个变量 X 的结果,又是另一个变量 Y 的原因,在 X 与 Y 之间起连接作用,则称 M 为中介变量,它解释了 X 与 Y 之间为什么会存在关系以及这些关系是如何发生的(关系内部的作用机制)。例如,工作幸福感与员工创新绩效的影响通过以下机制实现：工作幸福感—组织承诺—个体创新绩效,其中的组织承诺即为中介变量;再如,上司对下属表现的反应研究表明：下属的表现—上司对下属表现的归因—上司对下属表现的反应,其中的"上司对下属表现的归因"就是中介变量。

中介变量可以分为两类：一是完全中介(full mediation)。即 X 对 Y 的影响完全通过 M,如果没有 M 的作用,X 就不会影响 Y;二是部分中介(partial mediation)。即 X 对 Y 的影响部分是直接的,部分作用是通过 M 实现的。

Baron 和 Kenny(1986 年)认为研究过程中是否存在中介作用应满足以下四个条件：第一,自变量与中介变量之间有显著相关。第二,中介变量与因变量之间有显著相关。第三,自变量与因变量之间有显著相关。第四,当中介变量引入回归方程后,自变量与因变量的相关或回归系数显著降低。如果自变量与因变量的关系下降至零,是完全中介;如果自变量与因变量的相关降低但不等于零,是部分中介。

（四）调节变量

如果变量 Y 与变量 X 的关系是变量 M 的函数,则称 M 为调节变量。就是说,Y 与 X 的关系受到第三个变量 M 的影响。调节变量可以是定性的(如性别、种族、学校类型等),也可以是定量的(如年龄、受教育年限、刺激次数等),它影响因变量和自变量之间关系的方向(正或负)与强弱。例如,学生的学习效果和指导方案的关系,往往受到学生个性的影响：一种指导方案对某类学生很有效,对另一类学生却没有效,因此学生个性是调节变量。又如,学生一般自我概念与某项自我概念(如外貌、体能等)的关系,受到学生对该项自我概念重视程度的影响；很重视外貌的人,长相不好会大大降低其一般自我概念;不重视外貌的人,长相不好对其一般自我概念影响不大,因而对该项自我概念的重视程度是调节变量。

如果一个变量与自变量或因变量相关不大,它不可能成为中介变量,但有可能成为调节变量。理想的调节变量与自变量和因变量的相关都不大。有的变量,如性别、年龄等,由于不受自变量的影响,自然不能成为中介变量,但许多时候都可以考虑为调节变量。对于给定的自变量和因变量,有的变量做调节变量和中介变量都是合适的,从理论上都可以做出合理的解释。

（五）边界条件

在构建中层理论时,我们应当有一个预先的假定：它们不是通用的理论,它们只是在有限的条件下才适用,这个有限条件就是我们所说的边界条件。一般来说,研究者可以通过明确三种情景限制来界定一个理论的边界条件:人、地点和时间。比如,"高科技企业研发人员的工作压力影响因素研究"一文,其边界条件是:人——研发人员;地点——高科技企业;时间——当前。

(六)命题和假设

1. 命题

命题是关于事物的一个或多个概念即变量之间关系的描述,也就是说各变量之间为何以及如何联系在一起的。如果把概念比作故事中的角色,那么命题和假设就是要告诉观众这些角色之间有什么关系,以及为什么会有这些关系。它通过这种表述,使各种社会事物和现象联系起来,形成作者自己的观点。社会上普遍存在的公理、定理、经验概括、假设都属于命题。在各种命题中,公理、定理、经验概括都属于已经得到调查资料证实的命题,也就是实践证明的命题,假设则是未经调查资料证实的命题,是将命题涉及的广泛的关系以更具体、可操作的方式表达出来。

2. 假设

(1)假设的概念

"研究假设"是一个研究词汇,是在进行研究之前预先设想的、暂定的理论,是研究者根据经验事实和科学理论对所研究的问题的规律或原因做出的一种推测性论断和假定性解释,即是对所研究的问题预先赋予的答案。其实,假设在我们日常生活中处理问题时是大量存在的。例如,教室里有一盏灯不亮,我们会去试一下开关,这就意味着我们假设灯不亮的原因是开关没开。如果试过后,灯亮了,则原先的假设得到了验证,问题得到解决。如果没有亮,则否定了原假设,说明灯不亮的原因不是开关的问题。这时我们会继续假设:是启动器的毛病,是灯管坏了,还是线路问题等。然后再针对假设进行验证,直到问题解决。总之,在解决问题的过程中,人们在任何验证性的活动之前,总是会有假设作为行动的基础。下面是通过开发非智力因素和指导学习方法,大面积提高教学质量的实验研究的假设。

例 2-1 提高中学教学质量途径的假设

根据我们的调查和国外教育心理学研究成果,学习积极性和学习方法是影响中学生学习的最主要因素,也是可塑性最大的两个因素,所以本实验拟从开发非智力性因素和学法指导入手,来探讨提高中学教学质量的教育教学规律问题。学生的学习实践证明,智力因素固然影响中学生的学习,但是学习动机、意志、兴趣、情感、习惯等因素涉及学习动力问题,因此是影响学习成绩的重要因素。目前,中学生中出现大量厌学、辍学现象,主要不是智力因素,而是非智力因素造成的。通过分析学校的中差生,他们之所以成绩不良,大多数是因为学习目的不明确,意志薄弱,懒惰,对学习不感兴趣造成的,我们设想,对不同层次的学生,开发非智力因素,调动学习积极性,以提高中学生的学习成绩。要大面积提高教育教学质量,不仅要解决学习动力问题,还要解决学习方法问题，在中学生中，因为学习方法而影响学习成绩的并非个别现象，况且不同层次的学生都有一个改进学习方法、提高学习效率的问题，特别是刚入初中的学生更需要学习方法上的指导，我们设想，给中学生学习方法上的指导，提高学习效率，大面积提高教学质量。

(2) 提出研究假设的方法

提出研究假设的基本方法主要是演绎法和归纳法。需要说明的是，不论是运用归纳法还是演绎法，都应在发现问题的基础上进行。我们可依据前面介绍的发现问题的途径，从理论和实践中寻找问题，然后再运用归纳和演绎的方法提出研究假设。

① 用演绎的方法提出研究假设

演绎是指从一般到个别，即从某一理论出发考察某一特定的对象，对这一对象的有关情况进行推测。也就是说，运用一般性理论或规则推测出个别现象或对象的状况。如，随着一个人从事某一活动能力的提高，他花在这一活动上的时间就会减少。这是一个一般性的结论。我们可以按照这个结论推测出下面的假设：学生在其擅长的学习科目方面，可用较少的时间完成作业。总之，根据变量间的假定关系建立对有关事件的一般推测，然后再根据它对特殊事物及关系做出推测，这就是演绎的方法。

② 用归纳的方法提出研究假设

归纳就是从个别到一般，即从许多个别事实中概括出有关事物、现象的一般性认识或结论。研究者通常在对特定现象或事件观察的基础上，提出更一般性的假设。如，某物理教师在其任教生涯中，观察到高中阶段其所教男生比女生的成绩普遍要好。该物理教师观察的学生相对于全体高中生来说，还只是个别的，但该教师可以在此基础上，提出"在物理学科中，高中阶段的男性比女性学习成绩要好"带有一般意义的假设，并通过研究对假设进行验证。

阅读链接　　工作幸福感、组织承诺、员工创新绩效关系的假设

3.1　相关研究变量的维度界定

3.1.1　工作幸福感的维度界定

本文借鉴我国学者文峰的研究成果将工作幸福感划分为七个维度：工作价值、人际关系、发展前景、福利待遇、环境驾驭、自我接受、自主性。

3.1.2　组织承诺的维度界定

本文借鉴 Meyer 和 Allen 在 1993 年对组织承诺的研究，将组织承诺划分为三个维度：情感承诺、持续承诺和规范承诺。

3.1.3　员工创新绩效的维度界定

本文借鉴 Janssen 等人在 2004 年对员工创新绩效的研究，将创新绩效划分为三个维度："想法的提出""想法的推进""想法的应用"。

3.2 假设提出

3.2.1 工作幸福感对组织承诺的影响效应假设

一个员工如果从工作中感受到幸福,就会建立更融洽的工作关系,就会更热爱自己的本职工作,并且会害怕失去自己这份心仪的工作,从而形成较高的组织承诺。已有很多研究表明工作幸福感对组织承诺具有正向的影响作用。Fredrickson(1998年)认为工作幸福感可以让人们更好地应对威胁和挑战,从而可以提高工作绩效,降低缺勤率和离职率。Huey-Ming Tzeng(2002年)通过研究发现工作幸福感和员工离职倾向成负相关,及工作幸福感越高,员工离职倾向越低。潘丽萍在2008年的研究中指出,企业中的工作幸福感与组织承诺成正相关。本文根据前人的研究成果,提出如下假设:

H1:工作幸福感对组织承诺有正向影响作用。

H1-1:工作价值对组织承诺有正向影响作用。

H1-2:人际关系对组织承诺有正向影响作用。

H1-3:发展前景对组织承诺有正向影响作用。

H1-4:福利待遇对组织承诺有正向影响作用。

H1-5:环境驾驭对组织承诺有正向影响作用。

H1-6:自我接受对组织承诺有正向影响作用。

H1-7:自主性对组织承诺有正向影响作用。

3.2.2 工作幸福感对创新绩效的影响效应假设

一个员工如果能从工作中感受到幸福,那他就会热爱本职工作,并对工作进行投入,在投入过程中,其积极性、创造性就能得到充分发挥,在工作中就会有所创新。有相当多的研究表明员工的工作幸福感对员工的创新绩效有显著性影响。Feist(1999年)和 Frederickson(2003年)认为员工的幸福感越高,其越容易拓展他的认知范围和认知灵活度,从而越容易让员工产生新的想法并实施。Frijda(1988年)认为工作幸福感给员工提供了一种信号,这种信号提醒员工需要关注哪些因素。然后工作幸福感高的员工认为他所处的环境是顺利的、自由的,在这种环境下他们处理问题的时候,思维往往呈启发式的状态,所以他的行动会更有创新性(Kaufmann,2003年;Gasper,2004年),从而拥有更高的创新绩效。本文根据前人的研究成果提出如下假设:

H2:工作幸福感对员工创新绩效有正向影响作用。

H2-1:工作价值对员工创新绩效有正向影响作用。

H2-2:人际关系对员工创新绩效有正向影响作用。

H2-3:发展前景对员工创新绩效有正向影响作用。

H2-4:薪酬福利对员工创新绩效有正向影响作用。

H2-5:环境驾驭对员工创新绩效有正向影响作用。

H2-6:自我接受对员工创新绩效有正向影响作用。

H2-7:自主性对员工创新绩效有正向影响作用。

3.2.3 组织承诺对创新绩效的影响效应假设

一个拥有较高组织承诺的员工会更加投入工作,更加热爱自己的工作,在这种情形下,其会考虑工作中存在的各种问题,并且会充分发挥自己的主观能动性和创造性,从而提高自己的工作绩效,包括创新绩效。有相当多的研究也表明员工的组织承诺对员工的创新绩效有正向影响作用。Dubin、Champoux 和 Porter(1975 年)通过研究发现组织承诺与创新绩效呈现显著的正相关,即组织承诺越高,员工的工作绩效也越高。Keller 通过研究也发现组织承诺与员工的创新绩效有正向的关系。国内学者韩翼在 2007 年的研究中指出员工的组织承诺与创新绩效呈正相关,员工的组织承诺越高,工作绩效也越高。

本文根据前人的研究成果提出如下假设:

H3:组织承诺对员工创新绩效有正向影响作用。

H3-1:情感承诺对员工创新绩效有正向影响作用。

H3-2:持续承诺对员工创新绩效有正向影响作用。

H3-3:规范承诺对员工创新绩效有正向影响作用。

3.2.4 组织承诺的中介效应假设

员工的工作幸福感会影响到员工能否长久地服务于自己所在的企业,进而影响到员工的组织承诺。组织承诺的高低关系着员工能否全身心地投入到工作中,员工的投入程度影响着员工的创造性,如果员工对工作的投入程度较低,整天想着换工作、看外面的机会,那么员工就会没有太多时间和精力、心思去思考工作中遇到的各种问题,更不能提出更好的解决工作问题的方式,进而自己的工作绩效包括创新绩效就会受到影响。同样根据文献综述,工作幸福感可以影响组织承诺,组织承诺可以影响创新绩效,并且工作幸福感也可以影响创新绩效,那么在工作幸福感影响创新绩效的过程中,能否通过组织承诺来产生传递作用,为此,我们提出如下假设:

H4:组织承诺在工作幸福感对创新绩效的关系中起中介作用。

H4-1:情感承诺在工作幸福感对创新绩效的关系中起中介作用。

H4-2:持续承诺在工作幸福感对创新绩效的关系中起中介作用。

H4-3:规范承诺在工作幸福感对创新绩效的关系中起中介作用。

资料来源:郑霞.员工工作幸福感、组织承诺、员工创新绩效的关系研究[D].北京邮电大学硕士论文,2017:24-26.

(3) 好研究假设的判断标准

假设对一项研究的价值起着至关重要的作用,一个好的研究假设应符合以下几个要求:

① 研究假设不能与管理科学中已经验证的正确理论相违背;不能与已经验证的过去事实相矛盾

② 研究假设应当对两个或两个以上的变量间的关系做出推测

依据一定的基本观点提出的假设是对因果关系、相关关系的一种假定性描述,这种假定性的说明,事实上是对所要研究的变量之间关系的说明。因此,形成研究假设的过程实质上是确定主要变量及其关系的过程。

第一,因果关系。因果关系是指在两个有关系的变量中,一个变量的变化会引起另一个变量的变化,例如,汽车尾气排放会引起空气污染;通货膨胀会导致生活水平的下降;改善劳动条件会提高员工工作积极性;生产成本下降会提高企业的效益。确定这种关系,应注意:在两个变量中,只能一个是因,一个是果,不能互为因果。社会现象之间的关系十分复杂,有一因多果、一果多因、一因多果和多果多因等,研究者应注意区别事物之间因果关系的类型,对一果多因、一因多果和多果多因等复杂关系要仔细分析,逐一明确,这样才能明确社会现象和事物之间的变化规律。

第二,相关关系。相关关系是指变量的变化之间存在着非因果关系的一定联系和一定关系,例如,高学历和收入之间虽然不存在因果关系,但是还存在一定联系,这就可以说二者是相关关系。变量之间的关系,从变化的方向来看,有正相关和负相关;从变化的表现形式来看,有直线关系和曲线关系。

当一个变量的数值发生变化时,另一个变量的数值发生同方向的变化,这种相关关系称为正相关,也称直接相关。例如,随着干部素质的提高,政府管理水平就会提高。当一个变量的数值发生变化时,另一个变量的数值随之发生反方向的变化,这种相关关系称为负相关,也称逆相关。例如,随着工人劳动技能的提高,产品的差错率会降低。当一个变量的数值发生变动(增加或减少),另一个变量的数值发生大致均等的变化,这是直线相关。例如,学生学习成绩随着用功程度稳步上升,用功程度和学习成绩之间的关系类似一条直线,这种关系就是直线相关。当一个变量的数值发生变动(增加或减少),另一个变量的数值发生不均等的变化,这种关系称为曲线相关。例如,当物价上涨时,工资的增加或增加幅度往往不与之同步,工资的增加与物价的上涨之间表现为一种曲线关系,这就是曲线相关。

在明确课题研究的自变量和因变量及其自变量、因变量观测指标后,下一步就是用适当的语言将研究者推断的两者的因果关系或某种相关关系表述出来,形成课题的研究假设。对具有因果关系的变量的假定常用"如果……,(则)……""随着……,(就)……"的关联词来连接。如,"如果教师对一个学生的评价越来越差,该学生的自我评价也变得越来越差""随着儿童年龄的增长,其词汇量也就越来越大"。对具有相关关系的变量的假定常用"A 与 B 成……""……比……更……"。如,"智商与学业成就成正相关""在语言学习方面,女生比男生的成绩更好"。

③ 研究假设应以陈述句的形式,用明确的语言表述出来

表述假设的语言应当清楚明白,不能含混不清、模棱两可。这一方面表明研究者对这个问题的认识是明确清楚的,另一方面也使别人清楚地知道所研究问题的内容和性质。

④ 研究假设是可以伪证的

可以伪证指的是研究假设应当是可以检验的,通过操作定义可被研究人员用一定

的方法收集来的数据和事实加以验证。比如,"有志者事竟成"就是一个不能伪证的假设。因为我们不能准确定义"有志"和"成功"。

⑤ 研究假设应具有理论上的重要性

尽管假设是一种有待验证的猜测,但这并不意味着可以随意进行。也就是说,假设要有一定的科学依据,建立在明确的概念、已有的科学理论和科学事实的基础上,并且得到了一定科学论证,与早先的正确研究结论是一致的,而不是毫无事实根据的推测和主观臆断。研究者必须能够在他人理论的基础上,对他人的理论进行改进,或者提出以往理论没有研究过的新假设。

例 2-2　马克思关于社会冲突的公理和定理及其假设

公理 1　稀缺性资源分配越不平均,越容易产生社会冲突。

公理 2　社会冲突越激烈,越容易导致阶级斗争。

定理 1　稀缺性资源分配越不平等,越容易导致阶级斗争。(理论假设)

假设 1　员工对收入分配越感到不公平,就越有可能采取消极怠工的方式。

假设 2　员工的社会保障水平越低,就越有可能跳槽。

假设 3　当企业企图提高生产的自动化水平时,工人就有可能采取破坏机器的行为。

假设 4　员工的生活如果一直处于绝对贫困化水平(工资收入无法维持劳动力的生产和再生产),就有可能采取罢工的形式。

假设 5　员工希望增加工资的愿望如果受到暴力镇压,就会发生大规模骚乱。

例 2-3　马克斯·韦伯关于组织理论的公理和定理及其假设

公理 1　集中化程度越高,形式越高。

公理 2　形式化越高,效率越高。

定理 1　集中化程度越高,效率越高。(理论假设)

假设 1　工厂化生产要比家庭作坊生产出更多的产品。

假设 2　流水线生产的要比单件生产的生产效率更高。

假设 3　在工厂周围建造工人社区,能够提高生产效率。

⑥ 研究假设应简洁

一个好的假设还应该简洁。一个好的假设不是要穷尽所有的因素,而是要分离出几个主要因素。有些研究者试图在自己的研究中加进很多自变量,这样随着自变量的增多,研究就会失去重点,也难以对因变量的变化做出合理的解释。如,研究"科技人员工作满意度",研究者找出很多影响因素:薪酬、绩效考核、领导方式、人际关系、工作内容、公司氛围、业务流程等,最后理不出核心因素,使得研究失去重点和价值。

⑦ 研究假设应具有繁衍性

繁衍性即从一个假设中可以演绎出很多具体的假设。比如,有两个男孩子,一个叫李冰,一个叫曹亮,曹亮长得高,李冰长得矮,他们在打架。我们的假设是李冰嫉妒曹亮,这就不是一个好的假设,因为我们没有办法把这个假设推演到其他人和其他情况中,我们修改前面的假设,变为:长得矮的人嫉妒长得高的人,或者,一个人在一个领域弱了,就希望在另一个领域里争强好胜。这就成为一个好的假设,因为我们可以把这个假设推演到其他人身上,也可以推演到其他很多领域中。

第四节 科学是理论与研究之间不断相互作用的过程

一、科学环

1971年,美国社会学家华莱士在《社会学中的科学逻辑》一书中,很好地解答了"科学是理论与研究之间不断相互作用的过程"。在科学环中,研究者有两个入口:首先从观察事实,记录事实入手,通过描述和解释他们观察到的事实,形成经验概括并上升为理论,然后在理论的基础上做出预测;其次,研究者从理论出发,由理论产生假设,再将之操作化,到现实世界收集经验事实资料形成数据来检验理论,对之做出支持、修改,或者提出新的理论。华莱士的科学环如图2-5所示。

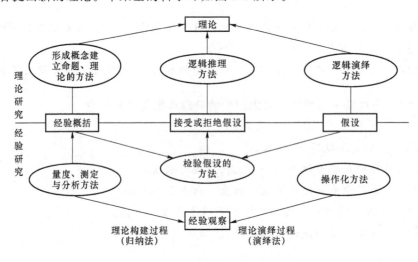

图2-5 华莱士的科学环

二、理论与研究之间的关系

（一）理论对研究的作用

要深刻理解科学是理论与研究之间不断相互作用的过程,还必须理清楚理论与研究彼此之间是怎样作用的,只有这样我们才能更高层次去看待这个问题。通过对华莱士在《社会学中的科学逻辑》一书中对科学是理论与研究之间不断相互作用的过程的

理解,笔者认为理论对研究有以下三个方面的具体作用:

首先,理论作为研究的基础和背景,为研究提供特定的视野和概念框架。这种作用是从研究课题产生的角度来说的。具体的社会研究课题来自于理论并用来发展理论,理论是研究的起点,来源于现实的课题,理论的确可以提供特定的视野和概念框架。如,研究下岗职工再就业问题,社会资本理论、社会地位获得理论、社会分层理论、社会网络理论使我们对具体现象的探讨更加深入。

其次,理论指导研究方向。在经验研究中,理论可以告诉研究者哪些事实和研究是有关的,指导研究者实践特定的事实。用不同的理论作指导,观察收集到的事实是不同的。正是这些不同的理论给予研究者认识事物不同的视角,看到事物不同的方面,使得人们对事物的认识更加全面。比如,研究"科技人员激励机制的构建"问题,我们用社会交换理论、需要层次理论、期望理论作为切入点,收集的材料是不同的,研究结论也会不一致。

最后,理论为研究提供解释。在资料分析过程中,理论也有着十分重要的作用。总的来说,有明确理论指导的经验研究才可能对知识的发展做出贡献。有无理论指导是经验研究价值大小的重要衡量标准。比如,一项社会调查显示:"黑人男性与白人女性结婚的比例明显高于黑人女性与白人男性结婚的比例",分别为20%与4%。为什么有这种现象的发生?从社会交换理论看,男人的社会地位普遍高于女性的社会地位,黑人男性用较高的社会地位换取白人女性较高的人种地位,而黑人女性却难以做到这一点。

(二)研究对理论的作用

理论对研究有如此重要的作用,同样研究对理论也有着非常重要的作用。研究的理论作用体现以下四个方面:

第一,研究可以开创理论。在研究中获得的"不期而遇、异乎寻常的资料"常常是某种理论的开创者。比如,霍桑试验,研究者起初所关注的是劳动条件与工人生产产量之间的关系,然而研究在这方面却未得到结果。但研究者却得到一个"副产品"——霍桑效应,即那些意识到自己被别人观察的个人具有改变自己行为的倾向。

第二,研究可以起到重整理论的作用。研究可以把注意力集中在目前为止被忽略了但却有重要关系的事实上,正是这些被忽略的事实迫切要求扩展和改善原有的概念系统。

第三,研究能起到扭转理论的作用。研究中用到的新的技术和方法可以得到原先人们无法理解的事实或者利用的资料,而这些新资料又会促成研究者形成新的假设,并导致新的理论关注点。

第四,研究能够廓清理论。大量的研究可以使得理论的内涵与外延、概念的维度、概念的层次被弄得清清楚楚,所以研究还可以起到廓清理论的作用。

综上,不难看出,理论和研究的一方对另一方有着重要的贡献与作用。不论是抛开理论谈研究还是抛开研究谈理论,都不叫科学。我们要认识一个社会现象,既要靠以往的社会学理论,还必须去研究它,只有这样理论才能在研究中得到应用和升华,上升到更高的层次;反过来理论也进一步指导我们去研究社会现象,使得研究更加科学规范。科学要不断发展,人类认识社会的广度要不断扩展,深度要加深,就必须拿起理论与研究这两把武器。只有这样,人类社会才能更加文明和持续地发展。

> 本章思考题:在管理学研究中,如何提出一个好的研究假设?

第三章
学术论文的选题

美国顶级管理大师彼得·德鲁克曾指出：管理学研究者的任务不是解答问题，而是提出问题。正是他独具视角的犀利提问，让众多企业管理界的 CEO 如杰克·韦尔奇等受益匪浅。他在实践中探索出许多企业管理的良方，如"无边界管理"，创造了独具特色的企业文化，并带领这艘企业界的航空母舰取得了举世瞩目的成就。在他的领导下，通用电气的市值由他上任时的 130 亿美元上升到了 4 800 亿美元，从全美上市公司盈利能力排名第十位发展到全球第一位，成为举足轻重的世界级大公司。由此，提出问题的重要性可见一斑。

提出问题对于学术研究同样具有重要意义。爱因斯坦曾经说过："提出一个问题往往比解决一个问题更重要。因为解决问题也许仅是一个数学上或实验上的技能而已，而提出新的问题，却需要有创造性的想象力，而且标志着科学的真正进步。"一些著名科学家既重视科研选题，又有洞察世界某个领域的科研方向、提出新的科研课题的能力，往往可能获得令人瞩目的学术研究成果。一般来说，考察一个人能否独立进行学术研究，首先看他能否选定一个合适的论题。通过选题，可以大致看出作者的研究水平和学术方向。比如，国家自然科学基金项目、国家社会科学基金项目以及其他各类科研项目的评审都非常强调选题的高度和水平。其中，国家社科基金项目的选题强调要以我国改革开放和社会主义现代化建设中的重大理论问题与实践问题作为主攻方向，积极探索有中国特色社会主义经济、政治、文化的发展规律，注重基础研究、新兴边缘交叉学科和跨学科综合研究，积极推进理论创新，支持具有重大价值的历史文化遗产的抢救和整理工作。

由此可见，选题是研究的起点，是学术论文写作的第一步，没有选题，就不可能启动后面的各项工作。选题是否恰当，不仅影响到论文的质量，也关系到写作的成败。本章主要介绍研究选题的重要性、选题的原则和选题的途径。

第一节 课题、论题与题目

从狭义上讲，选题是确定学术论文的题目；从广义上讲，选题是指确定论文的课题、论题和题目。在介绍如何选题之前，需要搞清楚上述三个概念之间的关系。

一、课题

"课题"就是要尝试、探索、研究或讨论的问题。《现代汉语词典》把课题解释为:"研究或讨论的主要问题或亟待解决的重大事项。课题是指为解决一个相对独立而单一的问题,而确定的最基本的研究单元"。由此,我们所说的课题通常是指某一学科的重大科研项目,它的研究范围比论题大得多。比如,2015年国家社会科学基金项目评审通过的部分项目:"习近平总书记的中华传统文化观研究""大数据时代的隐私权问题研究""中小企业网络化成长中的关系冲突与进化问题研究""大规模人群踩踏事件的预警预控及应急疏散研究"等都属于研究课题,它们分别包含若干论题。

二、论题

论题不同于题目,它的研究范围一般比题目要大。相对于总课题而言,论题相当于总课题之下的子课题,可由多篇论文组成。如,"科学发展观研究"是个课题,我们可以依据这个"大题目"具体设计如下论题:"科学发展观的科学内涵研究""科学发展观的基本内容研究""科学发展观的科学体系研究""科学发展观的历史地位研究"等。又如,"如何提高企业的经济效益"是一个大课题,其中包含许多论题:"经济效益的内涵""企业经济效益的评价指标""企业经济效益与经济政策的关系""提高企业经济效益的成功经验和案例"等。再如,"社会主义精神文明建设"是一个大课题,其中包括许多论题:"精神文明的地位和作用""精神文明的内容和特点""精神文明和物质文明的关系""精神文明中的文化、教育、科学的发展"以及"思想道德的建设"等。

三、题目

题目是论文的标题,只代表一篇论文的研究内容。比如,作者选定的论题是"企业经济效益的评价指标",就可以选择很多具体题目来写毕业论文;"财政部现有经济效益评价体系的缺陷及其进一步完善策略""经济效益评价体系中社会贡献率的内涵与计算方法研究""杭州地区各类企业的主要经济效益评价指标的比较研究""论存货周转率对企业经济效益的影响——以某企业为例"等。再如,作者选定的论题是研究"企业思想政治工作"的,就可以选择很多具体题目来写论文;"新时期企业思想政治工作的特点""外资企业中党组织的建设问题""民营企业中党组织的建设问题""论企业思想政治工作的疏导方针""思想政治工作要掌握人的思想规律""思想政治工作新方法的探索""网络时代的思想政治工作"等。

因此,学术论文选题过程一般是选课题,然后是从课题中选论题,再从论题中确定出具体题目进行研究。这是一个范围逐步缩小的过程。

第二节　论文选题的重要性

论文选题是决定论文内容和价值的一个关键性环节。提出问题是解决问题的第一步，选准了论题，就等于完成论文写作的一半。题目选得好，可以起到事半功倍的作用。选题的重要性具体体现在以下几个方面：

一、选题可以规划论文的方向、角度和规模

一旦确定选题，作者就需要收集和研究客观资料。随着资料的积累、思维的逐渐深入，会有各种各样的想法纷至沓来，这期间所产生的思想火花和各种看法，对我们都是十分宝贵的。但它们尚处于分散的状态，还难以确定它们对论文主题是否有用和用处之大小。因此，对它们必须有一个选择、鉴别、归拢、集中的过程。从对个别事物的个别认识上升到对一般事物的共性认识，从对对象的具体分析中寻找彼此间的差异和联系，从输入到大脑的众多信息中提炼，形成属于自己的观点，并使其确定下来。正是通过这种从个别到一般、分析与综合、归纳与演绎相结合的逻辑思维过程，使写作方向在作者的头脑中产生并逐渐明晰起来，毕业论文的着眼点、论证的角度以及大体的规模也初步有了一个轮廓。例如，关于企业的运作战略，如果作者提出的问题是"哪些战略有助于企业新产品的开发"，那么其研究的重点应当是寻找与开发新产品有关的各种方法与手段，比如，设立研发基金，建立跨部门、跨职能的工作团队，鼓励员工大胆尝试新的工作方法和流程，绩效考核注重长期性等。但如果作者提出的问题是"在产品的不同发展阶段，企业应采取什么样的战略取得成功"，那么研究者就会关注在产品不同生命周期企业可能使用的不同战略决策，然后通过对其成功率的比较来得出结论。再如，笔者在 2015 年曾发表过一篇学术论文，题目为"民国时期（1912—1937）华商私营银行的人力资源管理实践"。从题目可以看出，该论文的研究对象是华商私营银行（民国时期，我国的银行有官办银行、官商合办银行、外资银行、私营银行）；研究时间为 1912—1937 年；研究内容是华商私营银行的人力资源管理实践，关注的重点应包括行员甄选、培训、绩效管理、薪酬管理等方面。

二、选题有利于提高作者的科研能力

科学研究要以专业知识为基础，但专业知识的丰富并不一定表明某个人的研究能力很强。有的人书读得不少，可是忽视研究能力的培养，结果仍然写不出一篇像样的学术论文来。可见，知识并不等于能力，研究能力不会自发产生，必须在使用知识的实践中，即在科学研究的实践中，自觉地加以培养和锻炼才能获得和提高。选题需要研究者积极思考，需要具备一定的发现问题、解决问题的能力。从开始选题到题目确定的过程就是从事学术研究的各种能力提高的过程。在选题前，我们需要对某一学科的专业知识下一番工夫钻研，需要学会收集、整理、查阅资料等项研究工作的方法；在选

题过程中,我们要对已学的专业知识反复认真地思考,并逐一从各个角度、各个侧面深化对问题的研究,找出症结与关键,能对所研究的问题由感性认识上升到理性认识,加以条理使其初步系统化,从而使得自己的归纳和演绎、分析和综合、判断和推理、联想和发挥等方面的思维能力与研究能力得到锻炼及提高。

三、选题能预测论文的价值和效用

选题是一个创造性思维的过程,它规划了论文的方向、角度和规模,从而能够提前对论文的价值做出基本的评估,具有一定的预测性。

学术论文的成果与价值,最终当然要由文章的最后完成和客观效用来评定,但选题对其具有重要作用。选题不仅仅是给文章定一个题目和简单地规定一个范围,选择学术论文题目的过程,就是初步进行科学研究的过程。选择一个好的题目,需要经过作者多方思索、互相比较、反复推敲、精心策划的一番努力。题目一经选定,也就表明作者头脑里已经大致形成了论文的轮廓。正如我国著名哲学家张世英所说:"能提出像样的问题,不是一件容易的事,却是一件很重要的事。说它不容易,是因为提问题本身就需要研究;一个不研究某一行道的人,不可能提出某一行道的问题。也正因为要经过一个研究过程才能提出一个像样的问题,所以我们也可以说,问题提得像样了,这篇论文的内容和价值也就很有几分了。这就是选题的重要性之所在。"论文的选题有意义,写出来的论文才有价值,如果选定的题目毫无意义,即使花了很多的工夫,文章的结构和语言也不错,也不会有什么积极的效果和作用。正所谓:一个有过失的题目不可能做出有价值的东西。

例如,"浅析领导者突出工作重点的方法与艺术"一文选题是成功的。作者周建平长期以来从事党政领导工作,先后担任过乡镇党委书记、区委书记、县委组织部副部长、县劳动人事局局长、县财税局局长等领导职务。在工作实践中,他深深体会到,领导干部担任的职务不同,工作岗位也要经常变动:乡镇工作虽然管辖范围不大,但"麻雀虽小,五脏俱全",上面一根针,下面千条线,样样都要管;担任县机关部门的领导,虽然职能相对比较单一,但线长、点多、范围广。作为主要领导,如何有效地领导好本地区、本部门的工作,这里就有一个科学的领导方法和领导艺术问题。在中央党校函授学院大专班毕业进行论文选题时,他在多方收集材料且深思熟虑的基础上,运用唯物辩证法,结合自己的工作实际,选择了抓工作重点的领导方法和领导艺术这一题目,取得了成功。又如,"县办高校质量提升路径研究"一文选题是失败的。我们从中国的实际状况分析,目前中国设在县城的大学只有两所:一所是山西农业大学,位于山西省太谷县;另一所是西南大学(荣昌校区),位于中国畜牧科技城重庆国家现代畜牧业示范区核心区——荣昌县城。由此,可以推断这类选题的社会意义及推广意义不大,论文的价值也就可见一斑。再如,"婚礼最佳参加人数的定量分析"一文,运用量化方法分析一场婚礼邀请多少嘉宾参加最为合适,但是这种分析结果对现实生活缺乏指导意义和参考价值,因为在一场婚礼上,主人究竟邀请多少嘉宾参加是机动的、灵活的!如果亲朋好友多的话,就多请一些;反之,就少请一些。

四、对本科生而言,选题有利于弥补知识储备不足的缺陷

对本科生而言,选题还有利于弥补知识储备不足的缺陷,有针对性地、高效率地获取知识,早出成果,快出成果。

撰写毕业论文,是先打基础后搞科研。大学生在打基础阶段,学习知识需要广博一些;在搞研究阶段,钻研资料应当集中一些。而选题则是广博和集中的有机结合。在选题过程中,研究方向逐渐明确,研究目标越来越集中,最后要紧紧抓住论题开展研究工作。爱因斯坦说过:"我不久就学会了识别出那种能够导致深邃知识的东西,而把其他许多东西撇开不管,把许多充塞脑袋,并使它偏离主要目标的东西撇开不管。"要做到这一点,必须具备较多的知识积累。对于初次写作论文的大学生来说,在知识不够齐备的情况下,对准研究目标,直接进入研究过程,就可以根据研究的需要来补充、收集有关的资料,有针对性地弥补知识储备的不足。这样一来,选题的过程也成了学习新知识、拓宽知识面、加深对问题理解的好时机。

第三节　选题的原则

由于提出问题对于研究过程和研究结果如此重要,所以在做研究和写论文时,我们必须提出好的研究选题。一般来说,判断一个研究选题好坏的标准和原则包括以下几个方面:

一、价值性

关于"价值",《剑桥在线辞典(英语)》给出了三个常用解释:一是可收到的金钱数量;二是某人某事的重要性或价值;三是某东西的有用性或重要性。我们这里所说的价值性原则指的是学术论文必须具有科学价值和重要意义。所谓科学价值是指科学上的新发现、新成果和独特的创建。如前所述,科学研究的特点是具有极强的探索性,研究过程就是一个对未知知识领域进行艰苦探索的过程,是一个把某种未知转变为已知的过程,科学上的新发现、新创造、新结论都是有科学价值的。这是每一个从事科学研究的工作者努力追求的目标。因为每一个新发现、每一项新创造都会使科学的发展进入到一个新的阶段或将科学向前推进一步。判断一项研究有无科学价值,主要看他是否能直接或间接地为科学进步和社会发展服务,为社会实践服务,能够带来一定技术效益、社会效益和经济效益,造福社会和民众。可以说,价值性是评价科学研究成果的终点。

一篇学术论文的科学价值具体体现在两个方面:一是实用价值;二是理论价值。

(一)实用价值

科研的目的,归根结底是为了实际应用。选题的实用价值,是指选题与社会生活

高度相关,与现实急需解决的问题密切相关,能够回答和解决社会发展中的实际问题。对管理类论文而言,实用性是决定其价值的基础。

当前,我国正面临着经济建设、政治建设、文化建设、社会建设、生态文明建设和党的建设等重要领域的全面改革,有许多新问题、新矛盾需要我们去研究、去解决,这类问题反映着一定历史时期和阶段社会经济生活中的难点与重点,与广大民众的利益息息相关,实践中的管理问题已然成为推动生产发展的"第四生产力",使得当今的管理领域成为让人颇为兴奋的领域,学术界大量的理论观点和学派也不断涌现。同学们运用自己所学的管理理论对其进行研究,提出自己的看法,探讨解决矛盾的方法,是很有社会意义的,是我们选题应当格外关注的。周光召院士曾说:"如果发表的文章根本没有人看,完成的课题研究报告没有单位采纳,没有引起社会反响,没有产生任何经济效益和社会效益,这是不能叫作创新的,这样的创新是不全面的。现在有很多所谓新的东西并不符合这些标准,所以,现在很多评价标准应该加以重新研究。这里所说的创新应该有利于资源的节约、环境的保护,实现可持续发展,应该有利于提高全民的生活水平,增加就业机会,减少地区差距,同时应该符合社会的伦理和道德标准。中国如果真正想在世界上取得自己的地位,要成为创新型的国家,必须一开始就要为自己树立一个高标准,而创新的标准不仅是论文的标准,也不仅是经济的标准,还包括社会的标准。"

有实用价值的选题包括以下几个方面:第一,社会主义现代化建设事业中急需回答的重大理论和实践问题。这类问题是与党和国家或与国计民生有关的重大问题,关系国家发展方向和速度,是社会公众普遍关注的热点,因而具有普遍的社会意义。如:资源环境问题、国有企业的改革问题、民营企业的发展问题、大学生的就业问题、和谐社会的构建问题、工资改革问题、人口老龄化问题、物价的调整问题、社会保障制度的改革问题等。这些问题一般选题较宽,要求作者具有较高的理论水平,本科生较难把握,因此,同学们可以将其作为一个视角来思考问题,不宜将这类选题作为论文题目,否则容易抓不住核心,无法驾驭。第二,某地区或某行业的管理问题。某一地区或某一行业在实践中会遇到各种各样的问题,这些问题的研究与解决有助于推动地区经济的发展或行业进步。如:旅游行业的有序发展问题、物流行业的规范化管理问题、珠江三角洲经济体一体化问题、IT企业价值评估问题、农村土地规模经营问题、农村基层党组织建设问题、农村青少年的教育问题、农村社会治安综合治理问题、农村社会管理的效率问题、农村财务管理问题等。这类选题理论联系实际,容易收集资料,参考文献较多,可以作为本科毕业论文的选题。第三,某一组织的管理问题。如:某企业的战略转型问题、某企业人力资源管理体系的优化问题、某企业绩效考核体系的改进问题、某企业薪酬体系的改革问题、某企业高管团队的激励问题、某企业营销渠道的完善问题等。这类选题能较好地将理论和实践结合起来,能方便调研并获取第一手资料,不少管理类学生将此类选题作为毕业论文的题目,这也是许多学校提倡的论文题目。第四,敏感性的管理问题。这类选题指的是目前尚未引起重视却代表一定倾向的苗头性的敏感性管理问题,具体又包括两种问题:一种是意义上尚未被认识,作者用理论观点分析,预见到它的生命力。例如,农村土地向种田能手的转移问题、农村村级干部上的能力提升问题、农村致富带头人的培养问题等;另一种是预测到危害、恶果,及时提出问题,引起社会重视,引导正确对待。例如,农村盖房和修坟挤占破坏耕地问题、小城镇建设缺乏统一规划和基础设施不配套问题等。第五,长期性的管理问题。一些企业内部存在的普遍性管理问题,其存在的时间由来已久,解决问题的时间要求也不那么迫切。如:企业文化建设问题、企业库存管理问题、企业财务管理的规范化问题、企业绩效考核体系的完善问题、企业成本管理问题等。第六,典型性的管理问题。在现实生活中,一些具有典型意义的事件往往包含着管理问题或典型的管理经验,非常值得我们去研究。其中,典型性的事件所包含的管理问题常常是人们容易忽略的问题,是人们需要从中吸取教训的;典型管理经验则往往反映了管理的未来发展方向,具有较好的推广价值,是需要人们从中总结经验的。例如,2015 年,联想并购 IBM 个人电脑部,这是联想在国际化道路上迈出的重要一步。我们研究这个事件,总结联想在跨国并购方面的成功经验,对其他企业的国际化经营具有一定借鉴意义。再如,研究 2015 年上海外滩踩踏事件,着重分析其发生的深层次原因,可以为建立应急处理机制和应急管理提供参考。

(二) 理论价值

理论价值是指选题和研究成果对于本学科或者本领域理论体系的构建有所贡献,即指某项成果对本学科领域、本专业现有的科学理论的创造、深化和发展。选题的理论价值比较抽象,同学们往往难以理解,对管理学的研究而言,通俗地说,理论价值体现在如下两点:第一,所选的题目是对某一理论的具体运用,利用已有的理论和方法解决了本专业领域里较有意义的问题,进行了深入分析,并得出了新的结论;第二,对某一理论的内涵与实质、某一方面或某一环节以前认识模糊的内容,经过研究、思考和分析搞清楚了,对于原来认识片面、不准确的问题,经过思考、研究更加全面和准确了。

例如,"移动社交网络中社会资本对知识共享及个体创新能力的影响因素研究"(唐晶晶.北京邮电大学硕士论文 2015)一文选题就具有较好的理论价值。移动社交应用作为移动浪潮最热门的应用之一,不仅维持着人与人之间的老关系,也不断地促进新关系的建立。随着移动社交网络的盛行,知识共享作为一种集体行为,发生了巨大的变化。移动社交网络的社交性、内容服务的多样性、移动性、真实关系与虚拟关系的交织性、实时实地性等特征使得参与知识共享的人们越来越多,共享的内容越来越广,从而可以挖掘出更多更有用的知识,对个体创新行为也有一定的帮助,并且它的移动性可以使人们随时随地地分享知识与交流,尽管是碎片化的时间也能利用上。那么,到底是什么因素会促进用户在朋友圈、微博等移动社交网络中分享知识,才能让其他用户学到更多的知识呢?作者提出,移动社交网络中的社会资本作为嵌入在人际关系中的资源,深刻影响着人与人之间的知识共享行为和个体创新行为。该论文基于社会资本理论,在以往学者关于社会资本、知识共享、个体创新行为、移动社交网络研究的基础上,分析移动社交网络中,社会资本对知识共享和个体创新行为的影响作用。作者将社会资本分为认知维度、结构维度和关系维度三个维度,将知识共享分为共享个人知识、共享学习机会、鼓励他人学习三个类型,将个体创新行为分为产生新构想、寻求支持、将产品实践三个过程,通过问卷调查和统计分析进行假设验证,研究结果显示:第一,移动社交网络中社会资本认知维度对知识共享的效果要好于结构维度和关系维度,知识共享类型中鼓励他人学习相比共享个人知识和共享学习机会对个体创新行为的影响强度要高;第二,影响移动社交网络中共享个人知识的社会资本因素有共同愿景、认同、互动关系强度、信任、互惠、集体主义和价值观一致性;第三,影响移动社交网络中共享学习机会的社会资本因素有价值观一致性、互动关系强度、互惠、认同、共同语言、集体主义、个体中心性、信任和共同愿景;第四,影响移动社交网络中鼓励他人学习的社会资本因素有价值观一致性、共同语言、共同愿景、互惠、互动关系强度、信任、集体主义和个体中心性;第五,产生新构想受移动社交网络中共享个人知识和鼓励他人学习的影响,寻求支持受移动社交网络中共享学习机会和鼓励他人学习的影响,将新构想实践受移动社交网络中共享个人知识、共享学习机会和鼓励他人学习的影响。

再如,"科技人员创新行为产生机理研究——基于计划行为理论"(赵斌,栾虹,李新建,付庆凤.科学学研究.2013,2)也是一篇较好的论文。虽然目前员工创新行为研究所涉猎的领域较为宽泛,相关成果较为丰富,但大多数研究只关注个体心理的某一方面,或者仅从员工个体内部视角进行研究,鲜有整合员工个体与组织环境因素交互影响的多层次的系统性研究,尤其缺乏基于某一理论框架,系统整合个体内部因素、外部环境因素、任务特征因素等诸多关键因素,探讨它们之间的关系,以及对创新行为影响机理的系统性研究。此外,科技人员是企业创新的主体,然而针对该群体创新行为产生机理的研究更为匮乏。这一群体在个体特质与工作特征等方面同一般员工有着明显的差异,并会导致其创新行为的产生有着不同的影响因素及作用机理。那么,影响科技人员创新行为的关键因素又有哪些呢?它们之间又是如何交互作用的呢?是否存在恰当的理论框架可以很好地整合这些因素,并揭示科技人员创新行为的产生机理呢?该论文应用并拓展计划行为理论框架对科技人员创新行为产生的机理进行研究。首先,论文对科技人员创新行为态度、主观规范知觉、行为控制的内涵进行界定,进而将其分别细分为内生态度与外生态度、指令性规范与示范性规范、自我效能与控制力,验证了它们通过创新意愿的中介作用对创新行为的影响;其次,探索了上述关键变量对创新行为的直接影响作用;最后,检验了在创新意愿向创新行为转化过程中组织支持的调节作用。实证研究结果显示:行为态度的内生态度通过创新意愿的完全中介作用对创新行为产生正向作用,主观规范的示范性规范与知觉行为控制的两个维度(自我效能和控制力)通过创新意愿的部分中介作用对创新行为产生正向作用;行为态度的外生态度和主观规范的指令性规范对创新意愿没有影响,但可以直接正向影响创新行为;组织支持在创新意愿对创新行为的影响关系中起正向调节作用,该作用主要体现在上级工具性支持上。

阅读链接　　　　　问题与理论和实践的相关性

其实,一个重要而又新颖的研究问题必须兼具理论和实践的相关性。在这里,理论相关性指的是这个研究问题在某种程度上可以用现有的理论加以阐释,因此它可以与现有的理论挂上钩。但同时现有理论又不能完全解答该问题,需要研究者通过研究提出更加合适的逻辑和答案。所以,该研究问题能够帮助我们拓展前人的理论,填补过去理论中的漏洞。这样的研究问题就具备了理论相关性。

表现研究问题的理论相关性最常用的途径就是回顾以往的文献。但是如何回顾文献来表现理论相关性和问题的新颖性对许多研究者来说都是一个挑战。我们在阅读论文时经常发现的问题有几个。第一是回顾的文献过于陈旧,作者没有掌握该领域最新发表的研究成果,自以为自己的研究问题能够对现有理论做出贡献,其实别人已经回答了这个问题。第二是回顾的文献有偏差,只回顾支持自己假设的文献,而忽略那些得到了与自己的研究假设相反结论的文献,以便使自己的假设显得更加有理有据。但是论文评审人一般都是该领域的专家,通常一眼就能看出破绽。第三是为了回顾文献而回顾文献,把所有有关该领域的文献都洋洋洒洒地回顾了一遍,虽然全面,但是与目前研究的问题有些并无直接的联系,让人看了不得要领。除此之外,同时用几个理论作为理论依据来对目前的研究问题推论假设,而这几个理论之间又有互相矛盾之处,最后难以确定现在的研究结果对什么理论做出了贡献。

当然,文献回顾在某种程度上可以说是一门艺术,既要全面平衡,又要简明扼要、突出重点;既要表现现有理论对研究问题的指导作用,又要指出现有理论的不足之处。但是无论如何,通过回顾文献来建立研究问题的理论相关性是非常重要的方法。

与此同时,管理学期刊还非常看中研究问题的实践相关性。如果一个问题对管理实践没有任何启发意义和指导作用,要在管理学期刊上发表就非常困难。但是对这个问题的阐述往往放在对研究结果的讨论部分,而不是作为"为什么要选择此研究问题"的最重要的依据。一般来说,只要能够把研究的结果在实际中的具体表现和使用方式清晰明确地阐述出来的话,实践相关性就可以成立了。

资料来源:陈晓萍,徐淑英,樊景立.组织与管理的实证方法[M].北京大学出版社,2012,37-38.

二、可行性

可行性指的是选题要从本人的实际情况出发,考虑其完成的可能性,也就是说作者选择的选题应该是通过自己的努力可以完成的。美国贝尔研究所前所长莫顿曾指出:"选择题目不能草率,如果根本没有实现的可能,选题就等于零。"本科学生撰写毕业论文,由于时间有限,一般在大四下学期完成,更应注意选题完成的可能性,选题的方向、大小、难易都应与自己的知识积累、分析问题和解决问题的能力、写作经验相适应,要做到"知己知彼",才能战无不胜。为此,需要对自己的主观和客观条件进行全面的权衡,量力而行。其中,选题应当具备的主观条件是指作者的知识结构(基础知识、专业知识、外语水平)、研究能力(观察能力、实验能力、计算能力、阅读能力、设计能力)、技术水平和工作经历等;客观条件是指研究经费、研究时间、材料的可获取性以及相关的实验设备等。

学术论文选题的可行性,一般应考虑以下几个方面:

(一) 宜小不宜大

程子有云:"君子教人有序,先传以小者、近者,而后教以大者、远者。非先传以近小,而后不教以远大也。"教学是这样,写作也是这样。以小见大,循序渐进,可谓学术通义。一般来说,学术论文的题目宜小不宜大,宜窄不宜宽,提倡"小题大做"。所谓"小",是指切入点要小,尽量地将问题缩小到我们可以把握的范围。所谓"大",是指视野要大,从小问题讲出大道理。

初学者往往倾向于选择大的题目,如果题目太大,则作者往往很难把握,考虑难以深入细致,容易泛泛而论。例如,"我国证券市场分析"这个选题就过大过宽。因为大题目需要掌握大量的材料,不仅要有局部的,还要有全局性的,不仅要有某一方面的,还要有综合性的。而写作毕业论文的时间有限,要在短时间内完成大量的资料收集工作是比较困难的。另外,大学几年的学习,对学生来讲还只是掌握了一些基本理论,而要独立地研究和分析一些大问题,还显得理论准备不足。再加上缺乏写作经验,对大量材料的处理也往往驾驭不了,眉毛胡子一把抓,容易造成材料堆积或过于散乱,写得一般化、空泛化。而小题目、大文章则可以充分发挥,做深做透,还有利于控制材料,容易做出高质量的论文。著名学者胡适曾说过,题目越小越好,要在小题目上大做,可以得到训练,千万不可做大题目。王力先生曾明确指出:"论文的范围不宜太大,太大了,你一定讲得不深入,不透彻。应该写小题目,不要搞大题目,小题目反而能写出大文章,大题目倒容易写得肤浅,没有价值。"

选定小题目,可以有两种方式:一是直接选个小题目;二是在大题目中选定一个小的角度进行论证。例如,"广东省电信运营商员工工作幸福感影响因素研究""财务软件开发企业中研发团队管理的效果评估""海关视角下厦门现代物流业的发展对策研究"这几个选题就比较恰当,是从大题中选定小视角进行研究,可以进行深入分析,提出自己的观点。

(二) 难易适中

题目的难易要适中。大家在选题时,既要有知难而进的勇气和信心,又要做到量力而行。一些同学在选择毕业论文题目时,跃跃欲试,想通过论文的写作,将自己几年来的学习所得充分地反映出来,因此着眼于一些学术价值较高、角度较新、内容较奇的题目,这种敢想敢做的大无畏精神和探索的勇气无疑是值得肯定的,但如果难度过大,超过了自己所能承担的范围,一旦盲目动笔,很有可能陷入中途写不下去的被动境地,到头来还要迫使自己另起炉灶,更换题目,这样不仅造成了时间、精力的浪费,而且也容易使自己失去写作的自信心。如"中小企业融资难及其成因",这种题目对本科生来说,难度太大,不宜作为论文题目。反之,自己具备了一定的能力和条件,却将论文题目选得过于简单和容易,这样也不能反映出自己真实的水平,而且也达不到通过撰写毕业论文来锻炼自己、提高自己的目的。

（三）抱有兴趣

"知之者不如好之者,好之者不如乐之者"。同学们对选题的兴趣,是取得有价值的研究成果、写好毕业论文的关键所在。大家如果对一个选题感兴趣的话,就可能随着研究的深入,越来越着迷,就会全力以赴,甚至废寝忘食地工作,充分调动思维活动的积极性,触发创造性思维,能发现别人发现不了的东西。根据美国哈佛大学詹姆斯教授的调查,一个人如果对他的工作感兴趣,才会表现出较高的积极性,并可以发挥他全部才干的 $80\%\sim90\%$;反之,则只能发挥其潜能的 $20\%\sim30\%$。著名科学家爱因斯坦说过:"兴趣是最好的老师。"生物学家贝弗里奇说过:"只有那些对发现抱有真正兴趣和热情的人,才会成功。"德国的威格纳原来专攻气象学,但却产生了探索大陆漂移问题的兴趣,这就意味着他要涉猎并不熟悉的古生物、植物地理、地质、大地测量等一系列学科。尽管他的岳父、汉堡大学著名的教授柯本一再劝他不要揽下这项额外的课题,但他还是去探索了这陌生的领域,并写成了《海陆的起源》这本名著,开创了大陆漂移说的新纪元。我国著名经济学家张五常先生在《博士论文是怎样写成》一文中的建议给我们提供了有益的启示:"经济学的实验室是真实的世界,那你就要到市场走走。你要像小孩子那样看世界,或学刘姥姥入大观园,尽可能天真地看,没有成见,不管他人怎么说,你会觉得世界无奇不有。任何一'奇',都是博士论文的大好题目。"

我们在这里谈谈华盛顿大学福斯特商学院教授陈晓萍的个人经历。她在国内读研究生的时候,有一次偶然读到美国西北大学教授 David Messick 的一篇论文,描述他们怎样用实验的方法来研究在资源困境中,当群体成员都过度使用资源的时候对领袖人物的呼唤。读完这篇论文之后,陈晓萍就完全被资源困境的抽象性和复杂性迷住了,从此不能自拔,当时正要准备硕士论文,她就毫不犹豫地选择了社会困境问题作为研究课题,并且设计了自认为十分有创意的实验,在学校既没有实验室也没有被试库的情况下开始了她人生中的第一个实验室实验。她自己一个挨一个地去大教室招聘实验的被试,还专门借了一间会议室把它变成实验室,每天做实验之前心中都充满探险的喜悦。正因如此,当她来到伊利诺伊大学攻读博士学位之后,得知有一个教授正是研究社会困境问题的专家,她的心中激动不已,甚至一改自己的内向性格,主动要求参加这个教授的研究小组。那时,陈晓萍几乎无时无刻不在思索一个问题,那就是:在社会困境中,当个体的利益最大化与集体的利益最大化选择发生冲突的时候,到底有什么办法可以诱导群体成员为集体利益最大化做出贡献？不管是在走路的时候还是吃饭的时候，不管是在睡觉的时候还是上课的时候，她的大脑中总是在想着这个问题。有时甚至午夜梦醒的时候，也会有一些想法冒出来，而且，特别有意思的是，当陈晓萍观察事物的时候，也开始越来越多地用社会困境的视角去分析，而且越来越发现用这个视角分析问题的深刻性和透彻性，对许多问题都有了豁然开朗的领悟，比如，团队合作的问题、空气污染的问题、过度砍伐的问题、草原沙漠化的问题、人口增长的问题、贪污腐败的问题、企业之间的联盟额和竞争的问题，甚至国家之间的战争问题等，无不可以从社会困境的角度去解读。思索这个问题成了她大脑中的一个自动程序，根本不需要谁去告诉它，它自己就在那儿转动着。正是这种痴迷和对这个问题的深入思考，使陈晓萍产生了许多独到的想法，从而导致了此后的一系列实验研究，并且使这些研究成果得以发表。陈晓萍教授的硕士论文、博士论文研究的都是社会困境中的团队合作问题。

（四）资料充足

资料是论文写作的基础，"巧妇难为无米之炊"，没有资料是写不出来好论文的，即使勉强写出来，也缺乏说服力和可信度。尽管在资讯发达的今天，这个问题的解决似乎并不难，但在选题时，资料条件仍是不容忽视的因素。

资料可分为第一手资料和第二手资料。第一手资料是指作者亲自考察获得的，包括各种观察数据、调查所得等。第二手资料的主要来源是图书馆和资料室的文献资料。大家在选题时必须考虑自己是否占有或容易找到上述资料。如果选择能获得丰富资料的课题来写，就有利于研究工作的展开；相反，收集资料工作就会遇到诸多困难，论文的写作就无法顺利进行。对管理类论文而言，资料特别是第一手调查资料要充分，如果资料不充分，客观条件没有保证，再好的选题也要舍弃。

三、创新性

无论是作为探讨问题、进行科学研究的一种手段，还是描述研究成果、进行学术交流的一种工具的学术论文，其核心价值就是该学术论文所展现的原始的、创造性的、独一无二的研究成果。这个研究成果可能是科学上的新发现或创新改进，以及技术上的新发现或创新改进。因此，创新性是判断一个选题好坏的重要原则。许多管理学的顶尖杂志在要求论文评审人判断一篇论文的质量时，常常包括几个与此相关的项目，如"研究问题的重要性""研究问题的新颖性和趣味性""研究问题与现有理论的相关性""研究问题对管理实践的相关性""研究结果对理论和实践的贡献程度"。其中，"研究问题的新颖性和趣味性"即是指创新性。

那么什么是创新？通常认为，创新是以新思维、新发明和新描述为特征的一种概念化过程。创新的本质是突破，即突破旧的思维定式和旧的常规戒律。创新活动的核心是"新"，创新就是挣脱"范式陷阱"的制约。

我国学者周义程(2013)这样界定学术上的创新：发现了一个未知的理论问题或实践问题，并有效地解决了这个问题，这体现了研究选题及研究结论的创新；解决了一个既往研究没有解决的已知的理论问题或实践问题，这体现了研究结论的创新；发现了一个既往研究成果没有关注到的新问题，并对这个新问题的重要性做了深入论证，让人们认识到这个问题的价值所在，这体现了研究选题的创新；虽然某个问题已被既往的研究成果所解决，但本论文为这个问题提供了新的证明材料或采用了新的研究方法，这体现了研究材料或研究方法的创新。在前述四个方面中，第一个方面原创性程度最高，第二个方面和第三个方面原创性程度次之（第二个方面和第三个方面究竟哪个原创性程度更高，要对解决的问题和发现的新问题的价值加以比较后才能大致确定），第四个方面原创性程度相对较低。

根据学术论文的创新程度，我们可以将其分为以下几类：第一，在上述多个方面具有创新表现，如从题目、观点、内容、材料直至论证方法全是新的。这是在新的领域或者新的方向上得到突破，找到新的出路的一类论文。如，中国科学院高级工程师崔耀华所著的一部洋洋洒洒36万余言的《红楼梦探幽》，可谓独辟蹊径。他突破考证派、思想评论派及艺术评论派的研究视野，运用自然科学中的系统论，建立起系统分析《红楼梦》的科学体系，提出了一系列突破性的新观点：《红楼梦》不是梦，其本身的伟大艺术魅力无须索隐派艰苦考证便可为读者理解；《红楼梦》的核心是作家阐述自己哲学思想和在此基础上产生的治世思想与理论以及如何创造理想社会的艺术体现，书中人物是这些哲学思想的形象化描述。这类文章选好了，价值较高，影响也大，但是写作难度大，选择这类选题，同学们需要对某些问题有相当深入的研究，而且要有扎实的理论功底和写作经验，对于本科毕业论文来讲，限于条件，不建议大家选择这类题目。第二，在上述的创新面上做到一两个方面的创新，以新的材料论证旧的课题，从而提出新的或部分新的观点、新的看法。这类论文是通过新的内容去论证旧的课题，并从中提出自己的新观点，所以在撰写的时候，应该以论证自己的新观念为主。例如，"职工思想政治工作"这个题材，是20世纪80年代研究的"热点"问题之一，已出了大量的研究成果，可以说是老题材了。可有作者敏锐地抓住了企业实行股份制后，职工思想出现的波动和变化，收集了大量新的第一手材料，写出了"股份制企业职工思想政治工作的特点及方法"一文，读后使人有耳目一新之感。第三，以新的角度或新的研究方法重做已有的课题，从而得出全部或部分新观点，拓展了新的应用领域。这类论文的撰写十分考验作者对于已有的课题的了解程度，只有在十分熟悉课题的情况下，才能发现新的视角。如，"线性收益条件下经理人的激励约束模型"就是一个很好的选题。经理人的激励机制问题是这些年研究的热点之一，已出了大量研究成果，作者用不对称信息经济学的背景知识来研究，使人有耳目一新的感觉。教育部人文社会科学基金项目"基于WSR方法论的本科应用型创新人才培养模式研究"也属于老题新作。有关应用型创新人才培养模式，研究成果众多，很难出新意，但是项目申请人选对了切入点，在研究本科应用型创新人才培养模式时融入了WSR方法系统论（WSR是"物理—事理—

人理系统方法论的简称,是中国著名系统科学专家顾基发教授和朱志昌博士于1994年提出的系统方法论),这就赋予了老课题以新意,由此提出了一系列新观点和新主张。"基于大学组织结构理论的民办高校转型研究"也是一项教育部人文社会科学项目,申请人申报三次才取得成功。他第一次申报的题目是"创建应用型大学:新建民办本科高校组织上转型的途径研究";第二次申报的题目是"民办高校组织结构转型途径的研究"。第一次申报的题目说明创建应用型大学是课题的重点,这一课题国内研究成果很多,全无新意;第二次申报的题目说明民办高校组织结构转型途径是研究的重点,但缺乏闪光点。在第三次申报时,作者在文献阅读过程中,发现已有学者对大学组织结构理论进行了深入的研究,而高校转型是热点话题,把大学组织结构理论引入到民办高等教育研究领域就实现了组合创新。于是,该课题首次从大学的组织结构理论角度来研究民办本科高校应用型创新人才的培养体系和应用型大学的创建,并以新的视角构建民办本科高校的大学组织结构,丰富了应用型大学的相关理论,因此,就具有较高的学术理论价值。第四,对已有的观点、材料、研究方法提出质疑。这类论文是以质疑已有的课题为主,虽然没有提出自己新的看法,但能够启发人们重新思考问题,以便人们继续对该课题进行深入的研究和了解。

  论文选题如何才能做到"创新"? 本科学生可以从以下几个方面入手:第一,在学术研究的空白处寻找选题。如果我们有自己感兴趣的研究方向和研究领域,一旦掌握了这个领域的研究状况和学术前沿问题,再在现有知识、理论和方法的基础上勤于思考,就有可能寻找到别人没注意、没发现或不敢及不能涉入的学术空白,从而确定论文选题。第二,在继承前人成果的基础上找"偏颇",力求"存同求异"。大家可以在他人已经做过的研究中,善于发现其结论不妥之处,或者还有进一步补充完善的方面,即在他人已有研究成果的基础上选择纠偏性或拓展性的研究,"存同求异",以"求异"的眼光发现他人没有涉及的问题,发展完善其研究工作。在综合他人认识的基础上创新,这是科学发展的规律。第三,寻求学术研究的分歧点。学者们由于立场、观点、方法和个性等的差异,对同一个问题的认识常常会很不一致,这就构成学术研究的分歧,会引发激烈的争论。大家应善于发现,从这些分歧中看出问题,看出双方争论的焦点、实质及弱点,寻找解决分歧的途径和方法,进而构建自己的新观点。第四,整合零散研究成果为新体系、新见解。把以往叙述研究的零星片段和研究成果吸收过来,作进一步的调整、扩充,进而组建起新的体系框架,构成新的学术格局,这同样是一种有效的创新方法。其关键节点在于,对他人研究中有价值、有潜能的学术因素,能否进行科学的发现和判别;能否从若干零散的片面扩展开来,寻找到新的相关的知识,并用最富有连贯性和拓展力的总体线索,将其组合成一个新的有机系统。第五,从纵横的比较研究中选题。在学术研究中,我们常常看到在同一学科中,不同时期或者同一时期的不同方面存在着许多相似的问题,对这些问题进行比较分析往往能够开拓新的研究领域,人们从中能够得到许多新的启示,给人以耳目一新的感觉,这就是一种创新。对于不同的学科,各类研究对象都有其特殊的矛盾和本质,我们不可能精通所有学科领域的知识,只能择其擅长的学科进行专门性的研究。然而,专门性的研究并非完全排斥其他研究,相关的近邻学科与正在研究的课题有许多共同点,或者两者存在很多联系,我们同样可以采用比较研究以求创新。第六,在不同学科的交叉渗透之处进行选题。科学发展史表明,不同学科之间的边缘问题、交叉问题从来都是科学上的重要生长点。因为这种问题原先是各门专门学科未能顾及的,是认识上的空白地带,也正是科学中尚未开垦的处女地。如果善于在这里进行科学耕耘,必定能采集到新的认识成果。大多数研究者往往专注于自己熟悉的领域,而对相邻的领域或不相关的领域没有加以足够的关注,或对相关领域的专业知识不足,往往失去许多发现有研究价值的选题机会。现代科学研究越来越需要研究者拓宽视野,掌握跨学科的相关知识,培养敏锐的观察力和敏感性,从跨学科的交叉领域中选题,从而获得科学上的突破。恩格斯曾经说过,科学研究最容易突破的是两门学科之间的那个空白地方,两门学科之间的那个地方,往往是冷门。诺伯特·维纳正是在数学、物理学、自动控制、电子技术、神经生理学等学科相互渗透的边缘地带,无人涉猎的空白区,开拓了一个崭新的研究领域,创建了控制论。王选院士也是从跨学科领域研究中选题的突出代表,成功解决了激光照排难题,为我国报业和印刷业做出了突出贡献。

四、专业性

学术研究是以学术积累为前提的。毕业论文写作之时,学生已经经历几年的专业学习,掌握了本学科的知识和相关理论,为论文写作奠定了基础,创造了条件。如果选择与本专业不相干的题目,就等于放弃了自己的专业所长,重新去开垦一块处女地,那么必然事倍功半,得不偿失。根据目前国内高校的情况,跨专业论文指导和评定是一件很困难的事情,大家没必要给自己增加麻烦。因此,本科毕业论文的选题要遵循专业相符的原则,即要求论文选题符合本专业培养目标的要求,体现学科特点。例如,某高校会计类专业选题有:"海外重点油田区域环境研究——以里海为例""关于我国医药流通体制改革的思考""试论上市公司关联交易及其审计风险",只有后一个题目才符合专业性原则。

总之,毕业论文的选题,涉及的主客观因素较多,我们在选题时,既要考虑选题的价值性、创新性,又要考虑完成的主观条件,将这两者巧妙结合起来,找准契合点,才能为论文选题的确立把准脉搏。

第四节　选题的途径

选题的途径多种多样,研究的问题可以来自对日常生活的观察,对工作中出现问题的思考,对自身经历的反思,对社会现象的探究;也可能来自对文献的阅读,对新闻报道的反应,对传奇故事的追问;甚至可能来自于和同学的闲聊,与别人的对话,或者别人的提问。"罗马不是一天建成的",同学们应当在今后的学习过程中逐渐领悟并积累经验。

一、现实社会生活

歌德说过:"一切理论学说都是灰色的,唯独生活的金树是碧绿的。"千姿百态、形形色色的社会经济行为是各种研究问题最主要、最丰富和最经常的来源。在现实生活中遇到的问题面广量大,选题的内容极为广泛,大至世界政治、经济、文化艺术,小至日常生活中的吃穿住用行,只要深入探索,不难发现有许多值得研究的课题。马克思就是从人们司空见惯的商品中,研究发现了劳动价值论,并在此基础上提出剩余价值规律,创立了崭新的经济学理论。当然,作为科研选题并不是那些表面的、肤浅的问题,而是那些在一定深层次上的、有价值的问题,这需要灵感和一定的思考甚至调查研究才会发现。

例如,伊利诺伊大学心理学教授詹姆斯·戴维斯(James Davis)对团队决策问题感兴趣,因为他发现在人们的社会生活和工作生活中,许许多多直接关系到个人生活品质的决定都是由各种各样的委员会做出的,如招聘委员会、职称评审委员会等,而且越来越多的企业使用扁平化的组织结构,或者以跨部门或项目小组的方式来组织运作。为什么会出现这种现象?究竟是什么原因使人们更愿意使用团队来决定重要的事情?团队决策到底是如何做决策的?与个体比较,团队决策有什么优势?首先,他将团队成员的数量作为变量,作为研究团队决策的敲门砖,同时,他还发现团队决策的原则,如少数服从多数与全体通过的原则,更能加速团队决策的进程,他决定将这个变量引进团队决策研究,逐渐形成"社会决策模式理论"。这个理论试图描述群体决策的过程,从团队成员在讨论开始前对某一问题的观点作为起始值,用团队成员的数量和决策原则作为中间变量,来预测团队最后的决策。接着,他又开始探讨其他变量对团队决策结果的影响,如事先表决、分享信息等。再如,美国心理学家特里菲利特是个自行车迷,在研究美国自行车竞赛联合会的比赛成绩时,他发现集体项目的成绩比个人计时赛的成绩要好得多,在这项具体观察所得到的发现的基础上,他提出了人的行为的动力源泉问题,他的理论基本上提出了"其他人的行为是一个刺激因素"的观点,特里菲利特认为,如果他的这个结论正确,它就不仅适用于自行车比赛,同时也适用于其他类似活动,为了验证他的这一结论,他设计了一项绕线的实验,实验的结果证实了他的这一理论假说:一起比赛的孩子比单独的孩子绕线速度要快得多。因此,他从一个简单的观察开始,进而把其思想用于实验研究,提出社会心理学研究的核心问题:其他人的活动怎样影响到行为的个体。

二、社会实践需要

人类在实践中所提出的问题,始终是认识和科学的首要课题。许多极其重大的发明、创造,都是源于在实践中所萌生出来的研究课题。在社会发展、人民生活和科学技术中，实际需要解决的问题，如环境问题、人口问题、法制建设问题、农民工问题等，只要留心观察，用心思考，处处留心皆学问，一定能找到最有科学价值和实际意义的课题。2009年，笔者在两家民营通信软件企业做调研时发现，研发人员对企业的绩效考核指标设计颇有微词，认为这种设计非常随意，缺乏科学性和合理性，严重影响了他们工作的积极性。由于研发人员往往通过团队形式从事研发工作，完成开发任务，这就给个体绩效考核带来很大的难度，于是就萌生了做研究的想法。2014年，笔者带着学生一起进行了一项题为"民营通信软件企业研发人员绩效考核指标体系的设计"的大学生创新项目的研究，构建的研发人员绩效考核指标体系得到企业方的认可。2014年，笔者在帮助一些通信企业做招聘时发现，他们在选拔研发人员时，对选拔标准只强调外在的能力和知识，对内隐的方面关注不够，于是，笔者在2015年申报了工信部通信软课题"通信业互联网技术人员创新能力评价体系研究"，目前已经成功结题。我们设计的指标体系包含外层、中层、内层三个一级指标，其中，外层包括专业技术、行动力、沟通能力、信息能力、思维能力、学习能力六个二级指标，中层包括工作态度、价值观、团队协作精神三个二级指标，内层包括个性与创新意识两个二级指标，并计算出各指标的权重，以期为通信业互联网技术人员选拔、人员培训与开发、人员绩效考核提供借鉴，为互联网技术人员个人创新能力的提升提供指导和帮助。笔者曾经指导过一个EMBA的学生论文。这位学生是某直辖市多元信息服务公司的副总经理，其所在企业是一家国有上市企业的全资省级子公司。该企业自2007年收购上市以来，前期主要依靠关联交易的制度设计实现了企业规模的高速增长。但是，随着电信行业改革重组的深入，运营商管道化趋势的日益增强，国有企业市场化变革不断加速，该企业的发展出现了瓶颈，面临一系列的问题：关联交易收入占比过高；收入增长乏力；企业交付能力不足；重视短期效益，忽视长期能力的培养；业务结构单一；企业品牌影响力较弱；收入、成本"剪刀差"严重，盈利能力较弱等。该企业管理层充分认识到企业面临问题的严重性，从2013年下半年开始，重新审视了历年来的绩效考核机制，做出了从传统的以财务指标评价为主的绩效考核体系向基于平衡计分卡（BSC）技术的考核体系过渡的战略调整，并于2014年起，实施新一轮的转型创新变革，提出了建设西部一流信息化服务企业的战略目标。基于这种现实需要，该学生选择"多元化信息服务企业绩效考核体系研究——基于平衡计分卡理论"作为研究选题。作者以该公司为例，分析其绩效考核体系的现状及存在问题，结合公司目前的实际情况，基于平衡计分卡理论，从财务、客户、内部流程、学习成长四个维度构建了绩效考核指标，并运用该方法推进了对经营单元及员工的绩效考核。实践证明，新考核体系对该公司推进创新转型、提升管理水平、改善经营业绩方面发挥了较为积极的作用。又如，"企业研发人员心理资本影响因素研究"（作者：李永周、方婧婧，科技管理研究. 2013, 12）一文也来源于现实需要，作者选题的缘由是：我国正处于社会转型的关键时期，市场经济飞速发展，社会竞争日益加剧，人们的工作节奏不断加快，许多与工作压力有关的心理问题也随之而来，导致近年来员工的自杀率大幅上升。当前，环境的可持续发展成为全球的热点问题,而员工的可持续发展似乎并没有得到应有的关注和重视,大部分企业把精力放在了技术的革新和利润的提升上,却并不在乎自己的员工是否感觉到幸福。实际上,如果我们的员工在工作的同时获得了幸福感,他们将会为企业带来更高的产出,这种正面积极的心态就是企业的一种无形资本,我们称之为心理资本。研发人员作为企业技术创新的主体,承担着巨大的工作压力,他们的心理资本是企业竞争力的源泉和中国人力资源取得优势的关键。因此,如何提高研发人员这一特殊群体的心理资本已成为人力资源管理领域的新课题。文章通过对我国企业的327名研发人员进行调研分析,得到了影响企业研发人员心理资本及其各维度的关键因素和回归方程,并以此提出了提高企业研发人员心理资本的对策和建议。

三、从专业心得体会中形成选题

在大学学习过程中,大学生对某些课程内容会有着自己的心得、体会。他们或是对课程内容有独到的理解,或是对课程内容的发展、延伸有了新的发现,或是对课程内容作不同角度的审视,或是将课程内容与现实进行联系,挖掘其现实意义,甚至包括对课程内容提出不同意见等。这些心得、体会和评论,往往是科学研究的生长点,在此基础上形成的论文选题,一方面可以加深对所学知识的综合理解,提高论文撰写的效率;另一方面能做到有感而发、观点鲜明,避免思想苍白、内容空洞的毛病。

从本质上讲,心得、体会、评论还只是思考,要使它上升为论题,还必须经历将此思考理论化、系统化并抽象成为学术命题的过程。

四、广泛阅读文献,从文献研究中获得选题

广泛阅读文献是研究灵感的重要源泉。在全面大量阅读有关研究文献的基础上,收集自己所研究的问题在一定时期内已取得的研究成果、存在的问题以及新的发展趋势等信息,这样我们就会知道在某个研究领域,哪些是已知的,哪些是未知的,换句话说,找出以往研究中的谬误之处、不足之处和矛盾之处,还有什么是需要做的。在此基础上,我们就可以博采众家之长,结合自己的深入思考和想象力,激发研究的灵感,找到好的课题,走出一条新路。此外,文献阅读还可以为我们的研究提供理论基础、研究方法和测量方法,使我们的研究少走弯路。著名物理学家李政道指出:"随便做什么事情,都要跳到前线去作战,问题不是怎么赶上,而是怎么超过,要看准人家站在什么地方,有些什么问题不能解决。不能老是跟,否则就永远跑不到前面去。"这是科学家的切身体会,是取得创新成就的经验之谈。如,中国数学家陈景润在青年时代学习著名数学家华罗庚教授的专著《堆垒素数论》《指数和的估价及其在数论中的应用》等著作时,发现"哥德巴赫猜想"数论是一个200年前遗留下来至今尚未完全解决的数学难题,从此,陈景润便把"哥德巴赫猜想"作为自己攻关的研究课题。又如,被人们誉为"杂交水稻之父"的袁隆平院士,他的研究工作无疑取得巨大成功,可以说是"从文献空白点选题"的范例。

在组织行为学领域，我们可以搜索一下近五年的研究论文，就可能发现几个热门的题目：比如公正理论，包括结果公正、程序公正、人际交往公正；比如组织公民行为，又被称为情景行为、角色外行为，还有在团队层面的群体公民行为；比如领导行为，尤其是变革型领导行为；关于创造力和创新行为以及跨文化管理的研究也方兴未艾。广泛阅读文献，我们就可以获取灵感，发现好的选题。例如，"领导风格对知识型员工创新行为的影响研究"（吴文华，赵行斌. 科技进步与对策，2010,2）一文，就是在对文献的研究中提出选题的。随着科学技术的飞速发展和知识经济的到来，企业面临的经营环境越来越趋于全球化、信息化与多元化，企业面临的风险也超越了以往任何时代，这使得企业需要不断创新来改变目前不利的局面，而知识型员工是企业的核心资源，是企业创新的主要推动力，因此，知识型员工创新能力的提升对企业发展至关重要。作者在对文献的阅读后发现，以往学者对员工创新行为及影响因素进行了较多的研究，但大多数侧重于研究员工创新行为的内涵以及目标导向、组织气候、工作特性等因素对员工创新行为的影响，而领导风格如何影响员工创新行为的研究则较少。因此，作者在界定交易型领导风格、变革型领导风格的基础上，探讨了这两种领导风格对知识型员工创新行为的影响，从而提出企业应根据实际情况选择相适应的领导风格，并采取有效的措施来促进知识型员工的创新行为。再如，工作幸福感是近些年组织行为学研究的热点问题，包括其内涵、结构、测量、前因变量和后果变量，已有不少学者提出有价值的研究成果。笔者的一个硕士生在对文献进行阅读的过程中发现，在对其后果变量的研究中，工作幸福感与工作绩效的关系已有很多研究，但是，与个体创新绩效的关系尚未被研究过，于是，她选择将工作幸福感与个体创新绩效的关系作为自己毕业论文的选题，探讨这两者之间的关系，并引入组织承诺作为中介变量，探讨工作幸福感对个体创新绩效作用的内在机理。

在阅读文献时，大家要注意两点：第一，始终带着疑问、审视、评论的眼光，不要过于"恭敬地""崇拜地""盲目地"接受书籍上、文章上所说的一切，而应大胆质疑。第二，进行广泛的联想。可以从纵向与横向、形式与内容、对象与方法、时间与空间等方面，从不同角度、不同侧面、不同层次，对阅读的文献进行广泛联想。由此及彼，换个角度思考，往往能开启新的思路。

五、参加专业研讨会，与同行交流

灵感是相对模糊的，是分散的，是点状的，它存在的意义就是我们可以把这些模糊、点状和分散的想法进行整合。选题灵感的来源是多元的，置身于很多场合中，我们都有可能获得选题灵感的机会。比如，在参加学术会议时，同行之间交流或者发言时针对某些新事物或新现象抛出的话题可能让我们茅塞顿开；在与师友学习讨论当中，他们不经意的某句或某几句话也可能给我们有所启发，等等。

总之，我们不乏获得选题灵感的机会，生活中的很多我们看似平常的现象或者细节，均潜藏着亟待我们去发现和解读的内在规律，关键是需要我们多去体验、多去发现、多去质疑、多去交流、多去感悟。

六、导师的意见

在选题时,请教导师往往会得到令人满意的课题。一个成熟的学者,经过多年的研究和探索,不断形成了自己的研究方向,在自己的研究方向内有一系列的研究课题。在科学研究中,认真听取导师的意见是很重要的,导师的这种宝贵经验财富,往往是选题中最有效的,因为他们这些丰富的经验是在几十年的实践中总结出来的,因此,这种选题往往容易成功。

以上我们介绍了六种选题的方法,究竟采取哪种方法,要根据自己的理论基础、业务实力而定,只有采用了最能发掘自己学术优势的方法,才能源源不断地获得有科学价值的选题。

阅读链接   **学术论文的选题**

论题来自阅读资料和关注实践,这是根本的基础。至于论题产生的途径,在同样的基础上却可以有所不同。以下所说的几种方式不是完整的概括,但都是可以进行尝试的。

1. 直觉

通俗地说,直觉就在读书、思考甚至是休息时刻突然冒出来的某个念头、灵感。艺术创作领域比较重视直觉,其实在学术研究中也同样存在直觉。直觉是自然的、本真的、纯粹发自内心的,是人的本能感受在刹那之间的综合。它看似突如其来,其实还是以研究者长期的积累、思考作基础。当然,学术研究是有深度、有系统的理性思维,仅仅靠直觉是不够的,但是把直觉轻轻放过去也很可惜。妥当的方法也许是:紧紧抓住"我何以会有这样的感受"这一点,以此为起点,把问题发散或延伸,看看能不能形成一个系统的观点。这样的努力常常会有效。

2. 评说

在中国古代文章写作理论中,"论"与"说"是有区别的。刘勰《文心雕龙·论说》中指出,"论"着重于发挥理论,"说"则着重于打动人心。现代学者罗根泽也对此作过区分:"西洋所谓 critcism,中国古代名之曰'论'。……'论'比较偏于理论方面。至偏于裁判方面的则曰'评'。"一般而言,对于一个已有的实体对象进行评说,比围绕一个理论"节点"展开逻辑话语要相对容易些。在学习和研究的过程中,读过的书、文章和看到的社会现象,其中就有很多可以评论的东西。可以围绕书或文章进行评价,如旅美华人学者黄全愈的《素质教育在美国》是一部有影响的书,可以评价其中的教育学思想;也可以从某个角度评说某人的思想、成就,如评鲁迅的青年观对今人的启示;还可以对某种重要的社会现象发表看法。

3. 关注

即密切关注学术动态、理论热点问题。新观点、新见解常常产生于信息的碰撞中,在对别人的观点的了解和关注中,才能不断激发思维。如学术界近来讨论的学术规范问题,取消高校职称评定的问题,素质教育与专业教育的关系问题等,都能够引发人思考,从中也能够找出一些有价值的话题。

可以说,一个经常关注学术动态的人,头脑中的信息才会经常处于活跃状态,才有可能不断发现有价值的研究课题。

4. 联系、比较

创造性思维的一个特点是它的开发性,也有人称为联系性、迁移性,指的是思路不局限于某个孤立的事物或问题,而是积极寻找它与其他事物、问题的联系。这种方法就是毛泽东所说思想方法"十六字原则"中的"由此及彼"。世界是充满联系的,理论领域的许多话题也是彼此相互联系着的。在很多情况下,孤立地就一个话题说理时,不容易发现特点,话语不容易展开。这时就需要把此一话题与别的话题相联结,在比较、对照中看它们的联系和区别,从而开拓研究的视野。如要研究"邓小平对劳动价值理论的贡献",就可以与马克思的劳动价值理论相联系、相比较,从中发现特点和理论发展的线索。比较对照往往是建立深刻见解的有效途径,从某种意义上说,把有关信息进行联结、组合、比较、对照的过程也就是创造的过程。

资料来源:蔚天骄.学术论文的特点与选题——学术论文写作研究之一.山西青年管理干部学院学报[J],2007(3):88-89.

> 本章思考题:下面是一些本科毕业论文的选题,哪些选题较好?哪些选题欠佳?并说明自己的理由。
> 1. 大学生毕业后是就业还是考研的分析。
> 2. 网络时代的人力资源管理。
> 3. 口碑营销研究。
> 4. 网络团购消费者信任影响因素研究。
> 5. 变革型领导对下属心理资本影响的实证研究。
> 6. 大学生心理资本影响因素研究——基于高校管理视角。
> 7. 中小民营高科技企业研发人员流失原因及对策分析。

第四章
论文研究方法

论文选题一旦确定,接下来就是运用科学的、系统的研究方法寻找解决问题的思路和策略,因此,选择合适的方法,对于管理类论文的最终高效完成将会产生决定性的影响。正所谓"工欲善其事,必先利其器"。通俗地说,研究方法就是对各种社会现象和社会行为进行研究的手段。当前,随着学科渗透、学科交叉的日益深入,对于社会科学领域来说,单纯运用一种方法已经很难对某一问题进行深入的研究,因此,需要综合采用多种研究方法,比如,文献研究法、访谈法、问卷调查法、案例研究法、实地研究法、实验研究法等。本章将对管理类论文的常用研究方法包括文献研究法、访谈法、问卷调查法和案例研究法进行阐述。

第一节 文献研究法

文献研究法是一种古老而又富有生命力的科学研究方法。文献研究法主要是指搜集、鉴别、整理文献,并通过对文献的研究形成对事实的科学认识的方法。文献研究法不是直接从研究对象那里获取所需要研究的内容,而主要是通过收集、整理、分析现存的文献资料,包括文字、数字、图片、符号以及其他形式存在的第二手资料,来对相关问题进行研究。管理学科与其他社会科学研究一样,必须收集前人的观点和方法,借助前人的研究成果,才能获得有价值的信息,不断创新。因此,管理学科只有进行文献研究,才能掌握该领域的研究动态和前沿进展,并了解前人已经取得的成果、研究现状、发展趋势以及存在的问题与不足,为自己下一步的研究奠定基础。

一、文献的概念和分类

(一)文献的概念

所谓文献,一般是指"已发表过或虽未发表但已被整理、报道过的那些记录有知识的一切载体",因此,可以从两个层面去理解文献的概念:一是指文献是用文字、数字、图片、符号以及其他形式记录知识和信息的物质载体,既包括图书、期刊、学位论文、科学报告、档案等常见的纸面印刷品,也包括有实物形态在内的各种材料;二是指这些物质载体本身所记载和传递的知识和信息。简单来讲，文献就是我们希望加以研究的现象的任何信息形式。

(二) 文献的分类

前人对各类各门知识的研究成果形成的文献，数量巨大，种类多样，琳琅满目，要从众多的文献资料中快速有效地找到自己所需要的东西，绝非易事，因此，我们需要对文献进行分类。

1. 按文献的出版形式划分

(1) 图书

图书又称为书籍，是有完整定型的装帧形式的出版物。公开出版发行的图书，一般都标注有国际标准书号(ISBN)。从时间上讲，由于图书的编写时间、出版周期较长，因此所反映的文献信息的新颖性较差，但要获取对于某一专题较全面、系统的认识，参阅图书是行之有效的方法。

(2) 连续出版物

① 期刊。期刊是指采用同一名称，定期或不定期出版的汇集多个著者论文的连续出版物。与图书相比，它具有出版周期短、报道速度快、内容新颖、学科广、种类多等特点，是人们进行科学研究、交流学术思想经常利用的文献信息资源。所以，期刊论文是科研人员特别是科技人员的主要信息来源。

② 报纸。报纸是指每期版式相同的一种定期出版物。它的出版周期更短，信息传递更及时，因此，各种学科的最新情报信息常常首先在报纸上发表。

(3) 会议论文

会议论文是指在各种会议上所宣读的论文或者书面发言，经过整理后，再编辑出版的文献。一般来说，会议文献具有内容丰富、新颖、信息数量大、专业性强、学术水平高、富有一定创造性等特点。

(4) 学位论文

学位论文是本科生、研究生为取得学位资格而撰写的学术性较强的研究论文。其理论性、系统性较强，内容专一，阐述详细，具有一定的独创性，学位论文的识别标志是：在学位论文上注明授予的学位头衔、授予单位名称、授予学位的地点和时间。学位论文一般是在本单位内收藏、流通，很少公开出版发行。

(5) 研究报告

研究报告也称科技报告，是描述一项研究进展或成果，或一项技术研制试验和评价结果的一种文体。它所反映的科研成果和技术革新成果比期刊论文快，其内容专深具体，完整可靠，有失败和成功两方面的记录。还由于其内容具有一定的保密性和专门性，一般采用出版单行本的办法，在一定的范围内流通。

(6) 专利文献

专利文献主要指发明人或者专利权人向专利局提供申请保护某项发明时所呈交

的一份详细的技术说明书,经专利局审查,公开出版或授权后所形成的文献。它是学习和引进先进技术,解决某个技术难题时常参考和借鉴的文献信息。

(7) 政府出版物

政府出版物是指各国政府所属各部门出版的文件。借助于政府出版物,可以了解某一个国家的科技政策、经济政策等。

(8) 标准文献

标准文献是由国家某一机构颁发的对工农业技术产品和工程建设的质量、规格及其检验方法所做的各种技术规定的文件,是从事经济建设和科学研究的共同技术依据。标准文献具有计划性、协调性、法律约束性的特点,它可以促使产品规格化、系列化、产品质量标准化。

(9) 产品样本

产品样本也称产品资料、产品说明书,是对定型产品的性能、构造、原理、用途和操作规程、产品规格等所做的具体说明。产品样本图文并茂,形象直观,出版发行迅速,更新速度快,多数为免费赠送,其使用寿命随着产品的不断更新和周期的缩短而终结。

(10) 技术档案

技术档案是生产和科学研究部门在某种科研生产活动中形成的具体工程对象的文件、设计图纸、照片、图表、原始记录的原本以及复制件等。技术档案内容准确、真实、可靠,不仅能反映生产和科技活动的最后结果,同时还能反映生产和科技活动的全过程。

2. 按文献信息加工程度划分

(1) 零次文献

零次文献是一种特殊形式的情报信息源,主要包括两个方面的内容:一是形成一次文献以前的知识信息,即未经记录,未形成文字材料,是人们的口头交谈,是直接作用于人的感觉器官的非文献型的情报信息;二是未公开于社会即未经正式发表的原始的文献,或没有正式出版的各种书刊资料,如书信、手稿、记录、笔记,也包括一些内部使用的、通过公开正式的订购途径所不能获得的书刊资料。零次文献一般是通过口头交谈、书信往来、参观展览、参加报告会等途径获取,不仅在内容上有一定的价值,而且能弥补一般公开文献从信息的客观形成到公开传播之间费时甚多的弊病。

(2) 一次文献

一次文献是人们直接以自己的生产、科研、社会活动等实践经验为依据生产出来的文献,也常被称为原始文献(或称一级文献),其所记载的知识信息比较新颖、具体、详尽。一次文献在整个文献系统中是数量最大、种类最多、使用最广、影响最大的文献,如期刊论文、专利文献、科技报告、会议录、学位论文等。这些文献具有创新性、实用性和学术性等明显特征,是科技查新工作中进行文献对比分析的主要依据。

(3) 二次文献

二次文献也称二级文献,它是将大量分散、零乱、无序的一次文献进行整理、浓缩、提炼,并按照一定的逻辑顺序和科学体系加以编排存储,使之系统化,以便于检索利用。其主要类型有目录、索引和文摘等。二次文献具有明显的汇集性、系统性和可检索性,它汇集的不是一次文献本身,而是某个特定范围的一次文献线索。它的重要性在于使查找一次文献所花费的时间大大减少。二次文献也是查新工作中检索文献所利用的主要工具。

(4) 三次文献

三次文献也称三级文献,是选用大量有关的文献,经过综合、分析、研究而编写出来的文献。它通常是围绕某个专题,利用二次文献检索搜集大量相关文献,对其内容进行深度加工而成。属于这类文献的有综述、评论、评述、进展、动态等。这些对现有成果加以评论、综述并预测其发展趋势的文献,具有较高的实用价值。我们在查新工作中,可以充分利用反映某一领域研究动态的综述类文献,在短时间内了解其研究历史、发展动态、水平等,以便能更准确地掌握待查项目的技术背景,把握查新点。

总之,从零次文献、一次文献、二次文献到三次文献,是一个由分散到集中,由无序到有序,由博而略地对知识信息进行不同层次的加工过程。零次文献和一次文献是最基本的信息源,是文献信息检索和利用的主要对象;二次文献是一次文献的集中提炼和有序化,它是文献信息检索的工具;三次文献是把分散的零次文献、一次文献、二次文献,按照专题或者知识的门类进行综合分析加工而成的成果,是高度浓缩的文献信息,它既是文献信息检索和利用的对象,也可作为检索文献信息的工具。

二、文献法的优点

没有继承和借鉴,科学就不能得到迅速的发展,这就决定了人们在研究先前的历史事实时需要借助于文献的记载,在发展科学领域时需要继承文献中的优秀成果。现代科学研究不仅需要以人与人之间的协作为条件,同样需要以利用前人的研究劳动成果为条件。利用科学文献是实现利用"前人劳动成果"的重要措施和方法,也是促进和实现"今人的协作"的条件和基础。文献研究法的优点具体体现在以下几个方面:第一,文献法超越了时间、空间限制,通过对古今中外文献进行调查可以研究极其广泛的社会情况。这一优点是其他调查方法不可能具有的。第二,文献法主要是书面调查,如果搜集的文献是真实的,那么它就能够获得比口头调查更准确、更可靠的信息,避免了口头调查可能出现的各种记录误差。第三,文献法是一种间接的、非介入性的调查。它只对各种文献进行调查和研究,而不与被调查者接触,不介入被调查者的任何反应,这就避免了在直接调查中经常发生的调查者与被调查者互动过程可能产生的各种反应性误差。第四,文献法是一种非常方便、自由、安全的调查方法。文献调查受外界的制约较少,只要找到必要文献就可以随时随地进行研究;即使出现了错误,还可通过再次研究进行弥补,因而其安全系数较高。第五,文献法省时、省钱、效率高。文献调查是在前人和他人劳动成果基础上进行的调查,是获取知识的捷径。它不需要大量研究人员,不需要特殊设备,可以用比较少的人力、经费和时间,获得比其他调查方法更多的信息。因而,它是一种高效率的调查方法。

正是由于文献法具备了上述优点,因此它是学术研究中一种基本的方法,是学术研究的逻辑起点。

三、文献研究法的一般过程

对于文献研究法而言,无论对哪一种文献进行研究,其研究的过程都是相似的,都要遵循一定的程序和准则。一般而言,文献研究法的过程包括以下几个阶段:

(一)确定研究目的和问题

研究目的和问题不同,文献收集、描述的范围必然不同,文献分析的重点也必然不同。所以文献研究法的首要工作就是要确定自己研究的目的和问题,同时还要明确文献研究法在这项研究中是当作辅助性的研究方法,还是作为一种独立的研究方法来使用,因为这会直接影响文献收集、整理、解读及分析的侧重点和方法。

(二)文献的收集

首先,要确定文献收集和描述的范围。这里的文献范围是指文献的内容范围、时间范围和文献的类别。其次,做好收集文献和描述文献的准备工作,即取得与掌握有关文献的单位或个人的联系,设计文献的收集和描述大纲。最后,根据已拟定的研究方案和目的,进行文献收集工作。为了更好地收集所需的文献资料,作者可从多渠道收集资料,通过文献数据库进行文献检索是收集文献资料的常用方法。目前,在国内的多数大学图书馆都能检索到中文和外文数据库,一些英文数据库可以到中国香港地区高校、北美、欧盟、澳洲等高校查找。

在收集文献时,同学们要注意鉴别文献的真伪,深入考察文献的来源和可靠程度;同时要注意记录文献的来源以便保证引用文献的规范性,避免出现侵犯他人知识产权的情况;还要在时间和经费允许的情况下,适当扩大文献收集的范围,以保证能够收集到较为完整和系统的文献。

一般来说,收集资料应尽量全面。掌握大量、全面的文献资料,有利于对所选取的论题整体把握,是写好文献综述的前提,随便搜集一点资料就动手撰写是不可能写出好的文献综述的,甚至写出来的东西根本谈不上综述。但是,这并不是说要对所有相关的文献资料进行列举并研读,因为这样往往会忽视中心思路。实际上,对于相同或者类似的研究,并不需要全部列出,只要挑选重点文献进行概括,其他的类似研究只要列出研究者姓名,并在参考文献中标出即可。

那么,怎样才能找到重点文献?有两种简单易行的方法可供选择:第一,从研究的关键领域出发。我们在写一个研究领域或问题的文献综述而寻找资料时,可以先从研究领域的关键概念最早是由谁提出开始。从通常的情况来看,那个最早的提出者往往是这个领域的开创者,他的论文往往是这个领域的中心思路,因此,通过关键概念选取中心思路文章,是一件并不困难的事情。当然,一个领域被开创,往往是很多学者进行补充完善的结果,而发展比较成熟的理论往往会扩展很多内容,但是,一般来说,一篇文献在对关键概念进行描述时,往往也会涉及这些比较主流的扩展内容,因此,也可以依据这些描述找到相应的文献。第二,从经典文献和核心期刊出发。在每一门学科中总有一些经典文献,这些文献往往是各领域研究的中心,而且这些文献也是理论研究者应当掌握和了解的,因此,从经典文献出发或从经典文献的中心思路出发再查找其他文献也是一个比较好的资料选择方法,另外,在资料选取过程中,应特别关注核心期刊,因为,这些期刊论文质量比较高,往往也是引用频次比较高的文章。通过选择这些期刊也可以使文献综述达到一个较高水平。

关于文献收集的途径和方法我们在第五章"材料的收集与整理"中还会专门讲述,这里不再赘述。

(三) 文献的整理

我们最初通过各种渠道收集到的文献资料非常庞杂,必须经过整理才能很好地为我们所要进行的研究服务。资料整理的目的是为了使搜集到的大量粗浅、杂乱的原始资料系统化,从而揭示事物或现象的本质及内在规律。在社会科学研究中,资料整理首先是对所获资料进行检查、核实,并对错误和遗漏加以修正、补充,然后将其分类编码,再进一步综合简化。

文献的整理要把握以下原则:一是条理化,即整理后的文献不能是散乱的和无规律可循的,而是要有一定的时序;二是系统化,即文献整理要有一定的逻辑,整理后的文献之间要有一定的相关关系,成为一个有机的整体;三是简明化,即要保证整理后的文献是最能够体现出研究重点的,而不能"眉毛胡子一把抓",如果这样的话,整理后的文献仍很庞杂。

(四) 文献的解读

文献的解读一般包括两个阶段:第一个阶段是浏览,我们争取在较短的时间内能够简单了解整理好的文献的基本内容和特点,不需要掌握、理解和记忆其具体内容。浏览的目的有两个:一是要了解有阅读价值文献的全貌,确定这些文献对本研究的重要程度;二是要分辨出文献的哪些部分对本研究的参考和借鉴价值最大,为以后的精读做好准备。因此,浏览的速度要快,可以通过阅读内容摘要、文献的开头和结尾部分以及段落的主题句等方法提高阅读的速度。第二个阶段是精读,即理解性阅读。通过精读,要深入理解和掌握文献中对研究有价值与意义的内容,同时要做出正确而客观的评价。这个阶段既是理解的过程,也是概括和再次升华的过程。在这个阶段,既要把文献内容同自己的研究课题结合起来,同时还要有效鉴别文献的真伪和内容的可靠程度。

(五)文献的分析

文献分析包括统计分析与理论分析。前者主要是定量分析,采用的主要方法是统计方法、数理方法和模拟法;后者主要是定性分析,包括逻辑分析、历史分析、比较分析、系统分析等,主要采用的方法是比较法和构造类型法。比较分析法是对客观事物加以比较,以达到认识事物的本质和规律并做出正确的评价;构造类型法是指依据经验或思辨从资料中抽象出理论概念,然后利用这种概念将所研究的社会现象划分为各种类型,如权威类型、角色类型等。社会科学研究还使用各种特殊的定性分析方法,如结构分析、功能分析、社区分析、阶级分析、角色分析等。任何研究都离不开定性分析,但具体采用哪些分析方法是由研究目的决定的。

实际上,上述文献过程并不是一种直线式的过程,我们根据研究的需要常常需要重复其中的某个过程。比如,在分析阶段,如果觉得收集的文献不够充分时,就需要重新收集文献、整理文献和阅读文献。在这样一个不断重复的过程中,才能不断概括和明晰已研究的问题,最终形成研究报告。

必须指出的是,在整个文献研究方法使用的过程中,必须对所采用的任何资料持有一种科学的质疑精神和批判态度,这是保证文献资料准确性的前提。通过以下几个方面对文献进行考察和分析是非常有帮助的:第一,考究文献的作者情况。文献的最初作者是谁?他的研究目的是什么?同自己的研究目的有何异同?文献的作者是通过何种方法和途径获得这些文献中的信息的?为什么这些文献得以保存这么长时间?文献的作者是否希望公开文献的内容?第二,对文献的研究立场进行分析。文献写作的具体历史背景是怎样的?文献是否努力做到了价值中立?如果存在偏见,应该怎样去发现和修正?第三,对文献的逻辑性进行验证。文献的主题是什么?文献的作者又是通过何种概念和范畴传达信息的?通过文献中所使用的资料能概括和推理出文献所给出的结论吗?文献作者是通过何种方法进行研究的?这种研究方式对研究的主题是否恰当?第四,对文献真实性进行复证。思索从哪里可以找到相关的资料对文献提供的信息能够进行证实或证伪。

阅读链接 邹承鲁院士谈他是如何读文献的

无论题目从何而来,都必须紧密追踪当前有关科学领域发展的动向。从研究生时代开始,在导师的教导下,以周围同学为榜样,我就养成了每周必定去图书馆浏览最新期刊的习惯,几十年如一日,雷打不动。如果确实有事,下周必定补上。我当时有一个小记录册,登录所有对本专业重要的刊物,每期读过后,一定做记录,决不遗漏一期,直至今日。现在可以在网上阅读所有重要刊物的目录和摘要,这就更容易做到了。掌握文献,对文献进行综合,以批判的眼光评价文献,并从中提取出有用的和正确的信息以指导今后的研究是一个能独立工作的科学工作者必备的能力。

阅读文献以追踪当前发展动态时,务须切记发挥自己判断力,不可盲从,即使是知名科学家和教科书有时也会有错误。古人说得好:"尽信书不如无书。"在追踪当前发展的重要方向时切记,我们看到的问题别人也同样会看到,越是重要的问题竞争必然越是剧烈,在研究条件不如人时,如果没有创新的研究思想,独到的研究方案是不可能超越他人得到成功的。虽然国际上也有对于某些重要课题一哄而起的情况,但在我国似乎特别严重。缺乏自己的创新思想而片面一哄而起追求热点,是一条必然失败的路线,最多只能是为别人的成果锦上添花,或做一些小修小补的工作而已。关键在于自己的创新思想。创新思想来自何处,虽然灵机一动产生了重要的创新思想,在科学史上确实有所记载,但这毕竟是比较罕见的,而更为常见的是天才出于勤奋,创新出于积累,积累可以是个人积累,也可以是本人所在单位的长期积累。这就是前面提到的"旺火炉"原理,也是诺贝尔奖经常出在少数几个单位的原因。只有勤奋努力才能不断有优秀工作的积累,才可能在工作中逐渐产生真正创新的、别人无法剽窃的创新思想,才有可能在重大问题上取得突破。而在一个炉火熊熊的旺火炉中,不断会有优秀工作的积累,优秀人才的产生,并且创新思想和人才的不断相互作用、相互启发、相互激励,就会不断创造出新的突破性成果。

对于初次进入一个领域的新手,必须阅读大量的文献,才能把握本领域的动态和方向。记得一个留洋的研究生说,起初导师让他读大量的文献,而且每天都规定了数量,好像是100篇吧?由于刚刚接触这一领域,对许多问题还没有什么概念,他读起来十分吃力,许多内容也读不懂。请教导师,却被告知只要每天把数量读够就行了。后来随着阅读量的增加,终于最后融会贯通,也理解了导师的方法。

所以,我觉得对新手而言,应当重视阅读文献的数量,积累多了,自然就由量变发展为质变了。而且,每个作者的研究方法多少有所区别,读得多了,渐渐就会比较出研究方法的优点和缺点,对自己今后的研究大有裨益。其实,由于现在科技进步很快,即使是自己从事的领域,也有很多新技术、新观点不停地出现,所以,即使是个"老手",如果懒于更新自己的知识,也会很快落后。

资料来源:三亿文库

阅读链接   **我阅读文献的方法**

查阅文献资料是进行科研实验的必要前提,无论什么课题,查阅文献都是必不可少的一件事。

关于查阅文献的方法,每个人都是大同小异,无非是借助图书馆、网络等工具,至于怎样阅读文献以及阅读什么样的文献,可能每个人都有自己的方法与体会。就我个人来说,首先我会阅读有关的中文文献,开始从陌生状态进入到了解状态后,再阅读有关的英文文献。我刚开始进入课题时,会查找并下载几百篇文献,但并不是每一篇都去精读,一是浪费太多的时间,二是实在没有太大的必要。我会挑选出对自己的研究有用的、可以参考的文献,特别仔细地阅读,尤其是英文文献。一遍下来,不可能完全读懂,所以我会阅读三四遍,而且根据实验的进程,间隔一段时间再去阅读,我发现每次阅读都会有新的收获。另外,在阅读文献中要善于发现有用的参考文献,特意找出原文,再从原文中挖掘出有价值的东西。在阅读英文文献时,一方面要找出其中可参考的、有价值的东西;另一方面要积累写作的素材,为以后自己撰写英文文献打下基础。至于阅读什么样的文献,在查找时发现可能并没有太多与课题相似的文献,这就需要我们把课题拆解成多个小块,比如,我们要做纳米多孔铜膜,就把它拆解成纳米级的颗粒、多孔以及膜状。要做纳米级的颗粒,我们可以参考溶胶凝胶或是草酸盐共沉淀方面的文献。总之一句话,查找文献不能太局限于与自己课题类似的方面,要放开思维,查找一些"相关"的文献。

资料来源:李兵.我是怎样阅读文献的[J].科技导报,2013(19):82.

四、文献综述的写作

(一) 文献综述的概念和作用

1. 文献综述的概念

文献综述是文献综合评述的简称,是作者在收集大量文献资料的基础上,经过归纳整理、分析鉴别,就国内外学者在该论题上的主要研究成果、研究动态、最新进展、前沿问题等进行系统、全面的叙述和评论,能比较全面地反映该论题的历史背景、前人工作、争论焦点、研究现状和研究前景等多方面内容的综述性文章。

文献综述分为综合性的综述和专题性的综述两种形式。综合性的综述是针对某个学科或专业的,而专题性的综述则是针对某个研究问题或研究方法、手段的。学生毕业论文主要为专题性综述。

文献综述与"读书报告""文献复习""研究进展"等有相似的地方,它们都是从某一方面的专题研究论文或报告中归纳出来的。但是,文献综述既不像"读书报告""文献复习"那样单纯把一次文献客观地归纳报告,也不像"研究进展"那样只讲科学进程,其特点是文献综述除了"综"和"述"之外,还要有"评"。其中,"综"是要求对文献资料进行综合分析、归纳整理,使材料更精练明确,更有逻辑层次;"述"就是要求对综合整理后的文献进行比较专门的、全面的、深入的、系统的论述;"评"是作者在介绍研究成果、传递学术信息的同时,还要对各种成果进行恰当中肯的评价,并表明作者的观点和主张。文献综述的重点在于"述",要点在于"评"。

2. 文献综述的作用

一篇较好的文献综述具有两个方面的作用:第一,为当前的研究提供基础。文献综述的特征是依据对历史和当前研究成果的深入分析,指出当前的水平、动态、应当解决的问题和未来的发展方向,提出自己的观点、意见和建议,并依据有关理论、研究条件和实际需要等,对各种研究成果进行评述,为当前的研究提供基础或条件。对于具体科研工作而言,一个成功的文献综述,能够以其严密的分析评价和有根据的趋势预测,为新课题的确立提供了强有力的支持和论证,在某种意义上,它起着总结过去、指导提出新课题和推动理论与实践新发展的作用。第二,提高效率。文献综述具有内容浓缩化、集中化和系统化的特点,可以节省同行科技工作者阅读专业文献资料的时间和精力,帮助他们迅速地了解到有关专题的历史、进展、存在问题,做好科研定向工作。

（二）文献综述的格式

文献综述的格式一般包括以下几个部分：

1. 引言

引言包括撰写文献综述的原因、意义、文献的范围、正文的标题及基本内容提要。

2. 主体

主体是文献综述的主要内容，包括某一课题研究的历史、现状、基本内容、研究水平、研究方法、主要流派、主要观点、争论的焦点、已解决的问题和尚存的问题以及发展趋势，它不但可以帮助研究者确定研究方向，而且便于他人了解该课题研究的起点和切入点，在前人研究的基础上有所创新。

正文部分的写法有三种方式：第一，纵式写法。纵是历史发展纵观，它主要围绕某一专题，按时间先后顺序或专题本身发展层次，对其历史演变、目前状况、趋向预测作纵向描述，从而勾画出某一专题的来龙去脉和发展轨迹。纵式写法要把握脉络，即对某一专题在各个阶段的发展动态作扼要描述，已经解决了哪些问题，取得了什么成果，还存在哪些问题，今后发展趋向如何，对这些内容要把发展层次交代清楚，文字描述要紧密衔接。撰写综述不要孤立地按时间顺序罗列事实，把它写成大事记或编年体。纵式写法还要突出一个"创"字。有些专题时间跨度大，科研成果多，在描述时就要抓住具有创造性、突破性的成果作详细介绍，而对一般性、重复性的资料就要从简从略。这样既突出了重点，又做到了详略得当。纵式写法适合于动态性综述。这种综述描述专题的发展动向明显，层次清楚。第二，横式写法。横即是国际、国内横览，它是对某一专题在国际和国内的各个方面，如各派观点、各家之言、各种方法、各自成就等加以描述和比较。通过横向对比，既可以分辨出各种观点、见解、方法、成果的优劣利弊，又可以看出国际水平、国内水平和本单位水平，从而找到差距。横式写法适用于成就性综述。这种综述专门介绍某个方面或某个项目的新成就，如新理论、新观点、新发明、新方法、新技术、新进展等。因为是新成就，所以时间跨度短，但却引起国际、国内同行关注，大家纷纷从事这方面的研究，发表了许多论文，如能及时加以整理，写成综述向同行报道，就能起到借鉴、启示和指导的作用。第三，纵横结合式写法。纵横结合式写法是指在同一篇综述中，同时采用纵式与横式写法。例如，写历史背景采用纵式写法，写目前状况采用横式写法。通过纵横描述，才能广泛地综合文献资料，全面系统地认识某一专题及其发展方向，做出比较可靠的趋向预测，为新的研究工作选择突破口或提供参考依据。

无论是纵式、横式或是纵横结合式写法，都要求做到：一是要全面系统地搜集资料，客观公正地如实反映；二是要分析透彻，综合恰当；三是要层次分明，条理清楚；四是要语言简练，详略得当。

3. 结论

文献研究的结论，需要概括指出自己对该课题的研究意见、存在的不同意见和有待解决的问题等。

4. 附录

附录部分需要列出参考文献,说明文献综述所依据的资料,以增加综述的可信度,便于读者进一步检索。

(三) 文献综述写作中的注意事项

1. 注意引用文献的代表性、可靠性和科学性

在搜集到的文献中可能出现观点雷同的现象,有的文献在可靠性及科学性方面存在着差异,因此我们在引用文献时应注意选用那些具有代表性、可靠性和科学性较好的文献。

2. 引用文献要忠于文献内容

由于文献综述有作者自己的评论分析,因此在撰写时应分清作者的观点和文献的内容,不能篡改文献的内容。文献综述的作者引用间接文献的现象时有所见。如果综述作者从他人引用的参考文献转引过来,这些文献在他人引用时是否恰当,有无谬误,综述作者是不知道的,所以最好不要间接转引文献。

3. 参考文献不能省略

有的科研论文可以将参考文献省略,但文献综述绝对不能省略,而且应是文中引用过的,能反映主题全貌的并且是作者直接阅读过的文献资料。

4. 综述篇幅不可太长

杂志编辑部对综述的字数一般都有一定数量的约定。作者在初写综述时,往往不注意这点,造成虚话、空话较多,重点不突出。综述一般不宜超过 4 000 字。综述并不是简单的文献罗列,综述一定要有作者自己的综合和归纳。

第二节 访 谈 法

访谈法是管理学科研究方法体系中一种重要的资料收集方法,它是通过口头谈话从受访者那里收集第一手资料的研究方法,常见于定性分析,在市场调查、工作分析中得到广泛应用。

一、访谈法的概念和类型

(一) 访谈法的概念

访谈就是寻访、访问被研究者并且与其进行交谈和询问的一种活动。访谈是一种研究性交谈,是研究者通过口头交谈的方式从被研究者那里收集(或者说"建构")第一手资料的一种研究方式。

所谓访谈法(interview),又称晤谈法,是以口头的形式,根据受访者的答案收集客

观的、不带偏见的事实材料,以准确地说明样本所要代表的总体的一种方式。尤其是在研究比较复杂的问题时,需要向不同类型的人了解不同类型的材料。例如,研究教师课堂上对学生行为的控制,可以把有关事件的录像放给受访者,让他们谈对事件的评价、感受和意见,从而寻找出最佳行为控制模式。

(二) 访谈法的类型

根据不同的标准,可将访谈法分为多种类型,它们分别适用于不同的研究目的和访谈对象。

1. 按照访谈的标准化程度划分

按照访谈的标准化程度,可以分为结构式访谈、半结构式访谈、无结构访谈。(1)结构式访谈。它是按照统一设计的、有一定结构的问卷所进行的访谈。这种访谈的特点是:整个访谈是严格控制和标准化的。访谈对象按照统一的标准与方法选取,访谈中所提的问题及其顺序、提问的方式、对疑问的解释以及调查结果的答案记录都严格遵守问卷的要求或访谈任务书的要求,甚至连访谈的时间、地点、周围环境等外部条件,也要求同访谈任务书保持基本一致。(2)半结构式访谈。它是研究者对访谈的结构具有一定的控制作用,同时允许受访者积极参与。通常,研究者事先备有一个粗线条的访谈提纲,根据自己的研究设计对受访者提出问题。但是,访谈提纲主要作为一种提示,访谈者在提问的同时鼓励受访者提出自己的问题,并且根据访谈的具体情况进行灵活地调整。例如,我们在做"工作积极压力结构"研究时,事先准备了一个粗线条的访谈提纲,主要包括以下几个问题:最近工作中有没有遇到压力事件?阐述一两个具体压力事件。在工作压力事件中有没有产生过积极反应?这些反应都是什么?为什么会产生这种反应?在访谈过程中,我们虽然按照访谈提纲进行提问,但也会根据受访者回答问题的情况,对问题做出及时调整。(3)无结构访谈。无结构访谈又被称为深度访谈或自由访谈,它没有事先设计好的问卷和固定的程序,只有一个访谈的主题和范围,由访谈人员与受访者围绕这个主题范围进行比较自由的交谈,适合并主要应用于实地研究。这种访谈收集资料深入和丰富。通常,质性研究常采用这种非结构性的"深层访谈"。

2. 按照访谈者与受访者接触的方式划分

按照接触方式,可以分为面对面访谈、电话访谈和网上访谈。

(1) 面对面访谈

面对面访谈也称直接访谈,它是指访谈双方进行面对面的直接沟通来获取信息资料的访谈方式。它是访谈调查中一种最常用的收集资料的方法。在这种访谈中,访谈员可以看到被访者的表情、神态和动作,有助于了解更深层次的问题。

面对面的访谈可以是访谈员到被访者确定的访谈现场进行访谈,也可以是在征得被访者认可的情况下,由访谈员确定访谈现场。为了方便被访者,一般来说,以到被访者确定的访谈现场为主。

(2) 电话访谈

电话访谈也称间接访谈,它不是交谈双方面对面坐在一起直接交流,而是访谈员借助某种工具(电话)向被访者收集有关资料。电话访谈可以减少人员来往的时间和费用,提高了访谈的效率,而且访谈员与被访者相距越远,电话访谈越能提高其效率,因为电话费用的支出总要低于交通费用的支出特别是人力往返的支出。据估算,与面对面的访谈相比,电话访谈大约可节约二分之一的费用。实践表明,电话访谈与面对面访谈的合作率相差不多,对于学校系统的成员(教师、校长等),通过电话访谈比通过个别访谈更容易成功。

电话访谈也有它的局限性。比如,它不如面对面的访谈那样灵活、有弹性;不易获得更详尽的细节;难以控制访问环境;不能观察被访者的非言语行为等。但是,当需要在面对面访谈与电话访谈这两种访谈方式之间做出选择的话,电话访谈值得优先考虑。随着电话通信事业的不断发展,电话访谈将会有很广阔的发展前景。

(3) 网上访谈

网上访谈是访谈员与被访者用文字而非语言进行交流的调查方式。随着互联网的普及,在一些城市中,网上访谈也开始出现。网上访谈也像电话访谈一样属于间接访谈,它具有电话访谈免去人员往返因而节约人力和时间方面的优势,甚至比电话访谈更节约费用。另外,网上访谈是用书面语言进行的,这便于资料的收集和日后的分析。可以预见,这种访谈方式将会成为一种崭新的且日益为访谈员重视的高效的谈话方式。

但是,网上访谈也有电话访谈的局限,如无法控制访谈环境,无法观察被访者的非语言行为等。同时,由于网上访谈要求被访者配有计算机设备、通信和宽带并熟悉电脑操作,这在一定程度上也限制了访谈的对象。

3. 按照访谈的性质划分

按照访谈的性质划分,可以分为正式访谈和非正式访谈。

(1)正式访谈指的是研究者事先有计划、有安排、有准备的访谈。(2)非正式访谈指的是研究者在实地参与受访者社会生活的过程中,随时碰上的、无事先准备的、更接近一般闲聊的访谈。比如,街头巷尾、集贸市场、参观商店等日常生活地点与偶然碰上的当地人所进行的交谈。

4. 按照访谈的次数划分

按照访谈的次数划分,可以分为一次访谈和多次访谈。

(1) 一次访谈

一次访谈通常内容比较简单,主要以收集事实性信息为主。

(2) 多次访谈

多次访谈通常适用于追踪调查,或深入探究某些问题(特别是意义类问题),可以有一定的结构设计,逐渐由表及里,由事实信息到意义解释。这是一种深度访谈,常用于个案研究或验证性研究。按照美国学者塞德曼(I. Seidman)的观点,深度访谈至少应进行3次以上。例如,研究一名学生交友中的性别社会化和性别认同发展问题,需要通过对其生活史访谈,如他同父母的感情、同兄弟姐妹的关系等,再加上其他方面的深入研究,才可以加深对该同学交友问题的了解。

5. 按照调查对象的数量划分

按照调查对象的数量划分,可以分为个别访谈和集体访谈。

(1) 个别访谈

个别访谈是指访谈员对每一个被访者逐一进行的单独访谈。其优点是访谈员和被访谈者直接接触,可以得到真实可靠的资料,这种访谈有益于被访谈者详细、真实地表达其看法,访谈员与被访者有更多的交流机会,被访者更容易受到重视,安全感更强,访谈内容更深入。个别访谈是访谈调查中最常见的形式。

(2) 集体访谈

集体访谈也称团体访谈或座谈,它是由一名或数名访谈员亲自召集一些调查对象就访谈员需要调查的内容征集意见的调查方式。集体访谈可以集思广益、互相启发、互相探讨,而且能在较短的时间里收集到较为广泛和全面的信息。

集体访谈要求访谈员具有较为熟练的访谈能力和组织会议的能力。一般需要准备调查提纲,如果在会前,将调查的目的、内容等通知被访谈者,访谈的结果往往更加理想。参加座谈会的人员要有代表性,一般不要超过10个人,访谈员要使座谈会现场保持轻松愉快的气氛,这样有利于被访谈者畅所欲言。如果讨论中发生争执,要支持争论继续下去,如果争论与主题无关,要及时把思路引导到问题中心上来。主持人一般不参加辩论,以免影响与会者的思考。

由于在集体访谈中匿名性较差,涉及个人私密性的内容不宜采用这种访谈形式。

总之,访谈调查法的类型多种多样。一个访谈可能同属于两种类型,比如,是集体访谈也同时是结构性访谈,访谈员可根据研究的具体需要扬长避短,灵活运用。

二、访谈法的优缺点

(一) 访谈法的优点

1. 真实性

访谈法可以获得较为真实的信息,这是因为:访谈法是研究者与被访者直接进行语言交流,通过研究者的努力开导,可以使被访者放松心情,消除戒备心理,表达心中的真实想法;访谈法基本采用一问一答的方式,被访者需要在很短时间内对问题做出回应,无法进行长时间的思考,这时他们做出的回答往往是出于自发性的反应;访谈法可以有效地避免被访者不回答问题或者遗漏问题的情况发生。因为这是研究者与被访者面对面地进行交流,问题不容易被拒绝;访谈时,由研究者事先确定访谈的提纲和地点,可以灵活地安排访谈的内容、时间及提问的次序,能有效避免其他因素的干扰,有利于被访者客观地回答问题。

2. 深入性

研究者与被访者通过面谈、电话、网络进行直接或者间接的交谈,研究者具有适当引导和进一步追问的机会,所以可以与被访者探讨一些深层次的问题。另外,在访谈中研究者可以观察被访者的表情、动作等肢体行为,以此来窥探被访者当时的心态。

3. 灵活性

研究者在事先设计访谈提纲的时候,有些情况不一定能考虑周全。因此,在实际的访谈过程中,研究者可以根据被访者的具体反应对提纲进行调整或完善。如果被访者对提问的含义没有领会清楚,误解题意,研究者也可以进一步对问题进行解释说明。

(二)访谈法的缺点

当然,访谈法也存在一些缺点:第一,在访谈过程中,研究者的态度、肢体和言语行为、穿着打扮和询问的方式都会影响被访者的回答,这就需要研究者具有一定的访谈常识和足够的访谈经验。第二,访谈法是双方直接或间接的言语交流,当无法进行录音记录时,就需要研究者具有一定的笔录速度。没有经过一定训练的研究者,往往不能将谈话内容完全记录下来。第三,由于访谈法采用面对面的谈话方式居多,所以需要安排一定的访谈地点,在访谈路上也会花费一定的开销和时间,而且还有可能发生拒访或访之不遇。这些情况都会消耗研究者大量的时间、精力和物力。所以,访谈法更适合进行小样本的研究,不太适合进行大规模的研究。第四,访谈法具有其灵活性,但同时也带来了一定的随意性。研究者在访谈过程中灵活调整提纲内容的时候,有可能造成被访者的回答内容各异,没有一定的统一标准。由于标准化程度略低,所以对访谈结果的整理和分析会比较困难。

三、访谈法的适用范围

访谈法法适用范围广,研究者可以较为深入地了解受访者的所思所想,包括他们的价值观、情感感受、心理活动和所遵从的行为规范,也可以全面了解受访者过去与现在的经历,受访者耳闻目睹的有关事件,以及受访者对这些事件的解释和评价,从而获得关于某一行为或社会现象的详细资料。

(一)适用于多种受访者

访谈法不仅适用于有一定文化程度的人,而且对于一些文盲、半文盲等文化程度的受访者,通过直接的交流也可以获得满意的调查结果。同时对于一些特殊的对象如盲人,也可以采用访谈法获得信息。一般来说,只要语言没有障碍,无论什么人都可以作为访谈对象,在这一点上,访谈法具有问卷法无可比拟的优越性。

(二)适用于小范围的调查

由于访谈法需要投入大量的人力、物力、财力,大规模的访谈受到一定限制。因此,访谈法一般在调查单位和人数较少的情况下予以采用,且常与问卷法、实验法等方法结合使用。

例 4-1 美国 FSIO 的选拔标准

20 世纪 70 年代,美国外交部的其中一项重要目标就是要赢得世界更多人对美国的喜爱,从而赢得他们支持美国的政策。他们的战略就是通过年轻的外交官,以文化活动的方式,让当地社团及人民认识及喜欢美国。为此,外交部设有国外服务新闻官(Foreign Service Information Officers,FISO)一职。FISO 的使命是借助图书馆管理、外交文化活动,以及与当地人民的演讲对话等手段,来宣扬美国的对外政策,使得更多的人理解和喜欢美国。

要成为 FSIO,必须通过一种十分苛刻的被称为"驻外服务官员测试"的考试。关键评价内容是:其一,智商;其二,学历、文凭和成绩;其三,一般人文常识与相关的文化背景知识,包括美国历史、西方文化、英文以及政治、经济等专业知识。

实践证明,经过严格挑选的 FSIO 中的许多人并不能胜任自己的工作。为什么?麦克利兰研究小组采用了对比分析的方法:先找出表现最为优异的 FISO 和一般称职的人员,分为杰出者与适用者两组,借助行为事件访谈法分别与他们进行特殊沟通,总结出杰出者和适用者在行为与思维方式上的差异。第一,跨文化的人际敏感性,即深入了解不同的文化,准确理解不同文化背景下他人的言行,并明确自身文化背景可能带来的思维定式的能力(包括三个层面:认可文化差异是客观的;欣赏这种差异;利用文化差异,让差异成为解决差异的资源)。例如,一名驻非洲某国的联络官收到华盛顿方面的指示,要求他放映一部关于一位美国政界人物的电影,然而这名政客却被认为是对这个国家怀有敌意的。要是公开放映,大使馆将很可能毁于左翼激进分子的怒火之中。如何既能向华盛顿交差,又不冒犯当地人民?最后,他安排电影在祭日放映。在这一天,当地人将不会参加任何娱乐活动。他巧妙地利用当地风俗成功地避免了一场政治风波。第二,对他人的积极期望,即尊重他人的尊严和价值,即使在压力下也能保持对他人的积极期望。以一位美国驻外机构图书管理员的经历为例:一天,她得到一个可怕的消息——学生要放火烧掉她的图书馆。这位女性没有惊慌,反而邀请学生们到图书馆来,让他们利用其设施召开各种会议。后来,她竟然与学生领袖们相处得很好。对闹事学生的积极期望和沟通使她化干戈为玉帛,当然也就没有人再提烧图书馆的事情了。第三,快速进入当地政治网络,即迅速了解当地人际关系网络和相关人员政治倾向的能力。例如,与某国的石油贸易是在当时困扰美国的一个问题。派驻该国的外交官上任后,很快发现"是总理的助理的情妇的外甥控制着石油出口政策"。因此,他设法参加一个酒会,结识了这位外甥,立即开始了对他的游说。石油贸易问题随之迎刃而解。

后来,美国外交部将甄选驻外联络官(FSIO)项目改为:跨文化的人际敏感性、对他人的积极期望、快速进入当地政治网络。

四、访谈法的实施技巧

访谈法表面看起来与日常谈话相似,但实际上其操作并不那么简单,而是一项技术性很强的工作,需要掌握相关的技巧和方法。

(一)访谈前的准备

1. 访谈员的选择

合格访谈员的选择标准主要包括:第一,在初次见面时能给人留下良好的印象;第二,具有相当程度的社会常识和本学科基本知识;第三,具有搜集本学科资料的技巧;第四,在访谈工作中能做到正确、可靠及诚实;第五,能忍受厌倦、烦琐、重复的访谈工作;第六,在任何时间里都可作访谈;第七,有礼貌且风度良好;第八,受过相当的教育;第九,无不良的嗜好和品行记录;第十,年龄、性别及其他生理特质适合于访谈工作需要。

2. 紧扣选题确定访谈内容和访谈方法

根据研究目的确定访谈内容和方法,比如,是个别访谈还是集体访谈,是直接访谈还是间接访谈。

3. 编制访谈提纲

(1) 访谈提纲设计的原则

访谈提纲设计的原则有:要紧密结合访谈目标设计访谈提纲;问题不宜太多(8~10个);按受访者思考问题的逻辑顺序提问;问题内容与过程尽量覆盖为达成目标的关键问题和疑难问题。

(2) 访谈提纲设计的形式

访谈提纲的设计可以采用以下三种形式:

① 主题式。只列出5~6个关键问题,但这些问题属于起始性问题,深层问题由访谈员在现场把握。

② 问卷式。列明非常具体的对话问题、提问方式,确保访问者关注的问题不会被遗漏。

③ 剧本式。列明更多具体展开问题,同时在提纲的关键处明确提出了追问、出示道具、不同情况答案的应对规则等。

例 4-2 电信运营企业中层管理者胜任力访谈提纲

访谈说明:

本访谈的目的是为研究电信运营企业中层管理者胜任力特征模型提供依据。此次访谈主要是了解您的主要工作内容,谈谈您在工作中遇到的一些重要和典型的工作事例,以及您的处理方式。

访谈问题:

第一,请谈一下您目前工作的主要工作内容和职责是什么?

第二,请分别列举出三件在工作中成功和失败的事例,并谈谈您当时的处理方式。

第三,您认为电信运营行业的中层管理者应该具备哪些胜任力特征呢?

第四,您认为电信运营行业的中层管理者与其他行业的中层管理者相比,具有哪些不同的胜任力特征?

第五,您认为电信运营企业的中层管理者所需的胜任力特征是先天的还是可以后天培养的呢?

4. 确定合适的访谈对象

访谈对象的选择皆服务于访谈目的,了解他们的社会地位、文化教育水平、习惯、兴趣、经历、社会心理状况是非常必要的。个案调查一般选取具有典型意义的受访者,抽取调查采用非概率抽样和概率抽样的方法,选取研究者所需的受访者。其中,非概率抽样是调查者根据自己的条件或主观判断抽取样本的方法;概率抽样又称随机抽样,是以概率理论和随机原则为依据来抽取样本的方法。

5. 确定访谈的时间、地点和携带必要的访谈工具

在访谈地点的选择上,一般以受访者方便为主;访谈时间一般控制在 30~60 分钟;必要的访谈工具是指文具、录音机、录音笔、摄像机、照相机、介绍信等。

(二) 初步接触受访者

1. 获准进入

在访谈法中,获准进入常用两种方法:一是通过正式渠道,获得单位和组织介绍信,自上而下地进入;二是启用亲友关系网络,通过熟人介绍的路径进入。一般情况下,第二种方法用得相对多一些。

2. 建立信任关系和协商有关事宜

获得准入之后,访谈员接下来需要进行关系运作和预备性访谈以赢得受访者的信任,协商有关访谈的事宜并通过自愿原则和保密原则以巩固信任关系。

(1) 建立信任关系

通常的做法是:访谈员向受访者礼貌地说明来意并出示相关证件以打消受访者的疑虑,还可以根据对日常生活的提问,得以掌握一些双方共同对话的基本知识,以消除拘束感,减少双方心理的隔阂。访谈员也可以运用政府机构、知名人士、知名单位、报刊等的权威性,引起受访者对访谈的重视和接纳。

(2) 协商有关事宜

一般来说,访谈员在访谈开始之前应当向受访者介绍自己和自己的课题研究内容,并且就语言的使用、交谈规则、自愿原则、保密原则和录音问题与对方进行磋商。

(三) 实施访谈

访谈过程从访员提出第一个问题开始,到被访者回答完最后一个问题结束。访谈

过程的控制,是指访员在访谈过程中,通过提问、追问、插话、目光、表情、动作等来组织、引导访问的过程。

1. 语言控制

访谈过程中的语言控制包括提问、追问、插话等。

(1) 提问

① 提问的方式

提问成功与否决定着访谈能否顺利进行。提问的方式很多,有开门见山式、投石问路式、顺水推舟式、顺藤摸瓜式、借题发挥式、循循善诱式等。具体采用何种提问方式取决于以下三个方面的因素:第一,要根据问题本身的性质和特点选择提问方式。对于简单、普遍的问题可采用开门见山的方式进行提问,如调查家庭成员情况时,可直接问:"大妈,您有几个孩子?现在和谁一起住?"一般可得到确切的回答;而对于复杂、敏感的问题,提问时则应小心谨慎,尽量采用委婉迂回的提问方式,如调查家庭年内死亡人口情况时,用"年内家中有增减人口吗?"比直接问"年内家里有人死亡吗?"更让人容易接受。第二,要根据被访者的具体情况选择提问方式。对那些性格内向、思想上有顾虑的被访者,提问不宜过于直接,应该采取循循善诱的方式,逐步深入地提出问题,如对家庭收入的调查,可先和被访者聊聊各自对第二职业的看法及社会的认同,再问"您及家人从事过兼职吗?"比直接问"请问您有工资以外的收入吗?"更容易得到答案;对那些性格开朗或教育程度较高的被访者则可以开门见山地提出问题。第三,要根据问题的类型进行提问。从问题预期所获答案的内容,我们可以将访谈的问题分为抽象型与具体型问题。具体型问题有利于受访者回到有关事件发生时的时空和心态,对事件的情境和过程进行细节上的回忆或即时性建构。抽象型问题则便于对某一类现象进行概括和总结,或者对一个事件进行比较笼统的、整体性的陈述。当我们的研究目的主要是为了了解一个过程性的内容时,我们应当采用具体型问题,如"请问你们在申报这个课题时主要做了哪些准备工作?",这样直接的询问有利于节约调查时间,并且能得到比较准确的相关信息。而抽象型的问题多用于了解被访者的某些态度、想法或情感。但这类问题往往得不到实质性的内容,因此通过提问具体型的问题来达到抽象型的回答内容是一个很好的途径。如"你喜欢上艺术课吗?"被访者回答:"喜欢",则可以继续追问:"你在上艺术课的时候主要做什么呢?最喜欢艺术课里的什么活动?"这可以将回答内容具体化。

除了要注意问题的类型,还要注意问题排列的顺序:第一,提问问题要由简单到复杂、宽泛到具体,注意循序渐进。第二,要按照问题的逻辑性或事情发展的顺序来提问,不能东问一句西问一句。这里要注意问题的自然过渡,一般可以用"您刚才说到……,那么我想了解……"类似的句式,使问题导入显得自然。

总之,提问作为一种谈话艺术,没有一成不变的模式,有经验的访谈人员会在提问开始前,对问卷中的每一个问题都认真思考,设想出不同性格的人对问题的可能反应,然后根据问题的特点和被访者的具体情况,选择恰当的提问方式,顺其自然、随机应变,以取得良好的访谈效果。

② 在提问过程中应注意的问题

在提问过程中,应当注意以下问题:第一,对回答不做任何评价。研究者要对所提问题保持客观、公正的态度。如果被访者对问题会意错误,研究者可以在不给予暗示的前提下,重复问题或者做出进一步解释。尤其是涉及不同观点或者是有争议的话题时,无论研究者是否赞同,都不宜做出肯定或否定的评价,只能做出中性的反应,例如"我明白您的意思了,请继续说"等。第二,保持被访者的访谈兴趣。被访者的合作是访谈成功的重要前提。当谈话双方的气氛趋于紧张时,研究者可以暂时转换到被访者一个感兴趣的话题来缓和紧张气氛。如果被访者厌倦回答问题,或者情绪低落,此时研究者可以暂停访谈,稍作休息,待被访者情绪稳定后继续访谈。

(2) 追问

在提问过程中,为了帮助被访谈者加深对问题的理解,访谈员还要善于对问题进行追问。追问不是引导,也不是提出新的问题,而是对已经谈过的问题中不清楚的地方进行再次询问,是对提问的延伸或补充,目的是使问题的答案更准确、更完整。在访谈过程中,如果发现被访者的回答前后矛盾或含混不清时,访谈员就需要追问。如发现被访者回答婚姻状况为"已婚有配偶"而家庭成员中没有配偶的信息时,可追问:"大叔(大妈)不在家住吗?"如发现被访者回答的收入明显少于家庭支出时,可用"有吗?""还有吗?""您认为没有了吗?"等语句进行反复追问,让被访者感到自己存在纰漏,迫使其给出真实的答案。在与一位教师的谈话中,她谈到自己每天都很累,但没有说出具体的情况。这时,研究者就要进一步追问:"您每天工作多少个小时?""家务事都由您自己操劳吗?"这样可以了解到"累"的具体含义。在与一名贫困生的谈话中,他谈到自己没有人管。研究者就要进一步追问:"你父母都在哪里? 是做什么工作的?""你现在和谁住在一起?"等问题,来了解"没人管"的具体原因。在与学生 A 的谈话中,要了解学生 A 对教师 B 某种行为的具体看法,研究者就要追问:"教师 B 平时给你留下什么印象?""你能接受 B 的这种行为吗?""如果你遇到这种情况,你会怎么做?"等问题,来深入挖掘学生 A 的态度。

在追问时,对问题的追询要做到适时与适度。另外,要把握好追问的时机和分寸,以不妨碍访谈的顺利进行和不伤害被访问者的感情为原则。在访谈的过程中,访谈员应当多注意被访谈者的神情和分析其语言中的深层含义,以判断是否适合追问。在访谈刚开始还未进入较为深层次的访谈时最好不要追问,否则会使被访者产生抵触的情绪。

例 4-3 研发人员胜任特征访谈

笔者有一次在做一个关于研发人员胜任力特征的访谈时,一个被访谈对象是这样回答的:"还是在今年 5 月的时候,当时我和我的一个同事在编写一个应用软件时,发生了一些不同的看法。应该说是在一个算法的实现上应该怎么做,我们两个意见不一样,当时时间特别紧,应该还是大概还剩十天的时间就要给结果了。但是就因为那个问题,我们吵了三天,就是什么事也不干,就吵,这个问题应该怎么做。吵了三天,吵了没有结果的时候,就在我们那个学校里面,环境也比较好,就兜一圈,再回来就接着吵。我觉得像这样做事情肯定会有意见不一致的,而且争论也是有必要的,争论的结果是可以找到最好的办法。最后好像不是我们两个人原始的意见,我们还去过图书馆,看过一点东西,可以说最后还是一起做出来的吧。"

很显然,这个回答并没有给我们提供足够的信息,不能体现出我们需要的胜任特征,因为被访者谈到的这些细节不是最重要的。为了有效收集信息,我们继续追问:"你们的矛盾是怎样化解的?你们又是怎么提出解决问题的方案的?花了多长时间?该方案的效果如何?主管领导满意吗?客户满意吗?"。

例4-4 销售人员胜任特征访谈

有一次,笔者在做销售人员胜任特征访谈时,一位被访者说道:"我要定期收集一些信息。"仅有这一信息并不足以证明被访者是否具有相关的任职特征。我马上追问:"是上级要求您定期收集信息还是您自己主动收集的?需要收集哪些信息?您一般会通过哪些渠道去获得您所需要的信息?"被访者回答:"公司要求我们每年要提交销售计划,我们一般可以从客户那里得到他们下一年度的业务规划,从中分析出所负责区域的基本销售订单数量及金额,然后分解到销售计划里面去……"我随即把回答记下。根据这些行为事件的细节,结合其职位职责分析出该职位的任职特征,从而建立任职资格模型的"原料"。

(3) 插话

在访谈过程中,因为访谈员或被访者的原因,可能产生偏离访谈主题,或者需要从一个主题转向另一个主题的情况。这时候,访谈员就要善于对问题进行引导,通过插话的方式转换话题,实现对访谈过程的有效控制,以便掌握访谈进度和访问时间。在实际工作中,以下两种情况需要访谈员及时插话,控制访谈局面:一种情况是访谈员将正在进行的话题转向另一个新的话题,被访者由于思路的转向而出现停顿,或者因为缺乏心理准备而产生困惑时,需要访谈员启发、诱导,以使访谈顺利进行;另一种情况是当被访问者出现答非所问、欲言又止或漫无边际扯得太远时,需要访谈员及时加以引导,通过插话打断正在进行的话题,使访谈能够围绕相关问题继续展开。

2. 非语言行为控制

在访谈过程中,交谈双方除了有语言行为,还有各种非语言行为,如外貌、衣着、动作、面部表情、眼神、谈话距离、沉默时间长短、说话的音量等。双方的非语言行为可以提供很多重要的信息,能有力地反应被访者的情绪体验。

一般来说,被访者在说话的时候会表现出相应的非语言行为,如高兴时会笑,伤心时会哭;被访者频繁看时间,说明他希望加快速度或者结束谈话;被访者东张西望,表示对刚才的内容不感兴趣或者注意力已经转移;被访者打哈欠或者做小动作,表示已经很累。如果被访者的非语言行为与其语言表述之间相互矛盾(谈论痛苦的经历时,脸上却是轻松、开心的表情),这便为研究者验证被访者所说内容的真伪和了解被访者的人格提供了客观的依据。因此,在访谈过程中,研究者需要对被访者的面部表情和肢体动作进行仔细观察,同时做出一些简短的记录。

同时,研究者也需要学会表情与动作控制,通过自己的各种表情和动作来表达一定的思想、感情,从而达到掌控访谈进程的目的。第一,研究者要会用动作中断被访者的谈话,如通过送水、点烟来打断被访者的偏离主题的谈话。第二,研究者在访谈全程要表现出礼貌、前续、诚恳、耐心的表情。第三,研究者要表现出对被访者的谈话非常感兴趣,即使在被访者的谈话与研究无关或被访者语言表达能力不强的时候。第四,研究者的表情要适应被访者所谈的内容,要做到对被访者的喜怒哀乐表示出同感。第五,研究者要恰当用眼、专心用耳。既不能只顾低头记录笔记而忘记回应,忽视被访者的存在;也不能一直看着被访者,使被访者感觉不自在,要在二者之间寻找合适的方式。

3. 倾听

在访谈过程中,倾听也是重要的方面,因为访谈者只有通过倾听被访者的回答,才能切实了解他们的真实想法。尽管倾听更多是一种无声的形式,但若忽视了这一环节,研究者就会难以把握访谈进程,因为倾听决定了回应的方式和内容。以下几个倾听原则是访谈者必须掌握的:

(1) 不要轻易打断被访者的谈话

这是一条非常重要的原则,也是对被访者的一种尊重。一般来说,被访者说话时都有自己的逻辑,虽然某些时候研究者可能认为被访者的谈话偏离主题,但被访者的表述一定有自己的目的,他(或她)认为有必要说出来。访谈者一定要耐心倾听,不要有丝毫厌烦情绪,不仅要注意被访者所说的具体内容,而且要结合被访者的身份特征,来思考他这样说的目的和愿望是什么。

(2) 把握沉默时机

在访谈中,经常会出现被访者因为不好意思、有意拒绝回答、间歇性的思考问题等原因而导致沉默现象的发生。

如果谈话双方已经建立起良好的氛围,谈话也一直很顺利,而此时被访者在某一问题上突然沉默下来,这很有可能是因为他需要一定的时间来思考问题,组织合适的语言进行表述。此时,很多访谈者可能会焦虑地认为是自己的问题不恰当而导致被访者的沉默,往往会为了打破僵局而立刻主动发话,来缓解内心的焦虑。这样做的结果只会打断被访者的思路,失去深入了解谈话内容的机会。因此,访谈者首先要提高自己容忍沉默的能力。当然,某些时候研究者无法确定被访者长时间地保持沉默的原因,此时可以试探性地用温和、友好的语气询问对方:"请问您在想什么呢?"这样可以帮助访谈者了解对方当前的心理。

为此,访谈者就要对自己所问的问题有充分的认识,对当时的访谈情境有一定的判断。总之,当被访者沉默时,研究者不要立刻发话来打断沉默,要先判断被访者沉默的原因,然后根据具体情况,做出相应的回应。

（3）有感情地倾听

人的情感很容易产生共鸣。一般来说，如果研究者没有相应的情感表露，被访者也不会轻易表露出内心世界的真实想法。研究者如果在访谈中摆出公事公办的死板面孔，就会使被访者感到压抑，不自觉地隐藏自己的真实情感。所以，访谈者在倾听过程中应该明显地表现出对对方的同情、理解、宽容，接纳对方的情绪体验。这样，被访者往往会受到对方的感染，感到自己的情感被对方理解，会比较自由地表达自己的思想和情感。

4. 回应

回应是指访谈者对被访者在访谈过程中的言行做出的反应。回应的目的是使访谈者与被访者建立一种对话关系，及时地将自己的态度、意向和感觉传递给被访者。回应会影响到被访者的积极性和谈话内容。回应可以采取以下几种方式：

（1）认可

认可是一种比较简单的回应方式，是指访谈者用简洁的方式表示自己正在关注被访者的讲话，并希望对方继续说下去。具体方式包括一些语言行为，如"对""是啊""是吗""很好"等；还有一些如点头、微笑、与对方拥有同样的面部表情等非语言行为；甚至可以是如"啊""恩""哦"等几个简单的语气词。尽管访谈者并没有直接说出实质性的表示鼓励的话语，但如果访谈者在访谈中频繁使用这些方式，被访者就会感到自己所说的内容被接受，从而愿意继续交谈下去。

（2）重复、重组和总结

重复是指访谈者将被访者所说的内容重复说一下，目的是引导被访者继续就该内容的具体细节进行陈述，同时检验自己对该内容的理解是否正确。例如，一位被访者谈到自己每天晚上都要工作到半夜12点多才能睡觉，研究者此时可以重复说："原来你每天工作都到这么晚啊。"通常情况下，被访者听到这句话，就会接着说："是啊，我每天……"接下来就会引出更多关于他工作的内容和细节。

重组是指访谈者将被访者所说的内容换一个方式说出来，以验证被访者前后所说内容是否一致和自己的理解是否准确无误。如上例中，访谈者如果对这个被访者的话进行重组，可以说："看来你每天的工作都非常努力啊。"被访者多半会说："是啊，我一直都是这样……"如果访谈者的重复和重组内容符合被访者的个人意愿，被访者会感到自己被理解和接纳，从而更愿意进一步表露自己的真实想法。

总结是指访谈者将被访者所说的内容用几句话概括出来，目的是为了帮助对方理清思路，同时检测自己的理解是否正确。

重复、重组和总结虽然形式不同，但作用都是一致的，都是访谈者为被访者理清思路，检验自己对被访者说谈内容的把握是否正确，同时也为了表明研究者对被访者所说内容非常感兴趣，从而鼓励对方继续说下去。

5. 自我暴露

有经验的访谈者会在访谈中适当的时候以恰当的方式暴露自己。自我暴露是指研究者就对方所谈的内容,通过叙述自己相似的经历或经验做出回应。这可以使被访者了解到研究者曾经有过和自己类似的感受,从而拉近双方的心理距离,使访谈气氛轻松、平等。例如,"我平时也……,常常会……",但是这种自我暴露要注意选择恰当的时机,以免喧宾夺主。

(四) 记录访谈内容

俗话说:"好记性不如烂笔头"。在访谈过程中,及时准确地记录访谈内容对于日后的研究有重要参考价值。当被访者同意接受访谈后,研究者要找一个利于交谈、便于观察对方行为和便于书写记录的位置,随即进行访谈。在访谈过程中,如果需要录音或录像,应先征求被访者本人的意见。一般来说,如果被访者没有异议,条件也允许,最好能对访谈内容进行录音或者录像。

1. 人员记录

一般来说,个别访谈必须是研究者亲自做记录;在集体访谈中,可以安排专人记录。现场记录主要是记录被访者所说的内容;也可以记录研究者在访谈过程中看到的东西,如访谈环境、被访者的行为、表情、反应等;还可以记录研究者自己在访谈现场的感受、情绪和体会。

用笔记录要注意提高笔记速度,事后还要及时进行整理,把记录不完整的内容补充完整,把没有记录下来的补上,同时也不要因为一味埋头记录而忽视了适当的回应。

2. 机器记录

某些时候,由于一些原因,研究者的笔记难以获得完整的谈话记录,为了获得更完整的信息,在征得被访者允许的前提下,可以借助一些设备(照相机、摄像机、录音笔、手机等)来辅助访谈。这样可以避免研究者笔记的误差,使得整个访谈情境可以重复、再现,便于日后资料的分析和整理。研究者也可以不必为笔录而分心,可以专注于谈话内容。

当使用辅助设备时,要事先检查设备是否运转正常;如果是录音器材,则要放在距离被访者近一些的地方,保证音质清晰;如果是摄像器材,则要放在被访者稍侧面的位置,不要放在正对面,避免被访者产生不必要的心理压力。

(五) 结束阶段

1. 把握好访谈的时间

一般情况下,被访者保持注意力的时间分别是:电话访谈为 20 分钟左右;结构式访谈为 45 分钟左右;集体访谈和无结构式访谈不要超过 2 小时。至于一次访谈究竟应该用多长时间,应以不妨碍被访者的正常工作和生活为前提,根据访谈的实际情况灵活掌握。

2. 注意观察细节

访谈者在谈话接近尾声的时候,除了要认真记录被访者的回答外,还要注意观察被访者的情绪表现。如果访谈的任务已经完成,而被访者所说的内容已经与研究关系不大,访谈者可以用委婉的方式暗示被访者结束谈话,例如:"我想了解的就是您之前说的那些内容",或者不用语言暗示,只做出访谈结束的姿态(合上记录本、整理访谈设备);如果此时被访者仍旧某个问题兴致很高地发表意见,即使内容已无关紧要,研究者也应该耐心听完,这是对被访者的尊重;如果被访者在结束阶段表现出疲劳、厌烦(说话变迟缓、语调降低、频繁看时间等),访谈者也应该适时结束谈话。

3. 结束语

访谈结束后,访谈者要向被访者的合作表示感谢。如果因时间关系或其他因素导致访谈没有完成任务,仍需调查,就应该与被访者约定下次访谈的时间和地点。同时,告知被访者下次访谈的大概内容,让被访者做到心中有数。

(六)访谈所获资料的整理

访谈结束后要及时根据记录和录音、录像等对资料进行整理。如果距离访谈之时过长,可能会使研究者逐渐淡忘访谈时获得的感受,因此整理和分析访谈资料应该越早越好。

在对资料进行整理时,要注意思考以下几点:资料是否按照原定提纲进行收集?收集到的信息是否有效,是否能说明一定的问题?提纲中的某些问题是否有遗漏?如果出现偏差,研究者不能只凭借自己的主观认识来做出判断。对于那些重要的问题,应尽可能重新访问;如果已经无法补救,就要把这个问题从材料中剔除。

对于采用结构式访谈获取的材料,可以采用统计方法进行处理,可以将回答内容制作成表格形式进行比较;对于采用无结构式访谈获取的材料,由于这类材料多为描述性的,不便于进行量化处理,所以对它们的分析要尽量做到主次分明、条理清晰。

最后,要根据研究的目的对整理分析后的材料进行综合分析,对问题进行深入的论证后,得出研究结论,撰写出访谈报告(研究报告)。

五、编码

编码是访谈资料分析中的一个重要技术。它是研究者将资料组织成概念类别,创造出主题和概念,用这些主题和概念来分析资料。这种编码使得研究者摆脱了原始资料的细节,从而在更高层次上思考这些资料,并引导研究者走向概括和理论。编码的方式主要有三种:开放性编码(Open coding)、关联性编码(Axial coding)、选择性编码(Selective coding)。

开放性编码是指将原始资料逐步进行概念化和范畴化,也就是研究者根据一定原则将收集的原始资料记录加以逐级提取为有编码意义的概念和范畴,并把资料记录以及提取的概念"打破""揉碎"并重新整合的过程。开放性编码的程序为:定义现象(概念化)→挖掘范畴→为范畴命名→发掘范畴的性质和性质的维度。因为扎根理论收集到的原始资料往往特别多,要做到面面俱到是不可能的,研究者面临的问题往往是代码过多。这时研究者就需要对代码进行优化、分级、筛选。

关联性编码是由研究者确定的,是对那些与主轴变量在某一理论中有着重要关联的变量而进行的编码。其实它是在开放性编码的基础上发现和建立概念、等级、类属之间的各种相关关系,以编码出资料中各个部分之间的有机关系。关联性编码的关系有因果关系、时间先后关系、语义关系、情景关系、相似关系、差异关系、对等关系、类型关系、结构关系、功能关系、过程关系、策略关系等。

选择性编码也称核心编码。研究者通过不断收集以及分析原始资料,进行理论性思考、编码、抽取概念、范畴,同时撰写备忘录的过程,慢慢地就会发现核心编码。格拉泽(Glaser)指出,选择性编码必须具有中央性,也就是其与范畴和特征最具有相关性;它是在资料不断分析比较后逐渐得到完善,最后形成一个有意义的、有所联结、稳定的理论模型,即通过不断地开放编码、关联编码,逐渐使编码出的理论成为一个包含性高的、抽象度高的词组。核心编码有下面几个方面的特点:首先,核心编码必须在所有类属中占据中心地位,是原始资料的高度概括,与大多数类属之间存在意义且自然地联系,最有可能成为资料的核心部分;其次,核心编码之间有很明确的关联,不会牵强附会;最后,核心编码下的概念现象要有尽可能大的差别性,但同时达到包含性广。这样,研究者就会得出一个理论的初始模型,接下来研究者必须再以收集来的资料,对理论进行验证,即研究者应再回到现场中,验证理论是否吻合,针对理论的缺口,做些填补工作,使所形成的理论更具备概念上的准确性。

我们举一个例子来说明上述三级编码的过程。在对一些在美国留学的中国学生的跨文化人际交往活动及其意义解释进行研究时(1998年),研究者对资料进行了逐级编码。首先,在开放性编码中,找到了很多受访者使用的"本土概念",如"兴趣、愿望、有来有往、有准备、经常、深入、关心别人、照顾别人、管、留面子、丢面子、含蓄、体谅、容忍、公事公办、情感交流、热情、温暖、铁哥们、亲密、回报、游离在外、圈子、不安定、不安全、不知所措、大孩子、低人一等、民族自尊、不舒服"等。然后,在关联性编码中,在上述概念之间找到了一些联系,在七个主要类属下面将这些概念连接起来:"交往、人情、情感交流、交友、局外人、自尊、变化"。在每一个主要类属下面又分别有相关的分类属,比如在"人情"下面有"关心和照顾别人、体谅和容忍、留面子和含蓄"等;在"局外人"下面有"游离在外、圈子、不知所措、不安定、不安全、孤独、想家、自由和自在"等。在所有的类属和类属关系都建立起来以后,研究者在核心编码的过程中将核心类属定为"文化对自我和人我关系的建构"。在这个理论框架下对原始资料进行进一步的分析后,建立了两个扎根理论:第一,文化对个体的自我和人我概念以及人际交往行为具有定向作用;第二,跨文化人际交往对个体的自我文化身份具有重新建构的功能。

阅读链接　　中国本土心理资本结构的编码过程

首先,通过四种途径收集心理资本陈述句:第一,深度访谈。要求受访者工作三年以上、绩效优秀,并综合平衡年龄、性别、位阶、地区、所在单位性质等特征。在受访者列举某项职场成功的积极心态后,让其判断是否可以后天培养。有电话采访、网聊与面谈等类型,共访谈32人,每次约1小时。第二,文献阅读。由于深度访谈的受访者主要是中层管理人员和技术人员,组织高层管理者的代表性不足。于是,研究者着重对李嘉诚等10余位企业家和政界名人的访谈录、传记等资料进行收集分析。第三,开放式问卷调查。调查对象是上海师范大学的一个在职专科班学员以及成都市某企业的普通员工,偏向基层管理人员和技术人员,以与前两类人员形成互补。共发问卷180份,回收110份。收集符合心理资本内涵的行为事件。第四,专家访谈。邀请三位组织行为方向的学者进行访谈,主题为中国文化背景下心理资本的维度与行为表现。

其次,陈述句整理与归类。将录音资料逐字转化成计算机文本,再结合其他所收集的文本资料,运用内容分析方法,以陈述句为分析单元进行编码,共得到1 023条初始陈述句。对初始陈述句进行整理,删除36条与心理资本含义明显不符合的陈述句和42条语义含糊不清的陈述句,对剩下的陈述句进行初步归类,合并内容相近、仅以不同方式说明的陈述句。在这个阶段主要是以直观的判断而没有做过多的陈述句内涵延伸。归类结束后,获得101条陈述句。研究者继续对陈述句进行概念层次的合并以形成概念的维度类别。由包括本文作者之一在内的三位参与者(一位博士生与两位硕士生),独自对这些陈述句进行归类。为了检验上述归类范畴的适当性,让第三方进行反向归类,即先让归类者知道各类别及其操作性定义,然后让其将各题项放入类别中。实施主体由三位未参加前面研究程序的人员组成(两位博士生和一位硕士生)。三位评判者都没有将该陈述句分配到预想的类别中,共有3题,比例3%。删除完全不一致的三题,还剩98题。98个项目归类形成了本土心理资本构念的13个类别。"奋发进取、自信、乐观希望、勇敢、坚韧顽强与沉着冷静"6个类别与西方心理资本构念基本相似,"谦虚、尊敬他人、乐于奉献、知恩图报、礼貌让人、稳重诚信、包容宽恕"7个类别具有本土特色。经多次讨论,研究者发现上述类别中的谦虚、尊敬他人、包容宽恕、乐于奉献、知恩图报、稳重诚信、礼貌让人与人际关系处理有关,而奋发进取、自信、乐观希望、坚韧顽强、勇敢、沉着冷静则偏向于事务处理。Chen和Farh(1999年)在中国组织背景下将变革型领导划分为关系导向变革型领导与任务导向变革型领导。类似地,本研究根据要素内涵将本土心理资本13个一阶类别归纳成事务型心理资本与人际型心理资本两个二阶类别。

资料来源:柯江林,孙健敏,李永瑞. 心理资本:本土量表的开发及中西比较[J]. 心理学报,2009,41(9):876-877.

六、Nvivo 软件简介

Nvivo 是由澳洲 QSR 公司开发的,是一款功能强大的质性分析(Qualitative Analysis)软件,能够有效地分析多种不同类型的数据,诸如文字、图片、录音、录像等数据,是实现质性研究的最佳工具。使用 Nvivo,可以将人们从以往的资料分析过程诸如分类、排序、整理等繁杂手工作业的劳累中解脱出来,让人有更充分的时间去探究发展趋势,建立理论模型,并最终获得研究问题的结论。

Nvivo 具有以下优点:支持导入、排序和分析多种格式(如语音、视频、图片等)文件,以及 Word 和 PDF 格式文件;支持突出关键字,并可按多种方式分类;采用业界领先的强大搜索引擎挖掘潜在理论模型;可生成并导出专业模型及图表;可通过微型网站共享自己的发现;Nvivo 8 新增以下功能:可导入 PDF、Video、Audio 及数码图片文件,并对其进行编码和检索;可建立二维、三维表格,并将其结果导出为 Word 或 PowerPoint 文件增加团队协同功能;讨论、优化编码方案;用 HTML 格式发布研究成果;建立小型 Web 站点,在不拥有 Nvivo 的人员中共享其研究成果。

Nvivo 现在已经广泛应用于社会科学研究、商业和市场研究、人类学研究中,在管理学研究中使用可以帮助大家在毕业论文中对定性的数据资料进行编码。

例 4-5　Nvivo 8 从安装到简单使用

Nvivo 是一款辅助型信息发掘工具,旨在帮助个人和组织挖掘数据信息,可视化管理和呈现。简单来说,它可以辅助我们标记各种多媒体材料,帮助我们检索信息,并协助我们把信息制成图表。

一、Nvivo 8 下载和安装

个人学习使用,可以使用官方提供的 30 天试用版本。登录官方网站 http://www.softwarelist.cn/nvivo/download.htm,填写个人信息后,即可免费下载,使用 30 天。下载后双击图标即可安装。安装的时候可以选择中文版或英文版,根据个人习惯。

二、简单使用

打开软件,建立项目可出现一个窗口,窗口左下方 8 个选项为该软件的基本主要功能。以下简单介绍其中几个关键的功能。

(一) 第一步:导入材料

Nvivo 提供了内部材料、外部材料等方式,可以导入多种格式的资料。包括:

1. Microsoft Word(.doc,.docx);
2. RTF 格式(.rtf);
3. 文本(.txt);
4. 可移植文档格式(.pdf);
5. 视频(mpg,mpeg,mpe,wmv,avi,mov,qt,mp4);
6. 音频(mp3,wma,wav);
7. 图片(.bmp、.gif、.jpg、.jpeg、.tif 或.tiff)。

(二) 第二步:处理材料

材料导入后仅是材料而已,这时候需要对材料进行再处理,以便进行主题的探讨。我们可以对文本进行再编辑,对视频和图片进行标记处理、脚本处理。

1. 任何文字均可批注

选择任何文字后,单击上方"链接→批注→新建批注",即可批注文字。

2. 图片局部编辑说明

图片局部编辑说明可以对图片的局部框选进行说明,这样更能有效地标记和传达信息。

3. 视频编辑脚本

对视频编辑脚本相当于再分析视频内容,并对视频内容进行时间段说明,当然如果我们事先已有脚本,可以直接导入脚本。

(三)第三步:开始编码

这一步较难理解。为什么要编码,或是创建所谓的节点、案例、树节点等。其原因在于,对于信息来说,需要通过创建节点来帮助组建关系和进一步分析。打个比方,天空繁星无数,可以通过定义星座来对星星进行归类整理,并且这些整理可以为进一步分析整个星辰分布打下基础。

Nvivo 提供不同的节点类型,适用于要在项目中代表的不同类型的想法和概念。

1. 自由节点

自由节点可用作容器以容纳和项目中的其他节点概念上不相关的"散漫"想法。随着项目的发展,这些节点可能被移入树节点中的逻辑位置。

2. 树节点

树节点可用于代表项目中逻辑相关的概念和类别,因为它们可以按层次结构进行组织(即类别、子类别)。

3. 案例

案例代表项目中的实体(即人员、学校、机构、家庭)。案例可以具有用于记录要询问的实体特征的"属性"。与树节点一样,案例也可以按层次结构进行组织。

4. 矩阵

矩阵可用于显示不同节点的内容的相互关联方式。矩阵是通过使用矩阵编码查询生成的,用表格格式显示。

5. 关系

关系代表我们对项目中各项之间关系的了解或发现。不仅可以用单个文件作为节点,也可以采用文件里面的任何一个文字、句子作为节点。

(四)开展分析

经过前面的基础工作后,现在可以开始深入分析了。当然,在分析的过程中,还可以对前面的内容进行修改。例如,节点的设置就需要不断调整。我们可以使用查询功能,对文字信息出现的频率、来源进行查找、汇聚;我们可以使用群组功能,对分析进行再归类;我们可以使用模型功能,视觉化我们的想法;我们可以使用图表功能,让 Nvivo 帮我们生成图形;最后形成针对某个问题的汇报报告。

以上四步为简单使用,Nvivo 还提供了属性设置、参数设置、编码功能,可以更细地进行数据挖掘和分析。

第三节 问卷调查法

一、问卷调查法概述

（一）问卷调查法的概念

"问卷"译自法文"questionnaire"一词，其原意是"一种为统计或调查用的问题单"。问卷调查法是研究者事先设计好调查提纲或询问表，通过邮政部门或以组织形式交给被调查者，然后通过邮局寄回或由调查者收回，进行统计汇总，以取得所需资料的调查方法。

（二）问卷调查法的优缺点

按照问卷填答者的不同，问卷调查可分为自填式问卷调查和代填式问卷调查。其中，自填式问卷调查按照问卷是被调查者自己阅读和填签的问卷。传递方式的不同，可分为报刊问卷调查、邮政问卷调查和送发问卷调查。报刊问卷调查，就是随报刊传递分发问卷，请报刊读者对问卷做出书面回答，然后按规定的时间将问卷通过邮局寄回报刊编辑部；邮政问卷调查，就是调查者通过邮局向被选定的调查对象寄发问卷，请被调查者按照规定的要求和时间填答问卷，然后再通过邮局将问卷寄还给调查者；送发问卷调查，就是调查者派人将问卷送给被规定的调查对象，等被调查者填答完后再派人回收调查问卷。代填式问卷调查是调查者根据被调查者的回答填写的问卷。按照与被调查者交谈方式的不同，可分为访问问卷调查和电话问卷调查。

1. 问卷调查法的优点

（1）经济性

问卷调查法可以在短时间内完成大量资料的发放与回收，节省时间和经费。

（2）广泛性

问卷可以在较大的范围内发放，可以当场发给被调查者，也可以通过邮寄或者网络实现对远距离的、多方面的调查对象进行调查，达到较大的样本规模，而大样本对于描述性或解释性分析都是必要的。

（3）客观性

客观的选择题可以避免访谈调查可能导致的潜在偏差；调查者和被调查者无须面对面接触，具有一定的回避效果；问卷调查一般不署名，被试回答没有更多的心理负担，被调查者容易真实地回答问题，使结论比较客观。

（4）标准化

问卷一般采用标准化格式，内容明确，操作简单易懂，被调查者容易理解问卷的目的，同时，标准化的问卷也使得调查者便于统计和分析。

2. 问卷调查法的缺点

（1）信息有限

问卷调查法最突出的缺点就是它只能获得书面的社会信息，而不能了解到生动、具体的社会情况，例如态度和动机等深层次的内容。另外，被调查者填答问卷时可能回避某些本质性的内容，影响信息的准确性。因此，有时还要结合访谈法了解深层次的信息。

（2）缺乏弹性，很难作深入的定性调查

（3）真实性无法保证

问卷调查特别是自填式问卷调查，调查者难以了解被调查者是认真填写还是随便敷衍，是自己填答还是请人代劳；被调查者对问题不了解、对回答方式不清楚时，无法得到指导和说明；有的被调查者或者是任意打勾、画圈，或者是在从众心理驱使下按照社会主流意识填答，这都使得调查失去了真实性。

（4）回复率和有效率低

问卷法的回复率和有效率较低，导致对无回答者的研究比较困难。

（三）问卷法的适用范围

根据问卷法的优点和缺点，问卷调查法有其特定的适用范围。它适合针对一定数量的可控人群进行设计，如学校里的学生、公司里的职员、组织内的成员，在特定场合集中发放。在这种情况下，回答率较高，问卷长度受限较少，成本也较低，操作较为方便。

二、调查问卷的设计方法

调查问卷的设计有两种方法：一种是沿用现有的问卷；另一种是自行设计问卷。

（一）沿用现有的问卷

现代管理学已有几十年的发展历史，与其相关的心理学、社会学等学科的历史更为久远。在漫长的学术探索过程中，无数优秀的研究人员潜心研究，反复修正，建构了大量的研究问卷，为我们从事当下的实证研究提供了宝贵的条件和手段。

例如，工作满意度是组织行为学关注的一个热点问题，这方面的研究成果也非常丰富。明尼苏达工作满意度量表（Minnesota Satisfaction Questionnaire，MSQ）由威斯、戴维斯、英格兰德和洛夫奎斯特（Weiss、Dawis、England 和 Lofquist）编制而成，它分为长式量表（21个量表）和短式量表（3个分量表）。长式量表包括120个题目，可测量工作人员对20个工作方面的满意度及一般满意度。这20个大项分别测量个人能力发挥、成就感、能动性、公司培训和自我发展、权利、公司政策及实施、报酬、部门和同事的团队精神、创造力、独立性、道德标准、公司对员工的奖惩、个人责任、员工工作安全、员工所享受的社会服务、员工社会地位、员工关系管理和沟通交流、公司技术发展、公司的多样化发展以及公司工作条件和环境（Weiss、Dawis、England 和 Lofquist，1967年）。这20个项目组成了对一般工作满意度测量时最常用的工具。明尼苏达工作满意度调查量表也有简单形式，即以上20个大项可以直接填写每项的满意等级，总的满意度可以通过加权20项全部得分而获得。短式量表包括内在满意度、外在满意度和一般满意度3个分量表。短式量表中1～4题、7～11题、15～16题和20题构成内部（Intrinsic）满意度分量表，5～6题、12～14题和19题构成外部（Extrinsic）满意度分量表，而1～20项构成一般满意度（General Satisfaction）分量表。可以看出，MSQ的特点在于工作满意度的整体性与构面皆予以完整地衡量。它已成为我们研究测量工作满意度的一个经典工具。

1. 沿用现有问卷的益处

（1）在文献中占有显著地位的问卷一般有较高的信度和效度

信度和效度是检验问卷是否合格的标准，量表的价值主要在于其信度和效度。信度（Reliability）即可靠性，是指使用相同指标或测量工具重复测量相同事物时，得到相同结果的一致性程度；效度（Validity）即有效性，是衡量综合评价体系是否能够准确反映评价的目的和要求，测量工具是否能够测出其所要测量的特征的正确性程度。

在文献中占有显著地位的量表一般有较高的信度和效度。也就是说，这些量表往往已被不同的研究人员在不同的环境下针对不同的群体使用过，反复应用确保了它们能准确地测量它们所代表的概念和变量，也证实了这些变量的稳定性和准确性。

例如，艾森克人格问卷（Eysenck Personality Questionnai，EPQ）是英国心理学家艾森克教授编制的。他搜集了大量有关人格方面的特征，并通过因素分析归纳出三个维度，从而提出决定人格的三个基本因素是内外向、情绪性和心理变态倾向。EPQ目前有成人问卷和青少年问卷两种。成人问卷包括90个条目，让被试者根据自己的情况回答是否。由于EPQ具有较高的信度和效度，其所测得的结果可同时得到多种实验心理学研究的印证，因此它也是验证人格维度理论的根据。在对人格特征进行测量时，我们可以直接沿用此问卷。

（2）在文献中被反复使用的问卷认可度高

在学术领域，衡量一个研究者价值和贡献的主要指标是发表论文的数量和质量。高质量的期刊对论文的审核非常严格，一般要经过三个审核环节。在专家审核过程中，论文中使用的问卷的信度和效度是重要的标准之一。因此，在高质量的学术期刊上发表的管理学实证研究类论文往往沿用高质量的问卷，这些论文的发表使这些问卷的地位得到强化，促使越来越多的研究人员采用这些问卷，而对这些问卷的使用有助于提升论文质量，从而使它们更容易在一流刊物上发表。这是一种良性循环，在文献中被反复使用的问卷在某研究领域逐渐产生品牌效应，诸多研究者使用它们，学术界也认可它们。因此，使用认可度较高的问卷风险较小。

2. 沿用现有问卷的局限性

沿用现有问卷虽然风险较小，但是还存在以下一些局限性：

(1) 时间上的局限性

由于管理实践和管理内容随着时代变迁会发生变化,导致一些问卷具有时间上的局限性。以组织行为学为例,工作特征模型(Job Characteristics Model,JCM)也称五因子工作特征理论,是由哈佛大学教授 Richard. Hackman 和伊利诺伊大学教授 Greg. Oldham(1976 年)提出的,它是工作丰富化的核心。该模型认为工作的核心维度包括技能的多样性、任务的同一性、任务的重要性、工作自主性和工作反馈五个维度。但是,20 世纪 80 年代后期信息技术开始迅猛发展,淘汰了许多原有的职业,与此同时催生了大量新的工作和工种,有些工作和工种虽然没有被淘汰,但其性质和工作内容已经发生了根本变化,那么,工作特征的五大模型是否还能够全面解释当今职场的工作性质?这期间的发展趋势是否仍能以工作特征模型来表述?这些问题都需要进一步深入研究。

(2) 文化上的局限性

不同文化具有较大的差异性,具体表现在人们的价值观、思维方式和行为方式等方面,导致许多问卷具有跨文化的适用性。我们仍然以组织行为学为例,系统的组织行为学研究起源于西方,大多数现有的理论和问卷都是研究者建立在对西方组织中人的心理和行为规律的观察与总结的基础上提炼出来的,在指导西方组织管理实践、提升管理水平方面颇有价值,但在将其应用于跨文化的环境中,则需要研究其文化适用性和可行性。因为,文化的差异性对人的认识、情感与激励有着重大影响,所以,我们要时时注意中国文化的独特性和西方理论及问卷或量表的局限性。

(3) 语言上的局限性

沿用西方的问卷或量表,翻译的准确性至关重要。回译是一种较好的方法,即用两组不同翻译人员翻译统一量表,一组翻译人员将量表英译汉之后,另一组翻译人员再将量表汉译英,然后两组翻译人员共同研究在双重翻译中的差异,并予以解决。回译的重点在于尽量减少翻译中出现的主观错误和偏差,提高翻译的质量。但是,即使是最严格的回译,仍不能完全解决翻译中的语言局限性。

语言上的局限性主要表现在词汇的外延和语义学上的差异。首先,是词汇的外延。每一个词汇都有其内涵和外延,内涵为其具体表达的意思,而外延则是该词汇的情境和概念,人们对词汇外延的理解是因文化而异、因人而异的,例如,"面子"在英语中是"face",但西方人对"face"的外延理解要比中国人单薄得多。其次,是语义学上的障碍。英文是一种直接、简约的语言,而中文在表达上更为细腻,在表达方式上更为多样。有些英文翻译成中文,往往有多种词意可以选择,例如,"lover"可以翻译成爱人、情人、恋人、小三、第三者等。

3. 沿用现有问卷的注意事项

(1) 确认问卷的适用性

如果要沿用现有问卷,首先要确认问卷的适用性。问卷的适用性主要包括以下三个方面:第一,概念上的适用性。我们选用的西方问卷是否准确测量了我们想要的测量的概念？第二，文化上的适用性。我们选用的西方问卷能否为国内的员工广泛理解和接受？因此，研究者对西方的理论要吃透，对西方的问卷要灵活使用。第三，样本上的适用性。我们选用的西方问卷可以普遍应用于国内的不同群体还是只适用于某一特定的群体？如果是后者，研究人员需要仔细核查该问卷是否适用于自己的研究将要涉及的群体。

为此，研究者需要熟读文献，在文献中占有显著地位的问卷一般具有较高的信度和效度，可从这些问卷入手，进行深入文献采集，选择最成熟、最被学术界广泛接受的问卷。

(2) 确认问卷的可行性

并非所有的问卷都是可以无偿使用的，研究人员应与问卷的创建者主动联系，得到使用问卷的许可。

(3) 一旦选用了某个问卷，应尽量沿用问卷中的所有问题，不要任意删改

例如，在工作积极压力的测量方面，美国学者西蒙斯和纳尔森（Simmons 和 Nelson）在 2007 年曾开发出一个"工作积极压力问卷"。该问卷从四个维度测量工作积极压力，即积极情绪、希望感、富有意义、可管理性，包括 28 个问题。经过对美国多个被试者的检验，发现具有较高的信度和效度。笔者曾经在一篇硕士论文中看到，作者在沿用上述问卷时，将题目删减为 17 个，那么问卷的信度和效度就会大打折扣。

(4) 要确保问卷翻译的质量

为了保证问卷翻译的质量，我们必须寻找合适的从事问卷翻译的人员，他们必须是双料人士：既懂中文和外文，又精通管理学，同时还要具有翻译方面的经验。

例 4-6　明尼苏达满意度问卷短式量表

项目：采用 5 点量表，其中 1 表示"对我工作的这一方面非常不满意"；2 表示"对我工作的这一方面不满意"；3 表示"不能确定对我工作的这一方面是满意还是不满意"；4 表示"对我工作的这一方面满意"；5 表示"对我工作的这一方面非常满意"。

下面我们能看到一些关于我们目前工作的陈述。仔细阅读这些陈述，确定我们对句子中所描述的关于自己目前工作的某方面是否满意，然后圈出与自己的满意程度一致的。

1. 能够一直保持忙碌的状态
2. 独立工作的机会
3. 时不时地能有做一些不同事情的机会
4. 在团体中成为重要角色的机会
5. 我的老板对待他/她的下属的方式
6. 我的上司做决策的能力
7. 能够做一些不违背我良心的事情
8. 我的工作的稳定性
9. 能够为其他人做些事情的机会

10. 告诉他人该做些什么的机会
11. 能够充分发挥我能力的机会
12. 公司政策实施的方式
13. 我的收入与我的工作量
14. 职位晋升的机会
15. 能自己作出判断的自由
16. 自主决定如何完成工作的机会
17. 工作条件
18. 同事之间相处的方式
19. 工作表现出色时,所获得的奖励
20. 我能够从工作中获得的成就感

(二) 自行设计问卷

在有些情况下,需要研究者自行设计问卷。那么,何种情况下需要自行设计问卷?

1. 现有的问卷不能满足研究需要

例如,"关系"这一概念,图西和樊景立(Tusi 和 Farh)在对比相关文献的基础上,进一步分析了中国人文环境中"关系"的特点,指出在高度注重人际关系的中国社会中,"关系"本身往往人们是追求的目标,而不仅仅是达到个人目标的手段。可见,就"关系"这一概念而言,其内涵、外延都有着跨文化的差异。要研究"关系"在中国特有的文化环境下的前因变量和后果变量,仅靠西方的理论、概念和问卷显然是远远不够的,甚至是不适当的,研究人员必须从实际调查入手,设计适应中国文化情境和中国人状况的新的问卷。再如,关于心理资本的构成,已有一些西方学者进行了研究。由于心理资本概念产生的时间很短,研究者仍然对其维度保持开放的态度,除了四个核心维度之外,尚有很多未定的构成要素亟须开发与检验。而且,上述研究大都是基于西方文化背景得出的结论,阿奥安、莫里斯、尼瑞、斯比瑟、特伦(Aroian、Schappler-Morris、Neary、Spitzer、Tran,1997 年)研究来自前苏联的美国移民时就发现,西方韧性量表中的一些项目就不符合集体主义文化下人们的行为方式。中国文化和西方文化存在较大差异,中国是一个高度重视人际关系的社会,与他人发生人际关系冲突,不利于工作绩效提高与职业成功。由于人际关系的建立有赖于他人对个体态度与行为的认同,因此个体在有效处理人际关系时所需的积极心态必然与社会能够普遍接受的规范或文化紧密相关。这也说明与"独立我"行为模式下的西方人相比,"相依我"的中国人在"为人"方面所需要的积极心态很可能与之有系统性的偏差。为此,柯江林等(2009 年)曾开发了本土心理资本量表,并将之与西方量表进行了比较。结果显示,本土心理资本构念具有二阶双因素结构:事务型心理资本(自信勇敢、乐观希望、奋发进取与坚韧顽强)与人际型心理资本(谦虚诚稳、包容宽恕、尊敬礼让与感恩奉献)。事务型心理资本与西方心理资本基本相似,人际型心理资本则具有本土文化气息。

2. 研究的目的在于测试某些源自西方概念以及相关变量的跨文化应用性

例如,关于组织公民行为(OCB),西方学者对其形成、内容维度及与其他变量的关系已经有了丰富的研究成果,然而有关其跨文化应用的研究却是相当有限的。樊景立(Farh)等的研究着重开发 OCB 在中国人群的本土量表,其研究分为三个步骤:首先,他们邀请 109 个在一所大学就读的 MBA 和管理发展项目的学员陈述他们认为是 OCB 的事例,一共搜集到 1512 个对 OCB 的陈述,整理成 60 个类别,由此产生了包含 60 个问题的 OCB 中国本土量表。其次,基于 75 个样本,来检验以上所形成的中国本土量表。经过相关性分析和维度分析,除去 4 个不相关的问题,从而将量表的问题数量减至 56 个,维度分析显示这 56 个问题属于 5 个不同的维度。在维度分析的基础上,将问题数目减少到 22 个,每一维度包含 4~6 个相关问题。最后,基于 227 个样本,来测试这个含有 22 个项目的量表,运用结构方程来检测 5 个维度的稳定性,并最终减去 2 个问题以使模型具有更好的匹配度。最终这份量表所包含的维度与西方文献相似。与此同时,一些中国特色的内容,如人际和谐是西方文献罕见的,也有一些西方 OCB 的内容在中国本土量表中没有表现出来。

三、调查问卷设计的步骤

设计调查问卷是为了更好地收集调研者所需要的信息,因此,在设计调查问卷的过程中首先要把握调研的目的和要求,同时要争取被试调研者的充分配合,以保证最终问卷能提供准确有效的信息资料。调查问卷必须经过认真仔细的设计、测试和调整,然后才可以大规模地使用。通常,调查问卷的设计可以分为以下步骤:

(一) 根据调查目的,确定所需要的信息资料

在问卷设计之前,调研人员必须明确需要了解哪些方面的信息,这些信息中的哪些部分是必须通过问卷调研才能得到的,这样才能较好地说明所需要调研的问题,实现调研目标。在这一步中,调研人员应该列出所要调研的项目清单:第一,问卷要调查哪些变量?要充分考虑一份问卷的可容量,在此基础上,对研究内容理出重点,避免设计出过长的问卷。第二,问卷中的变量之间是什么关系?第三,问卷中所含的变量是什么样的结构?这些在问卷设计时都应体现出来。根据这样的一份项目清单,问卷设计人员就可以进行设计了。

(二) 问题的设计和选择

在确定了所要收集的信息资料之后,问卷设计人员就应该根据所列调研项目清单进行具体的问题设计。设计人员应根据信息资料的性质,确定提问方式、问题类型和答案选项如何分类等。对一个较复杂的信息,可以设计一组问题进行调研。问卷初步设计完成后应对每一个问题都加以核对,以确定其对调研目的是有贡献的。需要注意的是,仅仅是趣味性的问题应该从问卷中删除,因为它会延长所需时间,使被访者不耐

其烦,也就是说要确保问卷中的每一个问题都是必要的。

1. 问卷问题的类型

(1) 开放式问题和封闭式问题

根据标准化程度,问卷问题可以分为开放式问题和封闭式问题。所谓开放式问题,是指提出的问题没有具体的答案选择,让被调查者自行进行作答。这种方式的调查问卷问题能够提供更多更详细的调查信息,也能够便于了解被调查者具体的看法以及建议等问题。当然它也具有难以编码和统计的弱点;所谓封闭式问题,是指在提出的问题后面备有几个可选答案,被调查者只能从这些可选答案中选择作答。这种方式的调查问卷问题明确易懂,易于统计分析,能很快得出调查结果。但这种方式具有明显的局限性,所得到的信息量不大。

问卷调查的结果简单堆积在一起是没有什么意义的,通常要通过统计分析,从中发现一些问题。鉴于开放式问题在适用范围和统计分析等方面的缺陷,目前的问卷调查大多采用封闭式问题为主,但在一些少数几个答案不能包括大多数情况的提问中,问卷设计者不能肯定问题的所有答案,或者要了解一些新情况时也可用开放式问题。许多采用封闭式问题的问卷,常常在预调查时先用部分开放式问题,以确定封闭式问题的答案种类。为了保证封闭式问题包括全部答案,可以在主要答案之后加上"其他"之类的答案,以作补充,避免强迫被调查者选择不真实的答案。

(2) 正向问题和反向问题

按照题目的内容,问卷题目可以分为正向问题和反向问题。

从方法论的角度讲,许多专家都建议在问卷中加上一些反向问题,以测试答卷者是否真正用心回答了所有问题。例如,"我为自己定下明确的目标,但很少能够实现""我很难从网上得到有用的信息"。以里克特五点量表而言,正向题的题项通常给予5分、4分、3分、2分、1分,而对反向题的题项计分时,便要给予1分、2分、3分、4分、5分。

2. 应避免的问题

在设计问卷问题时需避免以下问题:第一,具有双重意义的问题,如"你认为360度反馈是一个好的管理方法,可以提升员工的激励吗?"第二,诱导性的问题,如"你认为影响工作幸福感的因素是薪酬吗?""太阳底下最光辉的职业是教师,你喜欢教师职业吗?"第三,答卷者需要依赖记忆才能回答的问题,如"你在过去一年中平均每年缺勤几次?"

3. 问题的措辞要严谨

措辞的好坏将直接或间接地影响到调研的结果。因此对问题的用词必须十分审慎,要力求通俗、准确、客观。所提的问题应对被访者进行预试之后,才能广泛地运用。

4. 合理确定问题的顺序

在设计好各项单独问题以后,应按照问题的类型、难易程度安排询问的顺序。如果可能,引导性的问题应该是能引起被访者的兴趣的问题。回答有困难的问题或私人问题应放在调研访问的最后,以避免被访者处于保守地位。问题的排列要符合逻辑的次序,使被访者在回答问题时有循序渐进的感觉,同时能引起被访者回答问题的兴趣。有关被访者的分类数据(如个人情况)的问题适合放在问卷最后,因为如果涉及个人的问题,容易引起被访者的警惕、抵制情绪,尤其在电话式问卷调查中。

例 4-7　通信工程专业硕士研究生创新能力构成要素问卷

亲爱的同学:

你好!

为了了解当今通信工程专业研究生对创新能力构成问题的看法,我们在几个高校通信工程专业随机选取部分大学生进行问卷调查。这份问卷只供我们做数据研究参考用,不会涉及姓名,答案也无好坏之分,所以请你放心,务必按照你真实的情况来填写。

填写说明:请在每个自己选择的选项前的方框里打勾,或者在_____处填上适当的内容。填写问卷时,请不要与他人商量,按照自己的真实情况填写。

衷心感谢你的支持与合作!

1. 你认为在你的科研学习过程中,哪些因素对于创新过程来说是十分重要的?
_____

2. 创新能力是指创新所必备的思维和操作能力,你认为下列哪些因素是创新能力的主要构成部分?(多选题)
　□逻辑思维能力　　　　□模仿学习能力
　□自主学习能力　　　　□逆向思维能力
　□信息处理能力　　　　□实际操作能力
　□发明创造能力

3. 角色定位是指一个人对自己的要求和看法,你认为下列哪些因素是创新个体所需要的自我定位因素?(多选题)
　□人生价值目标　　　　□自信心
　□认识和把握规律　　　□乐观进取
　□合作精神　　　　　　□自我剖析
　□价值取向

4. 创新品质是创新个体所必需的内在源泉,你认为下列哪些因素是创新品质的主要构成要素?(多选题)
　□正直诚信　　　　　　□凝聚力
　□严谨　　　　　　　　□洞察力
　□质疑精神　　　　　　□魄力

5. 请描述一件你生活学习过程中有关创新的小故事。

（三）问卷答案的设计

问卷答案设计主要采取尺度设计的方式，以便于统计分析。尺度设计可以分为以下三类：

1. 顺序法——非量化法

顺序法又称排序法，顺序法的尺度不仅将变量归类，而且将其排序。顺序法可以帮助研究人员了解答卷者对问题的重要性的选择偏好。

当然，顺序量表是一种比较粗略的量表，它既无相等单位又无绝对零点，只是把事物按某种标准排一个顺序，是一种非量化的方法。

例 4-8　顺序法的应用

请标出以下五个工作性质对我们的重要程度，我们应该将最重要的工作性质的项目排为 1，第二重要的工作性质的项目排为 2，以此为序，排出 1、2、3、4、5。

工作性质

工作所提供的如下机会：

1. 与他人交往　　　　　　　　　　　　＿＿＿＿＿＿
2. 使用不同的技巧　　　　　　　　　　＿＿＿＿＿＿
3. 从开始到结束完整地完成一项任务　　＿＿＿＿＿＿
4. 为他人服务　　　　　　　　　　　　＿＿＿＿＿＿
5. 独立地工作　　　　　　　　　　　　＿＿＿＿＿＿

通过顺序法可以帮助研究者了解有多少百分比的参与者认为工作提供的与他人交往的机会是最重要的，又有多少百分比的参与者认为独立地工作是最重要的。

2. 间隔法——量化法

间隔法也称等距量表，它不仅给出了顺序，还确定了等距的单位，但是只有相等单位而没有绝对零点。量表上某一部分测得的分类所反映的差异，与其他任一部分测得的分数都是相等的，如温度。根据等距离量表不仅可以知道两件事物之间在某种特点上有无差别，还可以知道它们相差多少。

间隔法以奇数标度为主，大多数研究选用里克特五点或七点量表，里克特（Likert）量表是评分加总式量表最常用的一种，属同一构念的这些项目用加总方式来计分，单独或个别项目是无意义的。它是由美国社会心理学家里克特于 1932 年在原有的总加量表基础上改进而成的。该量表由一组陈述组成，每一陈述有"非常同意""同意""不一定""不同意""非常不同意"五种回答，分别记为 1、2、3、4、5，每个被调查者的态度总分就是他对各道题的回答所得分数的加总，这一总分可说明他的态度强弱或他在这一量表上的不同状态。其最大的特点是每两个标尺之间的距离是相等的，它使得研究人员可以做信度分析、回归分析、线性与非线性关系分析。因此，间隔法是问卷实证研究中最有力的手段。

3. 比例法

比例法的尺度具有与间隔法的尺度相同的优点。但是有所不同的是：比例法的尺度有一个绝对的零起点,因此它不带有间隔法的尺度在起点方面的任意性。

例 4-9　比例法的应用

与我的同事相比,我估计我的工作绩效应该排在(请在适当的地方画圈):

0%　10%　20%　30%　40%　50%　60%　70%　80%　90%　100%
最低　　　　　　　　　　　中间　　　　　　　　　　　最高

(四)问卷的测试与检查

初步设计出来的问卷往往会存在或多或少的问题,因而需要在小范围内进行实验性调查,以搞清楚问题所在。

在问卷用于实施调研之前,应先选一些符合抽样标准的被访者来进行试调研,一般为 30~50 人,进行项目分析,以发现设计上的缺失,如:是否包含了整个调研主题,问题的顺序是否符合逻辑,是否容易造成误解,是否语意不清楚,是否抓住了重点,是否有重复和遗漏,回答时间是否过长等。如果发现问题,应加以合理的修正。一个好的问卷往往要经过多次预调查。

(五)问卷的修稿

在对问卷进行预调查之后,接下来就要根据预调查的结果对问卷进行修正,此阶段的修正主要集中在以下几个方面:首先,要注意问卷在内容上有无遗漏。其次,要注意每一部分的比重是否合适,应该尽量使各个部分的问题数目大体相当。如果某一部分问题太多,可以考虑将其再次细分为不同的部分。如,笔者在设计"网络团购消费者信任关系影响因素调查问卷"时,主要从信任倾向、信任传递、感知风险、卖家信誉、卖家规模、操作便利、有用性等维度来研究这个问题,在每个维度上提出的问题为 2~3 个。再次,删除不必要的问题也是问卷修改工作中的另一项重要工作。一个防止问卷中提出无效问题的常用方法是:对每一个问题都反问一句:"这个问题的作用是什么?""这个问题的答案对我的研究有什么用处?""我如何在我的研究中体现出这个问题的答案?"如果不能明确确定这个问题的作用,它就应该删除。最后,问卷千万不能出现错别字、漏字、排版混乱、表格设计粗糙等外观质量缺陷,否则会降低调查者科研态度的严谨性,并给被调查者留下极为不好的印象。此外,版面的安排、字体的大小、同一题避免分页出现、纸张及装订质量等细微之处,问卷设计者都需谨慎思考。这些细节的提升能确保调查问卷的整洁、庄重,让被调查者感觉到调查活动的正式、严肃。

(六)审批、定稿

问卷经过修改后还要呈交导师或项目负责人,审批通过后才可以定稿、打印,正式实施调研。

四、问卷的结构

问卷一般由卷首语、问题和回答方式、编码、背景部分四个部分组成。下面我们分别对这四个部分的内容进行介绍。

（一）卷首语

它是调查问卷的自我介绍部分。卷首语的内容应该包括：自我介绍（让调查对象明白我们的身份或调查主办的单位），调查的目的、意义和主要内容（让调查对象了解我们想调查什么），选择被调查者的途径和方法，对被调查者的希望和要求，填写问卷的说明，回复问卷的方式和时间，调查的匿名和保密原则，以及调查者的名称等。

为了引起被调查者的重视和兴趣，争取他们的合作和支持，用心去完成一次调查问卷，卷首语的语气要谦虚、诚恳、平易近人，文字要简明、通俗、有可读性，内容不能太多、太冗长，这样会让大家失去继续做完这份调查问卷的耐心。卷首语一般放在问卷第一页的上面，也可单独作为一封信放在问卷的前面。

（二）问题和回答方式

它是调查问卷的主要组成部分，一般包括调查询问的问题、回答问题的方式以及对回答方式的指导和说明等。

（三）编码

问卷编码是与现代调查技术应运而生的。现代社会调查技术的发展，受益于将计算机工具引进社会调查活动的实践。使用计算机对问卷资料进行统计分析，必须将问卷文字资料转化为数字资料，这就要求问卷设计者不仅要设计出适合调查课题的问题和答案，还要设计出与问题和答案相匹配的编码。编码是问卷文字资料转化为数字资料的桥梁，也是问卷资料统计分析由手工操作向机器操作转化的中间媒体。问卷编码就是把问卷中询问的问题和被调查者的回答，全部转变成 A、B、C 或 a、b、c 等代号和数字，以便运用电子计算机对调查问卷进行数据处理。编码既可以在问卷设计的同时就设计好，也可以等调查资料收集完成后再进行，前者称为预编码，后者称为后编码。

问卷编码直接关系到数据处理和分析的繁复程度与真实性，必须遵循一些问卷编码的基本原则，如唯一性原则、简单性原则、概括性原则。码位和码值是编码的核心。在对选择题型进行编码时，必须提前对问卷的总体设计和答案集的结构有清晰的了解，准确确定选项与编码的对应关系，为选项尤其是具有"其他"可填写的选项留足码位。码值的选取需要有一定的规范，如位数、形式等。阅读调查以 16 进制为标准，采取一位的非 0 数字或字母作为选项编号，顺序题中则使用字母作为选项号。

（四）背景部分

背景部分通常放在问卷的最后,主要是有关被调查者的一些背景资料,调查单位要对其保密。该部分所包括的各项内容,可作为对调查者进行分类比较的依据。一般包括性别、年龄、民族、婚姻状况、收入、教育程度、职业、职务、职称、单位性质等。

例 4-10　电信运营商员工工作幸福感影响因素调查问卷

尊敬的女士/先生:

您好!

我们正在进行电信运营商员工幸福感影响因素的学术研究,希望您在百忙中抽出时间完成下面的问卷。本问卷采用匿名形式,只做研究之用,请放心作答,您真实的作答信息将提供给我们最好的答案,感谢您的支持与合作!

第一部分　背景资料(请根据您的实际情况,在相应的选项上打"√")

1. 您的性别:A. 男　　　　B. 女
2. 您的年龄:
　A. 24 岁以下　　B. 25～29 岁　　C. 30～34 岁　　D. 35～39 岁
　E. 40～44 岁　　F. 45～49 岁　　G. 50～54 岁　　H. 55 岁及以上
3. 您的受教育程度:A. 高中及以下　　B. 中专　　　　C. 大专
　　　　　　　　　D. 本科　　　　　E. 硕士研究生　F. 博士研究生
4. 您的婚姻状况:A. 已婚　　　　B. 未婚　　　　C. 离异或丧偶
5. 您的工作年限:A. 3 年以下　　B. 3～5 年　　 C. 6～9 年
　　　　　　　　D. 10～14 年　 E. 15～19 年　 F. 20 年及以上
6. 所在岗位:A. 技术/产品项目/专业型　　B. 操作/运营型　　C. 市场/营销型
　　　　　　D. 管理/行政型　　　　　　　E. 其他型(请注明:_____)
7. 您的职位级别:
　A. 基层员工　　B. 基层管理人员　　C. 中层管理人员　　D. 高层管理人员

第二部分　员工幸福感具体测试(请根据您的真实感受进行判断,并在相应的数字下面打"√")

工作幸福感	非常不符合	不符合	一般	符合	非常符合
我的工作让我感到很幸福	1	2	3	4	5
我的工作状况很好	1	2	3	4	5
如果我的工作可以重来,我什么也不想改变	1	2	3	4	5
我的工作比较理想	1	2	3	4	5

第三部分　员工幸福感影响因素测试（请根据下面各项对您幸福感影响的重要程度进行判断，并在相应的数字下面打"√"）

人际关系	很不重要	不重要	一般	重要	很重要
我对公司的人际关系是否满意	1	2	3	4	5
同事之间是否经常交流，关系是否融洽	1	2	3	4	5
是否敢于向同事表达心声	1	2	3	4	5
领导与员工间相处是否愉快	1	2	3	4	5
在工作遇到困难时，同事能否提供力所能及的帮助	1	2	3	4	5
绩效管理	很不重要	不重要	一般	重要	很重要
公司绩效考核指标体系在传递公司战略目标中是否起作用	1	2	3	4	5
公司绩效考核制度是否健全	1	2	3	4	5
公司的绩效考核结果是否比较公正、客观	1	2	3	4	5
通过公司的绩效管理，能否提升我的绩效	1	2	3	4	5
管理方式	很不重要	不重要	一般	重要	很重要
公司的管理方式是否以人为本	1	2	3	4	5
领导是否信任员工的工作	1	2	3	4	5
员工是否信赖领导的工作	1	2	3	4	5
公司的管理工作是否民主	1	2	3	4	5
对企业的后勤服务是否满意	1	2	3	4	5
公司的组织架构是否合理	1	2	3	4	5
公司的办事流程是否合理	1	2	3	4	5
工作环境	很不重要	不重要	一般	重要	很重要
对公司的办公设施是否满意	1	2	3	4	5
员工们的工作作风的好坏	1	2	3	4	5
我的同事是否上进、有活力	1	2	3	4	5
工作环境是否能给人很舒适的感觉	1	2	3	4	5
薪酬福利	很不重要	不重要	一般	重要	很重要
我对自己的工资收入是否满意	1	2	3	4	5
我对企业给予的福利待遇是否满意	1	2	3	4	5
工资体系的设计是否公平	1	2	3	4	5
我付出的劳动是否得到了回报	1	2	3	4	5
我的收入是否还有上涨的机会	1	2	3	4	5
公司是否有很好的员工保险	1	2	3	4	5

续表

成长空间	很不重要	不重要	一般	重要	很重要
岗位能否使我的潜能和水平得到充分发挥	1	2	3	4	5
通过本岗位工作,我能否实现自己的价值	1	2	3	4	5
公司是否有畅通公平的晋升渠道	1	2	3	4	5
工作是否有利于自己的工作能力和水平提升	1	2	3	4	5
公司是否有很好的再教育平台和学习培训机制	1	2	3	4	5
公司是否帮助我制定明确的职业生涯规划	1	2	3	4	5
工作特性	很不重要	不重要	一般	重要	很重要
工作是否能帮助自己达到目标,实现人生价值	1	2	3	4	5
我是否能不断地超越自己,取得更大、更多的成功	1	2	3	4	5
我的工作是否有挑战性	1	2	3	4	5
我对从事的工作是否感兴趣	1	2	3	4	5
我对从事的工作是否总是充满热情	1	2	3	4	5
工作内容是否丰富化、多样化	1	2	3	4	5
工作中是否有自主权	1	2	3	4	5
企业文化	很不重要	不重要	一般	重要	很重要
我能否感受到团队的信任和关心	1	2	3	4	5
公司是否有独具特色的企业文化	1	2	3	4	5
公司是否有和谐的工作氛围	1	2	3	4	5
我是否认同公司的价值观和经营理念	1	2	3	4	5

请再次检查是否有遗漏项,祝您工作顺利!

例4-11 门头沟区高科技人才流失问卷调查

尊敬的女士/先生,您好:

我是某大学经济管理学院的一名研究生,目前,我正在进行一项关于门头沟区高科技人才流失问题的调查研究,现在邀请您参与回答调查问卷。

本问卷没有对、错之分,仅供学术研究使用,对内容将严格保密,不会影响您的工作或生活,敬请放心。真诚地希望您认真填写,您填写结果的真实性对我们的研究非常重要。切勿遗漏题目。感谢您能参加本次问卷调查。

说明:

(1) 程度题中请根据符合与否的程度进行评价,并填写各评价项目相应的符合程度序号。

(2) 如果没有特殊说明题目均为单选。

第一部分　个人信息

1. 您的性别(　　)

①男　　　　　　②女

2. 您的年龄是(　　)

①29岁及以下　　②30～39岁　　③40～49岁　　④50岁及以上

3. 您的学历是(　　)

①高中/中专及以下　　　　②大专/高职

③大学本科　　　　　　　④硕士研究生

⑤博士及以上

4. 您的婚姻状况(　　)

①已婚　　　　　②未婚　　　　③离异　　　　④丧偶

5. 您参加工作的年限(　　)

①1～5年(含未满1年)　　②6～10年

③11～15年　　　　　　　④16～20年

⑤21年及以上

6. 您目前职称是(　　)

①助理员类　　　②初级职称　　③中级职称　　④高级职称

7. 您的月收入(　　)

①3 000元以下　　　　　②3 000～5 000元

③5 000～10 000元　　　④10 000元以上

第二部分　人才流失意向

8. 您常常萌发辞去工作的想法(　　)

①很不同意　　②不太同意　　③一般　　④较同意　　⑤很同意

9. 近期一年内您有离开本单位的打算(　　)

①很不同意　　②不太同意　　③一般　　④较同意　　⑤很同意

10. 如果可能,我现在就想辞职(　　)

①很不同意　　②不太同意　　③一般　　④较同意　　⑤很同意

11. 您认为继续待在本单位没有好的发展前景(　　)

①很不同意　　②不太同意　　③一般　　④较同意　　⑤很同意

第三部分　工作满意度

12. 您对从事的工作本身(　　)

①很不满意　　②不太满意　　③一般　　④较满意　　⑤很满意

13. 与其他单位的员工相比,您对您的工资水平(　　)

①很不满意　　②不太满意　　③一般　　④较满意　　⑤很满意

14. 您对公司的福利政策(节日礼品、生日礼物、体检、带薪休假、保险、交通/住房

补贴等)感到(　　)

　①很不满意　　②不太满意　　③一般　　④较满意　　⑤很满意

15. 您对公司的晋升制度(　　)

　①很不满意　　②不太满意　　③一般　　④较满意　　⑤很满意

16. 您认为未来在公司内部您还有充分的发展空间(　　)

　①很不同意　　②不太同意　　③一般　　④较同意　　⑤很同意

17. 您个人的能力和特长在公司得到了充分发挥(　　)

　①很不同意　　②不太同意　　③一般　　④较同意　　⑤很同意

18. 公司为您提供了足够的与本岗位相关的学习与培训(　　)

　①很不同意　　②不太同意　　③一般　　④较同意　　⑤很同意

19. 您感觉您的努力和付出得到了公平公正的认可(　　)

　①很不同意　　②不太同意　　③一般　　④较同意　　⑤很同意

20. 您和同事之间的相处是愉快的(　　)

　①很不同意　　②不太同意　　③一般　　④较同意　　⑤很同意

21. 您对单位领导的管理水平(　　)

　①很不满意　　②不太满意　　③一般　　④较满意　　⑤很满意

第四部分　区域环境影响

22. 您认为门头沟区的经济社会发展水平能够吸引人才(　　)

　①很不同意　　②不太同意　　③一般　　④较同意　　⑤很同意

23. 您认为门头沟区提供了良好的工作环境(自然环境、生态环境、生活环境)(　　)

　①很不同意　　②不太同意　　③一般　　④较同意　　⑤很同意

24. 您认为门头沟区科技文化氛围浓厚(　　)

　①很不同意　　②不太同意　　③一般　　④较同意　　⑤很同意

25. 您认为门头沟区教育基础足够支撑您的学习进修(　　)

　①很不同意　　②不太同意　　③一般　　④较同意　　⑤很同意

26. 您很了解门头沟区的人才政策(　　)

　①很不同意　　②不太同意　　③一般　　④较同意　　⑤很同意

27. 您认为门头沟区的人才政策有利于人才的成长(　　)

　①很不同意　　②不太同意　　③一般　　④较同意　　⑤很同意

第五部分　人才流失动机

28. 您认为工作的薪酬待遇(　　)

　①很不重要　　②不太重要　　③一般　　④较重要　　⑤很重要

29. 您认为工作的稳定性(　　)

　①很不重要　　②不太重要　　③一般　　④较重要　　⑤很重要

30. 您认为工作的社会保障性待遇(　　)
　　①很不重要　　②不太重要　　③一般　　④较重要　　⑤很重要
31. 您认为同事间良好的人际关系(　　)
　　①很不重要　　②不太重要　　③一般　　④较重要　　⑤很重要
32. 您认为舒适的工作环境(　　)
　　①很不重要　　②不太重要　　③一般　　④较重要　　⑤很重要
33. 您认为您在单位得到了尊重(　　)
　　①很不重要　　②不太重要　　③一般　　④较重要　　⑤很重要
34. 您认为工作得到领导的认可和赏识(　　)
　　①很不重要　　②不太重要　　③一般　　④较重要　　⑤很重要
35. 您认为工作的进修培训(　　)
　　①很不重要　　②不太重要　　③一般　　④较重要　　⑤很重要
36. 您认为您的能力与工作相匹配(　　)
　　①很不重要　　②不太重要　　③一般　　④较重要　　⑤很重要
37. 您认为你的能力得到了充分发挥(　　)
　　①很不重要　　②不太重要　　③一般　　④较重要　　⑤很重要
38. 您认为您的工作有利于实现你的理想抱负(　　)
　　①很不重要　　②不太重要　　③一般　　④较重要　　⑤很重要

问卷到此结束,谢谢您的配合!

例 4-12　变革情境下高校教师工作幸福感调查问卷

尊敬的老师:

我们正在进行高校教师工作幸福感实证研究,希望您在百忙中抽出时间完成下面的问卷。本问卷采用匿名形式,只做研究之用,请放心作答,您真实的作答信息将提供给我们最好的答案,感谢您的支持与合作!

第一部分:总体状况

1. 请您对自己目前的总体工作幸福程度做一总体评价(　　)
　　A. 很幸福　　B. 比较幸福　　C. 一般　　D. 不太幸福
　　E. 很不幸福
2. 影响您工作幸福感的最主要的两个因素是(请排序)(1)_____(2)_____
　　A. 身心健康　　B. 工作情感　　C. 薪酬待遇　　D. 工作成长
　　E. 人际支持　　F. 工作满意　　G. 工作成就

第二部分:具体状况

本部分采用五级评分法,请您根据您的实际情况做出相应的回答。其中,身心健康部分请根据您在过去的一个月里的情况进行回答。

参考维度	题目	完全不符合	不太符合	一般	比较符合	完全符合
身心健康	1. 我很担心自己的健康状况	1	2	3	4	5
	2. 我的睡眠状况良好	1	2	3	4	5
	3. 我经常感到疲劳或者无力	1	2	3	4	5
	4. 繁重的讲课让我声音沙哑,喉咙出现问题	1	2	3	4	5
	5. 我的心情经常很愉快	1	2	3	4	5
	6. 自我感觉适应能力很强	1	2	3	4	5
	7. 自我感觉思维敏捷	1	2	3	4	5
	8. 在教学工作中,我时常感到情绪低落,脾气变坏有时很难控制	1	2	3	4	5
	9. 通常我的工作压力很大	1	2	3	4	5
工作情感	10. 我从工作中得到乐趣	1	2	3	4	5
	11. 我觉得学生喜欢我的课	1	2	3	4	5
	12. 我很喜欢与学生相处	1	2	3	4	5
	13. 在高校工作是一件很愉快的事	1	2	3	4	5
	14. 如果有其他工作可做,我愿意放弃高校这份工作	1	2	3	4	5
薪酬待遇	15. 目前的薪酬和我的付出基本成比例	1	2	3	4	5
	16. 我对现在的薪酬待遇满意	1	2	3	4	5
	17. 现在的薪酬能让我生活得很体面	1	2	3	4	5
	18. 目前的薪酬有上涨的机会	1	2	3	4	5
人际支持	19. 学生对我有足够的信任和尊重	1	2	3	4	5
	20. 我与同事关系很融洽	1	2	3	4	5
	21. 我在工作中能获得同事支持	1	2	3	4	5
	22. 遇到困难,能得到同事帮助	1	2	3	4	5
	23. 我感觉能得到领导的关心和器重	1	2	3	4	5
	24. 在工作中遇到困难,能从领导那里得到帮助	1	2	3	4	5
工作成长	25. 高校工作要求我不断学习新知识	1	2	3	4	5
	26. 在工作中能充分发挥自己的才干	1	2	3	4	5
	27. 在高校,申请项目的机会多	1	2	3	4	5
	28. 在高校,参加学术交流的机会多	1	2	3	4	5
	29. 在高校,培训和进修(包括出国进修)的机会多	1	2	3	4	5
	30. 学校晋升机会多,路径明确	1	2	3	4	5

续表

参考维度	题目	完全不符合	不太符合	一般	比较符合	完全符合
工作成长	31. 我对自己的职称评定很满意	1	2	3	4	5
	32. 我希望自己的职称进一步提高	1	2	3	4	5
	33. 学校在人事和职务晋升方面很公平	1	2	3	4	5
	34. 学校在职称晋升方面很公平	1	2	3	4	5
工作满意	35. 我对高校工作的社会地位感到满意	1	2	3	4	5
	36. 我很满意这份工作的稳定程度	1	2	3	4	5
	37. 在工作中有充分的可供个人支配的时间	1	2	3	4	5
	38. 学校收入分配很公平	1	2	3	4	5
	39. 学校管理制度比较人性化	1	2	3	4	5
	40. 学校的教学考核指标比较科学	1	2	3	4	5
	41. 学校的科研考核指标比较科学	1	2	3	4	5
	42. 学校的改革措施朝令夕改	1	2	3	4	5
工作成就	43. 我有机会参加学校的行政决策	1	2	3	4	5
	44. 我的价值在高校工作中得到体现	1	2	3	4	5
	45. 工作让我实现抱负和理想	1	2	3	4	5
	46. 我对过去的工作成绩感到满意	1	2	3	4	5
	47. 我在工作中得到领导的认可与肯定	1	2	3	4	5

第三部分：开放式问题

1. 您目前在工作中最幸福的是什么？

2. 您目前在工作中最痛苦的是什么？

第四部分：人口学信息

1. 您的性别　A. 男　　B. 女
2. 您的年龄　A. 30岁及以下　B. 31~40岁　C. 41~50岁　D. 50岁及以上
3. 您的婚姻状况　A. 已婚　　B. 未婚
4. 您的最高学历　A. 本科　　B. 硕士　　C. 博士
5. 您的职称　A. 讲师　　B. 副教授　　C. 教授
6. 您所教授的学科领域　A. 理工科类　　B. 文科类
7. 您从事高校教师工作的时间
A. 1年以下　　B. 1~3年　　C. 4~6年　　D. 6~8年　　E. 8年及以上

8. 您在高校是否担任行政职务　A. 是　　B. 否

您已经完成了调查问卷,请再次检查是否有遗漏项,这对问卷的有效性有重要影响。再次感谢您的参与,祝您工作顺利!

第四节　案例研究法

一、案例研究法概述

(一) 案例研究法的起源

早在19世纪末20世纪初,社会科学家便开始采用案例研究来建构相关的知识。在人类学方面,费孝通的老师马琳诺斯基(Malinowski)在第一次世界大战避居于太平洋小岛时,就以参与观察的方式对岛民进行案例研究,并出版了一系列著名的人类学著作,例如《西太平洋的航海者》。在社会学方面,法国学者弗里德里克·普莱(Flederic Play)于19世纪中期,认为家庭是社会的基本组成单位,并以家庭为观察案例,试图找出其特征。这一做法影响了美国的社会学研究,芝加哥学派就是其中的佼佼者。在心理学方面,弗洛伊德对精神病人的心理分析以及心理分析学派所从事的患者案例分析,都是重要的典型。时至今日,案例研究已是当代社会科学研究的重要方法之一。

当前,国内管理学界正由原来纯理论性、思辨性的研究向实证研究转变,积极采用国际通行的科学研究方法和手段来创建为国际学术界认可的管理理论,案例研究作为实证研究的主要方法之一,开始为国内学者关注和采纳。案例研究是处理复杂问题的有力工具,单纯依靠统计数据进行决策十分危险,而案例研究可以弥补统计的不足。近年来的很多管理理论和方法的创新都来源于大量的管理实践和案例研究。

(二) 案例研究的概念

想象我们置身于19世纪哈佛大学动物学的课堂中,我们的教授路易斯·阿格西有一天走进课堂,手里拿着一个锡罐,里面游着一条小鱼,他出了一个作业,要求大家设法研究这只生物,并且向他汇报结果。但规定在没有他的允许下,同学们不能询问专家的看法,也不能阅读任何有关鱼类的知识,也不能使用任何人造工具。在接下来的100个小时的面谈报告中,只听他不断地挑战学生:"你看到了吗?你看到了什么?你还没有看仔细!……"终于,学生们十分苦恼地要求教授给予更多的暗示,到底该如何进行这项研究。于是路易斯·阿格西说道:"你有两只眼睛、两只手,以及一条鱼!"

这个小故事基本上形象描绘了案例研究的过程和特点。

哈佛大学商学院克里斯坦森(Chvistensen)这样界定案例研究:案例就是一个执行官或其他管理人士曾面临的情景的一个部分的、历史的、临床的研究。他运用叙述式样的表达方式,来鼓励学生的参与,并为可替代许多方案的构建和为认识现实世界的复杂性与模糊性提供资料——实证的和过程的资料——这是对于一个特殊情境的分析所必需的。阿德尔曼认为:案例研究是对一组研究方法的笼统术语,这些方法着力于对一个事件进行研究。尼斯贝特(Nisbet)认为,案例研究是一种对一个特殊事件进行系统研究的研究方法。

基于上述观点,我们认为,案例研究(个案研究、实例研究)专注于对单个研究对象进行具体而系统的实证研究,研究对象可以是个人、个别群体、个别组织或机构、个别事件或问题。运用历史数据、档案材料、访谈、观察等方法收集数据,它要求对研究对象的来龙去脉、前因后果、发展过程等方面做尽可能翔实的描述,从事物自身的展开中显露事物之所以如此的固有机理,从而得出带有普遍性的研究结论。例如,"家族企业代际传承中的冲突分析"一文,研究者采用3个案例,剖析代际冲突的类型、起因、后果等。

(三)案例研究的定位

1. 案例研究属于归纳法

在科学研究中,构建理论时有两种可选的方法:归纳法和演绎法。归纳法以经验证据为基础,演绎法的基础则是逻辑推理,其结论在现实中不必是真实的,但一定是合乎逻辑的。案例研究显然属于归纳法。

2. 案例研究不同于定性研究

案例研究不同于定性研究,可能会涉及定量的方法,甚至全部使用定量方法。

3. 案例研究遵循扎根理论的方法

扎根理论被认为是定性研究方法中最科学的一种,它的宗旨是在经验基础上建立理论。研究者在研究开始前一般没有理论假设,直接从实际观察入手,从原始资料中归纳出经验概括,然后上升到理论。案例研究事先可以有研究理论框架或假设,探索性案例研究遵循的正是扎根理论的方法。

二、案例研究法的类型、目的和适用情境

(一)案例研究的类型

根据研究任务划分,案例研究分为探索性案例研究、描述性案例研究、解释性案例研究。

1. 探索性案例研究

探索性案例研究是在未确定研究问题和研究假设之前,凭借研究者的直觉线索到现场了解情况、收集资料形成案例,然后再根据这样的案例来确定研究问题和理论假设。

2. 描述性案例研究

描述性案例研究是通过对一个人物、团体组织、社区的生命历程、焦点事件以及过

程进行深度描述,以坚实的经验事实为支撑,形成主要的理论观点或者检验理论假设。例如,怀特的《街角社会》就属于这类研究。该书作者于1936～1940年对波士顿市的一个意大利人贫民区(即作者称之为"科纳维尔"的波士顿北区,是一个犯罪频繁、人口拥挤、贫困滋生、政客腐败的危险地带)进行了实地研究。他以被研究群体——"街角帮"一员的身份,置身于观察对象的环境和活动中,对闲荡于街头巷尾的意裔青年的生活状况、非正式组织的内部结构及活动方式,以及他们与周围社会(主要是非法团伙成员和政治组织)的关系加以观察,并及时做出记录和分析,最后从中引出关于该社区社会结构及相互作用方式的重要结论。再如,韦克(Weick)在分析1993年曼恩大峡谷灾难(一场森林大火导致13名消防员殉职)时,深入探究了这一独特事件中人们的思想和行动,通过这种深入挖掘,他认为缺乏有效互动,没有形成统一组织观念是事故形成的重要原因,在此基础上,他提出了一个一般性的理论用于解释组织如何被拆散,这种拆散的社会条件是什么,以及组织如何可以更具有复原力。

3. 解释性案例研究

解释性案例研究旨在通过特定的案例,对事物背后的因果关系进行分析和解释。例如,艾莉森的《1962年古巴导弹危机》。

(二) 案例研究的目的

通过案例研究,人们可以对某些现象、事物进行描述和探索,可以使人们建立新的理论,或者对现存的理论进行检验、发展或修改;可以找到对现存问题解决方法的一个重要途径。

(三) 案例研究适用的情境

社会科学有许多研究方法,每一种研究方法都有其长处和不足,究竟采取何种研究方法取决于三个方面:第一,需要解决的问题的类型;第二,研究者对研究对象的控制能力;第三,关注的中心是历史现象抑或是当前问题。

一般来说,案例研究适用于三种情境:一是要回答"怎么样"或"为什么"这样的问题;二是研究者几乎无法控制研究对象;三是当关注的中心是当前现实生活中的实际问题。

三、案例研究法的优势和缺点

(一) 案例研究的优势

案例研究的优势表现在三个方面:第一,深入性。案例研究不仅对现象进行翔实的描述,还要对现象背后的原因进行深入的分析,它既回答"怎么样",也回答"为什么",有助于研究者把握事件的来龙去脉和本质。第二,客观性。案例研究来源于实践,没有经过理论的抽象与精简,是对客观事实全面而真实的反映,将案例研究作为一项科学研究的起点能够切实增加实证的有效性。第三,隐含性。案例研究包含真实情景中的各种要素及特殊现象、突发现象,研究者在进行案例研究的过程中可能会发现一些前人没有觉察到的原因、现象或者结果等变量,这往往会成为案例研究中隐含的、有待检验的假设,成为以后研究的基础。

(二)案例研究的缺点

案例研究的缺点有以下几点:第一,外部效度方面。由于案例研究非常耗费时间和人力,所以采用该方法进行一项研究时,通常不会出现大量的案例,而是应用小样本研究。然而,当一个以小群体为样本得出的研究结论被应用于其他群体或者较大的群体时,其有效程度是难以测量并令人信服的。因此,案例研究法的外部效度会大大下降。第二,内部效度方面。案例可以说是一个真实的故事,其中包含的信息极其丰富,这对研究者把握重要情况、提炼变量的能力提出了更高的要求。罗伯特·K·殷(Robert)(1994年)认为案例研究的归纳不是统计性的,而是分析性的,这必定使归纳带有一定的随意性和主观性。由此,案例研究法的内部效度会被提出质疑。第三,信度方面。在案例研究中,当现象和环境的边界不十分明确的时候也会增加研究的困难。在信度问题上,如果研究者采用多个案例进行研究,案例间可能会是异质的,造成难以对案例进行归纳,这是信度上的不足。

四、案例研究法的规范化步骤

案例研究有两种范式:一种是相对开放的、没有预设理论框架束缚的研究,类似著名霍桑试验中的"继电器小组的群体研究"和管理大师明茨伯格的"管理者的角色研究";另一种是遵循严格规范和设计开展的案例研究。由于组织管理中许多现象出于非理性的原因,案例研究方法的理性显得至关重要,因此,国内外学术界偏爱规范研究与设计的案例研究。案例研究的规范化步骤包括明确研究问题、基础理论的建立、案例设计、试点研究、数据收集、数据分析和撰写案例研究报告。

(一)明确研究问题

案例研究的第一步是确定案例要研究的问题,聚焦的问题必须明确,可以用"怎么样"和"为什么"的问题来表示,以帮助研究者确定研究对象和数据收集的范围。如"家族企业接班人培养方式——基于案例的研究",从题目看就明确界定了要研究的问题。否则,将会失去焦点,研究者可能搜集到一堆浩如烟海但却无关紧要、没有用处的资料。

(二)基础理论的建立

1. 预设构念

研究开始前,研究者要根据研究问题和相关理论预设一些构念,并将其体现在访谈草案或问卷中,一旦被证明是重要的,则有其坚实的经验基础。

2. 说明相关理论(适合探索性研究)

尽可能了解相关的完整理论,以便更合理地收集数据、分析归纳,最后的研究结论要和这些理论进行比较。

3. 基于理论的预测(适合解释性研究)

当进行解释性案例研究时,需要研究者事先从现有理论中演绎、预设一些研究假设,然后用案例进行验证和检验,从而得出结论,解决实际问题。

可见,在案例研究中,基础理论为案例研究提供了分析框架,是很关键的一个步骤,不能越过。

(三) 案例设计

当研究议题清楚后,接下来研究者要思考以下问题:决定采用何种案例类型?是选择多个案例还是单一案例?分析单位是什么?如何衡量有兴趣的变量和事件?

研究者可以根据分析层次和案例数,来进行研究设计,并区分案例研究的类型。分析层次是研究者有兴趣去分析对象的层次,可能是个人、部门、组织或产业。案例数则是指研究者所要研究的案例的数目。依照分析元和案例数的多寡,可以获得四种案例设计方案:单层次单案例设计、单层次多案例设计、单层次多案例设计、单层次多案例设计。

1. 单层次单案例设计

案例数只有一个,分析层次也只有一个。如,中国台湾学者郑伯埙通过对一位家族企业领导人的观察和分析,用以建立家长式领导模式。

2. 多层次单案例设计

案例数只有一个,但分析层次不止一个。这种设计常常见于组织研究中,以一家组织为案例研究对象,分析层次包括个人、团队、部门等。例如,巴克(Barker)(1993年)关于自我管理团队的研究,他同时对员工、领导者进行了访谈,观察团队运作及整个公司的制度变革,并进行分析。

3. 单层次多案例设计

分次层次只有一种,但有多个案例。例如,明茨伯格(Henry. Mintzberg)花了一周时间,对五位 CEO 的活动进行了观察和研究。这五个人分别来自大型咨询公司、教学医院、学校、高科技公司和日用消费品制造商。在此基础上,明茨伯格将经理们的工作分为 10 种角色。这 10 种角色又分为 3 类,即人际关系方面的角色、信息传递方面的角色和决策方面的角色。再如,严(Yan)和格瑞(Gary)在对合资企业的控制形式研究中,分别针对四家合资企业的高阶经理人进行了深度访谈。

4. 多层次多案例设计

分析层次不止一种,案例数也不止一个。例如,阿伯瑞克(Abaracki)在针对 TQM 的口号与实际的研究中,为了构建其研究框架,对 5 家制度不同的公司的高层主管与一般员工进行了访谈。

一般来说,单案例研究设计在以下几种情况下是合适的:第一,当一个案例代表测试理论的关键案例时,用单个案例即可;第二,当一个案例代表一个极端或独一无二的案例时,用单个案例;第三,与第二种情况相反,研究有代表性的、典型的案例,有助于加深对同类事件、事物的理解;第四,研究启示性案例。研究者有机会观察和分析先前无法进行的科学现象;第五,研究纵向案例。对于两个或多个不同时间点上的同一案例进行研究。但是相比多案例研究而言,企图以单案例研究来建立理论显得有些单薄。多案例研究的特点在于它包括了两个分析阶段——案例内分析和跨案例分析。多案例研究法能使案例研究更全面、更有说服力,能提高案例研究的有效性,比如,多个案例可以同时指向一个证据,或为相互的结论提供支持,从而形成完整的理论。在多案例研究设计中,每一个案例在研究中都有特定的目的,必须合理选择每一个案例。运用多个案例设计的优势是多个案例得出的证据更有说服力。不过,用多个案例研究需要更多资源,比如时间、经费和研究工作。

科研工作者常常要衡量单案例设计和多案例设计的利弊,做出最优的选择。

(四)试点研究

在正式收集资料前,研究者可以对其中一个研究对象进行试点研究,给研究程序与内容提供经验和借鉴。另外,一个由多人组成的研究团队,有助于提高研究结论的信度,并且集体的智慧可以带来观点的多样性和更广阔的视野,更有可能取得新的发现。

(五)数据收集

案例研究通常采用多种方法来搜集数据,这些方法除了量化方法之外,大多包含各种质性方法,如访谈法、直接观察法、档案法等。

访谈法前面我们已有介绍,这里不再赘述。直接观察法可以分为参与观察和非参与观察两种。参与观察是观察者直接参与被观察者的活动,并在共同活动中进行观察;非参与观察是观察者不参与被观察者的活动,以旁观者身份进行观察;档案法指的是研究者搜集并阅读与研究主题有关的各类文件,包括信件、备忘录、议程、会议记录、公文、企划书、企业规章制度以及媒体报道等,也有可能在被研究者同意和知情的情况下,阅读其私人信件或日记作为数据来源。

在搜集数据的过程中,研究者要注意以下几点:第一,同时收集定性和定量数据。除了质性数据,研究者也需要尽量收集定量数据(问卷),这样可以帮助研究者避免被繁杂的定性数据所迷惑。第二,形成证据三角形。证据三角形强调对同一现象采用多种手段进行研究,通过多种数据的汇聚和相互验证来确认新的发现,避免偏见。证据三角形主要包括四种类型,即不同的证据来源、不同的评估分析人员、同一资料的不同维度和各种不同的方法。第三,建立案例研究数据库。研究者对采集到的各种资料如各种记录、研究过程中获得的文献、图表资料、每阶段对数据的分析、描述等应及时整理并建立数据库。

（六）数据分析

数据分析可以分为案例内分析和案例间比较。

1. 案例内分析

案例内分析的步骤如下：

（1）建立文本文件

访谈、观察及文件的誊写与摘记。

（2）发展编码类别

研究者详细阅读每一段落的内容，并参照全文主题，将每一段落分解为一个或两个小单位，以一句话简述，并加以编码；同时，将所分析列出的小单位，依照内容与内容的相似加以整理，形成自然类别。

（3）数据关系分析

仔细考虑每一类别的内容和类别与类别之间的可能关系，依照可能的逻辑列出，并予以命名。

（4）数据聚焦与检验假设

进行初步假设（对一个或多个关系的断言），让数据主题与初步假设对话。

（5）描绘深层结构

整合所有数据、脉络及理论命题，建构理论架构。

（6）比较现有结论

将自己的研究结论与研究之初、研究过程中发现的相关理论进行比较，找出相同点和不同之处以及产生的原因，来印证案例研究的发现和理论贡献。

2．案例间分析

除了案例内的分析之外，在进行多案例研究时，还需要进行案例之间的比较。这时，需要建立一些分类或维度来分析案例之间的不同和相同之处，或将案例两两配对，列出它们之间的相同和不同点。

（七）撰写案例研究报告

撰写案例研究报告要注意以下几点：第一，要以读者需求为导向；第二，合理安排写作结构；第三，遵循一定的程序，让参与者和熟悉这个领域的人审阅研究报告并进行修改。

一个好的案例研究具备以下特征：案例研究必须有价值；必须"完整"；考虑不同的观点；有重要的证据；以吸引读者的方式编写案例研究报告。

例 4-13　自我管理团队中的协和控制

第一，研究问题

此研究是探讨官僚组织在往自我管理团队倾斜时，所产生的协和控制的议题。协和控制是指通过协商、互动,群体成员形成的共有价值观与规范,用以控制群体行为,由于这是一种新的控制策略,所以研究者打算探索以下问题:①协和控制是否优于官僚控制?②协和控制是如何形成的?③协和控制的正当性是如何取得的?并以自我管理团队为对象,考察团队控制由建立到成熟的历程,选择自我管理团队的理由是,此类团队不但是协和控制中的一个范例,而且人们对此团队的规范形成与规则建立不太了解。

第二,案例选择

为了解决以上问题,研究者选择一家小型的通信制造公司作为研究案例。该公司生产线路板,员工150人,其中有90人从事生产工作,其余则负责其他工作;员工的背景也反映了当地工作阶层的特色。公司从1988年开始调整生产结构,由官僚组织转变为自我管理团队。在经过一段时间的混乱后,于1992年逐渐形成团队规范,并树立了具体规则,因此,这是一个能回答研究者问题的合适对象;此外,由于研究者认识公司的副总裁,彼此在团队问题上有共同的兴趣,从而有助于研究者进入现场进行考察。

第三,资料搜集

在公司副总裁的精心安排下,研究者于1990年年初进入公司搜集资料,那时公司的变革已经进行了两年。前6个月,研究者的主要工作在于熟悉工厂,并访谈了工厂中的团队成员以及管理与后勤人员;也观察了不同生产阶段的员工股工作行为,询问他们如何执行工作与为什么要这样工作。在此期间,他也培养了各团队中的主要信息提供者,并初拟员工的深度访谈计划。

此外,研究者制定出每周的访谈与观察时间表,每周进行半天的访谈,通常上、下午交叉进行;同时,也进行了一些傍晚时分的轮班观察。

六个月以后,研究者开始扩大资料搜集的范围,包括对主要信息提供者的深入面谈与观察,也搜集公司的备忘录、传单、公司通信和内部调查等资料。在资料搜集告一段落以后,研究者从现场撤离,开始分析数据、记录及笔记,并提出经过修正的研究问题。

第四,资料分析

分析时,研究者从一个基本问题入手:"该公司新工作团队的控制实效如何?""这一控制与过去的做法有何不同?"此问题的提问,使得控制的主题得以浮现。在与数据对话之后,他也逐次、逐步修正分析框架,使得架构更为细致和细化。经过这一反复分析的历程,研究者逐渐熟悉该案例。扼要来说,在这个过程当中,研究者往往采用与数据对话的方式,敏锐地反思理论与资料的契合问题。例如,研究者会询问:在团队互动时,价值之共识是如何形成的?各团队都已发展出新的决策规则与前提了吗?如何发展的?当重要主轴或主题由数据浮现后,研究者会透过访谈或其他数据搜集方式,再加以厘清,切实掌握各个主题词的关系及模式,通过以上分析历程,研究者描述了协和控制的特新风;了解此特性如何在该公司自我管理团队中逐渐变得明显,并将之区分为不同阶段加以陈述。

第五,研究的信度与效度

为了确保分析架构与资料的有效性和可靠度,研究者交叉检查了各种方法所搜集数据,这些方法包括现场笔记、民族志观察、对员工重要信息提供人的访谈以及相关的客观数据,以查看数据的一致性。另外,在进行资料分析时,则要求未参加现场访谈与观察或不熟悉研究架构的同事一起来分析资料,以提升研究结果的严谨性和正确性。

第六,研究结果

研究者将自我管理团队的协和控制的发展,区分为三个阶段来描述。根据上述三个阶段的分析,研究者讨论了协和控制的后果,并得出结论:协和控制并没有将员工从韦伯的理性规则中释放出来,相反,这个铁笼变得更加坚实有力。

第五节 范 文

一、文献综述范文

工作积极压力:内涵、结构和测量、生成机制与作用机制

靳 娟

摘要:工作积极压力是个体通过对工作场合各种压力源的评价而做出的积极反应。以往研究对工作积极压力的内涵、结构和测量、生成机制与作用机制进行了探讨,未来研究应根据具体需要对积极压力下操作性定义,结合中国文化背景探讨工作积极压力的结构,开发具有较高信度和效度的量表,并基于组织变革背景,深入探讨工作积极压力的生成机制,进一步开展工作积极压力作用机制的动态研究。

关键词:工作积极压力;积极反应;内涵;结构;测量;生成机制;作用机制

在现代社会,为了适应多变的市场环境,提高自身的竞争优势,企业必须随着时代的发展而迅速调整,组织变革的节奏日益加快。在此过程中,由于组织结构、业务流程和人力资源管理体系的变化,员工面临的不确定因素增加,工作节奏加快,任务日趋复杂,信息量陡然增多,导致员工工作压力问题日益突出。长期以来,人们对压力问题的研究只关注于消极压力方面,研究的焦点是寻找压力源并提出压力应对方式,以缓解压力对个体身心健康带来的消极影响,研究者几乎把消极压力作为压力的代名词。1976年,加拿大生理学家、应激(stress)研究的先驱 Hans Selye 首次提出"积极压力(eustress)"的概念。他认为,从健康和医学的角度来看,压力有"积极压力"和"消极压力"之分,积极压力产生于人对外界环境做出有效应对后产生的自信、成就感等,有助于提高个体的健康水平以及帮助个体更出色地完成工作任务。但在实际的研究中,包括 Selye 在内的研究者们基本将重心集中在消极压力方面,这是由于两次世界大战给人类带来太多的负面问题,"二战"以来心理学家普遍重视对心理疾病、心理创伤等消极心理问题的研究,以帮助人们走出战争的阴影。因此,在相当大程度上,"压力(stress)"一词直接指代消极压力,积极压力并没有得到足够的关注。20世纪90年代

以来,西方积极心理学兴起,它重视关注人类行为中的积极情感、态度和行为的研究,为积极压力的研究提供了重要的理论基础。受积极心理学的影响,2002年,Luthans正式提出积极组织行为学的概念。他认为,传统组织行为学研究的重点是如何解决管理者和员工的机能失调、冲突和矛盾,积极组织行为学应将研究重点放在如何采取积极的措施促进员工潜能开发和优势的发挥,以提高组织的整体绩效水平。积极组织行为学为工作积极压力指明了研究方向和方法,大大推动了工作积极压力的研究,经过国内外一些学者的探索,工作积极压力在理论建构和实证研究方面取得重要进展,拓展了人们的研究视野。

本文从积极压力的概念出发,对国内外有关工作积极压力的结构和测量、生成机制、作用机制的研究现状进行梳理和分析,有助于更全面地把握工作积极压力的特点,探索其研究的发展方向,并可以为员工个人和组织的压力管理提供借鉴和指导。

一、积极压力的内涵

积极压力的概念最早由加拿大著名心理学家、压力之父 Han Selye(1976)[1] 提出。他认为,压力虽是身体对任何要求的一种非特异性生理反应,但是,由于受到遗传、年龄、药物等内在和外在因素的共同影响,在个体身上呈现出了"特异化"的效果。因此,必须重视并区分两种应激效果,即积极压力和消极压力。积极压力是一种有益的压力,表现为个体成功地适应环境的要求或刺激,给人带来一定满足感或其他正面的感觉,其生理健康未受到明显的伤害;消极压力则与刺激引起的挫败感、应激性疾病等相关联,持续的消极压力还会导致焦虑、苦闷和抑郁。也就是说,在 Selye 看来,积极压力是一种与应激后身体健康(或更健康状态)相关联的应激"效果",而非应激"反应",但他并没有对产生这种效果的具体过程做详细的说明。

Quick(1997)[2] 等人认同 Han Selye 的观点,并尝试用耶克斯—多德森定律来描述积极压力的内涵。这个定律用横轴描述压力水平,用纵轴表示绩效,也就是说,压力是可以被量化的,压力和绩效之间呈现一种倒 U 形的关系。过低的压力水平不能激发个体向更高绩效努力的动机,而过高的压力水平则起着一种心理压抑的消极作用,同时个体为了应对高压力也会占用相当多的时间和精力,只有当适当或温和水平的压力才会对个体的工作绩效起到一种激励作用。因此,积极压力可以用个体所体验到的适宜压力水平来表征。Gibbons、Dempster 和 Moutray(2008)[3] 对此观点进行了概括,认为积极压力是个体所知觉到的压力感的函数,只有压力感适中时,人才会出现较高的工作绩效和较好的健康水平。

事实上,Selye 和 Quick 的"非特异性生理反应"理论主要是基于动物实验,其适用性逐渐受到人们的质疑。后续研究表明,人在受到压力源刺激后所产生的反应具有高度特异化的特征,而且同其高级神经中枢活动存在密切关系。因此,人与动物在积极压力方面的表现具有截然不同的特点:动物的反应是否"积极",应当主要根据其应激后的生理效果(如心跳速度、呼吸频率、激素分泌量等)来判断,而人的反应中兼具生理和心理两个方面的变化,可以通过即时心理活动来判断其反应是否积极。

在此基础上,严进、路长林、刘振全(2008年)[4]给出了一个更为全面的定义,将积极压力定义为在压力源刺激下个体所产生的积极生理和心理反应。

Simmons和Nelson(2004年)[5]对积极压力的内涵、结构和生成机制进行了较为系统的研究,提出了整体压力理论模型,这是当前影响最大的积极压力理论。首先,他们明确指出,积极压力是个体通过对压力源的评价,肯定其对于个人的有益程度或对幸福感的提高程度,从而做出的积极反应。理论上讲,积极压力表现为生理、心理和行为三方面的综合反应。在后续研究中,他们又对积极压力给出了一个可操作性的定义:积极压力是个体对压力源的积极心理反应,以积极的心理状态作为衡量指标。其次,他们认为在同一压力源的作用下,积极反应和消极反应可能同时存在,它们是两种相互独立又相互联系的概念,而不是一个维度的两端。这一结论拓展了积极压力研究的视野,促进了积极压力理论的进一步发展。最后,导入一个新概念"savoring"。"savoring"的本意是"品尝、欣赏",这里的含义是指个体愿意承受压力,并且为持续承受压力不断做出的努力,具体表现为工作中的高度投入。可见,savoring是与"应对"相对应的概念,前者表现为承受、延续积极压力,而后者表现为减轻乃至缓解消极压力所做出的努力。

综上所述,自Han Selye提出积极压力的概念以来,众多学者从不同角度对其进行研究,虽然目前学术界对积极压力的概念还没有达成共识,但随着研究的日益深入,多数学者倾向于认为积极压力是个体在压力源刺激下所产生的一种包含生理、心理和行为方面的积极的、适度的反应。据此,笔者认为,工作积极压力是个体通过对工作场合各种压力源的评价而做出的积极反应,由于压力之下的积极生理反应过于复杂,因此,应以积极心理状态和积极行为表现作为主要测量指标。

二、工作积极压力的结构和测量

工作积极压力的结构特征和测量问题是本领域的基础性问题,但迄今为止,学者们在这一问题上并未达成共识。

(一)工作积极压力结构

1. 从心理状态方面研究积极压力的结构

许多学者认同Simmons和Nelson的观点,选用积极心理状态指标来衡量工作积极压力。

McGowan、Gardner和Fletcher(2006)[6]认为压力应由情感反应来测量,而情感反应包含两个维度:积极/消极情感和激活度。将二者组合在一起可以形成四种状态,即积极情感/低清醒度、积极情感/高清醒度、消极情感/低清醒度和消极情感/高清醒度。积极压力可以用积极情感/高清醒状态来表征。

袁少锋和高英(2007年)[7]在其研究中采用了组织承诺、工作满意度、工作参与感和自我效能感等常见的心理指标来表示积极压力。

在工作积极压力的结构方面,Nelson和Simmons(2004年)[8]的研究成果最富代表性。他们认为工作积极压力应当是多维度的结构。具有稳定特质的变量不能作为积极压力的指标,测量工作积极压力的指标有积极情感、希望感、意义感、易于管理、自尊、满意感及幸福感等,因为这些指标能够反映个体对环境或压力事件评价的变化。Simmons(2007 年)[9]在"Eustress at Work:Accentuating the Positive"(《工作中的积极压力:提升积极性》)一文中,提出了测量工作积极压力的四个维度,分别是:①积极情绪:是个体的一种愉快的投入状态,体现个体感觉热情、活跃、警觉等心理状态的程度;②富有意义:体现工作对一个人情感的影响程度,一个人愿意花很多精力去解决问题达到要求,并且觉得值得去做,以及愿意迎接挑战的程度;③易于管理:个体在某种程度上认为自己所拥有的资源能够应对环境的要求;④富有希望:是一种基于成功的决心和计划达到目标的认知感。Simmons 认为,这四个变量都能很好地代表"投入",这是工作积极压力反应的主要指标之一。投入的员工总是很积极并且乐于做手头的事情。

国内一些学者在研究本土化特色的工作积极压力结构方面取得进展。赵娟娟(2011 年)[10]以河南省某市 600 多名医护人员为研究对象,编制了工作积极压力问卷,在统计分析的基础上,将医护人员积极压力归纳为积极情绪、富有意义、管理能力、富有希望 4 个维度。可见,其研究结论和 Simmon 的理论框架基本一致,但就维度的内涵而言,其"工作富有意义"维度的内涵与 Simmon 的观点有所不同:Simmmon 提出的"工作富有意义"更加强调个体的独立性,提倡自我发展、自我提升、勇于承担责任,而赵娟娟研究发现,由于深受儒家文化的影响,中国员工倾向于把自己看作是组织的一部分,注重人际和谐和组织和谐发展。刘妮娜(2011 年)[11]在中国不同城市、不同行业取样,提出了中国企业员工工作积极压力的四个维度,分别是:目标知觉、积极情感、可管理性和工作投入。其中,目标知觉是刘妮娜提出的新维度,具体表现为个体面对任务要求和角色压力时,能制定明确的目标,并能根据目标安排工作节奏并坚持不懈的程度。

2. 从行为表现方面研究积极压力的结构

Suedfeld(1997 年)[12]在研究人们在遭遇创伤性事件或重大灾难以及灾后的行为表现时,发现有些人表现出坚强等人格特征和一些理性行为表现,如自我控制、支持行为、合作行为、问题解决行为,他认为这些反应即是积极压力的表现,并将其定义为"eu-auters"。

3. 从心理状态和行为表现等方面研究积极压力的结构

冯军(2010 年)[13]侧重从心理和行为反应两个方面来研究工作积极压力的维度。他在 Nelson 和 Simmons 研究的基础上编制问卷,在北京地区的企事业单位中进行测量,提炼出的工作积极压力维度为:积极情绪、坚韧态度、挑战期待、希望感受以及良好状态。其中,积极情绪、希望感受、挑战期待是心理维度,而坚韧态度和良好状态则是行为维度。冯军认为,坚韧态度是指个体在压力源刺激下所表现出的持续努力的程度,它包括态度和行为两个方面。态度层面是指个人所持有的坚持、不后退的态度,行为层面是指个人所表现出的主动性、积极解决问题的行为;良好状态主要是指个体在压力源刺激下的积极工作体验,包括:头脑清醒、思维敏捷、适应性强、灵活性、效率较高等。冯军在研究中还试图探索积极压力下的生理反应,但遗憾的是,并没有搜寻到充分证据证明积极心理反应和积极生理反应之间存在必然联系。

从上述实证研究的结果可以看出,由于工作积极反应具有复杂、多维结构的特点,大多数学者都采用了多指标对其进行描述,但研究结果比较散乱,而且这些指标多集中在积极心理状态方面,对积极行为反应方面的指标则较少关注。

(二)工作积极压力的测量

尽管不少学者对积极压力的结构进行了探索,但目前还没有形成一个公认的成熟量表。Bret L. Simmons 和 Debra L. Nelson(2007年)[14]以护士群体为研究对象编制了关于医院护士的积极压力问卷。此问卷共4个维度,28个项目,问题如"工作中,我经常感到兴奋和激动""你有没有觉得你并不十分关心你身边正在发生的事?""工作让我实现人生的价值""在目前,我积极追求自己的目标""当我发现自己陷入困境,我会想尽办法摆脱困境"。通过统计分析,证明这个问卷具有很好的内容效度和结构效度,Cronbach α系数达到0.887。但是,因为样本均来自注册护士,该问卷的适用性尚需探讨。刘文华(2011年)[15]将此问卷在我国大学本科生中发放,删除了11个项目后,Cronbach α系数达到0.841,结构效度达到心理学的测量要求。

O'Sullivan 和 Geraldine(2011年)[16]曾开发出一个针对美国大学本科生积极压力的问卷,该问卷共有包含15个项目。对问卷进行探索性因子分析后发现,问卷的内部一致性信度较高,Cronbach α系数达到0.806。

国内学者也陆续开发出一些适合中国文化情境的积极压力测量指标和问卷。冯军(2010年)[17]以北京地区的企事业单位员工为对象编制了"工作积极压力问卷",具有5个维度,共20个项目。该问卷具有较好的信度,达到0.8985,验证性因子分析后发现,该问卷内容效度和结构效度均符合心理测量学的要求。刘妮娜(2011年)[18]以众多企业员工为研究样本,编制出"企业员工积极压力问卷",提炼出4个维度,包括31个项目。统计分析显示,问卷总信度达到0.907,并具有良好的结构效度。

一些学者在实际研究中直接采用 Simmons 和 Nelson(2007年)编制的积极压力问卷,更多学者依据 Simmons 和 Nelson(2007年)提出的积极压力的四个心理指标,根据需要从"积极和消极情绪量表"(Watson、Clark 和 Tellegen,1988年)[19]"投入程度问卷"(Britt、Adler 和 Bartone,2001年[20])"成人状态希望量表"(Snyder,1996年)[21]等成熟量表抽取相应条目,从不同侧面对工作积极压力进行测量。

三、工作积极压力的生成机制

在压力源刺激下,个体的积极心理状态和积极行为表现是如何产生的?这个过程受到哪些因素的影响?对工作积极压力生成机制或者影响因素的探讨是学者们关注的重点问题。

(一)组织因素

1. 工作本身

有学者侧重从工作本身的因素来探讨工作积极压力的生成机理,但得出了不同的研究结果。

Karasek(1979年)[22]认为,工作活动中包含工作要求和工作控制两个关键特征,它们共同影响着工作压力。工作要求是指存在于工作情景中反映员工所从事的工作任务量和困难程度的因素,即压力源;而工作控制则反映员工能够对自我工作行为施加影响的程度。工作控制有两个成分:技能和决策力。工作中所包含的工作要求和工作控制共同决定了任职者所承受的工作压力。该模式包含两个基本假设:第一,高工作要求、低工作控制导致高工作压力;第二,当工作要求和工作控制均处于高水平时,个体工作动机增强,有利于提高员工的工作绩效和工作满意度感。在这种情况下,高工作要求非但不是压力源,反而是对员工的刺激因素,产生工作积极压力。也就是说,当员工处于高水平工作要求时,工作控制可以防止员工受到高工作压力的损害,因而具有缓冲作用,是一种保护机制。闵锐、李磊(2008年)[23]在对企业员工的积极压力源进行实证分析后认为,对工作的控制和员工的积极压力反应之间无相关性联系,而工作对员工的意义、工作的可预知性、工作的重要性、工作的丰富性则能让员工充分发挥自己的才智,实现人生的价值,更有助于积极压力的产生。

Cavanaugh、Boswell、Roehling和Boudreau(2000年)[24]在一项研究中指出,工作的挑战性与积极反应相关。他们认为这种压力源虽然会带来压力,但同时给个体带来成长机会和未来的回报,能激发个体的成就动机,因此会产生积极的情绪。刘得格、时勘、王永丽、龚会(2011年)[25]的研究验证了这一观点。他们将组织压力源划分为挑战性压力源和阻碍性压力源,挑战性压力源包括时间约束、高工作负荷、工作范围、高工作责任,阻碍性压力源则包括组织政策、工作不安全感、低效率的办事流程、角色模糊等。研究发现,挑战性压力源与员工的工作投入、整体工作满意度显著正相关。

2. 激励机制

有学者认为组织的激励机制是否完善会对工作积极压力产生重要的影响。石林(2005年)[26]提出,若一个人在工作中得到合理的报酬、工作成绩得到上级肯定、个人技能得到发挥,则会产生平等、自尊等积极心理,上述因素会促使个体自我提升,为产生积极压力奠定基础。而Slegtist(1996年)[27]提出过一个努力—报酬模式,认为当组织能够改善报酬时(这里的报酬不仅指金钱,还包括尊重和自尊),个体往往能产生积极情绪,工作中会更加努力和投入。

3. 领导方式

有学者认为,在压力源刺激下,个体是否会出现积极压力反应和直接领导的领导方式存在密切关系。

Bell和Carter(2004年)[28]指出,在高压力源刺激下,变革型领导行为和交易型领导行为均与员工的积极工作情感存在正相关。

杨眉、石林(2006年)[29]的研究则更为深入细致,他们将领导方式分为四种类型,以北京部分企业员工为样本,研究发现,混合型领导行为(变革型行为和交易型领导行为均高)和积极压力反应存在显著相关,变革型行为和交易型领导行为与积极压力反应存在相关,而放任型领导行为和积极压力反应弱相关。

4. 人际关系

闵锐、李磊(2008年)[30]在研究积极压力源时发现,人际关系包括与领导的关系、与同事的交流、团队精神均与积极反应相关。因为这些因素能让员工感到快乐,感到平和,自我感觉精力旺盛,在工作中更放松,心情舒畅。

5. 组织支持感

组织支持感是指员工对组织如何看待他们的贡献并关心他们的利益的一种总体知觉和信念。研究表明,组织支持感在压力源与员工的积极压力反应间发挥着显著的缓冲作用。

Asad和Khan(2003年)[31]在一项研究中指出,具有较高组织支持感的员工,能较好地克服消极压力带来的不适,出现积极行为。Stamper和Jonlke(2003年)[32]研究发现,组织支持能够在角色压力和满意度、留职倾向之间发挥显著缓冲效应,因为当员工感受到组织的关心、帮助和支持时,可以在很大程度上获得心理激励,相信组织能帮助自己应对威胁和压力,在工作中会更加投入。袁少锋和高英(2007年)[33]的研究结果表明,组织支持在良性压力源(如任务要求、能力要求与积极压力反应)之间发挥显著的中介效应。在后续研究中,高英(2008年)[34]进一步证实组织支持不仅在压力源与压力反应间发挥中介作用,而且发挥调节作用。

(二) 个体因素

1. 认知评价

一系列研究表明,在压力源刺激下,个体产生何种压力反应,取决于个体对环境和自身认知评价的结果。因此,认知评价被认为是积极压力生成过程中重要的前因变量。Lazarus和Folkman[35]于1984年提出了认知交互理论模型,认为压力的产生既不是个体的产物,也不是环境的产物,而是一定环境刺激与个体对环境所可能产生的威胁的评价两者相结合的产物。他们认为,人们对所发生的事情的评价标准通常分为3种:伤害(harm)、威胁(threat)和挑战。前两种压力是消极的,表示个体的幸福或健康正在遭受或将要遭受损害。挑战性压力是一种高要求的情形,个体在这一种情形中强调的是挑战所提出的要求,认为困难将带来成长或发展,因而产生热情、自信、兴奋等积极情感。Edwards和Cooper(1988年)[36]也持同样观点,他们将积极压力定义为个体的知觉状态与期望状态之间的积极差距(即现实超出期望的那部分),可见个体的自我意识和认知评价对积极压力的产生起到重要作用。

2. 压力应对

有学者指出,在积极压力生成过程中,除了认知评价之外,压力应对方式也是一个重要的前因变量。

McGowan、Gardner、Fletcher(2006年)[37]以大学教职员工及部分企业员工为样本,采用实验方法对认知评价、积极压力、积极压力应对之间的关系进行了验证,将压力应对方式分为问题中心压力应对、情绪中心压力应对、生理中心压力应对,发现除了对工作要求的挑战性评价之外,问题中心应对策略的压力应对方式有助于促进积极压力的产生。随后,Gardner、Fletcher(2009年)[38]在一项对注册兽医的研究中得出了一致性结论。

3. 人格特征

以往的一系列研究表明,具有某些人格特质的个体在面对压力源时能更好地对自身做出调适,勇于面对压力,从而产生积极情绪。

通常将控制点分内、外两种。内控性格的人认为结果取决于内在原因,人们的行为、个性和能力是事情发展的决定性因素,深信自己能掌握自己的命运,而外控性格的人更多地认为事情的结果是由机遇、运气、社会背景、任务难度、他人及超越自己控制能力的外部力量的因素所决定的,凡事听天由命由外界主宰。研究发现控制点对压力反应类型存在影响。Fevre、Matheny 和 Kolt(2003年)[39]提出了一个职业压力模型,认为个体对压力源的控制感通过影响个体对压力源的评价,从而导致不同的压力反应。Lefcourt 和 Davidson-Katz(1991年)[40]研究发现,具有内控性格的人群更倾向于将挑战和要求看成机遇,主动性强,更倾向于采取问题中心应对策略,不退缩,因此更容易出现积极压力反应。

有学者运用大五人格理论,对大五人格和积极压力反应之间的关系进行了研究。Hetland 和 Hilde(2011年)[41]在对众多样本进行分析后指出,除了神经质特质外,大五人格中的其他四种都对积极压力具有预测作用,同时,对于不同职业类型的个体来说,这种预测作用不尽相同。对于从事不同职业的个体来说,尽责性、宜人性均与其积极反应存在相关。对于传统行业中的个体来说,外向性与其积极反应存在相关。开放性特质则与其积极反应存在弱相关。

幽默感作为一种重要的人格特质,与积极压力也存在密切关系。Nezu 和 Blissett(1988年)[42]指出,幽默感能使人们学会避免过于看重自己所面临的事情和困境,减少不适,从而对心理压力的不良作用起到稀释作用,促进积极情绪的产生。刘文华(2011年)[43]以1 228名大学生为研究对象,发放幽默感问卷,并对问卷数据进行实证分析,验证了幽默感与积极压力之间具有显著的相关性。

4. 人口统计学因素

以往的研究对人口统计学变量也有所涉及。O'Sullivan 和 Geraldine(2011年)[44]以美国大学本科生为样本进行分析,指出性别、年龄、种族和经济状况都会影响个体的积极压力反应。冯军(2010年)[45]研究则发现,工作积极压力受到年龄、职位、受教育程度等人口统计变量的影响。刘妮娜(2011年)[46]的研究结果显示,在性别、年龄、工作年限、学历和工作性质等人口统计学变量上,企业员工的积极压力反应均存在差异性。

可能由于研究样本的不同,一些研究者得出了不同的结论。闵锐(2008年)[47]研究则发现,积极压力反应和性别、工龄、学历之间无相关性,年龄和职务会对员工积极压力反应产生重要影响。李元康(2013年)[48]研究则发现,不同性别、学历、工作岗位的员工在积极压力各维度上的差异不显著;而不同年龄、工作年限的员工在积极压力的个别维度上差异显著。

从上述分析可以看出,研究者们主要从组织环境因素分析了工作积极压力源,并深入探讨了其中的中介变量和调节变量,但是研究结论不尽相同。

四、工作积极压力的作用机制

一些学者主要关注的是工作积极压力对个体健康的影响,如 Edwards 和 Cooper(1988 年)提出,积极压力有助于个体健康水平的提高,其途径有两个:一是积极压力可能会通过激素和生物调节直接提高健康水平;二是积极压力通过激发努力程度与应对压力的能力来间接提高健康水平。

除了健康效应之外,工作积极压力会导致何种后果?它对个体绩效有何影响?这方面的研究成果主要包括:

有的学者只是一般性地探讨工作积极压力的后果。Newstorm(1997 年)等人曾提出过一个工作压力的理论模型,认为工作压力有积极性压力和消极性压力两种压力过程,并从短期和长期两个角度看,有可能导致组织层面和个体层面两个方面的建设性或破坏性的两种结果。这对于我们全面认识压力的作用效能具有重要的启发意义,但是对于积极压力这种建设性后果的具体内容,该理论并没有进行深入阐述。

有的学者着重探讨积极压力与工作绩效之间的关系。许小东、孟晓斌、沈捷等人(2004 年)[49]在一项有关知识型员工工作压力的研究中,分别考察了积极压力、消极压力与工作绩效(主要是指任务绩效)的关系,研究结果表明:积极压力与工作绩效之间有显著的正相关;消极压力与工作绩效之间没有显著相关;两类压力总和后的共同压力与工作绩效之间有比较显著的相关,进一步的具体分析表明,积极压力中的"工作中对自己要求严格,期望值较高"与"工作中担负的责任大"这两项,相比其他各项积极压力指标,对绩效有更大的影响。

有的学者研究了工作积极压力与员工创新行为的关系。李元康(2013 年)[50]研究发现积极压力对产生创新构想具有显著的正向预测作用,对执行创新构想具有显著的正向影响作用。

就笔者搜集到的文献看,从研究总量上说,这方面的文献数量不多;从研究深度上说,对积极压力发挥作用的内在机理还缺乏较为系统深入的实证研究。

五、未来研究展望

从现有的中外文献来看,有关工作积极压力的研究虽然取得了不少有价值的成果,但总体上还是比较薄弱的,主要存在以下不足:第一,目前,工作积极压力还缺乏明确和统一的定义,特别是可操作性的定义,一些学者将积极压力和工作满意度、工作参与度、组织承诺混为一谈,导致了工作积极压力的外延非常大,相关研究比较分散,研究结论也不一致。第二,工作积极压力的结构问题是一个基础性问题,但由于工作积极压力的内涵不够明确,对于其维度的研究比较庞杂,缺乏理论深度,导致现有工作积极压力结构维度的研究成果并不足以全面、深入地反映工作场合积极压力的特征。第三,在工作积极压力的测量方面,已有问卷的信度、效度以及文化适用性都有待进一步验证。因为,受文化差异的影响,个体对于工作积极压力的感受和反应会存在一定程度的差异性,进而决定了西方学者在其文化背景下得出的积极压力研究结论不一定完全适用于中国文化。第四,对工作积极压力生成机制的研究比较散乱,缺乏系统性,也缺乏较为深入的实证研究。此外,在现代市场经济条件下,企业之间的竞争日趋激烈,组织变革成为常态,员工的工作压力问题很大程度上是由组织变革引起的,但是研究者只是从一般意义上对积极压力的生成机制进行研究,缺乏对组织变革因素和工作积极压力之间关系的深入研究。第五,对工作积极压力的作用机制关注度不够,鲜有研究,不仅总量不够,研究也缺乏深度。

笔者认为,未来的研究应关注以下几个方面:第一,对现有研究的拓展和深化,需要进一步明确工作积极压力的内涵,对其外延进行界定。可以考虑将性质、强度整合到一起对其外延进行明确界定,并根据需要下操作性定义。另外,工作积极压力和工作满意度、工作投入和自我效能感之间的差异也需要更多的实证研究来检验。第二,基于中国文化背景,深入全面揭示工作积极压力的结构维度。在未来工作积极压力的理论研究中,除了心理指标,还应当加入行为指标,并在此基础上,开发具有中国文化背景的、具有较高信度和效度的工作积极压力测量量表。第三,深入系统研究工作积极压力的生成机制,特别是应结合组织变革背景来研究工作积极压力源,可以为组织的积极压力管理和变革管理提供指导、借鉴和方法,提高组织变革的成功率,最终提升组织绩效。这部分的研究可从两个方面展开:探讨组织变革压力源对工作积极压力的直接影响;探讨组织变革压力源和工作积极压力反应间的中介变量与调节变量。第四,从动态的角度进行更深层次的研究,探索工作积极压力对个体绩效的作用机制,挖掘其中的调节变量(个体所处的组织层次、任务卷入、组织承诺等),可以赋予工作积极压力管理更重要的现实意义,有针对性地提高个体绩效。

参考文献

[1] Selye, H. Stress in health and disease. Boston: Butterworths, 1976.

[2] Quick, J. C., Quick, J. D., Nelson, D. L., Hurrell, J. J. Preventive stress management in orgnizations[M]. Washington, DC: American Psychological Association, 1997.

[3] Gibbons, C., Dempster, M., & Moutray, M. Stress and eusterss in nursing students. Journal Of Advanced Nursing, 2008, 61(3):282-290.

[4] 严进,路长林,刘振全. 现代应激理论概述. 北京:科学出版社,2008.

[5] Nelson, D., & Simmons, B. L. Eustress: An elusive construct, an engaging pursuit. Research in Occupational Stress and Well Being, 2004, 3:265-322.

[6] McGowan, J., Gardner, D., & Fletcher, R. Positive and negative affective outcomes of occupational stress. New Zealand Psychological Society, 2006, 35(2):92-98.

[7] 袁少锋,高英. 组织支持对工作压力的中介效应研究——基于知识型员工样

本的实证分析[J]. 应用心理学,2007,4.

[8] Nelson, D. , & Simmons, B. L. Eustress: An elusive construct, an engaging pursuit. Research in Occupational Stress and Well Being,2004,3:265-322.

[9] Simmons, B. L. , & Nelson, D. L. Eustress at work: Extending the holistic model of stress. In D. L. Nelson & C. L. Cooper(Eds.), Positive organizational behavior: Accentuating the positive at work. Thousand Oaks: CA: Sage, 2007, 40-53.

[10] 赵娟娟. 医护人员良性压力与工作倦怠的关系[D]. 河南大学硕士论文,2011.

[11] 刘妮娜. 企业员工积极压力及其影响因素研究[D]. 暨南大学硕士论文,2011.

[12] Suedfeld. Reactions to societal trauma: distress and/or eustress. Political Psychology,1997,18(4):849-861.

[13] 冯军. 工作积极压力问卷的编制[J]. 安徽师范大学学报,2010,5.

[14] Simmons, B. L. , & Nelson, D. L. Eustress at work: Extending the holistic model of stress. In D. L. Nelson & C. L. Cooper(Eds.), Positive organizational behavior: Accentuating the positive at work. Thousand Oaks: CA: Sage, 2007,40-53.

[15] 刘文华. 大学生良性压力与其心理健康的关系:基于幽默感的研究[D]. 河南大学硕士论文,2011.

[16] O'Sullivan, & Geraldine. The relationship between hope, eustress, self-efficacy, and life satisfaction among undergraduates [J]. Social Indicators Research, 2011,155-172.

[17] 冯军. 工作积极压力问卷的编制[J]. 安徽师范大学学报,2010,5.

[18] Simmons, B. L. , & Nelson, D. L. Eustress at work: the relationship between hope and health in hospital nurses. Health care manage review,2001,26(4):7-18.

[19] Watson, D. , Clark, L. A. , & Tellegen, A. Development and validation of brief measures of positive and negative affect: The PANAS scale [J]. Journal of personality and Social Psychology,1988,(54):1063-1070.

[20] Britt, T. W. , Adler, A. B. , & Bartone, P. T. Deriving benefits from stressful events: The role of engagement in meaningful work and hardiness [J]. Journal of Occupational Health Psychology,2001,6(1):53-63.

[21] Snyder, C. R. , Sympson, S. , Ybasco, F. , Borders, T. F. , Babyak, M. A. , & Higgins, R. L. Development and validation of the State Hope Scale. Journal of Personality and Social Psychology,1996,70(2):321-325.

[22] Karasek. R. A. Job demands, job decision latitude, and mental strain: im-

Plieations for job redesign. Adminisrrarive Science QuarIer,1979,24(2):285-308.

[23] 闵锐,李磊. 对员工压力管理中积极压力源的分析[J]. 华东经济管理,2008,22(9).

[24] Cavanaugh, M. A. ,Boswell, W. R. ,Roehling, M. V. ,& Boudreau, J. W. An empirical examination of self-reported work stress among U. S. managers. Journal of Applied Psychology,2000,85:65-74.

[25] 刘得格,时勘,王永丽,等. 挑战—阻碍性压力源与工作投入和满意度的关系[J]. 管理科学,2011,24(2).

[26] 石林. 关于积极压力研究的思考[M]. 北京:社会科学文献出版社,2005.

[27] 闵锐,李磊. 对员工压力管理中积极压力源的分析[J]. 华东经济管理,2008,22(9).

[28] Cavanaugh, M. A. ,Boswell, W. R. ,Roehling, M. V. ,& Boudreau, J. W. An empirical examination of self-reported work stress among U. S. managers. Journal of Applied Psychology,2000,85:65-74.

[29] 杨眉,石林. 工作压力反应及其与领导方式的关系研究[J]. 应用心理学,2006.12(3).

[30] 闵锐,李磊. 对员工压力管理中积极压力源的分析[J]. 华东经济管理,2008,22(9).

[31] Asad,N. ,& Khan,S. Relationship between job-stress and burnout organizational support and creativity as predictor viable. Journal of Psychological Research,2003,18(3):139-150.

[32] Stamper, C. L. ,& Jonlke, M. C. The impact of perceived organizational support on the relationship between boundary spanner role stress and work outcomes. Journal of Management,2003,29(4):569-588.

[33] 袁少锋,高英. 组织支持对工作压力的中介效应研究——基于知识型员工样本的实证分析[J]. 应用心理学,2007,4.

[34] 高英. 知识型员工工作压力与组织支持关系实证研究[D]. 辽宁大学硕士论文,2008.

[35] Lazarus, R. S. ,& Folkman, S. Stress, appraisal,and coping. New York:Springer Publishing,1984.

[36] Edwards,J. R. & Cooper,C. L. The impacts of positive psychological states on physical health:A review and theoretical framework[J]. Social Science Medicine,1988,27(12):1147-1459.

[37] McGowan,J. ,Gardner,D. & Fletcher,R. Positive and negative affective outcomes of occupational stress. New Zealand Psychological Society,2006,35(2):92-98.

[38] Gardner, D., & Fletcher, R. Demands, appraisal, coping and outcomes: positive and negative aspects of occupational stress in veterinarians. International Journal of Organizational Analysis,2009,17(4):268-284.

[39] Fevre, M. L., MathenJ., &Kolt, G5. Eustress, distress, andinterpretation in occupational stress. Journal of managerial psychology,2003,18(7):726-744.

[40] Lefcourt, H. M., & Davidson-Katz, K. Locus of control and health. In C. R. Snyder & D. R. Forsyth(Eds.), Handbook of social and clinical psychology. New York: Pergamon Press,1991,246-266.

[41] Hetland. W. S, Hilde H. L. When a thousand flowers bloom: structural, collective, and social conditions for innovation in organizations [J]. Research in Organizational Behavior,2011,(10):169-211.

[42] Nezu A. M., Nezu C. M., and Blissett S. E.. Sense of humor as a moderator of the relation betweenstressful events and psychological distress:a prospective analysis[J]. Journal of Personality SocialPsychology,1988,54(3):520-525.

[43] 刘文华.大学生良性压力与其心理健康的关系:基于幽默感的研究[D].河南大学硕士论文,2011.

[44] O'Sullivan, &Geraldine. The relationship between hope, eustress, self-efficacy, and life satisfaction among undergraduates [J]. Social Indicators Research,2011,155-172.

[45] 冯军.工作积极压力问卷的编制[J].安徽师范大学学报,2010,5.

[46] 刘妮娜.企业员工积极压力及其影响因素研究[D].暨南大学硕士论文,2011.

[47] 闵锐.商业企业压力管理中压力的积极反应及影响因素实证研究[D].天津商业大学硕士论文,2008.

[48] 李元康.积极压力、创新自我效能感与员工创新工作行为的相关研究[D].河南大学硕士论文,2013.

[49] 许小东,孟晓彬.工作压力应对与管理.北京:航空工业出版社,2004.

[50] 同[48].

二、案例研究范文

中国百货商店如何进行服务创新——基于北京当代商城的案例研究(节选)

李飞　陈浩　曹宏星　马宝龙

一、理论框架的建立

经验主义学派的研究有两种逻辑:一种是发散地对案例企业进行调查研究,没有理论框架的指引,通过归纳调查结果得出结论,再对结论进行分析,或是罗列出卓越企业的共同影响因素,或是对这些因素进一步归纳,形成具有理论框架的结论;另一种是根据已有或新建立的理论框架,对样本公司进行调查研究,最终得出相应的结论。我们采取后一种方法,即在文献回顾建立理论框架的基础上,通过初步案例研究进行对照检验,修改理论框架,然后通过更为具体的案例研究对理论框架内容进行补充或修正,最终得出相应的结论。本研究的理论框架如图1所示。

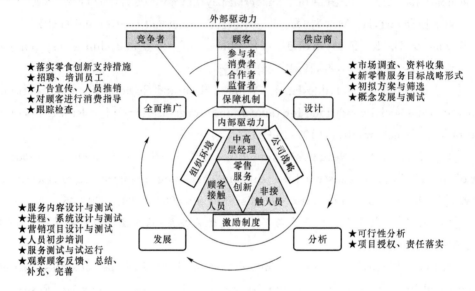

图1 本研究的理论框架

二、研究问题的详细界定

基于理论框架和确定的研究主题,我们需要通过案例研究回答3个层面的问题:①中国百货商店服务创新主要有哪些内外部驱动力?②中国百货商店服务创新主要采用了哪些保障机制?③中国百货商店创新服务开发过程包括哪些阶段和步骤?开发过程的正式化程度如何?我们的目的是具体回答这3个层面包含的具体内容,主要包括9个方面的27个问题。这些具体内容不仅是百货商店服务创新已有文献的缺口,也是零售服务创新研究需要补充研究的重要内容。当然针对中国百货商店服务创新过程的研究就更是全新的话题了。

三、研究方法

本文选择单一案例的研究方法,有两个理由:一是单一案例研究是多案例研究的基础。我们需要在单一案例研究的基础上发现百货商店服务创新过程的初步框架,然后通过多案例研究来检验;二是单一案例研究能更加深入地进行案例调研和分析,更容易把"是什么"和"怎么样"说清楚。

(一)案例选择

本文选择了北京当代商城的服务创新作为案例研究的对象。当代商城开业于1995年,地处中关村高科技园区的核心地带,经营面积为3 200平方米,年实现销售额12.16亿元,并以12.38%的增幅位居北京百货店前列,成为北京知名的高档百货商店之一。我们选择当代商城作为百货商店服务创新的研究对象,主要是基于当代商城在行业内领先的服务理念和丰富的服务创新实践,即服务的领先性。

服务创新领先性的一个重要标志是看其率先推出的服务项目数及效果。效果,我们难以分服务项目进行衡量,因此率先推出的服务项目数就成为一个重要衡量指标。

(二)数据来源

我们选择了二手资料和一手资料收集的两种方法。二手资料的收集包括:在企业整个历史上所有发表过的有关当代商城的主要文章以及从行业或专题材料中选取的文章;直接从当代商城获得的材料,特别是主观撰写的书籍和文章,他们发表的演说、内部报刊、年度讨论会和企业其他文件、年度报告、代理声明、分析家报告和其他有关公司的材料。

一手资料获得方法有 3 种:①课题组到当代商城及其竞争对手商店进行实地调查,包括现场访谈、现场考察以及作为顾客体验当代商城的各项服务。②与当代商城的总经理及各个部门经理进行座谈,座谈的主题为当代商城的服务创新理念与实践,课题组对访谈全程进行了录音。③采取田野调查法,实际参与当代商城的学习、考察、研讨及创新过程。

四、数据分析

主要采用了数据编码和归类的方法对资料进行分析和整理,其目的在于从大量的定性资料中提炼主题,进而论证理论研究部分所提出的问题。首先,按照数据来源对资料进行了编码,对于一手资料,分别把 7 位高层受访者分别编码为 M1~M7,一般员工统一编码为 M0。对于二手资料,由于来源比较复杂,统一编码为 SH,之后以渐进的方式对资料进行整理分析。根据研究的主要问题——服务创新的驱动力、保障机制和创新过程,对数据资料进行分析,把所提及的各项事例编码成相应的创新条目。在编码时主要参考了表中所列的 9 个方面 27 个研究问题。需要说明的是,在对保障机制的编码过程中,我们将没有涉及创新的相关条目也进行了编码,目的是通过创新条目被提及的比重来研究创新在公司战略组织环境以及激励制度方面的重要性。

为了确保数据和研究的真实性,防止我们理解的偏差,我们把研究数据及初步的结论反馈至当代商城,得到了当代商城总裁及相关部门的确认。

五、研究发现

通过对采集数据的详细分析,我们首先发现了当代商城具有丰富的服务创新内容,一方面丰富了百货商店的服务创新理论,另一方面也证明了案例选择的适当性。在此基础上也在所研究问题的各个方面,有了一些有价值的发现。

(一)关于服务创新的内容

基于李飞和汪旭辉所归纳的零售服务创新内容的理论框架,按照售前、售后和售中的服务顺序,对案例中一手和二手资料中所搜集到的创新服务进行整理和归类,就得到了当代商城近些年服务创新的内容。

当代商城首先按照目标顾客的不同分为针对普通顾客的创新服务和专门针对顾

客的特殊服务。其次在信息服务、产品相关服务、便利服务以及支付服务方面都有基于顾客需求的服务创新，显示出当代商城在服务创新领域的丰富实践。例如，一站式退换货是当代商城在2008年6月推出的服务项目，在北京市百货行业内尚属首例，在中国百货商店联营的模式下，供应商在百货商店自设店铺退换货成为售后服务的难点和关键的问题。当代商城专门设立一笔退货基金（每年200万元）并开辟了专门区域，安装了POS机以及授权专职人员集中办理，消费者可以不用联系其所购货物的厂商，直接到一站式退换货中心由专职人员现场接待办理退换货，以往几经周折的退换货，在当代商城的一站式退换货中心中几分钟即可办理完毕。

（二）关于服务创新的驱动力

在当代商城服务创新条目中，属于创新驱动力的共有96条，其中外部驱动力60条，内部驱动力36条。从创新条目的分布来看，有两个特征：一是外部因素推动大于内部因素；二是当代商城服务创新的主要驱动力源于外部顾客、内部高中层管理者和外部同行3个方面。而外部的供应商内部的顾客、接触人员和非接触人员的条目数都不足5条，说明其很少成为当代商城服务创新方面的驱动力。

1. 外部顾客因素

顾客参与和顾客信息方面驱动创新的条目共有48条，其中46条属于顾客信息，仅有2条属于顾客参与，这说明顾客信息是当代商城服务创新驱动力最为重要的因素。例如，一站式退换货产生的驱动力主要包括顾客在退换货过程中产生的各种投诉和正规顾客满意度调研所显示的顾客对退换货的服务的感知。

2. 内部高中层管理者因素

内部中高层经理积极参与创新的条目共有34条，他们往往起到主导创新的作用，这说明高中层管理者是当代商城服务创新驱动力第二重要的因素。当代商城新服务的开发主要源自中高层积极参与，主要形式是自行主导创新，即通常由部门经理根据顾客或竞争者推出新服务的概念，然后部门经理与公司高管一并讨论新服务内容和可行性，之后由部门经理设计新服务的流程、规范和标准并在推广中不断改进。

3. 外部同行因素

外部同行或竞争者驱动服务创新的条目有9条，是第三重要的驱动因素，重要性不及前两者。当代商城一站式退换货的创新，不仅受到了顾客信息的驱动，也受到青岛阳光百货商店的启发。

当代商城在青岛考察的时候还参观了海信广场的礼宾式停车场服务。停车场专设导车员负责停车场车辆引导、代客泊车等服务工作。随后，2008年当代商城也推出了停车场的礼宾式服务。

当代商城俱乐部"可能是在清华学习的时候就开始酝酿，在美国百货店参观考察回来以后我们就正式推出了，等于也吸收了美国的经验"。课题组成员参加了当代商城在清华大学经济管理学院的零售管理培训课程并实地考察了纽约的梅西和萨克斯第五大道百货商店，发现当代商城先是在清华学习中了解了国外百货商店的导购沙龙,后又去纽约实地体验了导购服务,与美国百货商店的客户服务总监进行了讨论,拍摄了相关的沙龙照片,回来不久就在商城正式推出了。

(三)关于服务创新的保障机制

在当代商城服务创新的保障机制方面相关的编码条目共有157条,其中与公司战略相关的61条,与公司文化相关的44条,与公司团队相关的38条,与激励机制相关的14条。

1. 公司战略层面

在公司战略层面上,相关的61个条目中有45.9%涉及创新或服务创新。李飞(2008年)在研究当代商场的市场定位时指出,服务是当代商城的定位点之一,而且做到了优于竞争对手,而服务方面优于竞争对手就是通过不断地创新实现的。在公司的发展研讨会上,管理人员不断强调了价值创新,构筑零售企业核心竞争力。另外在被问及哪些关键因素是当代商城取得当前成功的问题时,公司高层也是强调要是不创新,当代商城可能成为一个赚钱的百货店,可能成为一个成功的百货店,但永远不可能成为其中的一个佼佼者。这些都显示出创新在整个公司战略中的重要地位,也是当代商城服务创新得以有效实行的有力保障。公司战略层对服务创新进而获取长久顾客价值的重视在一站式退换货务的开发中起到了很大的支持作用。很多时候商城接受了顾客退货,但是品牌商不接受商城的退货,这些商品最终都会由商城买单。不过,当代商城还是决定执行这个决策,表面上看,当代商城可能将会亏钱,还有可能得罪品牌商,但是我们会赢得消费者。

2. 公司文化方面

在公司文化方面,相关的44个条目中有36.4%涉及创新或服务创新。当代商城的企业精神——诚实、敬业、务实、高效、求知、创新、永争一流,创新列在极其重要的地位。根据公司企业发展研讨会上的资料,在公司内部进行的员工调查结果显示,有的员工认为当代商城形成了创新机制和创新文化,而且创新还被全体员工认为是当代商城企业精神最应该强调的内容。创新已经融入了当代商城的企业文化,为鼓励服务创新的进行提供了良好的企业氛围。同时公司基本建成了学习型组织并以学习效果为重要考虑要素。

3. 公司团队方面

在公司团队方面,相关的38个条目中有36.8%涉及了创新或服务创新。当代商城成立之初,其管理团队的平均学历是4.2年,囊括了一批硕士、博士。对于当时北京市的百货业来说,这支队伍的整体素质非常高,就目前来说,其高管层中也不乏高级经济师等拔尖人才。正如当代商城副总裁匡振兴所言:正是这支队伍的素质决定了当代商城能做这些事情。同时当代商城员工特别是高层管理者持续创新的决心和不服输的精神是另一个鲜明的组织特点。"我们的团队在创新过程中始终有一种责任感、使命感、不服气,总觉得自己不弱于别人。"因此,当代商城的团队有力也有意愿进行服务创新活动,为具体的服务创新提供很好的保障机制。

4. 激励机制方面

在激励机制方面,相关的14个条目中仅有1个与创新有关,而且是说明当代商城并没有针对管理层或员工的创新活动设立专项激励措施:"当代商城目前的薪酬在行业里也不算高,因为我们是国企,跟体制关系确确实实有关系,但是作为创新工作这方面确实是没有。在当代商城,管理层强调的干事业也并不是只图物质奖励证实了这一点。"

(四)关于服务创新的开发过程

在服务创新的开发过程方面共有176个相关的编码条目。开发过程的4个阶段——服务项目设计、服务项目分析、服务项目发展和服务项目推广分别对应61个、12个、41个、40个条目,说明各个阶段在新服务开发过程中都具有一定的作用。具体到各阶段的每一个步骤,由于整个开发过程被分为17个步骤,容易导致每一步骤的条目数相对有限,但我们仍能判断出各个步骤的重要性。

1. 设计阶段

设计阶段的4个步骤都被提及。市场调研资料收集和服务概念的发展与测试是最为关键的步骤,分别对应35个和11个条目;目标形成和初拟方案筛选分别对应的条目为8个和7个,也是比较重要的内容。市场调研和资料收集相对重要,这与顾客和同行驱动服务创新有着密切关系。当代商城每年委托第三方进行顾客满意度调查,发现不满意的地方,就是创新点所在。一站式退换货的推出就是如此。概念的发展与测试也比较重要,当代商城服务创新常常有概念指引,如停车场礼宾式服务、预约购物沙龙等都是基于"至尊感受、流进时尚"这一服务理念的。就一站式退换货为例,在设计阶段依次进行了市场调研、新服务目标的形成初拟、一站式退换货的方案以及对新服务概念发展与测试的过程。

2. 分析阶段

在分析阶段,可行性分析和责任落实所对应的条目都少于10个,说明分析阶段在整个新服务开发过程中所起的作用相对较小。仅就一站式退换货为例,分析阶段依次进行了财务上的可行性分析和相关责任的落实。

3. 发展阶段

在发展阶段,服务内容设计、服务流程设计以及顾客反馈总结和完善这三步被较多地提及,条目分别为22个、14个和17个,是这一阶段的关键步骤。仅以一站式退换货为例,发展阶段依次进行了一站式退换货内容和流程的设计、人员培训服务测试及顾客反馈与完善。同时,由于一站式退货是售后服务项目,未进行相应营销项目的设计。

4. 推广阶段

在推广阶段,跟踪调查相对较为重要,对应了10个条目。以一站式退换货为例,在全面推广阶段依次进行了供应商和POS机等支持措施、招聘培训员工、宣传以及跟踪测试一站式退换货的服务成果等步骤。同样是由于一站式退货属于售后服务的性质,没有对顾客进行消费指导的步骤。

需要说明的是,在访谈以及二手资料的收集中,我们没有发现公司有新服务开发流程相关的制度或成文的步骤,负责开发一站式退换货服务的经理也并没有按照清晰的开发过程的思路进行介绍。回答问题时也没展示出明确的开发过程,因此,虽然当代商城在新服务开发方面遵循着一定的步骤,但是这是一种自发式的遵循,正式化程度较低,验证了对新服务开发过程非正式化的论断。不过我们发现当代商城在服务创新过程的后期,也就是完善或固化某项服务创新时会形成一个系统文件,也可视为服务创新的系统过程。具体包括:判断其是否符合当代商城的服务理念、根据理念确定服务内容、根据内容设计服务流程、根据流程制定服务规范、根据规范颁布服务标准。

六、案例分析结果

通过对当代商城服务创新的案例研究,我们发现在需要证明的3个层面9个方面的27问题中,8个方面的21问题得到了验证,1个方面及6个问题没有得到验证,具体如表1所示。

表1　百货商店服务创新具体分析的问题

3个层面	9个方面的27个问题
1. 创新驱动力	(1) 内部驱动力:①是否有顾客参与服务创新,是否搜集了顾客的信息?②是否借鉴了竞争者的创新服务?③非顾客接触人员是否参与服务创新?
	(2) 内部驱动力:①中高层经理是否参与服务创新?②顾客接触人员是够参加服务创新?③非顾客接触人员是否参与服务创新?
2. 创新保障	(3) 公司战略:公司战略是否以优质服务及不断地服务创新为核心?
	(4) 组织环境:①公司文化是否鼓励创新行为?②公司团队是否有强烈的创新意识?
	(5) 激励机制:公司是否有明确的激励创新的物质和非物质制度?
3. 创新过程	(6) 设计阶段:①是否进行了充分的市场调研?②是否制定服务创新目标?③是否初拟方案并筛选?④是否进行概念发展与测试?
	(7) 分析阶段:①是否进行可行性分析?②是否进行项目授权和责任落实?
	(8) 发展阶段:①是否进行服务内容设计和测试?②是否进行流程、系统设计和测试?③是否进行营销项目的设计和测试?④是否初步人员培训?⑤是否进行服务测试与试运行?⑥是否观察客户反馈、总结、补充、完善?
	(9) 推广阶段:①是否落实零售创新支持措施?②是否招聘和培训员工?③是否进行广告宣传或人员推销?④是否对顾客进行消费指导?⑤是否跟踪检查?

资料来源:管理世界,2010,2:119-126。

本章思考题:下面是一篇本科论文文献综述部分的初稿,思考:其在写作中存在的主要问题是什么?

题目：影视行业小公司战略发展研究

第二章　基础理论和文献综述

2.1　SWOT 分析

（一）基本原理

SWOT 分析是为了给企业寻求一种适合的运行战略，它可以对企业目前的市场状况以及企业内部的发展实情深入探析。SWOT 中的 S 是指企业的优势，W 是指企业的缺陷，O 是指企业面对的市场机遇，T 是指存在的威胁。

一个企业的员工素养、产品性能、管理者的管理能力、资金支持、科技水平这些因素被企业的竞争者所关注，因为企业竞争者要用这些方面评定一个企业能否对自己的企业造成威胁。企业的优劣形势分为两种，一种是单项的优劣势。例如，一个企业资金很充足，但是市场占有率低下。另一种就是综合的优劣势水平。这种指标的确定需要用加权平均法加以区分了，它牵扯到很多因素。有利于企业的外部环境主要包括政府的政策支持、生产设备的创新、忠实的消费群体等方面。而企业的市场占有率低下、企业竞争者频繁出现、消费群体流失、技术老化等方面都是不利的外部环境因素。这些因素阻碍企业在市场上的发展，降低企业的相对竞争力，不利于企业的生存与发展。

（二）SWOT 分析的应用

SWOT 分析主要应用于对企业现状能力的评定，它可以充分考虑到企业的内部和外部环境，并分析是否适合企业发展，根据这些标准，评定一个企业的长处和短处，以及将来将要面临的市场机遇和挑战。

SWOT 分析通过数据分析，让目标企业认识到自身的优劣状况，让企业可以敏锐地察觉市场机会和危机，让企业提前应对例如资金和资源方面可能会出现的缺陷，及时做好调控，合理分配企业的资金和资源，甚至进行适当的变革。也就是说，SWOT 分析的主要作用是让企业全面地了解自身的优点和缺点，并认清企业所面临的机遇和挑战，综合分析之后做出决策。即在企业现有的优势和劣势下，如何充分利用外部的机遇、规避威胁。

2.2　波特五力模型

波特五力模型是迈克尔·波特（Michael Porter）于 20 世纪 80 年代初提出的，它认为行业中存在着决定竞争规模和程度的五种力量，这五种力量综合起来影响着产业的吸引力以及现有企业的竞争战略决策。五种力量分别为同行业内现有竞争者的竞争能力、潜在竞争者进入的能力、替代品的替代能力、供应商的讨价还价能力、购买者的讨价还价能力。

波特五力模型将大量不同的因素汇集在一个简便的模型中，以此分析一个行业的基本竞争态势。五种力量模型确定了竞争的五种主要来源，即供应商和购买者的讨价还价能力、潜在进入者的威胁、替代品的威胁，以及最后一点，来自在同一行业的公司间的竞争。

竞争战略从一定意义上讲是源于企业对决定产业吸引力的竞争规律的深刻理解。

任何产业,无论是国内的或国际的,无论是生产产品的或提供服务的,竞争规律都将体现在这五种竞争的作用力上。因此,波特五力模型是企业制定竞争战略时经常利用的战略分析工具。

2.3　影视企业竞争战略文献

祖弗来登在 1996 年的文章《电影营销计划模型》中提出一个营销计划模型,说明了电影企业基于新产品的生命周期,进行影片广告费用的分配和发行强度的选择,以提高电影票房收入。

米勒和夏姆赛发表的文章《1936—1965 好莱坞电影工作室环境研究》,在对从 1936 年至 1965 年间的多数美国电影公司进行分析后,作者发现,在不同的环境下,电影公司所依赖的资源条件具有不同特征。他们认为,电影公司的发展必须建立在动态的资源基础之上,不同环境下企业所依赖的资源也会有所不同。

莱维德 1999 年发表的文章《电影工业研究:信息、票房和明星》一文中指出,电影公司通常通过高成本来显示影片的质量,通过样本分析表明,拥有明星、名导和预算较高的影片最终会具有较高的票房收入。

梅兹亚斯在 2000 年发表文章《美国特色电影工业:专业化电影公司的发现和革新》,文章通过对美国早期的电影企业的研究发现,综合型电影公司集中度的提高,有利于投资者对专业制片商和发行商的资助力度,而专业化程度较高、规模相对较小的电影公司在电影的创作方面具有更大的积极性。

费(Fee)2002 年在《动作电影外部股权控制成本》中通过对电影公司融资决策进行分析,发现当电影制片人在影片中的艺术投入较高或影片创新水平较高时,制片人倾向于采取独立融资方式,而非依靠大型电影公司的投资。也就是说,电影项目本身的特征决定影片资金组合情况。

第五章
材料的收集与整理

当我们确定了论文选题,选择了合适的研究方法,接下来就要进行材料的收集和整理,为论文写作提供证据和支撑。本章主要介绍材料收集的重要性、材料收集的原则、材料收集的方法以及材料整理的方法等。

第一节 收集材料的重要性

一、材料的含义

材料是作者手中掌握的赖以提炼观点并在文章中证明观点的一系列的事实或信息资料,它们是构成文章最基本的要素,是写作的物质基础。

在社会生活中,可以用来作为写作的材料纷繁众多,大致有两种类型:一类是富有形象性的资料,人们可以凭借感官去感觉它,如景、物、人、事;另一类是富有观念性的资料,一般都不具体,很抽象,看不见、摸不着,只能靠理智去认识它,如"情""理""思维""意念"。富有形象性的材料大都用于那些寓思想性于艺术性的文体或文章,如小说、散文、喜剧、诗歌等;富于观念性的材料,大都用以寓认识于观念的文体或文章,如评论、毕业论文、学术论文等。

二、材料的类别

根据不同的标准,我们可以将材料划分为不同的类型。

(一)根据材料的层次划分

根据材料的层次,可以分为事实性材料和观念性材料。事实性材料是那些客观存在的具体事物或由书籍(含电子出版物)、文章(含网络文章)所提供的具体事实,这类事实包括人物、事件、数据等,它们具有真实、可信、零散和可写性强等特征;观念性材料是那些来自人们的社会实践,经作者观察、实践、抽象后形成的意念或材料已经证实的真理和结论,包括科学的原理、定义、名言、警句、格言、谚语、歇后语等。观念性材料具有理念(意识、观念、看法)权威、科学和可写性强等特征,在写学术论文、市场调查报告、经济活动分析报告、经济预测报告、可行性报告等时被普遍采用。

(二) 根据材料的性质划分

根据材料的性质、用途，可以分为个性性材料和综合性材料、中心材料和背景材料、历史材料和现实材料。

个性材料是指那些能够单独使用的材料，适合用于杂文、消息、说明文等实用文体的写作；综合性材料是若干相同或相似材料归纳、综合出来的材料，一般内涵比较丰富，极具表现力和说服力，适合用于毕业论文、调查报告等文体。

中心材料是指作者获取的众多材料中的核心部分的材料，最能反映文章的主旨；背景材料是指那些用以补充说明中心材料所处背景的材料，对中心材料起烘托、陪衬、诠释的作用。

历史材料是那些已经过去的、年代久远的材料；现实材料是作者从现实社会生活中获取的材料。

(三) 根据材料的搜集方式划分

根据材料的搜集方式，分为直接材料和间接材料。直接材料是作者直接参与社会实践活动和科学实验活动等所获取的资料，即第一手资料；间接资料是作者通过阅读报刊、资料、网页或文献检索等方式获取的资料，或是由他人提供的资料，即第二手资料、第三手资料。

(四) 根据材料的内容划分

根据材料的内容，可以分为文字资料和数据资料。文字资料指用文字记载的资料，如报纸、杂志、数据、档案等；数据资料是指以数字形式来反映历史和现实状况的一种文献形式，如统计年鉴、统计报表以及其他各种数据表格。

三、收集材料的重要性

论文撰写的一般过程是：选题、材料收集与整理、撰写、修改、完成。可见，全面收集材料是继选题之后的一个重要环节。虽然在实际的写作过程，经常出现这样的情况：先收集一定量的材料再确定选题，然后围绕论题继续收集材料，但是，任何一种情况都殊途同归，收集材料、积累材料、整理材料都是必不可少的。俗话说："巧妇难为无米之炊"，没有资料就像一个巧妇没有米一样，写作水平再高，也写不出好论文来。王力先生在谈到写作时指出："一个小小的题目，我们要占有很多资料，往往几十万字，几千几万张卡片。"他还说："别看写出来的文章只有一万字、几千字，搜集的材料却是几十万字，这叫充分地占有材料。材料越多越好，材料不够就写不出好文章。"一般来说，收集材料的重要性主要体现在以下几个方面：

（一）充分地收集并占有材料是论文写作的前提

论文写作实际上就是科学研究活动，作为一项研究必须要充分地收集、利用资料，在熟悉材料的基础上进行研究。只有当我们收集了足够多的材料，才能了解到前人的研究水平，从而避免重复与雷同，从更深层次去探讨问题，发现前人未发现的问题，研究前人未研究的问题，研究出更高水平的科研成果。材料收集与选题是相互联系、相互影响的。一方面，在选题过程中，我们总要占有大量的材料，从材料中发掘有价值的选题，然后又要利用相关材料进行佐证、分析和研究，考察其是否具有写作价值，经过逐层筛选，最终才确定选题。另一方面，一旦确定了论文选题，就要围绕选题有意识地收集和筛选材料，将无关紧要的材料淘汰掉。因此，要做研究，想写一篇高水平的论文，必须充分占有相关的材料，根据实际情况来研究创作。

（二）材料是形成论点、提炼主题的基础

所谓主题，就是论文内容的核心，是作者在对现实进行观察思考的基础上而提炼出来的主题思想。一篇学术论文的主题与材料的关系就好比是"骨与肉"的关系。

学术论文的论点、主题不是凭空确定的，而是对各种材料进行分析提炼、去伪存真、去粗取精、由此及彼、由表及里的不断整理、加工、鉴别、综合而形成的。提炼主题，就是运用各种思维方式，深入发掘文章材料的固有意义，以形成某种独特的思想或事理。离开材料，论点、主题就是无源之水，无本之木，难以形成。列宁在评价《资本论》时说："'资本论'不是别的，正是把堆积如山的实际材料，总结为几点概括的彼此紧密相连的意思。"如果没有"堆积如山的实际材料"，也就产生不了《资本论》的思想。因此，材料是形成论点、提炼主题的基础。只有论点、主题，没有材料，不能形成论文；当然，只有材料，没有论点、主题，也不能形成论文。任何一篇好的毕业论文，都是正确的论点、鲜明的主题与丰富的材料的有机结合。掌握丰富的材料是写好学术论文的前提。如果不掌握大量的材料，即便有很高的表达技巧，也写不出像样的毕业论文。

（三）材料是阐述和表现论文主题的基础

论文的论点、主题可以用一句话或一段话表达，但其不是孤立的，需要恰当的材料作为支撑。学术论文的主题依赖于对所掌握的全部材料的分析研究，材料是产生和表现主题的基础。学术论文写成以后，主题表现得是否鲜明、准确和恰当，虽然同论文的结构、语言和表达方式有着密切的关系，但主题的体现也要依赖纳入论文的材料来支撑和表现，运用材料来证明观点、表达主题是进行学术论文写作最基本的方法。难怪清代论文家章学诚在《文章通义》中说："夫立言之要在于有物。"这里的"物"就是指材料，可见材料对于观点的说明、主题的表现有着举足轻重的意义。

（四）通过引用材料来支撑论文，使论文更具权威性

从论文写作的角度来看，如果完全使用我们自己的语言来组织论文，则该论文

往往不具备说服力，甚至写出词不达意、千篇一律、空无一物的文章。只有通过引用一些具有权威性的材料来支撑我们的论文，才能使其更具说服力，更加深刻透彻。论述类的论文侧重于论，这就需要研究者采用一些论证方法来下笔，如例证法、引证法等。

（五）在论文写作前、中、后反复查阅材料，使论文充实完整

一篇论文的着手，不仅在写作前要收集尽可能多的有用材料，反反复复地查阅相关的资料，而且在写作中也要反复查阅材料，在写作完成后还要查阅材料。写作前收集整理材料是为成功地完成论文打下基础，提供所需要的相关材料；写作中查阅材料是为写作的思路能更开阔，在无法继续下笔的情况下查阅材料，能得到一定的启示，使写作能得心应手；在写作完成后查阅材料，修改论文，加以润色完善论文。

总之，论文的写作是在查阅许多材料的基础上才开始下笔成文的，从材料中来确定论文的主题、写作思路、创作方法，用材料来表现主题，明确观点。一篇论文，不论是起笔之前还是写作之中又或是完成之后，都离不开材料的辅助，材料对论文的写作起着决定性的作用。因此，同学们要在材料的收集和整理上下工夫，尽可能地占有更多的材料，这样才能在写作时如鱼得水、左右逢源、思路开阔，最终完成一篇好的学术论文。

第二节　材料收集的原则

研究者要想获取对自己有用的材料，应当遵循以下原则：

一、围绕选题，全面搜集材料

所谓全面，就是要围绕选题尽可能将选题所涉及的方方面面的材料都搜集到。在搜集材料时，心中要有一个"数"，知道搜集哪些方面的材料，要搜集多少材料。不同学科、不同选题所需要的材料种类、数量是不同的，但总的来说，都要有一个全面、系统的概念，不能漏掉某一方面的内容。不仅要搜集与选题有关的直接材料，还要搜集相关的材料，甚至与论题相反的材料；既要有理论材料，又要有事实材料；既要有个别材料，又要有综合材料；既要有现实材料，又要有历史材料；既要有正面材料，又要有反面材料；既要有实证性材料，又要有文献性材料。搜集材料的全面性体现在客观、公正上，不能预定框框，符合自己观点的材料就采用，与自己观点相悖的就舍弃；不能只注意材料的主导方面而忽略其次要方面，更不能只强调其次要方面而忽略其主导方面。总之，搜集材料必须客观，不能随意剪裁取舍。

二、选择典型的材料

毕业论文的典型材料主要是指能够反映出客观事物本质和共性的材料。围绕主

题的材料是多种多样的，有的能够反映出客观事物本质属性，有的只是涉及了事物的本质，还有的可能是与事物的本质没有什么关系。因此，要对收集到的材料进行归纳整理，注意材料的典型性，不能把与主题相关的材料都写进学术论文。

三、注意材料来源的真实性、准确性

搜集论文材料特别要注意材料的真实性和准确性。材料是观点的基础和依据，材料的真实性和准确性决定了论文的科学性和价值。搜集材料时，首先要关注材料的来源是否真实可靠。如果没有确切的可以验证的来源，文献中再好的材料也不能视为搜集的对象。有些文献资料在汇编过程中，本身已经出现了许多错误，如果不加辨别地使用，就会以讹传讹。

总之，真伪不分是论文材料搜集的大忌。无论是文献材料还是实证材料，无论是直接引用还是间接引用，对于材料的来源、出处都要不厌其烦地认真核对，绝不能盲目照抄或道听途说。

四、选择新的材料

新材料立足于"新"。材料新颖，就可以及时体现出新技术、新思想和新事物，使学术论文更具有时代感和新鲜感，更具有生命力，同时也更具有学术价值和应用性。当今社会科学技术的发展日新月异，与学术论文所研究的课题相关的材料可能浩如烟海，令人眼花缭乱，将新材料写进论文中，既能反映出作者具有敏锐的目光，也表明作者具有驾驭新材料的能力。因此，研究者在搜集材料时，要尽可能地拓展自己的搜集范围，这样就有可能发现一些遗漏的或未被发现的材料。

当然，新材料不完全等同于真实或完全可靠的材料，因此，在使用新材料时一定要先进行反复认真的鉴别和分析，然后才能使用。当然，对于那些已经通过专家鉴别的新材料完全可以直接使用。

第三节　检索资料的途径和方法

根据资料的收集方式可以将其分为一手资料和二手资料。一手资料是为了针对眼前的研究问题这一特定目的由研究人员亲自收集的，是指通过访谈、询问、问卷、测定等方式直截了当获得的。二手资料包括商业和政府机构、营销研究公司和计算机数据库提供的信息。二手资料可以提供经济、快捷的背景信息。下文主要介绍二手资料的收集方法。

一、检索资料的途径

检索工具是人们用来报道、储存和查找文献的工具，要从事科学研究，进行论文写作，就必须熟悉并掌握它。检索工具种类很多，按著录内容分，有以下四种：

（一）分类检索途径

许多检索工具都是从学术分类的观点编排条目,即按照资料内容的特征、学科性质、专业从属与派生关系的分析,由大到小排列。我国出版的检索工具大多采用分类体系,按照《中国图书馆图书分类法》,图书资料共分为5个大部类和22个基本大类（一级类）,如社会科学一级有9个,一级类用英文字母表示,每个一级类再划分为若干个二级类（学科类）,二级类开始用阿拉伯数字表示,每个二级类再划分为若干个三级类（基本类）。这种方法适合于图书馆藏资料的检索,查找资料相当方便,如按照《中国图书馆图书分类法》来检索,若想查找有关"咨询学"方面的材料,只需查找"C932"类文章即可。

例 5-1　中国图书馆图书分类法——社会科学部分

中国图书馆图书分类法,简称《中图法》。包括马列主义、毛泽东思想,哲学,社会科学,自然科学,综合性图书五大部类,22个基本大类,具体如下：

A 马克思主义、列宁主义、毛泽东思想、邓小平理论

B 哲学、宗教

C 社会科学总论

D 政治、法律

E 军事

F 经济

G 文化、科学、教育、体育

H 语言、文字

I 文学

J 艺术

K 历史、地理

N 自然科学总论

O 数理科学和化学

P 天文学、地球科学

Q 生物科学

R 医药、卫生

S 农业科学

T 工业技术

U 交通运输

V 航空、航天

X 环境科学、劳动保护科学（安全科学）

Z 综合性图书

C 社会科学总论
C0 社会科学理论与方法论
C01 科学研究的方针、政策
C02 科学的哲学思想
C03 科学的方法论
C04 术语规范及交流
C06 学派与学说
C09 社会科学史
C1 社会科学现状、概况
C2 机关、团体、会议
C3 社会科学研究方法
C4 社会科学教育与普及
C49 社会科学普及读物
C5 社会科学丛书、文集、连续性出版物
C51 丛书(汇刻书)、文库
C52 全集、选集
C53 文集、会议录
C54 年鉴、年刊
C55 连续出版物
C6 社会科学参考工具书
C61 名词术语、辞典、百科全书(类书)
C62 手册、指南、一览表、年表
C7 社会科学文献检索工具书
C8 统计学
C91 社会学
C912 社会结构和社会关系
C912.1 个人(社会人)
C912.2 社会团体
C912.3 社会关系、社会制约
C912.4 文化人类学、社会人类学
C912.5 民族学
C912.6 社会心理、社会行为
C912.8 地区社会学
C913 社会生活和社会问题
C913.1 恋爱、家庭、婚姻

C913.2 职业

C913.3 生活与消费

C913.4 文教卫生

C913.5 青少年问题

C913.6 老年人问题

C913.68 妇女问题

C913.69 残疾人问题

C913.7 社会福利、救济、社会保障

C913.8 社会病态

C913.9 其他社会问题

C914 社会利益

C915 社会调查和分析

C92 人口学

C93 管理学

C931 管理

C931.4 办公室工作

C931.46 文书工作

C932 咨询学

C933 领导学

C934 决策学

C936 管理组织学

C939 应用管理学

C94 系统论(系统学、系统工程)

C96 人才学

C961 人才培养与人才选拔

C961.9 人才预测与人才规划

C962 人才管理

C963 人才智力开发

C964 世界各国人才调查及研究

C965 人才市场

C97 劳动科学

C970 劳动科学基础理论

C975 职业培训

C976.1 劳动社会学

C976.7 劳动计量学

C979 社会保障学

(二) 书名、篇名、关键词、著者、刊名、出版社、专利号、年份检索

这是按照文献著者姓名查找文献的一种途径，适合于借助计算机进行检索。

(三) 题录、文摘、索引等检索

1. 题录

题录是标识图书或其他出版物外表特征的系统化的检索工具，它只给出文献题目、作者、出处、页码、文种，没有内容介绍，如《全国新书目》《全国中文期刊联合目录》《外文图书总目录》等。但是，由于题录只给出题目，缺乏具体内容，因而研究者难以决定取舍。

2. 文摘

文摘是将论文的主要论点简明摘录出来，分门别类进行整理的资料。文摘除了给出题目、作者、出处之外，还有内容摘要。利用文摘刊物可以解决查不到、查不全、看不完、看不懂(语言不同)等难题，最大限度地收集有用的资料，迅速掌握学术信息，较为常用的文摘有《中国人民大学复印报刊资料》和《文摘卡片》。诞生于20世纪70年代末的《中国人民大学复印报刊资料》，是由中国人民大学书报资料中心从全国2 000多种报刊选辑重要的论文予以复印，分100多个专题装订成册，按时连续出版发行的产品。它基本上涵盖了哲学、社会科学的各个学科；《文摘卡片》也是由中国人民大学书报资料中心发行的，它将报刊上的新观点、新材料摘抄出来，被称为"浓缩的情报"，在社会科学研究领域具有较高的学术价值。

3. 索引

索引是揭示文献内容出处，提供文献查考线索的工具书，即按照一定顺序把散见于图书报刊的论文篇目、作者姓名、刊物名称及期刊号记录下来便于检索的工具书。索引的种类很多，从不同的角度可以划分出不同的类型。按文种分，可以分为中文索引和外文索引；按收录范围分，可以分为综合性索引和专题性索引；按收录文献的时间分，可以分为近期索引和回溯性索引；按索引款目的标目分，可以分为题名索引、著者索引、语词索引、主题索引、分类索引等。索引的出现大大加快了数据的检索速度。目前世界上已出版的文摘、索引杂志有2 000多种，其中比较著名的有美国的《科学引文索引》《工程索引》《科技会议录索引》《社会科学引文索引》《中国科技论文与引文数据库》等检索工具。下文我们还要单独对它们进行介绍，这里不再赘述。

(四) 年鉴、手册等工具书检索途径

年鉴、手册是对一次文献和二次文献的筛选、评价、浓缩加工的制成品，一般由专家、专业人员撰写。年鉴是以全面、系统、准确地记述上年度事物运动、发展状况为主要内容的资料性工具书。它汇辑一年内的重要时事、文献和统计资料，按年度连续出版。年鉴博采众长，集辞典、手册、年表、图录、书目、索引、文摘、表谱、统计资料、指南

于一身,具有资料权威、反应及时、连续出版、功能齐全的特点,属信息密集型工具书。例如,《中国统计年鉴》《中国城市年鉴》等;手册是汇集一般资料或专业知识的参考书,是一种便于浏览、翻检的记事的小册子,供读者随时翻检。手册主要为人们提供某一学科或某一方面的基本知识,方便日常生活或学习。其主要作用是:手册中所收录的知识偏重于介绍基本情况和提供基本材料,如各种事实、数据、图表等。通常按类进行编排,便于查找。

在实际研究过程中,研究者需要将各种查询方式有效结合起来,以便提高查找文献的效率。

二、资料检索的方法

(一) 常规检索法

目前,科技工作者常用的手工检索方法有以下三种:

1. 直查法

即利用检索工具书一次就可以查到文献资料的检索法。如果作者知道文献资料的书名、著者、编号等,就能迅速选择相应的检索工具一举查获。直查法可以分为顺查法、倒查法和抽查法。

(1) 顺查法

顺查法即从某课题有关文献的起始年代查起,直到近期为止,经过浏览、筛选,把所需的资料保存下来。例如,已知某课题的起始年代,现在需要了解其发展的全过程,就可以用顺查法从最初的年代开始,逐渐向近期查找。顺查法是按照时间顺序由远及近地进行检索,这种方法查全率较高,但是费时费力,检索工作量大。

(2) 倒查法

倒查法即从某课题最近的有关资料查起,向早期同类资料回溯检索,直到所查的资料能满足课题研究为止。倒查法可以节省检索的时间,能够查到最新而且有价值的材料,但是查全率相对较低。

(3) 抽查法

抽查法是指针对课题的特点,选择有关该课题的文献信息最可能出现或最多出现的时间段,抽出一段时间,利用检索工具进行重点检索的方法。

2. 追踪检索法

这是以文献作者在后面所附的参考文献为基础,如文中的注释、文尾的附录和参考文献等顺藤摸瓜,追溯查找的检索法。这种方法在检索工具不齐全、对检索工具不熟悉或对论文中某个问题不需要做深入探讨时是可以采用的,可以提高效率、节省时间。但是,用此方法的查全率较低。因此,使用这种方法要注意:最好选择述评和专著这类高质量的文献,它们所附的参考文献多而全、准而精,相当于一个专题索引,从这里选择切题的资料进行追溯,会提高检索效率。

3. 综合法

综合法也称"循环法"或"分段法",就是将上述两种方法结合使用。综合法既要利用检索工具进行常规检索,又要利用文献后所附参考文献进行追溯检索,分期分段地交替使用这两种方法。即先通过选定的检索工具查找出一批文献,然后再利用文献所附的参考文献来追溯查找,如此交替地往前推移。

综合法兼有直查法和追溯法的优点,可以查得较为全面而准确的文献,是实际材料收集过程中采用较多的方法。对于查新工作中的文献检索,可以根据查新项目的性质和检索要求将上述检索方法融汇在一起,灵活处理。

(二) 计算机检索

计算机检索可以分为定题服务检索和网络服务检索。定题服务检索是图书馆将一批用户查找文献的要求编成检索程序,事先存入计算机,每当收到最新一期资料时,就上机处理并检索用户内容的要求,自动打印检索到的文献,然后分寄给用户。网络服务检索是用户在图书馆注册上网,通过计算机直接进入某情报网络系统,按照自己的意愿直接从计算机上查找并下载有关的文献资料。

三、中外文常用索引介绍

(一) 外文索引

目前,管理类文献检索常用的外文检索工具有四个,即 SCI、EI、ISTP 和 SSCI。下面分别对它们进行介绍。

1. SCI

SCI 是美国《科学引文索引》的英文简称,其全称为"Science Citation Index",创刊于 1961 年,由美国科学情报所(Institute for Scientific Information Inc,ISI)出版,现为双月刊。ISI 除了出版印刷版外,还有联机数据库 SCISEARCH,网址为 http://www.isinet.com。

SCI 是一部国际性索引,包括有自然科学、生物、医学、农业、技术和行为科学等,主要侧重基础科学。它所选用的刊物来源于 94 个类、40 多个国家、50 多种文字,这些国家主要有美国、英国、荷兰、德国、俄罗斯、法国、日本、加拿大等国,它也收录一定数量的中国刊物。

SCI 选录刊物的依据是文献分析法,即美国情报学家加费尔德提出的科学引文分析法。该分析法以期刊论文被引用的频次作为评价指标,被引频次越高,则该期刊影响越大。在一定时期内(通常是前两年),某一刊物发表的论文,被已经进入 SCI 刊物的论文所引用的总次数除以该刊物这一时期内的论文总数,即为该刊物的影响因子。截至目前,SCI 收录了 10 000 余种期刊,覆盖了国际上大多有重要影响的刊物,其收录的 80 万条论文,集合了各学科的重要研究成果。SCI 主要由三大部分组成,即:著者引文索引

(Citation Index)、来源索引(Source Index)和轮排主题索引(Permuterm Subject Index)。

(1) 著者引文索引

作为一部检索工具,SCI一反其他检索工具通过主题或分类途径检索文献的常规做法,而设置了独特的引文索引。引文索引是根据文献中所附的参考文献的著者姓名字顺组织编排文献的,每一篇参考文献就构成引文索引中的一个被引款目,而每个被引款目又导引出与它有关的引用款目。因此,一个著者无论在过去什么时候发表的文章,只要被他人在发表的文章中参考引用,这个著者的姓名就会出现在引文索引中。即通过先期的文献被当前文献的引用,来说明文献之间的相关性及先前文献对当前文献的影响力。通过引文索引,可查到某位著者的文章被何人引用,有几篇文章被多少人引用多少次,可统计出每篇文章被引用的频率,这些都是用来评价科研人员的学术水平和某篇文章质量的重要指标。通过论文之间的引证关系,可以了解同行的研究动态和进展。通过引文索引还可做循环检索,即把所查到的引用著者当作被引用著者,这样就能查到更多更新的相关文献。

(2) 来源索引

来源索引主要是根据引用著者姓名查找引文题目等的索引,它是按引用著者姓名的字顺编排。在每个著者下列出完整的著录项目,如合著者、文章标题、刊名缩写、卷、期、页次、出版年份、参考文献篇数、第一著者的地址;如果一篇文章有两个或两个以上的著者,在非第一著者姓名下只作"参见"并列出原文出处。来源索引是SCI的辅助索引。

(3) 轮排主题索引

轮排主题索引按所选文章题目中的所有关键词的字顺编排,以数字开头的关键词,放在索引的最后。一篇文章的题目中选出若干个关键词,其中任意一个关键词轮排放在首位时,称为主要词,其余关键词排列在主要词之下,称之为配合词。当检索者对所需检索的文献毫无线索,又不知有关著者姓名时,则可利用轮排主题索引根据课题内容的关键来查找。

2. EI

美国《工程索引》的英文全称为"The Engineering Index",简称EI,是由美工程情报公司(The Engineering Information Inc)编辑出版的一部著名的综合性检索工具,于1884年创刊,其出版形式包括印刷版期刊、光盘版及联机数据库,现在还发行了互联网上的Web版数据库。EI所报道的文献,学科覆盖面很广,涉及工程技术方面的各个领域,但属于纯理论方面的基础学科文献一般不予报道。

EI报道的文献资料是经过有关专家、教授精选的,具有较高的参考价值,是世界各国工程技术人员、研究人员、科技情报人员经常使用的检索工具之一。EI名为"索引",实际上是一种文摘刊物。文摘比较简短,一般是一两百字的指示性文摘,指明文章的目的、方法、结果和应用等方面,不涉及具体的技术资料。EI收录的文摘主要摘自世界各国的科技期刊和会议文献,少量摘自图书、科技报告、学位论文和政府出版物。EI 印刷版期刊收录世界上 48 个国家、15 种文字、3 500 多种期刊和 1 000 多种世界范围内的会议录、论文集、科技报告、图书、年鉴等,但不收录专利文献。从 20 世纪 70 年代初开始,EI 采用了计算机激光照排系统,因而加快了出版速度,缩短了报道时差。根据用户需要,每年出版发行五种不同形式的版本,它们是:工程索引月刊(The Engineering Index Monthly)。于 1962 年创刊,每月出版一次,报道时差为 6~8 周;工程索引年刊(The Engineering Index Annual)。于 1906 年创刊,每年出版一卷,年刊出版周期比较长,但检索方便。此外,还有工程索引卡片、工程索引缩微胶卷、工程索引磁带。到 20 世纪 90 年代还出现了工程索引光盘版和网络版,EI 的网络版共收录 5 400 种期刊,收录年限从 1970 年至今。EI 光盘版只收录其网络版中的 2 600 种期刊。在网络版的 EI Village 中凡标记 EX 的记录则表示该记录被印刷成 EI 月刊和被 EI 光盘版收录。

EI 把它收录的论文分为两个档次:第一,EI Compendex 标引文摘。它收录论文的题录、摘要,并以主题词、分类号进行标引深加工。有没有主题词和分类号是判断论文是否被 EI 正式收录的唯一标志。第二,EI Page One 题录。它主要以题录形式报道,有的也带有摘要,但未进行深加工,没有主题词和分类号,所以 Page One 带有文摘不一定算作正式进入 EI。

EI 的主要索引有:主题索引和著者索引。主题索引(Subject Index)是 EI 的主体,它是按主标题词的字顺排列的。著者索引(Author Index)是 EI 的辅助索引,它是按著者姓名字母顺序排列的。当检索者对著者比较熟悉,用著者索引查找文献比较简捷;当检索者不知著者姓名,可用主题索引来查找文献线索。

3. ISTP

ISTP 是美国《科技会议录索引》,其英文全称为"Index to Scientific & Technical Proceedings"。它是由美国科学情报研究所(Institute for Scientific Information,ISI,网址为 http://www.isinet.com)出版的一部世界著名的综合性的科技会议文献检索工具,于 1978 年创刊,其出版形式包括印刷版期刊、光盘版及联机数据库。ISTP 收录世界科技各领域内用各种文字出版的会议录文献,内容涵盖生命科学、物理、化学、农业、环境科学、临床医学、工程技术和应用科学等各个领域。ISTP 收录会议文献齐全,每年报道最新出版的 10 000 多种会议录中约 17 万篇论文,占每年全球主要会议论文总数的 80%~95%。ISTP 的会议论文资料丰富,有会议信息(主题、日期、地点、赞助商)、论文资料(题目、作者、地址)、出版信息(出版商、地址、ISSN)。ISTP 出版时差短,从 ISI 收到材料到索引出版,仅有 6~8 周,比任何其他索引都快。在中国,ISTP 与 SCI、EI 一起,被列入三大文献索引之中,为众多研究人员所使用。

ISTP 印刷版包括 12 期月刊和一年累计索引,每年索引 4 700 种会议,总计 203 000 篇会议论文。ISTP 光盘版可一次性检索近五年来的会议文献资料,每年首期包括过去四年 28 000 次会议和 960 000 篇会议论文,每季更新,新增来自 2 500 种最近出版的 53 000 篇会议论文资料。

ISTP检索途径多、速度快,提供分类索引、著者/编者索引、会议主办单位索引、会议地点索引、轮排主题索引、著者所在单位索引或团体著者索引。当研究者需要一份会议论文但只知道这一会议何时或在何地召开,当研究者希望了解某研究领域内最新的研究动态和趋势但却无法参加相关的会议,当研究者想了解某一位学者所发表的会议论文时,用ISTP即可达到目的。

在ISTP、EI、SCI这三大检索系统中,SCI最能反映基础学科的研究水平和论文质量,该检索系统收录的科技期刊比较全面,可以说它是集中各个学科高质优秀论文的精粹,因此该检索系统历来是世界科技界密切注视的中心和焦点。相比之下,ISTP、EI这两个检索系统评定科技论文和科技期刊的质量标准方面则较为宽松。

4. SSCI

SSCI(Social Science Citation Index)即《社会科学引文索引》,与SCI同为美国科学信息研究所创建,现收录了世界上不同国家与地区的社会科学期刊和论文,进行一定的统计分析,并划分为不同的因子区间,是当今社会科学领域重要的期刊检索与论文参考渠道。SSCI全文收录世界上最重要的社会科学期刊,内容涉及人类学、考古学、地区研究、商业与金融、传播学、犯罪与监狱、人口统计学、经济学、教育学以及特殊教育、环境研究、人类工程学、种族研究、家庭研究、地理学、接待、休闲、运动与旅游、卫生政策、护理、老年医学、健康与康复、药物滥用、科学史与科学哲学、劳资与劳动、信息科学与图书馆学、国际关系、法律、法医学、语言学、管理科学、运筹学、计划与发展、政治学、精神病学、心理学、伦理学、公共管理、社会学、城市研究、运输、女性研究等领域,收录文献类型包括研究论文、书评、专题讨论、社论、人物自传、书信等。与SCI一样,其收录期刊每年更新一次,期刊的IF值(影响因子)也随之变化。

SCI与SSCI具有交叉关系,具体表现在以下几个方面:第一,SSCI对其收录期刊范围的说明中明确告知该数据库中有一部分内容与SCI重复,这是因为学科之间本身有交叉,是社会科学与自然科学相结合的跨学科的研究在文献中的自然反映。第二,SSCI从3 400余种自然科学期刊中,通过计算机检索文章主题和引文后,生成一个与社会科学有关的文献目录,此目录再经ISI编委会审核,选择与社会科学密切相关的文献加入SSCI。因此SSCI也收录了相当数量的自然科学文献,二者的交叉关系更为密切。

(二) 中文数据库

1. 中国期刊数据库

中国知识基础设施工程(CNKI)是由清华大学学术期刊光盘电子杂志社、光盘国家工程研究中心和清华同方股份有限公司联合主办的。1996年创办《中国学术期刊(光盘版)》,1999年创办CNKI。主要产品包括:中国期刊全文数据库(CJD)、中国重要报纸全文数据库(CCND)、中国优秀博/硕士论文全文数据库(CDMD)、中国专利数据库(免费)。《中国期刊全文数据库》(CJD)是该公司的核心产品,是目前国内大型的学术期刊数据库,它收录了国内1994年以后6 600种核心与专业特色中英文期刊的全文，共分为 9 个专辑、126 个专题文献数据库，即：理工 A（数理科学）、理工 B（化学化工能源与材料）、理工 C（工业技术）、农业、医药卫生、文史哲、经济政治与法律、教育与社会科学、电子技术与信息科学专辑。目前，CJD 是世界上最大的连续动态更新的中国期刊全文数据库，已积累全文文献 800 万篇，题录 1 500 余万条。

CNKI 的主要特点有：海量数据的高度整合，集题录、文摘、全文文献信息于一体，实现一站式文献信息检索（One—stop Access）；参照国内外通行的知识分类体系组织知识内容，数据库具有知识分类导航功能；设有包括全文检索在内的众多检索入口，用户可以通过某个检索入口进行初级检索，也可以运用布尔运算符等灵活组织检索提问式进行高级检索；具有引文连接功能，除了可以构建成相关的知识网络外，还可用于个人、机构、论文、期刊等方面的计量与评价；全文信息完全数字化，通过免费下载的最先进的浏览器，可实现期刊论文原始版面结构与样式不失真的显示与打印；数据库内的每篇论文都获得清晰的电子出版授权；多样化的产品形式，数据及时更新，可满足不同类型、不同行业、不同规模用户个性化的信息需求；遍布全国和海外的数据库交换服务中心，提供常年的用户培训与高效的技术支持。

CJD 除了可用于信息检索、信息咨询、原文传递等常规服务外，还可以用于以下一些专项服务：引文服务，生成引文检索报告；查新服务，生成查新检索报告；期刊评价，生成期刊评价检索报告；科研能力评价，生成科研能力评价检索报告；项目背景分析，生成项目背景分析检索报告；定题服务，生成 CNKI 快讯。

2．万方数据库

万方数据库是由万方数据公司开发的，是涵盖期刊、会议纪要、论文、学术成果、学术会议论文的大型网络数据库，也是和中国知网齐名的中国专业的学术数据库。

万方期刊论文集纳了理、工、农、医、人文五大类 70 多个类目共 7 600 种科技类期刊全文。

万方会议论文（《中国学术会议论文全文数据库》）是国内唯一的学术会议文献全文数据库主要收录 1998 年以来国家级学会、协会、研究会组织召开的全国性学术会议论文，数据范围覆盖自然科学、工程技术、农林、医学等领域，是了解国内学术动态必不可少的帮手。《中国学术会议论文全文数据库》分为中文版和英文版两个版本。英文版主要收录在中国召开的国际会议的论文。

万方学位论文库（中国学位论文全文数据库）是万方数据股份有限公司受万方数据库中国科技信息研究所（简称中信）委托加工的"中国学位论文文摘数据库"，该数据库收录我国各学科领域的学位论文。

3．维普网

维普网又称"中文科技期刊数据库"，源于重庆维普资讯有限公司于 1989 年创建的《中文科技期刊篇名数据库》，建立于 2000 年，经过十几年的商业建设，已经成为全球著名的中文信息服务网站和国内各省市高校文献保障系统的重要组成部分。是中国最大的综合性文献服务网，并成为 Google 搜索的重量级合作伙伴，是 Google

Scholar 最大的中文内容合作网站。其所依赖的《中文科技期刊数据库》，是中国最大的数字期刊数据库。

维普网拥有海量数据，迄今为止，维普公司收录有中文报纸 400 种、中文期刊 12 000 多种、外文期刊 6 000 余种并以每年 150 万篇的速度递增；已标引加工的数据总量达 1 500 万篇、3 000 万页次，拥有固定客户 5 000 余家，在国内同行中处于领先地位。

维普网覆盖范围非常广，涵盖自然科学、工程技术、农业、医药卫生、经济、教育和图书情报等学科的。

维普网的分类体系按照《中国图书馆分类法》进行分类，所有文献被分为 7 个专辑：自然科学、工程技术、农业科学、医药卫生、经济管理、教育科学和图书情报。

4. 超星数据库

超星图书馆为全文数字图书馆，由时代超星公司与广东中山图书馆合作开发。读者进入超星数字图书馆，可在线阅读数字图书 10 万种。该数字图书馆除具有浏览、检索功能外，还辅以插入书签、标注等功能。超星电子图书数据库是全球最大的中文在线图书馆，拥有丰富的电子图书资源，中文图书目前已达百万余种，并且每天仍在不断地增加和更新，为高校、科研机构的教学和工作提供了大量宝贵的参考资料，同时也是同学们学习娱乐的好助手。

超星数据库的覆盖范围较广，包括 51 个学科分类，涉及哲学宗教、社科总论、经典理论、民族学、经济学、自然科学总论、计算机等各个学科门类。

阅读链接 利用引文确定领域关键文献的方法探析

一、引言

随着文献量的激增和信息环境的日益复杂，人们迫切需要一些精简数据、获取知识单元的分析方法和技术。以文献为例，如何在大量文献中快速定位到关键文献，不仅是图书馆员、用户快速捕捉特定领域重要文献的基本需求，也是学者或编辑人员获取领域概貌的重要手段，是科研人员通过传承和发展从事科学研究的必经之路。国内专门撰文研究关键文献确定技术的文献较少，如于湖滨指出述评文献是了解科技动态的一种重要文献源；潘黎等利用 CiteSpace 生成文献共引网络，将排名前 8 位的文献定义为关键文献；董克等利用 HITS 算法、MPA 算法，依据网络中不同分析指标确定关键文献。多数文章都是指定某一标准并据此进行关键文献的分析，但每种方法的优缺点、数据质量却不得而知。因此，本文选择了较常用的几种方法，如文献被引频次、文献引用网络、文献共被引网络，从理论和实践两个方面，通过同源数据的实际验证，结合具体的分析工具，对不同方法进行判别比较，以期对各种方法的优缺点、适用场合进行梳理，便于研究人员更好地确定领域关键文献，把握领域概貌。

二、领域关键文献的识别方法

1. 关键文献定义

"关键文献"一词并无规范化定义，但"关键"一词收藏于中国汉语词典中，比喻事物最紧要的部分、对情况起决定作用的因素，由此可认为关键文献是研究范围内最紧要、起决定作用的那部分文献,其选择依据常以重要性为准。由于重要性衡量指标不同,由此出现了以被引次数、H指数或基于网络结构进行判别的不同标准,如董克等从一般性意义上对关键文献进行了描述——关键文献体现了某个学科主题发展的基本信息和主要内容,是针对特定科学主题开展研究的重要入口。潘黎等将关键文献定义为科学文献中出现的高共被引文献。陈超美等则将关键文献定义为关键节点文献,即假设 $\Psi\alpha$ 和 $\Psi\beta$ 分别是 t 时刻和 $t+\Delta t$ 时刻产生于 $\Omega\alpha = \Phi(\Psi\alpha)$ 和 $\Omega\beta = \Phi(\Psi\beta)$ 知识基础上的、以文章 α 和文章 β 为标识的主要研究前沿,形成分别以文章 α 和文章 β 为中心的两个共被引文献聚类,连接着两个聚类路径上的文章 $[p(i)]$ 描绘了从 $\Psi\alpha$ 向 $\Psi\beta$ 转变的特征,这样 $[p(i)]$ 被称为关键节点、转折点或支点。本文中将领域关键文献定义为某领域内的重要文献,其重要性衡量主要与基于引文关系形成的各种方法有关。

2. 基于文献被引频次的识别方法

被引频次反映了科学家认为某一文献十分重要、需要在他们自己的著作中加以引用的次数。它是对研究者个人、论文、期刊、科研项目、地区和国家所做贡献的一种测度方式,在一定程度上反映了科研工作的质量,在同行意见形成中扮演着重要角色。大量研究表明,被引频次与同行评议之间存在着强烈的正相关,如加菲尔德(E. Garfield)等以诺贝尔评奖委员会的评议作为基线,对诺贝尔物理奖、化学奖、医学奖的获得者进行被引频次的统计,发现这些作者的被引频次为所在领域平均被引频次的30倍。又如 J. A. Virgo 研究发现,论文被引频次与同行重要性判断的相关性具有统计显著性,被引频次在预测文献重要性上与同行重要性判断的方法相比较具有持平甚至更高的水平,并指出被引频次如与影响因子等结合,对论文重要性有更好的指示效果。

WoS 数据库是一个先进、权威的集成了自然科学、社会科学等多学科领域权威学术文献的数据库,包含着大量源自全球的高质量研究成果,且提供被引次数信息,因此基于 WoS 数据库平台高质量的数据集及被引频次信息,成为识别关键文献的重要方法之一。

3. 基于文献引用网络的识别方法

在科学论文体系中论文是相互联系的,论文间的联系主要通过论文与论文间的相互引用形成,这种相互引用不仅显示出论文间的内在联系,也显示出刊载论文的期刊联系以及论文各自代表的科学间的联系。L. 埃格希(L. Egghe)等通过图例说明了引用网络中文献的不同特点。图1中,圆圈代表论文,箭头代表引用关系,论文在水平行按出版年份排列,最新的年份在下面。图中可推导出这样几个结论:2号论文对后续论文产生了重大影响,因为它被广泛引用;13号和14号论文的主题内容也许相当相似,因为它们含有共同的参考文献——10号、11号、12号论文;1988年以前,图1中的论文形成互不相关的两组,1988年7号论文和8号论文被12号论文同引,随即两组文献间的联系在下一年里得到加强,表明两组论文间的相关性是由12号论文作者发现的。文献引用网络的特点使其可用 HistCite 是由加菲尔德等人开发的一款引文图谱分析软件,该软件能用图示方式展示某一领域不同文献之间的引用关系,可以快速绘制出一个领域的发展历史,定位出该领域重要文献,是基于文献引用网络识别关键文献的典型工具。

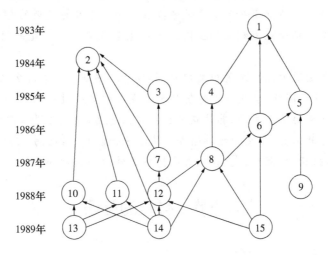

图1 竖轴表示时间的引文网络

4. 基于文献共被引网络的识别方法

前苏联情报学家 I. Marshakova 和美国情报学家 H. Small 在 1973 年建议把文献的共被引用作测度文献之间关系的一种方法。文献共被引是指两篇或多篇论文同时被后来的一篇或多篇论文所引证,共被引的频率越高,说明文献间的关系越密切。通过文献共被引分析,可掌握共被引文献群的特征、网络结构及变化趋势,把握学科间或整个科学体系中相互作用、相互联系的发展变化状况及趋势。埃格希等进一步指出,一些研究发现,同引模式与文献耦合网络差别很大,但一般与直接引用的模式相同,同引可用于为某一特定专业建立聚类文件或核心文件,这种思路已在 ISI 的《科学图表集》中得到体现。

CiteSpace 是由陈超美等人开发的用于共被引网络分析及可视化的 Java 应用程序,其主要目的是简化领域重要文献的识别过程,发现特定知识域中知识基础、研究前沿及变化趋势等,CiteSpace 还提供 Pathfinder 等网络精简算法,目的是移除被引网络中大量干扰链接,并保留共被引网络的主干部分,利用 CiteSpace 也可进行领域关键文献的识别。

5. 几种方法的优缺点比较

上述 3 种方法的共同之处都是基于文献间的引用与被引用关系,但 3 种方法各有优缺点。从被引频次提取关键文献集合的方法看,其过程简单,操作简便,特别是 WoS 数据库的两大优点——精选高质量文献、直接提供被引频次信息,使其可获得性较好,成为快速获得领域关键文献时被经常采用的简易方法。但要注意的是,被引频次的计算受到计算范围和计算方式的限制,因此,基于 WoS 库中被引频次选取的文献主要代表 WoS 库中被大量引用的重要文献。

基于文献引用网络提取关键文献时利用的是来源文献与参考文献间的关系,其优点是能利用引用、被引用关系形成领域发展的宏观视图,特别是加入时间层的控制后,便于从学科发展历史角度进行关键文献的提取。但由于数据处理的复杂性,必须借助于计算机软件工具辅助生成相关的视图。比较适合这类分析研究的软件工具主要是 HistCite。

基于文献共被引方法提取关键文献时,其设计思路是利用参考文献间共同出现的强度、关联形成关系网络,其优点是能够从科学发展的选择过程、作者隐含推荐的实践角度去挖掘领域中的重要文献,其缺点是数据关系复杂,研究的进入门槛相对较高,且需要借助于特定的工具,本文中主要借助于 CiteSpace 进行共被引网络的分析。

资料来源:张云,华薇娜,袁顺波.图书情报工作,2016(1):66-68.

第四节 材料的整理

一、材料整理的意义

（一）材料整理的含义

材料整理是根据调查研究的目的,运用科学的方法,对调查所获得的材料进行审查、检验、分类、汇总等初步加工,使之系统化和条理化,并以集中、简明的方式反映调查对象总体情况的过程。

（二）材料加工整理的意义

研究者通过各种方法收集得到的材料,数量大,杂乱无章,不便于利用,必须要对这些资料进行科学加工,才能做出正确的评价。整理材料,就是对材料进行再认识,使我们对材料的认识和理解更加全面、深刻、系统、明确,再从中发掘出更有价值的信息。研究材料的过程既是材料增量的过程,也是材料增值的过程。只有这样才能使我们对材料的认识和理解更加全面、深刻、系统、明确,并从中发掘出更有价值的信息。如果仅仅占有材料,而不能用正确的科学思维把占有的材料加工成为一种科学的认识,不能用正确的科学思维从感性的材料找出本质的、规律性的认识,论文写作就无科学性的创新性可言。总之,在科学研究的过程中,必须将收集到的材料经过系统整理才能最大限度地发挥其作用,只有将材料整理有序才能提高写作质量和加快写作速度。

二、材料整理的流程

对搜集到的材料如何进行整理呢？材料的整理过程实质上是材料的辨析过程,以下几个方面的工作是不可缺少的。

（一）研究材料的审核

材料审核是对获得的原始研究资料进行检查，辨别其是否准确和完整，将不符合条件的材料删除，对有缺漏的材料及时补充，以保证研究材料的正确和有效。审核材料的方法有以下几种：

1. 辨析材料的适用性

选择材料的依据，只能是作者所要阐明的中心论点。什么材料可用，什么材料不能用，都要根据这个中心论点决定。学术论文的中心论点一经确定之后，它就是统帅一切的东西，材料必须服从于中心论点的统帅。不能把一些不能充分说明问题的材料搬来作牵强附会的解释，也不能将所有材料统统塞进文章里，搞得文章臃肿庞杂，中心反而不突出，扩大了篇幅。比如，"'城市更新'与园林绿化关系的几个问题"一文，作者搜集了大量的有关园林绿化的材料，却没有搜集城市建设与园林绿化关系的材料，将这些不适用的材料写入论文之中，导致论文中心被冲淡，降低了论文质量。

2. 辨析材料的全面性

全面性是材料审核的一个重要指标。如果材料不全面，缺少了某一方面的材料，论文的论述也往往不圆满、不全面，会出现偏颇、漏洞，或由于证据不足难以自圆其说。以"浅论国有企业厂长负责制与职工民主管理"一文为例，由于作者只搜集了两者互相依赖、互相促进的材料，没有搜集两者存在矛盾的材料，结果文章只做了一半，如何处理好两者的矛盾这一重要方面被疏漏了，大大影响了论文的质量。

3. 辨析材料的真实性

研究者所收集到的材料有时会包含虚假成分。研究者的粗心大意、被试者的抵制和不合作、研究环境的干扰、研究工具存在的误差等都会造成研究材料虚假。这时，研究者对千辛万苦收集到的材料要舍得"去伪存真""忍痛割爱"，因为材料的错误将直接导致结论的失真。材料真实与否直接关系着论文的成败。只有从真实可靠的材料中才能引出科学的结论，在这方面，研究者要注意以下几点：其一，要尊重客观实际，避免先入为主的思想，选择材料不能夹杂个人的好恶与偏见，不能歪曲材料本身的客观性；其二，选择材料要有根有据，采用的第一手材料要有来历，选取的第二手材料一定要与原始文献认真核对，以求得最大的准确性；其三，对材料来源要加以辨别，弄清原作者的政治态度、生活背景、写作意图，并加以客观的分析评价，社会科学方面的资料更应该注意这一点。

进行材料真实性审查的主要方法有如下四种：

（1）经验法

研究者根据原有经验、常识，检查材料与它是否吻合。

（2）逻辑分析法

研究者考察材料的内在逻辑，检查材料是否自相矛盾。

(3) 比较法

研究者比较收集到的材料与相关材料的一致性和核实材料的真实性。例如，比较不同观察者使用相同方法对同一观察对象进行同一方面观察所收集的材料，如果发现两者一致性较高，则一般认为材料真实可靠。

(4) 来源分析法

研究者考察文献材料的来源，以核实材料的真实性。一般而言，当事人的叙述比局外人的叙述可靠，有记录的材料比传说的材料可靠，引用率高的文献比引用率低的文献可靠。

4. 辨析材料的新颖性

所谓新颖，不仅仅对材料产生的时间有所要求（不能太陈旧），更重要的是要从普遍常见的材料中发掘别人尚未利用的东西。比如，在"试论人口与经济的循环"一文中，人口与经济的关系早已存在，它们之间存在着良性循环和恶性循环，这也是客观事实，这两种循环会带来两种根本不同的后果，而这以前人们几乎没有认识。作者现在以两种循环的材料来揭示两种循环的后果，从而阐明控制人口的重要性，不失为一种新颖的材料。

5. 辨析材料的典型性

所谓材料的典型性，就是指这种资料对于它所证实的理性认识来说具有充分的代表性。如，恩格斯的《论权威》选择了纺纱厂、铁路、航海三个例子作为论据。第一个论据阐述得最详细，第二个论据比较概括，第三个论据只是轻轻一笔带过。他没有用更多的阐述，就把问题说明了："一方面是一定的权威，不管它是怎样造成的，另一方面是一定的服从，这两者，不管社会组织怎样，在产品的生产和流通赖以进行的物质条件下，都是我们所必需的。"材料不多，却具有无可辩驳的逻辑力量。产生这样的效果，一个非常重要原因在于材料选得十分精悍典型。

(二) 补充欠缺材料

搜集材料后，作者往往会在总体上均衡一下材料，看看它们有没有重复之处，看看它们有没有薄弱之处，看看它们有没有遗漏之处。如果发现对某个方面或某个环节的材料还不甚了解，就要通过进一步的搜集工作来补充欠缺的材料。

(三) 研究材料的分类和汇总

接下来，研究者要将审核后的材料按照一定的标准进行分类和归并。一般来说，我们可以按照其不同的特征选择分类标准，将具有相同或相近特征的材料归于同一类。材料分类最重要的工作是选择分类的标准，因为在不同的分类标准下得到的结果会显示或隐藏材料之间的差异之处。例如，以权利、财产、声望为标准对人的社会地位进行分类和以人对生产资料的占有对人的社会地位进行分类，不仅得到的结论不同，而且彰显的意义也有很大差别。

研究者在研究起始阶段可以选择材料的外部形态作为分类标准,如资料的来源、生成时间。随着研究的深入,研究者可以选择材料的内在含义作为分类标准,如材料所涉及的问题域、所采用的研究方法、所体现的思维方式、可能得出的结论等。

分类标准确定以后,研究者还必须遵守形式逻辑提出的分类原则:第一,分类要体现研究目的。分类是为了使资料进一步有条理、更加有力地说明研究结论。第二,分类后的各子项互斥。分类后的各小类不能相互包含,即不能在外延上有交叉。如将人分成男人、女人和老人就违反了这条原则,因为男人和女人中都有老人。这只是一个简单的例子。在实际的研究中,由于我们对研究对象认识不清,很容易犯类似错误。第三,分类对象外延等于各子项外延之和。资料分类不是材料筛选,必须保证分类对象的完整性。如把学生分成男学生和女学生是正确的,但是把学生分成男共青团员学生和女共青团员学生就错了,因为学生中还有党员和非党员、非团员者。第四,每次分类只根据一个标准。如前所述,不同的分类标准下得到的结果会显示或隐藏材料之间的差异之处,只有坚持用一个分类标准完成一次分类才能保证分类的正确性。

(四)定性资料汇总和编辑

汇总和编辑就是在分类以后对材料按一定的逻辑结构进行编排。逻辑结构要根据研究目的、要求和客观情况确定,要使汇总编辑后的材料既反映客观情况,又说明研究问题。汇总和编辑资料有如下两个基本要求:

1. 完整系统

材料大小类目要井井有条、层次分明,能系统完整地反映研究对象的面貌。

2. 简明集中

使用尽可能简洁、清晰的语言,集中说明研究对象的客观情况,并注明材料的来源和出处。

(五)编制统计图表

统计图表是以表格和几何图形的形式,将大量的数据想象地组合起来,形象地展示材料的整体特征,为分析材料提供方便。制作时应注意表格的规范性,一个统计表只能表示一个内容,多个内容则需要多个表格。统计表的数字要认真审核,以确保准确无误。

(六)定性和定量分析研究

科学研究的任务是从表面上杂乱无章的现象中,通过偶然的、零乱的现象去看清事物的面貌,发掘和研究被掩盖了的规律,认识和掌握事物的本质。为了完成这一任务,研究者需要对经过整理的丰富事实资料进行分析研究。

当前管理学研究的一个重要特点,就是强调定性研究和定量研究的结合以及数量资料和非数量资料的结合。为此,在研究材料的分析中,我们要注重采用统计分析和逻辑分析两种方法。统计分析是把大量的、散乱的数量资料，依据统计的理论和思维方式，对它们进行描述和推断，将研究对象的本质、特征揭示出来。逻辑分析是运用抽象和概括、归纳和演绎等方法，对丰富的现象资料进行思维加工，从而能去粗取精、去伪存真、由此及彼、由表及里，达到认识事物本质、揭示规律的目的。

三、整理材料的方法

论文材料的整理方法有很多，我们应根据实际情况进行选择。

（一）做读书笔记

"好记性不如烂笔头"，做读书笔记对任何一个学术论文撰写者都是必要的。我们在阅读书报杂志、搞调查研究或进行课题研究实验实习的时候，都要随身带笔和纸，随时记下所需材料的内容或有关的想法体会、理论观点等。在做笔记时，有一个经验之谈：最好空出纸面的三分之一左右，用来记载对有关摘录内容的理解、评价和体会。做笔记的基本方法有摘录、提纲、提要、改写等形式，读书笔记的内容繁多，形式多样，我们只要选择最适合自己特点的方式并持之以恒，就可日积月累，记录许多资料。

1. 做摘录

做摘录就是根据论文研究课题的需要，把有关书籍、报纸和杂志中文章的重点与精华部分摘录下来，也可以把调查访问对象谈话的重点和精辟之处摘录下来。

2. 做提纲

做提纲就是编写查阅和访问到的材料的提纲，以便记录相关材料的观点和见解，启发自己的思路或提供一些例证。

3. 做提要

做提要就是对相关材料的内容、主要观点、例证和数据等进行简要的介绍，提要的内容要求少而精。

4. 做改写

做改写就是用自己的语言把所需的原文材料进行改写，使客观材料和自己的主观见解能够融为一体。

（二）做卡片

做卡片收集材料比较容易进行分类、保存和查找，而且所做的卡片可分可合，根据需要灵活地进行组合。卡片可以自己制作，也可以到文化用品商店购买。一个问题通常写在一张卡片上，如果内容太多也可以写到几张卡片上。卡片的正面可以填写编号、类别、文种、标题、著者、出版单位、卷期、页码等，卡片的背面可以记录资料的具体内容。著录时应注意摘录那些重要的、观点性的句子或数据，将摘录的内容概括得简洁明了，日积月累，坚持不懈。

当然，在收集材料的过程中，要不要做卡片，可依据个人习惯，不必有死板的规定。

（三）运用活页记录

活页纸记录便于资料调动、分类和补充，这种方法最适合摘录较长、较久的资料，积累多了便可分类装册。

（四）收藏书籍资料

在平时生活中，应注意收藏和研究主题相关的图书资料。

（五）剪贴报刊

将有用的材料从报纸、刊物上剪下来，或用复印机复印下来，再进行剪贴。要把剪贴的材料分类贴在笔记本、活页纸或卡片上，这种方法的优点是可以节省抄写的时间。

需要注意的是，无论是摘录的材料，还是用卡片收集或剪贴的材料，都必须要注明出处。如果是著作，则要注明作者、书名、出版单位、发行年月等；如果是报纸，则要注明作者、篇名、版次、报纸名称、发行年月日；如果是杂志，则要注明作者、篇名、杂志名称、卷（期）号、页码等，以便附录在论文的后面。

（六）复印重要资料

看到相关文献资料，应及时复印并保存，以免遗忘。

（七）目录、索引

目录、索引是学习和检索材料的工具。前面我们已经介绍过，目录是用来记录图书的名称、作者、版本等；索引则是用来汇集编排散见于图书期刊中的相关材料，编排时要注明出处、页码。

（八）利用计算机进行整理

由于计算机和因特网的迅速发展与广泛应用，信息处理技术也发生了革命性的变化，如信息的收集、利用和整理等都可以在因特网上实现。大家可以将阅读资料后的所得输入计算机，并将输入的内容分门别类编出程序，使用时随时可以调出，但要求摘录、概括的内容要简洁明了，编制的程序要简便易行。

第五节　EndNote 简介

在前 EndNote 时代，对于研究者来说，在文献整理归类阶段，从各大数据库中搜集到的文献往往千头万绪、或重复或遗漏，难以管理，阅读所做的笔记则分散在各处，难以高效地进行有机整合。到写论文时，大量的文献引用往往复杂异常，尤其在修改时，牵一发而动全身。针对这些难题，国内外一些高科技公司专门开发了相应的软件予以解决。在中文文献管理软件中，有 NoteExpress、文献之星、医学文献王、PowerRef 等，其中，NoteExpress 是目前较好的中文文献管理软件。常见的英文文献管理软件有：汤姆森公司的 EndNote、ReferenceManager、ProCite 以及基于网络的 Refworks。其中，EndNote 是最受欢迎且比较好用的软件；ReferenceManager 提供网络功能同时可读写数据库；ProCite 提供弹性的群组参考及可建立主题书目；WriteNote 是基于 Web 的 EndNote。

EndNote Web 是一款基于网络的文献管理和科研论文写作工具，它界面简单，操作方便，是目前最流行的参考文献管理软件之一。

一、EndNote 的优势

EndNote Web 具有以下优势：第一，EndNote 是汤姆森公司的官方软件，支持国际期刊的参考文献格式有 3 776 种，写作模板有几百种，涵盖各个领域的杂志。研究者可以方便地使用这些格式和模板，如果研究者准备写 SCI 稿件，更有必要采用此软件。第二，EndNote 能直接连接上千个数据库，并提供通用的检索方式，为我们提高了科技文献的检索效率。第三，EndNote 能管理的数据库没有上限，至少能管理数十万条参考文献。第四，EndNote 快捷工具嵌入到 Word 编辑器中，作者可以很方便地边书写论文边插入参考文献，在书写过程中不用担心插入的参考文献会发生格式错误或连接错误。第五，EndNote 的系统资源占用小，很少发生因 EndNote 数据库过大发生计算机死机现象，这是 EndNote 最重要的特色之一。第六，在国外数据库下载数据时，均支持 EndNote，即使检索的计算机上没有安装 EndNote，我们照样方便使用。第七，EndNote 有很强的功能扩展，如果默认安装的 EndNote 不能满足研究者的要求，则能很方便地扩展其功能而不需要专业的编程知识。第八，EndNote 的应用不仅仅局限于投稿论文的写作，对于本科生和研究生毕业论文的写作也会起到很好的辅助作用。第九，可以放心下载，但要确保计算机没有病毒。

二、EndNote 的功能

EndNote 具有以下几个方面的功能：

（一）在线搜索文献

EndNote 可以直接从网络搜索相关文献并导入到 EndNote 的文献库内。EndNote 利用 Z39.50 信息获取协议可以方便地进入全世界绝大多数的文献数据库，并将连接和搜索这些数据库的信息用"Connection Files"的形式储存起来直接提供给使用者，"Connection Files"的设置可以自己创建或修改。

（二）建立文献库和图片库

EndNote 可以收藏、管理和搜索个人文献和图片、表格，导出文献。

EndNote 库内的文献可以以 4 种格式导出:Rich Text Format(RTF)、HTML、XML 和 TXT,从而创建独立的文献集或者创建可以导入到其他数据库的参考文献。导出的文献样式由当前样式决定。

(三) 导入文献

EndNote 可以将不同来源的文献导入到已存在的库内或新建的库中。第一,On-line Searching:即通过 EndNote 直接进入网上数据库查找和获得文献;第二,Direct Export:很多网络数据库如 MEDLINE、Pubmed、CSA 等都支持自己选择的文献。研究者只要以 EndNote 可识别的格式下载即可达到目的。第三,CD-ROM:将 CD 内的文献转换为文本格式以后通过滤镜导入。

(四) 定制文稿

EndNote 可以直接在 Word 中格式化引文和图形,利用文稿模板直接书写符合杂志社要求的文章。EndNote 在安装时可以自动整合到 Word 97、Wrod 2000、Word XP 中,使用者可以简单轻松地将 EndNote7.0 的库内文献加入到 Word 文档里,进而格式化引文形成符合杂志要求的引文样式。另外 EndNote7.0 提供各种文稿的模板,使写文章实现流水线、模块化操作。

三、EndNote 的缺点

EndNote 目前的功能还不是很完善,主要表现在以下几个方面:第一,无法在一种 Outstyle 下同时体现中文和英文两种参考文献的格式,不如 NoteExpress(NE)方便;第二,缺乏中文数据库(维普、CNKI、万方等)的在线检索和在线导入功能,需要专门的滤镜支持;第三,笔记不支持图形绘制功能,只能以关联方式链接图片、表格等信息;第四,不支持从剪贴板中导入题录;第五,不能同时对多个数据库进行检索;第六,不支持交叉引用(即不同文章的相互引用关系);第七,对于一篇中文文献,其中文和英文题录间不能建立对应关系,即同一篇文章的中文、英文题录在数据库中将视为不同的文献。

网络上有许多介绍 EndNote 使用方法的教程和视频,大家可以下载并学习。

> 本章思考题:选题确定以后,研究者如何检索资料?

第六章
学术论文的结构与撰写规范

选题确定、研究方法明确、材料收集与整理完成后,可谓"万事俱备,只欠东风",接下来的工作就是论文写作了。本章主要介绍学术论文的写作要求、结构以及各部分的写作规范和技巧。

第一节 学术论文的写作要求和结构

一、学术论文的写作要求

(一)立论要科学

学术论文的科学性是指文章的基本观点和内容能够反映事物发展的客观规律。文章的基本观点必须是从对具体材料的分析研究中产生出来,而不是主观臆想出来的。科学研究的作用在于揭示规律,探索真理,为人们认识世界和改造世界开拓前进的道路。因此,判断一篇论文有无价值或价值的大小,首先看文章观点和内容的科学性如何。

如何才能做到立论科学?首先,文章的科学性来自对客观事物的周密而详尽的调查研究。掌握大量丰富而切合实际的材料,使之成为"谋事之基,成事之道"。其次,文章的科学性通常取决于作者在观察、分析问题时能否坚持实事求是的科学态度。在科学研究中,既不容许夹杂个人的偏见,又不能人云亦云,更不能不着边际地凭空臆想,而必须从分析出发,力争做到如实反映事物的本来面目。最后,文章是否具有科学性,还取决于作者的理论基础和专业知识。写作学术论文是在前人成就的基础上,运用前人提出的科学理论去探索新的问题。因此,必须准确地理解和掌握前人的理论,具有广博而坚实的知识基础。如果对学术论文所涉及领域中的科学成果一无所知,那就根本不可能写出有价值的论文。

(二)观点要创新

学术论文的创新是其价值所在。文章的创新性,一般来说,就是要求不能简单地重复前人的观点,而必须有自己的独立见解。学术论文之所以要有创新性,是由科学研究的目的决定的。从根本上说,人们进行科学研究就是为了认识那些尚未被人们认识的领域,学术论文的写作则是研究成果的文字表述。因此,研究和写作过程本身就是一种创造性活动。从这个意义上说,学术论文如果毫无创造性,就不称其为科学研究,因而也不能称之为学术论文。本科毕业论文虽然着眼于对学生科学研究能力的基本训练,但创造性仍是其重点强调的一项基本要求。

(三) 论据要翔实,论证要严密

1. 论据要翔实

一篇优秀的学术论文仅有一个好的主题和观点是不够的,它还必须要有充分、翔实的论据材料作为支持。旁征博引、多方佐证,这是学术论文有别于一般性议论文的明显特点。一般性议论文,作者要证明一个观点,有时只需对一两个论据进行分析就可以了,而学术论文则必须以大量的论据材料作为自己观点形成的基础和确立的支柱。作者每确立一个观点,必须考虑:用什么材料做主证,什么材料做旁证;对自己的观点是否会有不同的意见或反面意见,对他人持有的异议应如何进行阐释或反驳。学术论文要求作者所提出的观点、见解切切实实是属于自己的,而要使自己的观点能够得到别人的承认,就必须有大量的、充分的、有说服力的理由来证实自己观点的正确性。

学术论文的论据不仅要充分,还必须运用得当。一篇论文中不可能也没有必要把全部研究工作所得包括古今中外的事实事例、精辟的论述、所有的实践数据、观察结果、调查成果等全部引用进来,而是要取其必要者,舍弃可有可无者。论据为论点服务,材料的简单堆积不仅不能证明论点,强有力地阐述论点,反而给人以一种文章拖沓、杂乱无章、不得要领的感觉。因而在已收集的大量材料中如何选择必要的论据显得十分重要。一般来说,要注意论据的新颖性、典型性、代表性,更重要的是考虑其能否有力地阐述观点。

学术论文中引用的材料和数据,必须正确可靠,经得起推敲和验证,即论据的正确性。具体要求是,所引用的材料必须经过反复证实。第一手材料要公正,要反复核实,不带个人的好恶和想当然的推想,保留其客观的真实性。第二手材料要究根问底,查明原始出处,并深领其意,而不得断章取义。引用别人的材料是为自己的论证服务,而不得作为篇章的点缀。在引用他人的材料时,需要进行筛选、鉴别,做到准确无误。写作学术论文,应尽量多引用自己的实践数据、调查结果等作为佐证。如果文章论证的内容是作者自己亲身实践所得出的结果,那么文章的价值就会增加许多倍。当然,对于掌握知识有限、实践机会较少的大学生来讲,在初次进行科学研究时难免重复别人的劳动,在毕业论文中较多地引用别人的实践结果、数据等是在所难免的,但如果全篇文章的内容均是间接得来的东西的组合,很少有自己亲自动手得到的东西,那就完全失去了写作毕业论文的意义。

2. 论证要严密

论证是用论据证明论点的方法和过程。论证严密、富有逻辑性，才能使文章具有说服力。从文章全局来说，作者提出问题、分析问题和解决问题，要符合客观事物的规律，符合人们对客观事物认识的程序，使人们的逻辑程序和认识程序统一起来，全篇形成一个逻辑整体。从局部来说，对于某一问题的分析和某一现象的解释，要体现出较为完整的概念、判断、推理的过程。

学术论文是以逻辑思维为主的文章样式，它运用科学的语体，通过概念、判断、推理来反映事物的本质或规律，从已知推测未知。社会科学论文往往是用已知的事实，采取归纳推理的形式，求得对未知的认识。要使论证严密，富有逻辑性，必须做到：第一，概念判断准确，这是逻辑推理的前提；第二，要有层次、有条理地阐明对客观事物的认识过程；第三，要以论为纲，虚实结合，反映出从"实"到"虚"、从"事"到"理"，即由感性认识上升到理性认识的飞跃过程。

此外，撰写学术论文还应注意文体式样的明确性、规范性。学术论文、调查报告、科普读物、可行性报告、宣传提纲等都各有自己的特点，在写作方法上不能互相混同。

二、学术论文的结构

一般而言，一篇规范的学术论文包括以下几个主要部分：题目（Title）、中英文摘要（Abstract）和关键词（Key Words）、引言（Introduction）、文献综述（Literature Review）、分析框架（analysis Framework）、实证研究、结论（Conclusion）、参考文献（Works Cited or Bibliography）、附录（Appendices，包括不适合放入正文但是又是必需的图表、调查问卷等（Figure，Tables，Questionnaires））。

第二节 学术论文各部分的撰写规范

在本节，我们将结合实例详细介绍学术论文各部分的写作规范和写作技巧。

一、论文标题

（一）论文标题的作用

论文标题要求用最简洁、恰当的词组反映文章的特定内容，把论文的主题明白无误地告诉读者，并且使之具有画龙点睛、启迪读者兴趣的功能。

标题是文章的眉目，也是论文的主题思想和论文的窗口，应该起到"窥一斑而见全豹"的作用，对正文所阐述的学术研究成果的表述、传播、推广和应用起着决定性的作用。根据论文题目的定义和构成要素，其功能具体表现在以下几个方面：

1. 窗口功能

题目的第一大功能是"窗口"作用。人们在阅读论文时，第一眼先看文章的题目。

这个第一眼,就起到了窗口的作用,因为题目是对论文内容的高度概括,读者可以通过这个窗口之"一斑",而"窥"到文章的全貌。同时,窗口又是"文章灵魂的凸显和缩影",通过它,读者能抓住文章的"灵魂",也能探测出作者研究的深度和广度。此外,窗口具有"标记性"。标记性能反映题目的真正价值,如广告,揭示最本质的核心。如果作者忽略了论文题目的写作,或许论文本身很好,却因为不起眼的题目,与读者第一次相遇时,吸引不了读者注意,一篇好论文就可能与读者失之交臂。

2. 导读功能

题目的第二大功能是"导读"作用。拿起论文,读者最先看到的是题目。一个好题目,就像文章的"标签",像一个好卖点,能立刻勾起读者的阅读兴趣,迫不及待地想了解文章内容。导读具有信息作用,题目是论文的第一信息,决定着读者是继续阅读还是放弃阅读的选择判断。导读也有提示作用,题目以最简练的文字概括了最核心的信息,能引导读者把握住论文的关键价值。导读还有介绍作用,题目提炼出论文的主要内容、研究对象和方法,帮助读者节省文献搜寻的时间。在浩如烟海的文献搜寻中,通过看标题来选择论文,已逐渐成为科研人员的一种习惯。

3. 检索功能

题目的第三大功能是"检索"作用。网络的普及,使论文写作和阅读也越来越网络化。题目的网络检索功能,意味着题目是"微型文摘",能帮助读者加快检索效率;检索功能,也意味着题目能促进论文研究成果的推广和应用;检索功能,还意味着题目能提高论文的采用率和二次转载率。在信息时代,由于很多人通过检索论文题目来决定自己的取舍,综上,好的标题尤其是好的篇名,往往是一篇论文的灵魂、眼目,甚至成为一面旗帜,容易引起编者、读者和检索机构的重视,充分显示其学术价值。反之,可能被编者、检索机构忽略,错过发表或被收录的机会,也会使读者兴味索然,其学术价值大打折扣。

综上,标题为论文主题,居文之首,不可不慎。只有起一个好的题目,才能提高论文的使用价值。

(二)论文标题的写作要求

文章题目的确立不是一蹴而就的,很多时候在文章成文后还需要对文章题目进行修改。就笔者个人而言,笔者一般是先确定一个初步的题目,在文章写好并修改后,根据文章内容拟出3~5个备选题目,在仔细对比和征求他人意见后,确定一个自己认为最合适的题目。

很多人写论文题目时,并不予以重视,往往写得不准确、不恰当,从而影响整篇论文的形象与质量。实际上,论文的标题应该以最恰当、最简明的词语来反映论文中最重要的特定内容,具体写作要求是:准确(accuracy)、简洁(brevity)、吸引人(attractive)、恰当(fitness)、规范(soecification)。

1. 准确

"外延"和"内涵"属于形式逻辑中的概念。所谓外延,是指一个概念所反映的每一个对象;而所谓内涵,则是指对每一个概念对象特有属性的反映。命题时,若不考虑逻辑上有关外延和内涵的恰当运用,则有可能出现谬误,至少会不当。"准确"即论文标题在外延上要恰当反映所研究的范围,在内涵上要恰当反映所研究的深度,一定要紧扣论文内容,准确无误地表达论文的中心内容,实事求是地反映所研究的范围和深度,既要扣文,也要扣题。题目应使读者理解到该文的主题思想、主要观点和主要结论,见其题知其意。这里重要的,也是最难做到的一点是标题既不能失之"过宽"或"过窄",也不能失之"过深"或"过浅"。"过宽"或"过深",标题就会显得空泛,或有抬高的嫌疑;"过窄"或"过浅",标题覆盖不了论文,反映不了论文的价值,有自卑的缺点。如"人力资本与社会资本对创新行为的影响——基于科研人员个体的实证研究""企业研发团队知识共享影响因素的实证研究",这些题目在内涵和外延上都比较准确。

一般来说,要想准确无误地体现论文的主要观点,题目离不开四大支撑骨架,即题目的四大要素:研究对象、研究目的、研究范围、研究方法。题目只有准确地反映出这四者及其关系,才能凸显论文的研究内容和研究深度。常见的论文题目是交代论文内容的范围来引起同仁读者的注意,以求引起共鸣。写作时,论文的题目可以根据论文的需要灵活掌握。如,"浅析美国影视跨文化传播的成功之道及对中国'文化赤字'的启示"一文,从标题我们就可以看出该论文研究了两个问题:一个是跨文化传播的成功经验;另一个是对中国"文化赤字"的启示。阅读文章后发现,其研究重点是前一个问题,因此将题目改为"美国影视文化传播的成功之道"较为合理。再如,"烟草企业绩效考核体系优化设计"一文,题目中体现了研究对象和目的。但是,在阅读全文后,发现论文使用的方法是关键绩效指标技术(KPI 技术),所以论文题目若改成"基于KPI 技术的烟草企业绩效考核体系优化设计",就更能体现论文的内容。又如,"大学生主观幸福感研究"一文,题目非常宽泛,研究范围非常大,通读全文后发现论文所研究的对象是大学生主观幸福感的影响因素,所以,题目改为"大学生主观幸福感影响因素"就更贴切了。

由于题目是对论文中重要内容的高度概括,应避免使用含义笼统及一般化的词语。如,"论网络环境下的信息服务"一文,论文题目过于泛指和笼统,题目中的"信息服务"是针对高校师生?还是针对市场营销?读者不明白论文要研究的具体内容。再如,"网络时代的高校图书馆工作"一文,该论文题目中的"高校图书馆工作"是指行政工作、信息服务工作?还是采访编目工作?作者并没有说清楚,读者更是一头雾水。又如,"数据挖掘技术在图书馆用户管理中的应用"一文,论文题目让读者一看就感到一目了然,知道作者要写什么。因此,在命题时,一定要切合文章的内容,避免模棱两可和过分夸张。

2. 简洁

论文题目要简洁,不能太长。所谓简洁,就是指用语简明、雅致,要尽最大能力挤掉"水分",删除冗枝,突出主干,只保留有效信息。一般而言,中文文章题目(主标题)

的字数以不超过 20 个字符为宜;英文文章不要超过 100 个英文字符(characters),包括空格、标点。董初菊的一项研究认为,依据人们的语言记忆特点,题目字数最好控制在 12 个字以内,否则,会降低人的记忆力的 50%。

当然不同的期刊有不同的要求。例如,《Science》要求论文题目不超过 90 个字符。《Journal of Biological Chemistry》要求论文题目不超出两行。这通常会在期刊的网站上有所介绍;另外,作者应该查阅目标杂志的"稿约",确保遵守字数限制的要求以及是否需要提供短标题。同学们写毕业论文标题时也应注意这一点。

不过,写作者不能因一味追求字数精简,而影响标题对论文内容的恰当反映。在遇到两者确有矛盾时,宁可多用几个字也要力求表达明确。若简短标题不足以表述论文内容或反映出研究的性质和特点,或在内容层次很多的情况下,最好采用主、副题名结合的方法,来补充说明特定的实验材料、方法及内容等信息,使标题既充实准确又不流于笼统和一般化。如,"大学生主观幸福感影响因素研究——基于高校管理视角"题目就比较好。再如"政府在城市大型活动中的有效媒体公关——以瑞典'哥德堡'号访穗期间广州政府的媒体公关为例"一题,主标题既然已经把研究内容阐述清楚,我们在副标题里强调一下研究对象或案例即可,把重复的信息删掉之后,我们可以把这个标题改为"政府在城市大型活动中的有效媒体公关——以瑞典'哥德堡'号访穗为例",让主、副标题各司其职。又如,"浅谈财富操作模式及其对国内新兴财经媒体的启示"一文,作者坚持要谈两方面的内容,在文字表述上无形中就加长了题目的长度。如果有些细节必须放进标题,为避免冗长,这时就可以采用主、副标题的形式,我们可以将其改为"浅谈财富操作模式——兼论其对国内新兴财经媒体的启示",这样既精简了标题,又明确了论述的主体部分和次主体部分,显得轻重有别、主次分明。

3. 吸引人

好的题目、有特点的题目最能吸引人、抓住人,使人眼前一亮,让人印象深刻,萌生继续阅读全文的冲动并让读者过目不忘。那么,什么样的题目才是有特点的好题目呢?还是那个词——"新颖"。标题的新颖性是由科学研究的创新性决定的。"新颖"就是抛弃老路子、旧套子的出新求异的题目。也就是说,题目的用词上要能突出自己的新见解、新突破,突出所论述的内容是他人尚未研究过的,或虽有研究但有的结论不妥或者还有进一步探讨的余地。另外,还应突出自己有创新的独特研究内容,找到自己论文的特色用语,使题目生动活泼又不失典雅庄重,好像给自己的论文打上独特的标签。例如,"善待员工的工作不满:工作不满与员工创新性的关系实证研究"(鞠芳辉,谢子远,季晓芬.中国工业经济,2008,6)一文,题目给人耳目一新的感觉。人们普遍认为员工工作满意可以产生好的组织绩效,工作不满则对组织绩效有负面影响,但该论文基于 186 个配对样本的实证研究表明,在一定条件下员工的工作不满也可以产生积极的效应。该文作者研究发现:在特定的情境下,员工的工作不满可以激发员工创新性,员工的工作不满、持续承诺、同事有益反馈、同事帮助和支持以及感知组织创新支持交互作用影响员工创新性。在较高的持续承诺前提下,当同事有益反馈、同事帮助和支持、感知组织创新支持较高时，员工也表现出高的创新性，从而推动组织创新。该文的研究结论意味着，在管理实践中，组织中的员工有一定程度的工作不满并不见得一定是件坏事，在适当的情境条件下，员工的工作不满也可以对组织绩效产生积极影响。当员工面临工作不满的困境时，可以通过相应的管理策略营造适宜的组织氛围，影响员工的心理感知，从而将员工的工作不满引入积极创新的渠道。当然，这并不是鼓吹管理者要努力提升员工的工作不满。再如，"差评真的那么可怕吗？——负面线上评论对消费者购买行为的影响研究"（陆海霞、吴小丁、苏立勋，北京社会科学，2014,5）一文，题目很新颖，让人产生浓厚的阅读欲望。该文作者提出，在网络购物中，消费者越来越依赖其他消费者发表的产品评论辅助其做出线上购买决策。线上评价体系中的差评因其高诊断性似乎对消费者的购买行为产生了重大影响。然而，如果差评不同维度的诊断性存在差异，从整体上讨论差评的诊断力就不准确，而这正是前人研究所忽视的。该研究的目的是检验差评数量对消费者购买行为的影响是否受负面线上评论文本内容质量的影响。论文以从众效应和归因理论为基础，采用二项逻辑回归对假设进行检验。研究结果表明：差评的数量和负面评论文本内容质量对消费者购买行为均有负向影响，更重要的是，差评数量和负面评论文本内容质量之间不存在交互作用，差评数量并不必然对消费者的购买行为产生负向影响，只有当负面线上评论文本内容质量较高时，差评数量才会降低消费者购买的可能性。这些研究结论为电商企业战略性地管理负面线上评论提供了管理启示。

4. 恰当

题目用词要适当，要恰如其分地表达议题的新颖程度和研究内容的深度。用词恰当的具体要求包括：避免用不得体的华丽辞藻，或过高过低的程度用语；用词简洁明朗，避免用烦琐冗长的形容词和不必要的虚词，力图用最简洁、最鲜明的语言，贴切地传递论文的精髓；要选用本学科领域中最易概括、词义单一、通俗易懂、便于记忆和引用、规范的术语；尽量避免使用符号，如化学结构式、数学公式，不太为同行所熟悉的符号、简称、缩写以及商品名称等；切忌用复杂的语句逐点描述论文的内容。例如，"拇指广告为何日暖中凉""从传播学的角度看《无极》碰馒头""影视广告也需要'情分'"，这些标题虽然题目显得生动活泼，但都在一定程度上影响了读者对论文内容的直接解读。又如，"×××学""×××论""×××系统""×××规律""×××机理"等，诸如此类词语都应以系统理论作基础，用于有关著作书名还可以，但作为几千字论文的题目就不太好，要慎用，最好不用。还有"测量大学生心理资本"应改为"大学生心理资本的测量"为宜；"研究高校教师工作幸福感"为动宾结构，可改为"的"字短语的名词性词组"高校教师的工作幸福感研究"。

5. 规范

学术论文是对客观事实、客观规律的描述，必须严谨求实、一丝不苟。反映在标题上，则要求标题语言表达规范。语言表达规范是指在拟定标题时不能生搬硬套、盲目猎奇,而是要文理通畅、用法严谨、专业术语规范,不能别出心裁地自己杜撰,也不能太过于口语化。

(三) 论文题目的常用拟提方法

论文题目的撰写是一项艰难的点睛艺术。正如郑板桥所叹:"作诗非难,命题为难。"正因为难,才要求写作者千锤百炼自己的"一字之师"功夫,养成文章不厌百回地改的习惯。其实,只要发扬古人善于"推敲"的传统,继承前人"语不惊人死不休"的精神,就能不断地奉献给读者一个又一个美丽动人的"眼睛"。笔者通过对近年来已经发表的论文题目的分类、整理,总结出以下学术论文题目的常用拟题方法。

1. 关键词法

关键词用于表达文献主题内容,不仅用于科技论文,还用于科技报告和学术论文。论文是科学研究中创造性思想的载体,其首要任务在于传递科研信息,同时也具有文化储存和文化积累的意义。无论是从传递信息角度,还是储存信息角度考虑,主题词或关键词的标引都将给文献的储存和检索带来极大的方便。文献检索系统多以题名中的关键词(叙词)作为线索,关键词必须准确地反映论文的核心内容,否则就有可能产生漏检。不恰当的题名很可能会导致论文"丢失",从而不能被潜在的读者获取。关键词最能直接反映论文的内容,如能恰当组合,往往就是论文的题目。或者是题目确定后,用主题词检查对照,检验是否符合要求。如果题目未把作索引时可能用到的字(词)包含进去,甚至一个都没有,那么,这个命题是失败的;相反则是成功的。例如,题目"矿业城市生态补偿模式与机制研究",就是由论文关键词"矿业城市""生态补偿""机制"组成的。关键词为题目写作提供了素材和依据,拟题总的原则是从论文里提炼关键词。

2. 主题揭示式

这种方式主要采用名词性词组。名词性词组的功能相当于名词,论文题目常用"的"字短语的名词性词组,也有编辑称之为"界定法"。这种形式的标题具有高度的明确性,高度概括全文内容,往往就是文章的中心论点,从题目中可以了解论文内容的范围和研究对象,可以使读者了解论文的中心。例如,"企业研发团队知识共享影响因素的实证研究""企业科技人员技术创新能力的要素分析""关于经济体制的模式问题探讨""县级行政机构改革之我见""工作不安全感、工作家庭冲突与员工绩效关系研究""北京市门头沟区高科技人才保留策略研究"都属于这种拟题方式。

3. 立论式命题法

这种类型的题目揭示了论文的中心论点,提出了对某个问题的解决办法,反映了作者的研究成果,从标题可知作者的基本观点和见解。如"团队创新的影响因素:从结构到过程"。换言之,论文的基本论点或研究成果可用一句简短的词组概括时,就可用这个词组作论文的题目,这就是"立论式"的题目。"立论式"题目可以根据题目中所含"四大要素"的不同,分成四种方法:第一,方法命题,是指利用研究的方法进行命题。

这种题目表达准确、直观明了，如"基于扎根理论的 Mooc 学习效果影响因素研究""高校教师工作压力实证研究""基于 P2P 模式的 C2C 信用评价方法研究""区间误差评价法及其应用"等，都属于方法命题的范畴。第二，结论命题，是指依据实践、实验或研究的结论进行命题，要求在命题时应表述严谨、结论可靠。如，"项目审计是规避信息化建设风险的有效方法""曾国藩的人才思想与现代人力资源管理的契合""文化智力量表在我国大学生中的结构效度"。第三，对象命题，是根据研究或论述的对象进行命题。如，"临床信息系统是医院信息化建设的核心""组织行为学发展的新积极组织行为学"等。这种拟题法突出了研究的内容。第四，观察研究命题，是以观察研究事件的方式方法进行命题。如"资产减值准则执行难点及其对策""汶川地震事件对应急管理机制构建的启示"。这种命题法往往在题目中就能体现论文的方法或方式的创新点。

4. 设问提问式

这类标题采用设问句的方式，隐去要回答的内容，实际上作者的观点是十分明确的，只不过语意婉转，需要读者加以思考罢了。这种形式的标题因其观点含蓄，所以容易引起读者的注意。如"家庭联产承包制就是单干吗？""商品经济等同于资本主义经济吗？""网络差评真的对网店产生影响吗？"

5. 相关法

这种方法往往体现了论述事物或事理之间的相互关系，这种相互关系可以是辩证的或递进的，也可以是选择的或并列的。也就是说，可以是局部与整体、原因与结果，也可以是其他相互影响、相辅相成的两部分。这种方法拟定的题目中间用并列连词"与""和"等连接起来，也有的不用连词而用空格或"·"等形式。例如，"工作压力工作绩效与心理资本关系研究""高科技团队变革型领导、组织公民行为和团队绩效关系的实证研究"。这种题目可以形成强烈的反差，更容易引起读者共鸣，吸引读者阅读全文。

6. 阐述法

阐述法是使用专指性较强的专业术语，用于较大课题研究的论文写作。这种方法拟定的论文题目较为准确，精炼地表达论文作者特定的研究课题或研究对象，让本专业的同行对论文的主题一目了然。该方法常用于应用研究和应用基础理论研究的研究报告型论文和综述性论文中，例如，"工作积极压力的结构、测量、影响因素和作用机制"。

7. 主副标题式

为了点明论文的研究对象、研究内容、研究目的，对总标题加以补充、解说，有的论文还可以加副标题。特别是一些商榷性的论文，一般都有一个副标题，如在总标题下方，添上"与××商榷"之类的副标题。

另外，为了强调论文所研究的某个侧重面，也可以加副标题。如"如何看待现阶段劳动报酬的差别——也谈按劳分配中的资产阶级权利""开发蛋白质资源，提高蛋白质利用效率——探讨解决吃饭问题的一种发展战略""中国国内商品市场趋于分割还是整合——基于价格相对法的分析"等。

设置副标题的主要目的是清晰地显示文章的层次。有的用文字,一般都把本层次的中心内容昭然其上;也有的用数码,仅标明"一、二、三"等顺序,起承上启下的作用。需要注意的是,无论采用哪种形式,都要紧扣所属层次的内容,以及上文与下文的联系紧密性。

下面我们举例进行分析:"视觉传达设计的'波普效应'——动漫产业的迅猛发展对现代设计的影响"一文,这篇文章的标题由主标题和副标题两个部分组成。总标题"视觉传达设计的'波普效应'",其中"视觉传达设计"是一个定语,修饰"波普效应"。这个标题给人的第一感觉是言之有物,表达的思想清晰,是一个好的标题。该标题体现了几个概念,即"视觉传达""设计""波普效应"。至此,我们已可以清晰地知晓文章所要表达的中心内容了。但作者加入了一个副标题,这就与主标题显得不太协调。主标题表明作者将要讨论的是一个专业领域的知识技术问题,副标题则显示作者想要表达的是该知识技术所带来的影响。其次,副标题上又有了新的概念,即"动漫产业"、"现代设计"。且先不说主副标题之间是否存在矛盾,单说一个标题中出现如此多的专有名词,这对于读者的理解不是一件好事,所以,该标题的好坏就值得商榷。

此外,论文题目草拟好后,作者还要选择与自己研究内容相近的论文,借鉴其题目特点,确定不与之雷同的新题目。作者可以利用同类论文的题名类型进行分析,分析每个题目表达了哪几个要点,好在什么地方?以帮助自己写好题名;也利用论文的关键词搜索与该论文相关的论文,分析别的论文题目的优缺点,确定自己论文题目的阐述重点,并考虑加入体现自己研究的创新点的词语。为了突出论文的核心内容,应尽可能地将表达核心内容的重要的词放在题名的开头,以便引起审稿者、读者的注意。论文写完初稿后,还要对题目进行反复推敲,看是否符合确定题目的原则,是否准确反映论文的内容,是否达到简练醒目、引人入胜的效果;或者请同事阅读,征求意见和建议,必要时还可与编辑商榷,力争做到一篇好论文有个好的题目。

总之,人要取个好名字,书要取个好名字,论文也要取个好题目。题目好,能激起读者阅读的渴望,感到不看论文是一种遗憾;题目好,犹如画龙点睛,与论文形成合力,达到宣传目的;题好文一半,一字值千金。好的论文题目是使审稿者和读者对论文产生兴趣的重要条件,是论文获得发表和引人阅读的一个重要方面。作者千万不能在写论文之前草草立题,写完论文之后对题目也不再推敲、锤炼,就把稿件匆忙寄往期刊社。好的论文需要作者呕心沥血地撰写,好的题目也需要作者精益求精地制作。

二、摘要和关键词

(一)摘要

1. 摘要的含义

摘要又称概要,是以提供论文内容概要、对论文进行高度概括为目的,不加评论和补充解释,确切地记述论文重要内容的短文,是全篇论文实质性内容的浓缩。其基本要素包括研究目的、方法、结果和结论。目的、方法、结果和结论通常被称为摘要的四要素。其中,研究目的主要是指出研究的范围、目的、重要性、任务和前提条件,不仅仅是主题的简单重复;研究方法主要简述课题的工作流程,研究了哪些主要内容,在这个过程中都做了哪些工作,包括对象、原理、条件、程序、手段等;研究结果主要陈述研究之后有哪些重要的新发现、新成果及价值,包括通过调研、实验、观察取得的数据和结果,并剖析其不理想的局限部分;研究结论是指通过对这个课题的研究所得出的重要结论,包括从中取得证实的正确观点,进行分析研究,比较预测其在实际生活中运用的意义和理论与实际相结合的价值。

摘要应具有独立性和自明性,并且拥有与文献同等量的主要信息,即读者如果不阅读全文,就能获得必要的信息。

摘要一般置于论文题目之下、正文之前,应控制在250个字以内。

2. 摘要的功能

摘要的主要功能有两个:第一,让读者尽快了解论文的主要内容,以补充题名的不足。现代科技文献信息浩如烟海,读者检索到论文题名后是否会阅读全文,主要就是通过阅读摘要来判断;所以,摘要担负着吸引读者和将文章的主要内容介绍给读者的任务。第二,为科技情报文献检索数据库的建设和维护提供方便。论文发表后,文摘杂志或各种数据库对摘要可以不作修改或稍作修改而直接利用,从而避免他人编写摘要可能产生的误解、欠缺甚至错误。随着电子计算机技术和Internet的迅猛发展,网上查询、检索和下载专业数据已成为当前科技信息情报检索的重要手段,网上各类全文数据库、文摘数据库,越来越显示出现代社会信息交流的水平和发展趋势。同时论文摘要的索引是读者检索文献的重要工具。所以论文摘要的质量高低,直接影响着论文的被检索率和被引频次。

因此,作者应重视摘要的书写。写好摘要,既需要严肃认真的科学精神,又需要雕琢艺术,唯其如此,奉献给读者的才是精品,起到的才是相互交流、共同发展的目的。

3. 摘要的特点

(1) 准确性

摘要应能准确反映论文的目的和内容,不应包含论文中没有出现的内容。如果该研究主要是在以前的某个研究的基础上进行的,是对以前研究的扩展,那么,就应该在摘要中注明以前研究的作者姓名和年份。将摘要与论文的层次标题进行对比是核实摘要精确性的有效方法。

(2) 独立性

摘要应自成一体,独立成篇,所以要对特殊的术语、所有的缩写(计量单位除外)、省略语做出说明。新术语或尚无合适中文术语的,可用原文或译出后加括号注明原文。在引用其他出版物时要包括作者的姓名和出版日期(在论文的参考文献表中要充分说明文献资料的出处)。

(3) 简练而具体

摘要中的每一个句子都要能最大限度地提供信息,且尽可能地简练。摘要的长度一般不要超过 300 字。摘要的开头要提出最重要的信息(但不要重复题名)。它可以是目的或论题,也可以是结果或结论。摘要里最多包括 4 个或 5 个最重要的观点、结果或含意。

4. 摘要的撰写方法

摘要作为一种特殊的陈述性短文,书写的步骤与普通类型的文章有所不同。摘要的写作时间通常在论文的完成之后,但也可以提早写,然后再边写论文边修改摘要。首先,研究者要从摘要的四要素出发,通读论文全文,仔细将文中的重要内容一一列出,特别是每段的主题句和论文结尾的归纳总结,保留梗概与精华部分,提取用于编写摘要的关键信息。其次,看这些信息能否完全、准确地回答摘要的四要素所涉及的问题,并要求语句精炼。若不足以回答这些问题,则需要重新阅读论文,摘录相应的内容进行补充。最后,将这些零散信息组成符合语法规则和逻辑规则的完整句子,再进一步组成通畅的短文,通读此短文,反复修改,达到摘要的要求。

5. 摘要的写作注意事项

在写摘要时,要注意以下几点:第一,突出重点。摘要中应排除本学科领域已成为常识的内容;切忌把应在引言中出现的内容写入摘要;一般不要对论文内容作诠释和评论(尤其是自我评价)。第二,不得简单地重复题名中已有的信息。比如,一篇文章的题名是"风险投资公司财务绩效考核体系的研究",摘要的开头就不要再写:"为了……,对风险投资公司财务绩效考核体系进行了研究"。第三,结构严谨,表达简明,语义确切。摘要先写什么,后写什么,要按逻辑顺序来安排。句子之间要上下连贯,互相呼应。摘要慎用长句,句型应力求简单。每句话表意要明白,无空泛、笼统、含混之词,但摘要毕竟是一篇完整的短文,电报式的写法不足为取。摘要不要分段。第四,用第三人称。建议采用"对……进行了研究""报告了……现状""进行了……调查"等记述方法标明一次文献的性质和文献主题,不必使用"本文""作者"等作为主语。第五,要使用规范化的名词术语。不用非公知公用的符号和术语。新术语或尚无合适中文术语的,可用原文或译出后加括号注明原文。第六,除了实在无法变通以外,一般不用数学公式和化学结构式,不出现插图、表格。第七,除非该文献证实或否定了他人已出版的著作,一般不用引文。第八,对于缩略语、略称、代号,除了相关专业的读者也能清楚理解的以外,在首次出现时必须加以说明。

6. 英文摘要的写作技巧

不论是学术论文还是学位论文,一般都要求作者提供英文摘要。关于英文摘要的撰写,需要注意以下几点:第一,英文摘要的写作方法要依据公认的写作规范。第二,尽量使用简单句,表达要求准确完整。第三,正确使用冠词。主要是定冠词"the"易被漏用。"the"用于表示整个群体、分类、时间、地名以外的独一无二的事物,用于形容词最高级等较易掌握,但用于特指时常被漏用。这里要把握一个原则,即当我们用

"the"时,听者或读者已经确知我们所指的是什么。例如,"The author designed a new machine""The machine is operated with solar energy"。第四,应使用标准英语书写,避免使用口语。第五应使用易于理解的常用词,不用生僻词汇。第六,作者所做工作用过去时,结论用现在时。具体来讲,一般现在时用于说明研究目的、叙述研究内容、描述结果、得出结论、提出建议或讨论等。例如:"This study(investigation) is (conducted, undertaken) to … The anatomy of secondary xylem in stem of Davidia involucrata and Camptotheca acuminata is compared","The result shows (reveals) …","It is found that …""The conclusions are …""The author suggests …"当然,涉及公认事实、自然规律、永恒真理等,也要用一般现在时。一般过去时用于叙述过去某一时刻(时段)的发现、某一研究过程(实验、观察、调查、医疗等过程)。例如,"The heat pulse technique was applied to study the stemstaflow of two main deciduous broadleaved tree species in July and August, 1996"。第七,多使用主动语态,因其有助于文字清晰、简洁及表达有力。如,"The author systematically introduces the history and development of the tissue culture of poplar"比"The history and development of the tissue culture ofpoplar are introduced systematically" 语感要强。必要时,"The author systematically"都可以去掉,而直接以"Introduces"开头。

例5-2 北京市门头沟区高科技人才保留策略研究

李笑晨

摘要

本研究主要采用理论和实证研究相结合的方法,对中关村门头沟科技园高科技企业员工进行随机抽样调查,通过对调查问卷数据的研究,分析门头沟区高科技人才流失的原因。主要从员工流失意向、工作满意度、地区环境影响因素和流失动机四个方面进行分析。通过分析发现,门头沟区高科技人才存在中等程度的流失意向;工作满意度整体水平不高,特别是对以薪酬福利为代表的基础性需要满意度不高;地区环境影响因素满意度偏低,与人才流失意向呈显著负相关关系;流失动机呈现出基础性需要高于发展性需要的特点。

基于上述研究结论,本研究从地区层面和组织层面分别提出了高科技人才保留策略。

例5-3 多元化信息服务企业绩效考核体系研究——基于平衡计分卡理论

邓光裕

摘要

本文以某国有多元化信息服务企业 XTF 公司为例,分析其绩效考核体系的现状及存在问题,结合 XTF 公司目前的实际情况,基于平衡计分卡理论,从财务、客户、内部流程、学习成长四个维度完善了其对下属单位的业绩考核,并运用该方法推进了对经营单元及员工的绩效考核。新考核体系对该公司推进创新转型、提升管理水平、改善经营业绩方面发挥了积极作用。最后，在对本文研究进行总结的基础上，对平衡计分卡下一步的应用和研究进行了展望。

例 5-4　运用因子分析法评价我国环保类上市公司绩效

马　丽　齐捧虎

摘　要

针对目前我国环保行业发展不均衡的事实，如何评价环保企业绩效显得尤为重要，鉴于此，在相关绩效评价理论的基础上，运用因子分析法，设立评价指标体系，对选取的 35 家环保类上市公司经营绩效进行实证分析，选出毛利率、营业利润率、净利润为主要关注点，提出适合各类环保类上市公司改善经营绩效的方案。对污水处理类上市公司应着重加强其周转能力，提高资金流动性。对废气处理类上市公司应提高产品市场占有率及盈利能力。对利润率较低的企业，适应减少投少规模，转换经营业务，以提高企业资产利用率和净资产收益率。

（二）关键词

1. 关键词的功能

科技论文的关键词是从其题名、层次标题和正文中选出来的能反映论文主题概念的词或词组。关键词是科技论文的文献检索标志，是表达文献主题概念的自然语言词汇。

关键词是为了适应计算机检索的需要而提出来的，其位置放在摘要之后。早在 1963 年，美国 Chemical Abstracts 从第 58 卷起，就开始采用电子计算机编制关键词索引，提供快速检索文献资料主题的途径。在科学技术信息迅猛发展的今天，全世界每天有几十万篇科技论文发表，学术界早已约定利用主题概念词去检索最新发表的论文。作者发表的论文不标注关键词或叙词，文献数据库就不会收录此类文章，读者就检索不到。关键词选得是否恰当，关系到该文被检索和该成果的利用率。

2. 关键词分类

关键词包括叙词和自由词。

（1）叙词

叙词又称主题词，是从自然语言中精选出来，经过规范化处理以后，能与概念一一对应的受控词汇，它最大的好处是能够排除自然语言中一词多义、多词一义以及词义含糊的现象，能够合理、完整、准确地表达论文的主题内容。为了建立全国统一的联机情报检索网络，1975 年，中国情报所、北京图书馆、国防科工委情报所、电子科技情报所等 1 000 多个单位近万人参加了《汉语主题词表》研究编辑工作，1980 年由科学技术文献出版社正式出版。该表分为社会科学、自然科学和附表 3 卷，共 10 个分册，共收录主题词 108 568 个，在写关键词时最好参考这一成果。如，"放射性物质中的半衰期（half-lire）"。在有些文章中称其为"半减期""半存留期"或"半寿期"，而在主词表中称为"半衰期",所以选作关键词时,也应称"半衰期"。又如在"个人所得税流失问题的探讨"一文中将关键词之一写为"个人所得税流失"这个词组,正确的写法应为"个人所得税""税收流失"。再如,在"关于加强银行会计监督及风险管理思考"一文中将关键词之一写为"银行会计监督"这个词组,正确的写法应为"银行""会计监督"。

(2) 自由词

自由词反映该论文主题中新技术、新学科尚未被主题词表收录的、新产生的名词术语或在叙词表中找不到的词。

在关键词的写作中应尽可能使用叙词,无法用叙词的部分则要根据文章的内容灵活提取反映主题的自由词。

3. 关键词标引的原则

为适应计算机自动检索的需要,GB/T 3179—92 规定,现代科技期刊都应在学术论文的摘要后面给出 3~8 个关键词(或叙词)。关键词的标引应按 GB/T 3860-1995《文献叙词标引规则》的原则和方法,参照各种词表和工具书选取;未被词表收录的新学科、新技术中的重要术语以及文章题名的人名、地名也可作为关键词标出(自由词)。

所谓标引,是指对文献和某些具有检索意义的特征(如研究对象,处理方法和实验设备等)进行主题分析,并利用主题词表给出主题检索标识的过程。对文献进行主题分析,是为了从内容复杂的文献中通过分析找出构成文献主题的基本要素,以便准确地标引所需的叙词。标引是检索的前提,没有正确的标引,也就不可能有正确的检索。科技论文应按照叙词的标引方法标引关键词,并尽可能将自由词规范为叙词。

标引关键词应遵循的基本原则有如下几个方面:第一,专指性原则。一个词只能表达一个主题概念为专指性。只要在叙词表中找到相应的专指性叙词,就不允许用词表中的上位词(S项)或下位词(F项);若找不到与主题概念直接对应的叙词,而上位词确实与主题概念相符,即可选用。例如,"飞机防火"在叙词表中可以找到相应的专指词"专机防火",那么就必须优先选用,而不得用其上位词"防火"标引,也不得用"飞机"与"防火"这两个主题词组配标引。第二,组配原则。叙词组配应是概念组配。概念组配包括两种类型:其一,交叉组配,是指两个或两个以上具有概念交叉关系的叙词所进行的组配,其结果表达一个专指概念。例如,"喷气式垂直起落飞机"可用"喷气式飞机"和"垂直起落飞机"这两个泛指概念的词确切地表达叙词表中没有的专指概念;"肾结石"可用"肾疾病"和"结石"这两个叙词表示一个专指概念。其二,方面组配,是指一个表示事物的叙词和另一个表示事物某个属性或某个方面的叙词所进行的组配,其结果表达一个专指概念。例如,"信号模拟器稳定性"可用"信号模拟器"与"稳定性"组配,即用事物及其性质来表达专指概念;"彩色显像管荧光屏涂覆"可用"彩色显像管"、"荧光屏(电子束管)"和"涂覆"3个词组配,即用事物及其状态、工艺过程 3 个方面的叙词表达一个专指概念。在组配标引时,作者应优先考虑交叉组配,然后再考虑方面组配;参与组配的叙词必须是与文献主题概念关系最密切、最邻近的叙词,以避免越级组配;组配结果要求所表达的概念清楚、确切,只能表达一个单一的概念;如果无法用组配方法表达主题概念时,可选用最直接的上位词或相关叙词标引。第三,关于自由词标引。在下列几种情况下,关键词允许采用自由词标引:主题词表中明显漏选的主题概念词,如表达新学科、新理论、新技术、新材料等新出现的概念;词表中未收录的地区、人物、产品等名称及重要数据名称;某些概念采用组配,其结果出现多义时,被标引概念也可用自由词标引。自由词尽可能选自其他词或较权威的参考书和工具书,选用的自由词必须达到词形简练、概念明确、实用性强。采用自由词标引后,应有记录,并及时向叙词表管理部门反映。

三、引言

(一) 引言的主要内容

引言又称绪论、前言或者导论,是论文的开场白,它要告诉读者我们为什么要写这篇论文,向读者说明本研究的来龙去脉,吸引读者对本篇论文产生兴趣,对正文起到提纲挈领和引导阅读兴趣的作用。其主要功能是简要说明论文选题的背景和重要意义、论文所要解决的问题、使用的理论工具和方法、论文的基本思路、逻辑结构等研究设想和要取得的预期研究成果。一般来说,引言主要包括以下几个部分:第一,介绍某研究领域的背景、意义、发展状况、目前的水平等;第二,对相关领域的文献进行回顾和综述,包括前人的研究成果和已经解决的问题,并适当加以评价或比较;第三,指出前人尚未解决的问题和留下的技术空白,也可以提出新问题,以及解决这些新问题的新方法、新思路,从而引出自己研究课题的动机与意义;第四,说明自己研究课题的目的;第五,概括论文的主要内容,或勾勒其大体轮廓。

(二) 引言的写作要求

引言既然具有如此重要的作用,那么什么是较好的论文引言呢? 第一,引言应言简意赅。引言内容不得烦琐,文字不可冗长,应能对读者产生吸引力。学术论文的引言根据论文篇幅的大小和内容的多少而定,一般平均为600字,短则可不足100字,长则可达1 000字左右。第二,开门见山,不绕圈子。引言要避免大篇幅地讲述历史渊源和立题研究过程。第三,突出重点。在回顾前人所做的研究工作时,不宜面面俱到,应找具有代表性的、与本研究关系最密切的资料来阐述,避免写成文献综述。第四,注意深度。在论述本人所作研究时,一些普及的、为公众所熟知的原理和知识,不必一一赘述,如教科书中早已有的公式、众所周知的基础理论等。第五,尊重科学,实事求是,谨慎评价。在介绍自己的研究成果时,切忌拔高或降低,比如"国内首创""从未见报道""国际水平""国内领先""填补空白"等一些词汇,都属拔高的评价;而诸如"不足之处敬请原谅""限于时间和水平""请读者批评指正"等语言,则属大可不必客气的俗语,均应避免使用,只要如实报道自己的成果就行了,质量高低读者自会评价。前言的内容不应与摘要雷同。

例 5-5　曾国藩选人标准、识人方法及对现代企业管理的启示（引言部分）

靳　娟

在经济全球化时代，企业之间的竞争日趋激烈，是否具备核心竞争力成为企业在竞争中制胜的关键和法宝，而人力资源由于其价值性、独特性和难以模仿性，逐渐成为企业核心竞争力的源泉。因此，人力资源开发与管理的有效性关乎企业的兴衰成败。做好人力资源管理工作，不仅需要借鉴西方先进的技术和方法，而且还需要汲取中国传统文化中的用人理念、智慧和精华。

曾国藩是中国近代历史上一位举足轻重的人物，他所处的时代，是清王朝由乾嘉盛世转为没落、衰败、内忧外患接踵而来的动荡年代，由于曾国藩等人的力挽狂澜，一度出现"同治中兴"的局面，对中国政治、军事、文化、经济等各个方面产生了令人注目的影响。曾国藩在组建、训练、发展、壮大湘军的过程中，求贤若渴，在人才的吸纳、选拔、任用、教育、培养、考核方面具有独到的见解，形成一整套思想体系，并探索出许多行之有效的方法，内涵丰富，影响深远。本文主要从其选人标准与识人方法的角度对其人才思想进行梳理和分析，并从中挖掘对现代企业管理具有借鉴意义和参考价值的成分。

四、文献综述

如果在我们的引言中没有很好地展开对文献综述的论述，那在我们的文献综述中应该做到以下几点：简要回顾相关研究的进展；要有对现有文献的适当性批评。这种评论不是对前人研究成果的简单罗列，而是一种批判性回顾。对于作者提出的问题，前人有没有做过类似研究，他们的成果和观点是什么，存在哪些局限性，相比之下作者的创新点。从综述这一部分就可以看出来作者对所研究问题所下的工夫和投入的时间与精力，因为作者需要广泛阅读，理解不同作者的观点和分歧。

例 5-6　科技型企业研发人员创新能力结构维度和开发模式研究（文献综述部分）

靳　娟

西方一些学者把个体创新能力（creativity）界定为产生与产品、实践、服务或者流程有关的、新奇的并且对组织具有潜在的有用性想法的能力。由此可见，他们所说的创新能力指的是创造出新颖和有价值的观点、见解、想法和思路，但是，创意、新思想只是创新的前提条件，如果不将这些想法付诸实践并成功实施，是不会为带来企业利益的。本文所说的自主创新是指人们应用新发明、新成果进行变革活动的能力，这个变革活动包括从新思想的产生到将新事物推向社会并使社会受益的系列性变革活动。据此，笔者认为，研发人员创新能力是指研发人员将新观点、新构想、新思路和技能、物质资源转化为满足顾客需求或开发顾客潜在需求的新技术、新工艺、新产品，产生经济社会效益的能力。这种能力具有以下特点：第一，综合性。它不是一种单一的能力，而是若干种能力的有机组合。第二，市场导向性。它围绕市场展开，以满足市场需求、顾客需求为出发点和落脚点。第三,价值性。能为顾客带来独特价值。第四,营利性。能为企业带来利润和经济效益。

一些学者从研发人才素质培养和教育的角度探讨其创新能力的构成。卢淑琴(1999年)从创新的思维方法、求实的科学精神、持之以恒的勤奋、广博的知识结构、与人合作的团队意识等方面概括了企业研发人员的素质。胡铁鹰(2000年)提出科技人员创新能力的要素应包括专业知识与文化素质、职业道德、心理素质、能力素质和智慧型的思维结构席雪红(2010年)认为企业创新人才应当具备专业基础理论和知识、宽广的知识面和综合能力、事业心和成就感、追踪科技前沿、对新事物的敏感性及冒险精神。。赵飞娟(2011年)以西安市创新型科技人才为例,构建了基于IQ的创新智能素质、基于AQ的创新激励素质以及基于EQ的创新调节素质模型。

还有学者从研发人员胜任力特征的角度进行研究。Spencer(1993年)构建了专业技术人员的通用胜任力模型,包括成就导向、影响力与冲击力、概念性思维、分析性思维、主动性、自信、人际关系、关心秩序、信息寻求、团队合作、专业化、客户服务意识。徐芳(2003年)为某高科技构建了研发经理和研发人员的胜任力模型,包括成就导向、影响力、概念性思维和分析性思维、主动性、自信心、人际理解、注重次序和质量、信息搜寻、团队合作和协作、专业知识、客户服务导向等要素。章慧娟(2012年)认为,高新技术企业专业技术人员的胜任力模型主要包括成就导向、个人品质、思维特征、专业化特征、团队特征五个维度。其中,冷静严谨、思维缜密灵活、专业知识丰富、愿意钻研和创新体现了高新技术企业专业技术人员的工作要求和特点。

综上,国内外学者主要从专业知识、技术能力、思维结构、成就动机、团队协作精神、人格特征等维度探讨了研发人员创新能力的结构,提出了许多有价值的观点,这些成果对测评个体的创新潜能、帮助组织确定优先开发的对象和需要开发的能力,提供了参考依据,但还存在一些不足和问题:第一,研究总量不足,深度不够,缺乏系统性研究。第二,定性研究多,定量研究较少。第三,研究较为笼统,只是泛泛罗列出创新能力的要素,缺乏对各要素重要性的分析。

例 5-7　门头沟区高科技人才人才保留策略研究(文献综述部分)

李笑晨

文献是研究的基础和依据,国内外学者针对人才流失问题,从不同层面、不同角度都进行了大量的研究,本章主要探讨与本研究有关的研究成果。

2.1　高科技人才的特征

高科技人才对于企业和地区的发展来说是核心资源和竞争力。高科技人才是人才中独特的群体,具有与其他人才不同的特点。总结归纳高科技人才的特点,有助于研究高科技人才的流失原因。

一般认为,高科技具有人才密集性、知识密集性和技术密集性的特点,掌握着前沿科学技术和先进生产工艺,具有核心竞争力,对人类社会进步发挥着重要作用。

这里我们认为从事高科技产业的人才就是高科技人才,包括专业性人才和科技管理人才。

一般来说,高科技人才有以下特点:①高知识性。从事高科技产业要求高科技人才要有较高的知识水平和智力水平,必须牢固掌握和有效运用科技前沿知识与技能。②高进取性。高科技人才具有较强的责任心,对事业有献身精神。他们喜欢富有挑战力和创造性的工作,以便发挥个人潜能,实现自我价值。③个性鲜明。高科技人才是一个比较特殊的群体,具有独特的思维方式,喜欢宽松、自由的工作环境和浓郁的科技文化氛围。在工作中不希望被束缚,而是希望能够在自我管理和自我计划中完成工作。④高流动性。比起物质条件,高科技人才更重视自身价值的实现。一旦发现组织不能满足其事业的发展和价值的实现,高科技人才就会产生流动的意愿。又因为高科技人才具有知识性和专业性的特点,其在企业外部获得发展的机会较多,很容易寻求到更适宜的工作,具有较高的流动性。

2.2 激励理论

人力资源管理的基础是激励理论,它最早是由西方国家在管理实践中逐渐发展起来的,内容较为丰富。本文在研究人才流失策略中大量运用了激励理论知识。一般激励理论可总结归纳为内容激励理论、行为改造激励理论、过程激励理论和综合激励理论。本研究的理论基础是内容型激励理论。

2.2.1 需要层次理论

美国心理学家马斯洛于1943年首次提出了需要层次理论,将人们的纷繁复杂的需求划分为五个层次:生理需要、安全需要、社交需要、尊重需要和自我实现需要。他认为人都潜藏着这五种不同层次的需要,这五种需要从低级向高级依次排列。当人的某一层次需要得到满足后,才会追求高一级的需要。人在不同时期对层次的需要及需要的迫切程度是不一样的。满足人们当下最迫切的需要才是激励人们行动的主要原因和动力,但满足了的需要发挥不了激励作用。当人们在一个环境中一直得不到最迫切层次需要的满足,人们就会有目的地转向另一种环境,来满足自己的需要,这种行为就会造成人才的流失。因此,对于管理者而言,应该针对不同层次的需要,采取相应的激励措施来满足需要。

2.2.2 ERG理论模型

美国耶鲁大学奥尔德弗在大量研究的基础上,对马斯洛的需要层次理论进行了修正。他认为人存在3种核心的需要,3种需要由低级向高级发展,第一种是生存(Existence)的需要,即生理需要和安全需要,相当于马斯洛理论中前两个需要;第二种是相互关系(Relatedness)的需要,即保持重要的人际关系的需要;第三种是成长发展(Growth)的需要,包括个人发展的需要、潜力和才能的发挥以及成就感的满足。因此被称为ERG理论。与马斯洛理论不同的是,ERG理论认为人在一个阶段中可能有不止一种需要在起作用;如果较高层次需要的满足受挫,人们将转而追求较低层次的需要,即存在"挫折—倒退"趋势。

ERG理论更加符合人们的心理状态和行为表现。他认为每个员工由于生存环境、知识水平、个性特征、家庭背景和价值观的差异,对于需要的层次和强度各不相同。对处于解决温饱阶段的员工,满足生存需要的意愿强烈,而对于高级员工来说,相互关系需要或者成长发展需要占主导地位。因此对于管理者来说,要了解每个员工最渴望的需要,然后因人而异地采取措施来满足员工的不同需要,达到激励目的。

2.2.3 成就需要理论

成就需要理论由美国心理学家戴维·麦克利兰提出,他研究了人在生存需求得到满足后的需求状况,主要有成就需要、相互关系需要和合群需要。麦克利兰认为,成就需要并非是与生俱来的,而是可以通过后天培养形成的。

成就需要理论的研究对象主要是生存和物质需要都得到相对满足的高层次人才,因此对本研究具有较强的指导和参考意义。该理论分析了有成就需要的人的一些特征,包括敢于冒险,热衷于挑战,善于分析和评估问题并通过自己的努力解决问题;责任感强,不畏失败,要求工作有明确快速的反馈,习惯长时间工作等。通过对英国等发达国家的大量实例研究,成就需要理论对管理工作有一些启发:要尽可能地为成就需要的人提供富有挑战性的工作,调动和激发其才能;要对其工作成果及时反馈,给予鼓励和认可;要为员工创造良好的工作环境,注重培养员工的成就需要。对如何激励高科技人才,麦克利兰的成就需要理论很有借鉴意义。

2.2.4 双因素理论

美国行为科学家弗雷德里克·赫茨伯格提出了双因素理论,他的研究是在对美国匹兹堡地区多家工商业机构的工作人员进行样本调研的基础上提出来的,又称激励—保健理论。他认为使员工感到不满的因素和使员工感到满意的因素是不一样的。使员工感到不满意的,大部分是工作环境和工作关系方面的,比如公司政策、人际关系、物质工作条件、工资福利待遇等,这一类因素称为保健因素。保健因素达不到员工可接受的最低水平时,会引发员工的不满,但当具备了这些条件时也不能激励员工。使员工感到满意的,大都属于工作内容和工作本身方面的,比如工作的成就感、领导的赏识以及成长和发展的机会等,称为激励因素。激励因素能够激发员工工作的热情和积极性。

赫茨伯格明确指出,激励因素不能有效发挥作用的原因是缺乏保健因素。因此,从这个意义出发,对于管理者而言,首先要满足员工保健因素的需要。如果保健因素不能满足,员工会消极懈怠,激励就无从谈起。要在满足保健因素的基础上,充分利用激励因素,对员工产生更大的激励。

2.3 国外学者有关人才流失模型的研究

2.3.1 马奇和西蒙模型

马奇和西蒙模型提出的关于员工流失的模型,在人才流失模型研究中影响很大。马奇和西蒙的模型被称为"参与者决定"模型。模型其实由两个模型共同组成,分别分析了员工从企业内部流出的客观意愿和员工从企业流出的容易程度。第一个模型的两个重要因素是工作满意度和员工对企业内部流动可能性的预判。如图 2-1 所示。

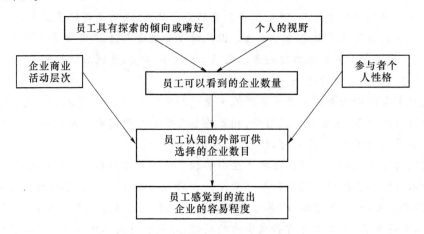

图 2-1　决定员工感觉到的流出的合理性因素

人才流出的行为受员工从企业中流出的容易程度影响。而员工从企业流出的容易程度是由员工所能够看到的企业的数量、他们胜任职位的可获得性以及他们是否愿意接受这些职位等因素决定的。如图 2-2 所示。

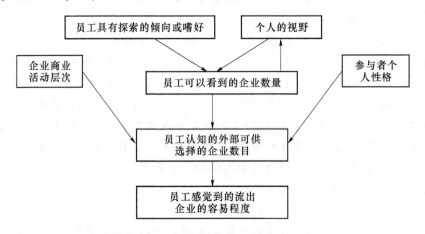

图 2-2　员工感觉到的流出的容易程度因素

马奇和西蒙模型的贡献在与他们将劳动力市场和个体行为融为一体来研究员工的流失行为,为以后研究人才流失奠定了坚实的理论基础。

2.3.2　普莱斯模型

普莱斯模型分析了员工流出的决定性因素和干扰变量。他认为,工资水平、融合性、基础交流、正规交流和集权化是员工流失的决定性因素,而工资满意度和调换工作的机会是干扰变量。普莱斯模型的假定条件是,当员工对工作不满意,并且员工调换工作的机会相当高时,才会产生流失。普莱斯模型如图 2-3 所示。

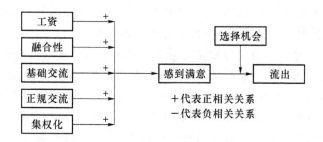

图 2-3　普莱斯模型

2.3.3　莫布雷中介链模型

莫布雷对马奇和西蒙模型进行了改进，提出了莫布雷中介链模型，他研究的重点是工作满意度与员工实际流出之间的行为和认知过程。模型中人才流失的过程从对现有工作的满意度开始，如果不满意，将产生辞职的想法，继而寻求其他的职位，对新工作和现工作进行比较、衡量与评价，产生辞职意图，付诸行动，离职。这一模型的假设理论是，导致员工流出的主要因素应该是员工的流出意向，而不仅仅是对工作满意度的评价。

2.4　国内学者关于人才流失原因的研究

与西方发达国家相比，国内学者对人才流失问题研究的较晚，时间也比较短，但人才流失问题越来越受到国内研究者的重视。我国对高科技人才流失问题的研究大多在实证方面。本部分主要梳理和总结了国内学者关于人才流失原因的研究。

2.4.1　不同区域人才流失原因研究

很多学者针对我国经济欠发达地区做了大量人才流失问题的研究，根据研究结论，他们认为区域社会经济发展落后是导致人才流失的重要原因之一。

肖永梅（2006 年）在《欠发达地区人才流失的原因及对策》中，以安顺市人才为例，分析了欠发达地区人才流失的原因，主要是经济和制度方面：一是总体经济发展水平有限，高校毕业生就业机会不多；二是对人力资源的重视程度不够，人才激励机制不完善，社会保障机制和人才流动机制不健全。

金鲜花（2008 年）在《浅谈延边地区人才流失应采取的战略》中提到延边地区大量的人才"外流"，人才问题日显突出。文章总结延边地区人才流失的主要原因为：长期的组织安排式的用人制度，第一和第二产业行业范围的狭小，人才管理意识低下，生活待遇不尽如人意。

彭本瑜（2009 年）在《攀枝花市人才流失和人才激励问题研究》中，从环境因素、组织因素、个人因素三方面分析人才流失主要原因有：区域发展差异、产业结构调整、总体薪酬水平低、组织缺乏有效管理手段、组织文化缺失、上升空房间不足、成就感不强等。

2.4.2　不同组织类型人才流失原因研究

学者们针对不同组织类型的人才流失也开展了大量的研究探索。从以往的文献来看,不同的组织类型主要包括:企业、高校和其他行政事业类单位,而对企业人才流失的研究,主要集中在对国有企业和民营企业两种类型上。

对国有企业人才流失原因的研究有董燕(2003年)的《我国国有企业的人才流失应对策略研究》、刘湘顺(2004年)的《国有企业人才流失问题研究》、李硕(2003年)的《国有企业应对人才流失的保留策略研究》等,主要是针对国有企业人才流失现状,分析国有企业人才流失原因,概括总结有以下几点:国有企业人才薪资待遇低,难以留住人才;忽视人才投入,缺乏对员工的培训和教育;人力资源管理体制落后,激励机制不健全;人才任用机制不科学,员工成长和发展困难等。

对民营企业人才流失原因的研究有蔡敏(2007年)的《民营企业人才流失现状分析与应对策略研究》,从个人因素、企业因素和环境因素三个不同的角度来分析民营企业人才的流失原因,提出了企业内部管理和地区吸引人才的策略和建议。王健(2012年)《中小民营企业人才流失成因分析及对策研究》主要是从企业管理水平和人才个人生活、发展需求等方面分析了民营企业人才流失的原因。

还有学者针对知识分子较为集中的高校人才流失问题进行了研究,比如陈起雄(2003年)《关于高校人才流失的刍议》;还有针对IT企业的人才流失问题进行了研究,如周宇(2007年)的《长沙中小IT企业人才流失的因素分析与对策研究》,这些文章极大地丰富了我国人才流失的研究内容。

2.4.3 不同员工类型人才流失原因研究

孟令熙(2011年)《高新技术企业研发人才流动研究》对青岛、上海、昆明等8个城市的高新技术企业人才流动进行了研究,认为对高新技术企业人才离职影响最为显著的三个因素是:企业工作条件、企业内部环境和企业及个人发展前景。由此可以看出,高新技术企业人才更在意的是研发环境、职业培训、人际关系和个人的成长发展等发展性因素。

赵晨和蒋浩(2005年)的《我国公务员队伍人才流失现状及对策研究》,分析了我国公务员队伍人才流失的主要原因有:人才管理制度不科学,使技术人才发展空间狭窄;薪酬体系不健全,缺乏对公务员人才的吸引力;考核晋升机制不科学,磨灭了部分人才的工作热情;相对单调的工作内容,不利于人才的个性化发展和需求。

可以看出,国内对人才流失的研究对象和范围较广,并取得了一定的研究成果,为人才流失研究提供了大量的经验和参考。但是,总体来看,研究比较散乱,研究深度不足,并且还缺乏实证研究,对某一区域高科技人才流失的研究还较为鲜见。

资料来源:北京邮电大学硕士论文,2016。

五、研究假设和分析框架

在对文献进行回顾和总结的基础上,作者就可以依据前人研究成果或者某种理论进行逻辑推理,提出研究假设和分析框架。

分析框架是管理类论文的主体部分,我们通常可以用两种方式来阐述分析框架:

第一种是用图形来表示,其优点是可以用简明直观的图形来表达对事物之间关系的认识,比较适合突出和强调主要的影响因素或机制,其缺点是图形高度简化,某些假定与现实之间存在差距;另一种是用数学模型表示,其优点是能处理多种因素和复杂的因果关系,而且模型的推理和论证过程严谨,但是在建立模型时会有一定的难度。

六、实证研究

这部分包括研究设计、数据搜集和数据分析,也就是对现有材料进行数理统计、分析,并设计实验,进行量化的、精确的测试并推导出结论。常用的统计方法包括:描述性统计、信度分析、效度分析、方差分析、因子分析。其中:描述性统计是统计分析的第一步,目的说从整体上观察一下数据的有效性、整体分布情况,一般不做解释和分析;信度即可靠性,它是指采用同样的方法对同一对象重复测量时所得结果的一致性程度,主要方法有重复性信度、副本信度、折半信度、α信度系数法;效度即有效性,它是指测量工具或手段能够准确测出所需测量的事物的程度,主要方法有结构效度、内容效度和效标关联效度;方差分析是从观测变量的方差入手,研究诸多控制变量中哪些变量是对观测变量有显著影响的变量;因子分析是指研究从变量群中提取共性因子的统计技术。因子分析可在许多变量中找出隐藏的具有代表性的因子。将相同本质的变量归入一个因子,可减少变量的数目,还可检验变量间关系的假设。

七、结论

论文的结论部分,应反映论文中通过实验、观察研究并经过理论分析后得到的学术见解。结论应是该论文的最终的、总体的结论。主要包括:第一,本研究结果说明了什么问题,得出了什么规律性的东西,解决了什么理论或实际问题;对论文创新内容的概括,措辞要准确、严谨,不能模棱两可,含糊其辞。不用"大概""也许""可能是"这类词,以免使人有似是而非的感觉,从而怀疑论文的真正价值。第二,对前人有关问题的看法作了哪些检验,哪些与本研究结果一致,哪些不一致,作者作了哪些修正、补充、发展或否定。第三,本研究的不足之处或遗留问题。对于论文未能解决的问题、模型和结论的局限性以及对解决这些问题的可能的关键点和方向做出简短的说明。

书写结论时应该避免三个问题:第一,把结论写成余论。不需要余留一些问题给读者展示。第二,把结论写成展望。一篇论文把本身需要解决的问题解决好即可,一般不需要展望什么。如果一定要展望,那么在结论之后写一百字左右的文字表达一下。第三,把结论写成感想,不少学生在结论中经常触景生情、浮想联翩,把许多与结论没有关联的东西写进来,这是忌讳。

不要忽略结论部分,在审稿人看来,这可能是文章最有价值的部分。

八、参考文献

按照字面的意思,参考文献是文章或著作等写作过程中参考过的文献。然而,按照 GB/T 7714—2005《文后参考文献著录规则》的定义,文后参考文献是指"为撰写或编辑论文和著作而引用的有关文献信息资源"。根据《中国学术期刊(光盘版)检索与评价数据规范(试行)》和《中国高等学校社会科学学报编排规范(修订版)》的要求,很多刊物对参考文献和注释做出区分,将注释规定为"对正文中某一内容作进一步解释或补充说明的文字",列于文末并与参考文献分列或置于当页页脚。

(一) 参考文献的类型

根据 GB 3469—83《文献类型与文献载体代码》的规定,参考文献以单字母方式标识:专著 M;报纸 N;期刊 J;专利文献 P;汇编 G;古籍 O;技术标准 S;学位论文 D;科技报告 R;参考工具 K;检索工具 W;档案 B;录音带 A;图表 Q;唱片 L;产品样本 X;录像带 V;会议录 C;中译文 T;乐谱 I;电影片 Y;手稿 H;微缩胶卷 U;幻灯片 Z;微缩平片 F;其他 E。

(二) 参考文献编排示例

1. 专著、论文集、学位论文、报告

其格式如下:

[序号]主要责任者.文献题名[文献类型标识].出版地:出版者,出版年份,起止页码(任选)。

例如:

[1] 刘国钧,陈绍业,王凤翥.图书馆目录[M].北京:高等教育出版社,1957,15-18.

[2] 辛希孟.信息技术和信息服务国际研讨会论文集:A 集[C].北京:中国社会科学出版社,1994.

[3] 张筑生.微分半动力系统的不变集[D].北京:北京大学数学系数学研究所,1983.

[4] 冯西桥.核反应堆压力管道和压力容器的 LBB 分析[R].北京:清华大学核能技术设计研究院,1997.

[5] Gill,R. Mastering English Literature[M]. London:Macmillan,1985.

2. 期刊文章

其格式如下:

[序号]主要责任者.文献题名[J].刊名,年,卷(期):起止页码。

例如:

[6] 何龄修.读顾城《南明史》[J].中国史研究,1998,(3):167-173.

[7] 金显贺,王昌长,王忠东,等.一种用于在线检测局部放电的数字滤波技术[J].清华大学学报(自然科学版),1993,33(4):62-67.

[8] Heider, E. R. & D. C. Oliver. The structure of color space in naming and

memory of two languages[J]. Foreign Language Teaching and Research,1999,(3):62-67.

3. 论文集中的析出文献

其格式如下：

[序号]析出文献主要责任者.析出文献题名[A].原文献主要责任者(任选).原文献题名[C].出版地:出版者,出版年份,析出文献起止页码。

例如：

[9] 钟文发.非线性规划在可燃毒物配置中的应用[A].赵玮.运筹学的理论和应用——中国运筹学会第五届大会论文集[C].西安:西安电子科技大学出版社,1996,468-471.

[10] Spivak,G. "Can the Subaltern Speak?"[A]. In C. Nelson & L. Grossberg(eds.). Victory in Limbo:Imigism[C]. Urbana:University of Illinois Press,1988,pp. 271-313.

4. 报纸文章

其格式如下：

[序号]主要责任者.文献题名[N].报纸名,出版日期(版次)。

例如：

[11] 谢希德.创造学习的新思路[N].人民日报,1998-12-25(10).

[12] French,W. Between Silences:A Voice from China[N]. Atlantic Weekly,1987-8-15(33).

5. 国际标准、国家标准

其格式如下：

[序号]标准编号,标准名称[S].

例如：

[13] GB/T 16159—1996,汉语拼音正词法基本规则[S].

6. 专利

其格式如下：

[序号]专利所有者.专利题名.专利国别:专利号,出版日期。

例如：

[14] 姜锡洲.一种温热外敷药制备方案.中国专利:881056073,1989-07-26.

7. 电子文献

其格式如下：

[序号]主要责任者.电子文献题名[电子文献和载体类型标识].电子文献的出处或可获得地址,发表或更新日期/引用日期(任选)。

例如：

[15] 万锦坤.中国大学学报论文文摘(1983—1993).英文版[DB/CD].北京:中国大百科全书出版社,1996.

8. 各种未定义类型的文献

其格式如下：

［序号］主要责任者.文献题名［Z］.出版地：出版者，出版年份.

9. 英文文献

对于英文参考文献，作者还应注意以下两点：第一，作者姓名采用"姓在前名在后"的原则，具体格式是：姓，名字的首字母，如"Malcolm Richard Cowley"应为"Cowley，M. R."，如果有两位作者，第一位作者的方写方式不变，"&"之后第二位作者名字的首字母放在前面，姓放在后面，如"Frank Norris"与"Irving Gordon"应为"Norris，F. & I. Gordon"。第二，书名、报刊名使用斜体字。

九、附录

附录作为论文的补充部分，并不是必需的，一般包括在图书或文章后面附印的与正文有关的文字、表格和图片，也包括与正文有关的文章、文件、年谱、年表、索引、大事记、译名对照表，以及其他有关资料。

附录选择哪些内容，决定于对理解正文是否有需要，与正文无关的内容不应选为附录。附录的作用是便于读者查考有关作者的情况、有关内容的背景、有关问题的资料，从而更全面、更深刻、更准确地理解文章的正文。

第三节 范 文

大学生主观幸福感影响因素研究——基于高校管理视角

靳 娟

摘要：本文重点研究基于高校管理视角之下的大学生主观幸福感影响因素。在访谈法的基础上提炼出教学制度、校园环境、学生活动三个维度，据此设计问卷，运用SPSS 19.0软件对问卷数据进行统计分析，结果显示：教学制度、校园环境、学生活动均与大学生主观幸福感具有显著正相关关系，其中，教学方式、师生互动、宿舍环境、校园环境对主观幸福感的正向影响作用最强。在此基础上，笔者提出了相关对策建议。

关键词：高校管理；大学生主观幸福感；影响因素；访谈法；问卷调查法

Study on the Influence Factors of Subjective Well-Being of College Students:

Abstract: This paper focuses on the factors influencing college students' subjective well-being from the perspective of university management. Three dimensions of teaching system, campus environment, student activities are abstracted based on interviews. In the following, this paper designs a questionnaire and uses SPSS16.0 to analyze the collected data. Results indicate that a significant positive correlation exists between teaching system, campus environment, student activities and subjective well-being, among which teaching methods, teacher-student interaction, dormitory environment, campus environment showed the strongest positive effect on the subjective well-being. On this basis, the author puts forward the relevant countermeasures and suggestions.

Key words: university management; college students' subjective well-being,; influence factors; interview method, ;questionnaire survey method.

主观幸福感是衡量个人生活质量的重要综合性心理指标,它具有以下特点:第一,主观性。即根据自己设定的标准而非他人的标准或者调查机构设定的标准进行评价。第二,整体性。生活质量是由家庭、婚姻、工作、学习等多因素构成的,因此测量幸福感时,人们需要对多个因素进行综合考量。第三,相对稳定性,从短期来看,主观幸福感是时刻变化的;但是长期测量发现,主观幸福感是一个相对稳定的值,它不会随着时间的流逝或者环境的改变而发生重大变化,因此,主观幸福感是平稳波动的。

大学生作为占同龄人23%以上的社会精英群体,正处于人生发展的重要时期,精力旺盛,对事物充满强烈的好奇心,同时又缺少磨难,心理承受能力相对较弱,情绪波动相对较大,他们的主观幸福感很容易受到外界因素的影响。高校是大学生生活和学习的主要载体,因此学校管理等相关因素对其幸福感有着重要影响作用。本文基于高校管理视角,研究大学生主观幸福感影响因素,希望研究结论对于完善高校管理方式,提升大学生主观幸福感指数,提升人才培养质量具有一定的现实意义和借鉴作用。

一、文献综述

(一) 幸福感的内涵

关于幸福感的内涵,由于研究角度的不同,不同学者对其理解不尽相同。Wilson(1960年)认[1]为,幸福感是人们对自身生活满意程度的认知评价,包括总体生活满意和具体生活领域满意两个方面。Diener(1984年)[2]将幸福感界定为:人们对自身生活中有关情感、情绪以及认知上的积极评价。这一定义被大多数研究者认可。据此,本研究认为:大学生主观幸福感是大学生对自身学习、生活中各个方面认知评价后产生的一种积极的心理体验。

(二) 国外学者关于主观幸福感的研究

国外学者对幸福感的研究始于20世纪60年代,总体上讲经历了描述比较、理论建构、实证性研究三个阶段。第一阶段:描述性研究阶段。研究者将重点放在资源分类和人口统计项目上,他们只是对各类人群的幸福感进行了简单的测量,并描述了其相应的幸福感水平;第二阶段:理论建构阶段。研究者创建了许多关于主观幸福感的心理理论模型,并且进一步验证这些模型;第三阶段:实证性研究阶段。这一阶段侧重于发展和完善幸福感测量技术,研究者根据对幸福感本质的不同理解,开发出生活质量、心理发展、心理健康三种意义上的主观幸福感测量取向,并采用访谈法、问卷法、心理测量法等多种幸福感测量技术。

（三）国内学者关于主观幸福感的研究状况

国内学者对主观幸福感的研究起始于20世纪80年代中期。学者们借鉴国外先进理论，引入成熟量表和测量工具，并应用于实际研究。他们主要分析同类人群、不同类别人群的幸福感差异程度，以及幸福感差异的影响因素。但是，总体来看，我国对幸福感影响的研究尚处于起步阶段，研究的理论建构有待加强，测量工具有待进一步完善和本土化，研究内容的深度、广度也有待进一步扩展。

（四）大学生主观幸福感的研究状况

Diener(1999年)[3]等人对大学生主观幸福感进行过系统的研究，编制了相关量表，对大学生主观幸福感、生活满意度、积极情感、消极情感、外在准则、自我体验等进行测量，结果显示：大学生主观幸福感与生活满意度和积极情感存在显著正相关，与消极情感存在显著负相关，同时，根据外在准则和自我体验两个维度的测量，更加清楚地预测了积极情感和消极情感对主观幸福感的影响。段建华(1996年)[4]在20世纪90年代引入国外量表，在中国大学生群体中进行施测分析，提出大学生主观幸福感包括负面情绪、正面情绪和健康状况三个维度。经验证，修订后的量表信度和效度较高。

综上，目前国内外学者对大学生主观幸福感的研究主要集中在其结构和测量方面，对其影响因素的研究则较为鲜见。

二、访谈及研究假设

（一）访谈实施及总结

1. 访谈样本

本研究的访谈对象是即将毕业的大四学生。大四学生基本经历了全部的大学校园生活，参与了大部分的学校活动，对学校管理的方方面面比较了解，影响他们主观幸福感的因素会更全面，有利于提高研究结果的准确性，因此这次研究的对象全部都是大四学生。笔者访谈的总人数为23人，其中：男生15人，女生8人。访谈的学生来自不同的地区，性格和发展方向也不相同。

2. 访谈实施

在访谈前，笔者设计了访谈提纲，主要问题包括：①你认为主观幸福感是什么？②你是否满意目前的校园生活？③你是否满意学校的管理制度和方式？④你认为学校管理制度和方式的哪些方面会影响你的主观幸福感？

访谈采取一对一封闭式的访谈形式，确保访谈结果是被访者自己主观的态度，不会受到外界的影响。访谈时长为0.5~1小时。访谈使用开放型和封闭型问题相结合的方式，在访谈过程中采用引导、追问的方法，以求尽可能多地收集影响被试者主观幸福感的因素。

3. 访谈总结

对访谈结果进行整理，根据项目出现频次，最终归纳总结出16个因子，征求3位人力资源专家的意见，将这16个因子归类到3个维度上，分别是：教学管理制度、校园生活、学生活动。教学管理制度包括师生互动、课程安排、教学方式、考试制度 4 个因子；校园生活包括学校环境、宿舍环境、运动设施、学校餐饮、周边环境、寝室环境 6 个因子；学生活动包括知识竞赛、专家讲座、就业指导、文体活动、集体出行、交流活动 6 个因子。

教学管理制度：教学方式是影响学生主观幸福感的重要因素，因为大学生的主要时间还是上课，所以老师教学方式在很大程度上会影响学生的听课情绪和对老师的接受程度，一个适合的讲课内容和一个容易让学生接受的方式会明显影响学生的上课出勤率与上课情绪。一旦学生对某门课程出现消极的态度，那么他就可能通过很多情绪表现出来并造成不良后果，如经常缺课，作业都是完成任务式的，对这门课也提不起兴趣，甚至可能因为一周的某一天有这门课而觉得这一天是一周最不好的；考试制度也是影响大学生主观幸福感的因素。考试制度主要是通过考试安排、考试内容、考试成绩这三个方面产生影响。考试是检验大学生一学期学习成果的一个重要的考核方式，所有学生都不希望自己考得太糟，考试成绩的好坏很大程度的影响学生期末假期那一段时间的心情，所以考试制度是学生比较关心的一个重要因素；师生互动也影响主观幸福感。大学生在校期间最主要的引导者就是老师，他们希望多和老师沟通，得到学业、科研、就业方面的引导。

校园生活：校园是学生每天生活的地方，学校的环境影响学生每天的心情，心情的好坏决定学生情绪的好坏。学校整体环境的因素也很容易对其他相关的事件造成连锁反应，因此学生对于校园环境还是比较注重的；另外一个影响相对较大的因素就是学校的餐饮。民以食为天，学校的餐饮环境对学生主观幸福感的影响也较大。食堂的口味和可选择的种类以及就餐的等待时间都是学生比较在意的因素。味道不好可能几天、一个星期学生还可以接受，一年、几年对于学生来说就很难忍受了；宿舍是学生的家庭，住宿环境关系到学生在辛苦上课之后是否能有一个舒适的地方休息，在外面遇到挫折，回到宿舍能是否有一帮好朋友给他安慰，给他带来温暖；学习环境是指学校的图书馆和自习室的环境，这对于学生的心情和主观幸福感也有一定影响。

学生活动：大学生处于求知阶段，有着强烈的成长和发展需要，渴望提高自身学术水平，因此，学生竞赛对其幸福感影响较大；专家讲座被认为是一个重要程度仅次于学生竞赛的因素。其实不难理解，在大学校园中，学生们有很强的求知欲，一般来说，当学生遇到他们感兴趣的事情时，第一想法是要去了解这件事，对他们而言最简单的方法就是上网寻找答案，但是，网上有很多言论不一定是正确的，更有甚者，有些偏激、错误的观点会对学生造成很大的影响。这时，最好的方式就是组织一些讲座，请专家来普及一些专业知识，这不仅能很好地满足学生们的求知欲，还能在一定程度上保证他们摄取的知识是健康和正确的；对于学生而言，他们进入校园学习是为了有一个更好的前途，为了能找到一份自己满意的工作，从而证明自己的价值。然而对于大部分学生而言，他们不知道怎么在就业的时候把自己所学的知识体现出来，不知道怎么在别人前展现自己的长处，他们甚至会害怕进入一个陌生的环境去开启一段新的生活，在这个时候，他们最需要的就是一个就业指导，来帮他们解答疑惑，树立信心，走出不安；

此外,还有文体活动、集体出行和交流活动等因素。除了学术活动,学生在校园里还需要有文体活动等娱乐来充实他们的日常生活,这也体现了他们对于交友的需求。同理,集体出行和交流活动也让学生在参与活动的同时结交到一些朋友,对其幸福感会产生影响。

(二)研究假设

基于访谈结果,本研究提出如下假设:

H1　教学管理制度对大学生主观幸福感具有正向影响;

H2　校园环境对大学生主观幸福感具有正向影响;

H3　学生活动对大学生主观幸福感具有正向影响。

三、问卷设计

本研究采用"主观幸福感问卷"和"大学生主观幸福感影响因素问卷"进行调查分析。"主观幸福问卷"是 Diener 等人编制的。该问卷由3个分量表组成,即整体生活满意度(5个题项)、积极情感(6个题项)、消极情感(8个题项)。经过多国被试者的研究表明,该量表具有较高的信度和效度。"大学生主观幸福感影响因素问卷"是在访谈结果的基础上,由笔者自己编制的,请3位人力资源管理专家对初始问卷提出意见,根据专家意见进行修订,形成正式问卷,包括33个题项。

四、统计分析

(一)样本数据情况

本次调查问卷的发放采取线上和线下相结合的方式,总计发放问卷500份,回收有效问卷452份,其中:男生264人,占比58.4%;女生188人,占比41.6%。被调查的学生专业、生活状况都是随机的。

(二)问卷信度分析

信度分析用来评价问卷的可靠性和稳定性。信度可以分为重测信度、复本信度、内容一致性信度和评分者信度。本次信度分析主要分析内部一致性信度。Cronbach α 系数值是分析内部一致性信度最常用的指标。使用 SPSS 软件,对问卷进行信度分析,结果如表1所示。

表1　各变量的信度分析结果

因素	Cronbach α	因素	Cronbach α
积极情感	0.719	教学管理制度	0.764
消极情感	0.835	校园生活	0.775
生活满意度	0.862	学生活动	0.786

从表1可以看出,各因素的 Cronbach α 系数值均大于0.7,说明问卷样本数据的内部一致性较高,可以进行下一步的数据分析。

(三)效度分析

本研究运用内容效度和收敛效度来分析问卷的建构效度。在内容效度方面:"主观幸福感问卷"的内容效度经过多国的多个被试者检验,效度较高;"大学生主观幸福感影响因素问卷"在编制过程中,曾征询专家意见并依据专家意见进行修订,得到专家认可。

本研究利用 SPSS 软件对问卷进行效度分析,结果显示:各组变量的 KMO 值均大于 0.7,相关性较好,同时,Barlett 环球检验的显著性均小于 0.01,说明问卷具有较好的收敛效度。

(四)模型拟合与假设检验

本研究选取 9 个最具代表性的指标进行分析,模型分析结果如表 2 所示。

表 2 模型拟合度分析结果

指标	绝对拟合度			精简拟合度			增值拟合度		
	χ^2/df	GFI	SRMR	RMSEA	PNFI	PGFI	NFI	IFI	GFI
评价标准	<3.000	>0.900	>0.08	<0.080	>0.500	>0.500	>0.900	>0.900	>0.900
本模型	1.821	0.957	0.094	0.079	0.723	0.688	0.922	0.945	0.927

从表 2 可以看出,9 项指标均在拟合指数所设定的标准范围内,可以认为本研究提出的模型与数据拟合度良好,可以进一步检查假设路径的正确性。

(五)假设验证和模型结果分析

运用 AMOS17.0 进行统计分析,得到的理论模型路径系数和假设检验情况如表 3、表 4 所示。

表 3 模型结果分析

	Std. Estiate	P	假设	检验结果
S←教学管理制度	0.452	***	H1	通过检验
S←校园生活	0.399	***	H2	通过检验
S←学生活动	0.406	***	H3	通过检验

表 3 中的"S"代表主观幸福感。统计结果显示,假设 H1、H2、H3 的 P 检验值均达到小于 0.05 的显著性水平,都通过了检验。即教学管理制度、校园生活、学生活动都对产生主观幸福感较为显著的影响,其中,教学管理制度(0.452)对主观幸福感的正向影响最强。

表 4 变量关系路径系数和显著性检验

变量关系	标准化路径系数	C.R	P	显著性
师生互动与幸福感关系	0.377	4.773	0.002	显著
课程安排与幸福感关系	0.314	3.852	***	显著
教学方式与幸福感关系	0.396	3.237	***	显著

续表

变量关系	标准化路径系数	C.R	P	显著性
考试制度与幸福感关系	0.296	4.302	***	显著
校园环境与幸福感关系	0.352	3.761	***	显著
宿舍环境与幸福感关系	0.356	2.997		
运动设施与幸福感关系	0.287	4.851	***	显著
周边环境与幸福感关系	0.312	3.114	***	显著
学习环境与幸福感关系	0.317	3.106	***	显著
专家讲座与幸福感关系	0.289	3.138	***	显著
就业指导与幸福感关系	0.315	3.219	***	显著
文体活动与幸福感关系	0.264	3.382	***	显著

从表4可以看出，本模型假设的路径符合显著性要求，路径显著。其中，教学方式(0.396)、师生互动(0.377)、宿舍环境(0.356)、校园环境(0.352)对大学生主观幸福感的正向影响作用最强。

五、对策与建议

基于以上研究结论，笔者提出以下建议，以提高高校管理管理水平，提升大学生主观幸福感和生活质量。

(一)对教学管理制度方面的改进建议

教学制度的改进主要包括教学方式改进和师生互动的改进。对于教学方式，学校应该鼓励任课老师在教学内容和方法上不断创新，通过举办竞赛，提高奖金或物品的奖励来鼓励他们创新，并且将讲课效果与教师晋级、职称评审挂钩，激发教师讲课创新的积极性和主动性。

良好的师生关系对促进大学生身心健康成长具有主导作用。师生互动主要包括讲课老师和学生之间以及辅导员与学生之间的互动。大学由于上课的方式，限制了老师和学生之间相处的时间与机会，因此，提供更多的老师和学生互动交流的机会是非常重要的，比如，建立本科生导师制，密切老师和学生的关系，由专职教师对学生进行学业、职业规划等方面的引导；学校可以多组织一些教师经验分享会，既可以增加学生和老师的交往，又可以激起学生的学习和求知的动力，对学生的学习发展成长都有重要意义；另外一个师生互动就是学生和辅导员之间的互动，辅导员作为学生和学校接触的一种渠道，可以帮助学生了解学校的一些管制制度、就业政策，同时也可以给学生提供一些资源，因此增加辅导员和大学生的接触与交流也是提高大学生主观幸福感的重要手段。

(二)校园生活方面的改进建议

1. 对改善宿舍环境的建议

学校应该从改善宿舍条件开始着手，争取在允许的范围内给学生们提供最好的住宿条件。首先,学校应该为学生们提供一个干净的环境,让学生们的卫生和健康得到保障,这可以通过提高清洁力度来实现。其次,学校可以适当地增加宿舍空间,这样一来寝室里的格局也可以得到改善,上下床就可以改成上床下桌,这样不仅能给每个学生应有的隐私空间,也可以为他们提供更多的生活和学习空间;学校应该尽可能地给每个寝室提供一个阳台,这样,不仅学生们的生活空间变大了,日常活动也更为便利;与此同时,学校还应该注意老旧或损坏的设施维修,不让学生们因此而受到困扰;安全问题一直是学校和学生最重视的问题,虽然学校也一直十分重视寝室的安全问题,但是失窃事件我们还是时不时地能听闻,这也直接说明了监管的安全漏洞,学校应该加大管理力度。

2. 对改善校园环境的善建议

对于校园环境,学校能做的其实很多。学校应该确保校园环境的整洁,这就需要学校对校园里的垃圾桶及周边垃圾进行整顿,专人及时清理垃圾桶内的垃圾,派专人监管巡逻,制止那些不把垃圾扔进桶里的学生,同时对不听劝的学生进行采取一些惩罚措施;除了整顿脏乱之外,学校还可以通过美化环境来提升学生们的主观幸福感;校园内车辆的行驶同样困扰着学生,学校可以扩建道路,开辟出专门的机动车道、非机动车道和学生们的行走区域,同时派专人监管,对违反规定的车辆进行处罚;然后是食堂、澡堂、小超市这些基础设施类的问题,在保证安全的前提下,完善各类服务,满足学生的需求,以此来提高学生的主观幸福感。

参考文献

[1] 王佳艺,胡安安. 主观幸福感研究述评[J]. 外国经济与管理,2006,28(8),49-55.

[2] Diener Subjective Well-Being—The science of Happiness and Proposal for National Index American Psychologist,2000,vol55,NO:34-43.

[3] Diener E,Suh EM. National differences in subjective well-being. In Kahneman D,Diener E,Schwarz N,eds. Well-being:The Foundations of Hedonic Psychology. New York:Russell-stage,1999,138.

[4] 段建华. 总体幸福感量表在我国大学生中的试用结果与分析[J],中国心理卫生杂志,1996,4(1):56-57.

本章思考题:一篇规范的学术论文主要包括哪几个部分?

第七章
本科学位论文的写作与修改

本科学位论文的写作与修改是学位论文中最主要、最关键的工作。同学们在确定论文选题,收集整理材料,拟定大纲,通过开题后,一边继续收集材料,深入思考,同时着手撰写论文初稿。在学位论文初稿写出来之后,还必须花大力气进行修改和完善,经过多次斟酌、修改,才能完成并上交一篇合格的学位论文。本章主要介绍本科学位论文的写作流程、开题报告写作要求、提纲的撰写、初稿的写作及修改。

第一节 本科学位论文写作的基本流程

本科学位论文写作周期较长、环节多、工作量大,同学们要保质保量地完成论文写作,就要按照论文写作的流程来安排自己的工作。本科论文写作的基本流程如图7-1所示,可以分为以下四个阶段:

- 选题
- 收集和整理材料
- 撰写开题报告
- 撰写论文提纲
- 撰写论文初稿
- 修改与定稿
- 论文提交

图7-1 毕业论文写作的基本流程

第一阶段:收集整理材料,确定选题,完成文献综述和基本构思。一般是在第八学期开学后一个月内确定选题。多数学校会举行开题报告会,要求学生汇报选题情况并说明理由,所选题目需要获得开题小组的通过。

第二阶段:拟定论文提纲,确定毕业论文的主要内容、写作思路和篇章结构。一般是在第八学期开学后第二个月完成。

第三阶段:开始论文正文的起草、修改、定稿等各项写作工作。根据拟定的论文提纲和收集整理的材料,同学们将论点和论据进行有机结合,把自己的设计构思草拟成文,以形成初稿。在完成初稿的基础上,根据指导教师的意见,进一步对论点、材料、结构、文字和标点符号中存在的错误、问题与不足等进行修正,以形成论文正稿。一般是在第八学期开学后第三个月完成。

第四阶段:编校、打印和装订。完成论文正稿后,同学们需要按学校规定的论文格式规范进行文字编辑,制作论文封面、论文目录,根据格式规范要求编排论文内容。对论文的文字、用词、标点符号、数字、公式、文体格式进行最后的校对,并按规定要求进行打印和装订。这些都要求在论文答辩前必须完成。

第二节 学位论文开题报告的撰写

一、开题报告的概念

开题报告是在确定选题方向后,在初步研究的基础上撰写的报请指导教师和指导小组批准的选题,是用文字体现的论文总构想。它主要说明该选题为什么要进行研究、具备的研究条件及如何开展研究等问题,初步规定了选题的具体研究内容、步骤和工作方案,是对选题进行的论证和设计。

二、开题报告的作用

在本科教育的整个过程中,学位论文质量的高低是衡量本科生培养质量的重要标志,而论文质量的高低,很大程度上取决于论文开题报告的细致程度。开题报告是提高论文选题质量和水平的重要环节。首先,通过开题报告可以实施对毕业论文工作过程的监控,保证毕业论文质量。论文开题报告做得细致,前期虽然花费的时间较多,但写起论文来却很顺手,能够做到胸有成竹,从而保证论文在规定的时间保质保量地完成。如果不重视论文开题报告,视论文开题报告为走过场,写起论文来就会没有目标,没有方向,没有思路,可能就要多走弯路,也很难保证毕业论文的质量。其次,提请导师和学校相关老师帮助论证,完善研究计划。写论文开题报告的目的,是要请老师及专家们帮忙判断一下:这个问题有没有研究价值?这个研究方法有没有可能奏效?这个论证逻辑有没有明显缺陷?研究方法是否奏效和论证逻辑有没有明显缺陷,对完善论文的内容、思路有较大帮助。

三、开题报告的内容

学位论文的开题报告主要包括以下内容:第一,选题名称;第二,选题的目的、意义;第三,本选题国内外研究的历史和现状;第四,主要研究内容和预期目标;第五,主要研究方案;第六,研究步骤;第七,研究工作进度安排;第八,指导教师意见、指导小组意见。

(一) 选题名称

选题名称即毕业论文的题目。

(二) 论文选题的目的、意义

选题的目的即选题的依据,也就是为什么要研究它,研究它有什么价值。一般可以从两个方面入手:一是选题的有关背景。即选题的提出,根据什么、受什么启发确定研究方向。主要从现实需要去论述,指出现实当中存在这个问题,需要去研究、去解决,本选题的研究有什么实际作用;二是通过分析问题的实际研究现状,指出为什么要研究该选题,说明选题的理论和学术价值及要达到的目标。

(三)本选题国内外研究的历史和现状

主要用于叙述各家学说,阐明所选课题的历史背景、研究现状和发展方向。其叙述方式灵活多样,可按国内和国外研究动态、年代、问题、观点、发展阶段进行叙述,一般应包括历史背景、现状评述和发展方向三方面的内容。历史背景着重说明本课题前人的研究成果;现状评述重点论述当前本课题国内外研究现状,着重评述本课题目前存在的焦点,比较各种观点的异同,亮出作者的观点;发展方向主要通过横向、纵向的对比,肯定本课题目前国内外已达到的研究水平,指出存在的问题,提出可能的发展趋势,指明研究方向,提出可能的解决方法。

(四)主要研究内容和预期目标

1. 主要研究内容

主要研究内容是一个更具体、更明确的研究方向和基本结构,是论文写作的基本提纲,对论文实际写作起指导作用,也是开题报告的核心内容。基本内容一般包括:第一,对论文题目的界定。应尽可能明确研究的对象、研究的问题、研究的方法。第二,本课题研究有关的理论、名词、术语、概念的界定。如"工作幸福感、组织承诺与员工创新绩效关系研究"一文,应先界定什么是工作幸福感,什么是组织承诺,什么是员工创新绩效,工作幸福感相关理论,组织承诺相关理论以及员工创新绩效相关理论等。

2. 预期目标

预期目标是课题最后要达到的具体目的,要解决哪些具体问题,即本课题研究的目标定位。确定预期目标时要紧扣课题,用词要准确、精练、明了。相对于研究目的和指导思想而言,研究目标是比较具体的,不能笼统地讲,必须清楚地写出来。只有目标明确而具体,才能知道未来研究工作的具体方向是什么,才知道研究的重点是什么,研究者思路就不会被各种因素所干扰。

(五)主要研究方案

研究方案主要包括拟采用的研究方法、准备工作情况。

1. 研究方法

一般来说,管理学论文的研究方法可从下面选定:观察法、调查法、实验法、描述法、经验总结法、比较研究法、归纳法、综合分析法、文献资料法、因果分析法等。确定研究方法时要叙述清楚"做些什么"和"怎样做"。如要用调查法,则要讲清调查的目的、任务、对象、范围、调查方法、问卷的设计或来源等,最好能把调查方案附上。

2. 准备工作

准备工作指的是在论文写作前期都做了哪些事情,比如,文献的收集、阅读和整理、调研工作等。

（六）研究步骤

研究步骤也称写作步骤、写作程序等，具体是指从提出问题到撰写成文的各个阶段的安排。研究步骤要充分考虑研究内容的相互关系和难易程度，一般情况下，都是从基础问题开始，分阶段进行。课题研究的主要步骤包括：整个研究拟分为哪几个阶段；各阶段要完成的研究目标、任务等。例如：第一步，选题；第二步，搜集、阅读和整理资料；第三步，证论与组织（拟写开题报告）；第四步，撰写成文；第五步，论文修改与定稿。

（七）研究的总体进度安排

研究的总体进度安排即论文写作在时间和顺序上的安排。每个阶段从什么时间开始，至什么时间结束都要有明确规定。

例7-1 论文的进度安排

收集、查阅资料：2012年12月至2012年2月
设计研究计划：2013年3月至2013年4月
撰写论文初稿及修改：2013年5月
完成并提交论文：2013年6月
论文答辩：2013年6月

（八）教师意见、指导小组意见

学生完成开题报告后交至指导教师，指导教师会同指导委员会（小组）组织开题，对学生的选题进行论证，同意开题的，签署开题意见；不同意开题的，签署修改意见。

第三节　学位论文提纲的编写

一、论文提纲的作用

所谓论文提纲，是指论文作者动笔行文前的必要准备，是论文构思谋篇的具体体现。构思谋篇是指组织设计毕业论文的篇章结构，以便论文作者可以根据论文提纲安排材料素材，对课题论文展开论证。因为毕业论文的写作不像写一首短诗、一篇散文、一段札记那样随感而发，信手拈来，用一则材料、几段短语就能表达一种思想、一种感情；毕业论文是要用大量的资料、较多的层次、严密的推理来展开论述，从各个方面来阐述理由并论证自己的观点。因此，构思谋篇就显得非常重要，必须编制写作提纲，以便有条理地安排材料、展开论证。有了一个好的提纲，就能纲举目张，提纲挈领，掌握全篇论文的基本骨架，使论文的结构完整统一；就能分清层次，明确重点，周密地谋

篇布局,使总论点和分论点有机地统一起来;就能够按照各部分的要求安排、组织、利用资料,决定取舍,最大限度地发挥资料的作用。具体来讲,论文提纲有以下几个方面的作用:

(一) 可以体现作者写作的总体思路

提纲是由序码和文字组成的一种逻辑图表,是帮助作者考虑文章全篇逻辑构成的写作设计图。其优点在于,使作者易于控制论文结构的全局,层次明白,重点明确,简明扼要,一目了然。

(二) 有利于论文前后呼应

有一个好的提纲,可以帮助我们建立全局观念,从整体出发,检验每一个部分所占的位置、所起的作用,相互间是否有逻辑接洽,每部分所占的篇幅和其在全局中的位置和作用是否相称,各个部分之间的比例是否适当和谐,每一字、每一句、每一段、每一部分是否都为全局所需要,是否都丝丝入扣、相互配合,成为整体的有机组成部分,都能为展开论题服务。经过这样的考虑和编写,论文的结构才会统一而完整,很好地为表达论文的内容服务。

(三) 有利于及时调整,避免大返工

在毕业论文的研究和写作过程中,作者的思维是非常活泼的,一些不起眼的材料和从表面看来不相关的材料,经过熟悉和沉思,常常会产生新的联想或新的观点,如果不认真编写提纲,动起笔来就会被这种现象所干扰,停下笔来重新思考,甚至颠覆已写的内容,从头来过;这样,不仅增加了工作量,也会极大地影响写作情感。毕业论文提纲犹如工程的蓝图,只要动笔前把提纲考虑得周到严谨,多花点时间和精力,搞得扎实一些,就能形成一个层次清晰、逻辑周密的论文框架,从而避免许多不必要的返工。另外,初写论文的学生,如果把自己的思路先写成提纲,再去请教专家,人家一看就能懂,较易提出一些修正补充的看法,便于自己得到有效的领导。

有些学生不太愿意写提纲,喜欢直接写初稿。如果没有毕业论文提纲,虽有腹稿,但由于写作时间较长,在毕业论文写到中间或后半部时,可能忘记前半部分已写的内容而又重复写上;或因时间长而将应该写上的内容因遗忘而漏写,这样,就必定出现重复或漏写的情况,影响毕业论文的质量。可见,编写一个论文提纲是十分必要的。

二、论文提纲的写作思路

论文提纲是论文初稿的雏形,论文提纲的内容就是要用最基本的格式和语言来回答论文的基本问题。一般来说,论文提纲可以按照以下思路进行写作:第一,拟出标题;第二,写出总论点;第三,考虑全篇总的安排,从几个方面、以什么顺序来论述总论

点,这是论文结构的骨架;第四,大的项目安排妥当之后,再逐个考虑每个项目的下位论点,直到段一级,写出段的论点句(即段旨);第五,依次考虑各个段的安排,把准备使用的材料按顺序编码,以便写作时使用;第六,全面检查,作必要的增删。

三、编写提纲的原则

在编写论文提纲时,要把握以下原则:第一,要有全局观念,从整体出发去检查每一部分在论文中所占的地位和作用。看看各部分的比例分配是否恰当,篇幅的长短是否合适,每一部分能否为中心论点服务。比如,有一篇论文论述"企业深化改革与稳定是辩证统一的",作者以浙江××市×企业为例,认为只要干部在改革中以身作则,与职工同甘共苦,就可以取得多数职工的理解。从全局观念分析,我们就可以发现这里只讲了企业如何改革才能稳定,没有论述通过深化改革,转换企业经营机制,提高了企业经济效益,职工收入增加,最终达到社会稳定。显然,其结构是不合理的,需要做出调整。第二,从中心论点出发,决定材料的取舍。要把与主题无关或关系不大的材料毫不可惜地舍弃,尽管这些材料是煞费苦心费了不少劳动搜集来的。有所失,才能有所得。所以,我们必须时刻牢记材料只是为形成自己论文的论点服务的,离开了这一点,无论是多少好的材料都必须舍得抛弃。第三,要考虑各部分之间的逻辑关系。初学撰写论文的人常犯的毛病,是论点和论据没有必然联系,有的文章只限于反复阐述论点,而缺乏切实有力的论据;有的文章材料一大堆,论点不明确;有的文章各部分之间没有形成有机的逻辑关系,这样的论文都是不符合要求的,也是没有说服力的。为了具有说服力,必须有虚有实,有论点有例证,理论和实际相结合,论证过程有严密的逻辑性,拟提纲时特别要注意这一点,并认真检查。第四,重点在本论部分。论文的基本结构由序论、本论、结论三大部分组成。序论、结论这两部分在提纲中部应比较简略,本论则是全文的重点,是应集中笔墨写深写透的部分,因此在提纲上也要列得较为详细。本论部分至少要有两层标准,层层深入,层层推理,以便体现总论点和分论点的有机结合,把论点讲深讲透。

四、编写提纲的方法

编写毕业论文提纲有如下两种基本方法:

(一)标题式写法

即用简要的文字写成标题,把这部分的内容概括出来。这种写法简明扼要,一目了然,但只有作者自己明白。毕业论文提纲一般不能采用这种方法编写。

(二)句子式写法

即以一个能表达完整意思的句子形式把该部分内容概括出来。这种写法具体而明确,别人看了也能明了,但费时费力。毕业论文的提纲编写要交给指导教师阅读,所以,毕业论文要求采用这种编写方法。

例 7-2　关于培育和完善建筑劳动力市场的思考

简单提纲

以《关于培育和完善建筑劳动力市场的思考》为例,简单提纲可以写成如下样式:

一、绪论

二、本论

(一)培育建筑劳动力市场的前提条件

(二)2012 年建筑劳动力市场的基本现状

(三)培育和完善建筑劳动力市场的对策

三、结论

详细提纲

一、序论

(一)提出中心论题

(二)说明写作意图

二、本论

(一)培育建筑劳动力市场的前提条件

1. 市场经济体制的确立,为建筑劳动力市场的产生创造了宏观环境

2. 建筑产品市场的形成,对建筑劳动力市场的培育提出了现实的要求

3. 城乡体制改革的深化,为建筑劳动力市场的形成提供了可靠的保证

4. 建筑劳动力市场的建立,是建筑行业用工特殊性的内在要求

(二)目前建筑劳动力市场的基本现状

1. 供大于求的买方市场

2. 有市无场的隐形市场

3. 易进难出的畸形市场

4. 交易无序的自发市场

(三)培育和完善建筑劳动力市场的对策

1. 统一思想认识,变自发交易为自觉调控

2. 加快建章立制,变无序交易为规范交易

3. 健全市场网络,变隐形交易为有形交易

4. 调整经营结构,变个别流动为队伍流动

5. 深化用工改革,变单向流动为双向流动

三、结论

(一)概述当前的建筑劳动力市场形势和我们的任务

(二)呼应开头的序言

第四节　学位论文初稿的写作

一、论文写作前的注意事项

（一）周密思考，慎重落笔

毕业论文是一项"系统工程"，在正式动笔之前，要对文章进行通盘思考，检查一下各项准备工作是否已完全就绪。第一，要明确主题。主题是文章的统帅，在动笔之前必须想得十分清楚。清人刘熙载说："凡作一篇文，其用意俱可以一言蔽之。扩之则为千万言，约之则为一言，所谓主脑者是也。"作者要认真想一想，自己文章的主题能否用一句话来概括。主题不明，是绝对不能动手写论文的。第二，要理清思路。思路是人们思想前进的脉络、轨道，是结构的内在依据。在动笔之前，对怎样提出问题，怎样分析问题，怎样解决问题，以及使用哪些材料等，都要想清楚。第三，立定格局。所谓"格局"，就是全文的架构、大纲、轮廓。在动笔之前先把它想好"立定"，如全文分几部分，各有哪些层次，先说什么，后说什么，哪里该详，哪里该略，从头至尾都应有个大致的设想。第四，把需要的材料准备好，将各种事实、数据、引文等找来放在手头，以免到用时再去寻找，打断思路。第五，安排好写作时间、地点。写作要有相对集中的时间和比较安静的环境，才能集中精力专心致志地完成毕业论文写作任务。古人说："袖手于前，方能疾书于后。"鲁迅也曾说："静观默察，烂熟于心，然后凝神结想，一挥而就"。做好了充分的准备，写起来就会很快。有的人不重视写作前的准备，对所写的对象只有一点粗浅的认识就急于动笔，在写作过程中"边施工边设计"，弄得次序颠倒，手忙脚乱，或做或掇，时断时续，结果反而进展缓慢。所以，在起草之前要周密思考，慎重落笔。

（二）一气呵成，不重"小节"

在动笔之前要做好充分的准备，一旦下笔之后，就要坚持不懈地一口气写下去，务必在最短时间内拿出初稿。这是许多作家的写作诀窍。有的人写文章喜欢咬文嚼字，边写边琢磨词句，遇到想不起的字也要停下来查半天字典。这种写法，很容易把思路打断。其实，初稿不妨粗一些，材料或文字方面存在某些缺陷，只要无关大局，暂时不必去改动它，等到全部初稿写成后，再来加工也不迟。鲁迅就是这样做的，他在《致叶紫》的信中说："先前那样十步九回头的作文法，是很不对的，这就是在不断的不相信自己——结果一定做不成。以后应该在立定格局之后，一直写下去，不管修辞，也不要回头看。等到完成后，搁它几天，然后再来复看，进行删改。"

（三）行于所当行，止于所当止

北宋大文学家苏轼在谈到他的散文写作时说："吾文如万斛泉源，不择地而出，在平地滔滔汩汩,虽一日千里无难。及其与山石曲折,随地赋形,而不可知也。所可知者,常行于所当行,常止于不可不止,如是而已矣。"苏轼是唐宋八大散文家之一,其文如行云流水,有神出鬼没之妙,旁人不可企及,但他总结的"行于所当行,止于所不可不止",则带有一定的普遍性。

"行于所当行",要求作者在写作时,该说的一定要说清楚,不惜笔墨。如一篇文章的有关背景、一段事情的来龙去脉、一种事物的性质特征等,如果是读者所不熟悉的,就应该在文章中讲清楚,交代明白,不能任意苟简,而使文意受到损害,以致出现不周密、不翔实的缺陷。"止于所不可不止",就是说,不该写的,一字也不可多写,要"惜墨如金"。如果情之所至,任意挥洒,不加节制,也不肯割爱,势必造成枝蔓横生,冗长拖沓,甚至出现"下笔千言,离题万里"的毛病。

(四)写不出的时候不要硬写

鲁迅在《答北斗杂志社问》一文中,提出了八条写文章的规则,其中第二条是:"写不出的时候不硬写。"这是很有道理的。"写不出",有各种原因:对所谈的问题认识不充分,仅停留在表面上,未能透过现象深入其本质;对所论的问题分析不透彻,没有从不同层面、不同角度进行剖析,只见一点,不及其余;所掌握的材料还不够充分;对文章的主题、结构、语言表达还没有想好;等等,都可使文章写不下去。"写不出",正好暴露出自己写作中存在的问题,并不一定是坏事。它说明准备工作还没有做好,写作时机还不成熟。这时,应该明智地停下来,细心地分析写不出的原因,回顾写作的各个环节,找出问题的症结所在。如果是材料问题,就要进一步搜集材料;如果是认识问题,就要用马克思主义的立场、观点和方法,对写作对象进行再认识。"不硬写",不等于不能再写。只要查明原因,对症下药,克服写作中的障碍,就会出现"山重水复疑无路,柳暗花明又一村"的新境界。

二、撰写论文初稿的意义

草拟初稿是文章写作中最主要的一项工作,在整个毕业论文写作过程中具有决定性的意义。这是因为:第一,起草是构思的实现。起草是作者把自己的设计构思草拟成文,将无形的思想变为有形的文章的重要步骤。不管作者的选题如何恰当,立意如何深刻,搜集的材料如何丰富,若不经过起草阶段,这一切都还停留在"构思"阶段,还只是"观念形态"的东西,至多不过是"腹稿"而已。起草是将作者的思想付诸文字,将作者设计的"蓝图"付诸实施的过程。没有起草,就没有论文。第二,起草是再创造的过程。有写作实践经验的人常常会有这样的发现:自己写出来的东西与最初的设想之间有一定距离,甚至存在很大差距。在动笔之前,许多思想是模糊的、混乱的、未成形的,只有经过起草过程,才能使它们明朗化、条理化、定型化。在行文过程中,作者运用语言文字,将原来的命题、创意、构思、布局不断地加以调整、补充、修正,使之逐渐趋于完善。所以,起草不是机械地将写作提纲具体化,它自始至终充满着创造思维,从头到尾是一个再创造过程。第三,起草是论文写作中最艰苦的脑力劳动。起草是一个复杂艰苦的写作实践过程,它要求作者继续积极思考,深入研究,手脑并用,从内容到形式不断进行琢磨。起草过程是思想最活跃、注意力最集中,作者的知识、阅历、才能、精力得到充分调动的时期。认真做好起草工作既是一种良好的写作训练,也是思想方法和思维能力的有力锻炼。

既然起草对于论文写作的意义如此重大,所以同学们要高度重视这一阶段的工作,把它看成是毕业论文写作成败的关键。

三、论文初稿的写作方法

论文初稿的写作方法有:严格顺序法、打破顺序法和重点突破法。

(一)严格顺序法

论文提纲的顺序安排,是作者经过深思熟虑、精心安排的,反映了客观事物的内在逻辑联系,也是作者认识事物的过程。作者按照研究课题的内容结构,根据一定的顺序,如论文的结构顺序、研究内容等逐一论述,这样可以做到自然流畅,全文贯通,一气呵成。这种方法适合于对全文各部分内容都已酝酿成熟、各部分材料都已经齐备的情况下采用。

(二)打破顺序法

作者可以从最先考虑成熟的内容开始动笔,先完成此段内容的写作,其余内容在考虑成熟或进一步研究后再进行写作。全文完成后,再进行前后对照检查,使前后文风格保持一致,层次之间衔接紧凑、自然,避免冗余。这样做的好处是集中精力写好论文的每一部分,保证论文的质量,对于初学者来说,更容易把握。

(三)重点突破法

该方法是从论文核心章节开始写作。若作者对论文的主要论点及论据已经明确,但是一气呵成的条件还不十分成熟,则可采用重点突破法。

以上是关于初稿写作的方法,并不是对任何作者都适用,因为每个人的思维方法和方式可能不同,论文构思、写作习惯、风格自然不同,因此,不可能用几个简单的模式要求每一位作者都去遵循。一般的论文写作方式也只有通过作者的具体实践,并与作者自身思维方式相结合才能产生较好的写作效果。

四、论文初稿写作的注意事项

当资料搜集得差不多,且已全部阅读过,重要的部分也已做成笔记卡,就可以根据所拟的大纲来写作初稿。在正式写作初稿之时,我们要注意以下几个方面:

（一）在数据应用方面

写作初稿是根据所搜集的数据和抄录的笔记卡来进行的,所以在撰写初稿前,一定要将这些数据按大纲的先后顺序整理好,以便写每一章、每一节时作为参考之用。有时为了节省时间,避免错误,可将影印数据剪贴于初稿之上,遇到有需要作附注的地方,应将附注的数码记在该记的位置,各附注的文字可用另纸书写。否则,将来再回过头来作附注,不但浪费时间,而且因一时匆忙,反而找不到有些数据。已用过的卡片,应标注记号,以免重复使用,或将未使用者误以为已用,反而有所遗漏。

（二）在文字应用方面

学术论文的文字有别于文学作品,应以简洁扼要的实用文为主。有些同学为了显示典雅,想用文言文来书写,除非确信自己写文言文的能力很强,否则不要轻易做这种尝试,还是用白话文来书写比较好。在行文中,"了""吗""呢""罢"等语尾疑问词、感叹词,除非必要,应尽量少用。行文中述及古人和今人皆直呼其名即可,如果是尊敬的前辈或自己的老师,在名字之后加"先生"即可。在以前的论文中,常常见到"××师""××先生"的用法,现在已逐渐减少。另外,在引用到自己尊敬的前辈、老师和朋友时,有时会加一些恭维语,"当代最伟大的思想家""当代史学大师""国学大师""我的朋友"等,都会给人不够客观的感觉,应尽量少用。对有些有争议的问题,在没有充分的论据时,要作论断,语气应稍和缓,像"已成定论""毫无疑义""铁证如山"等用语,都应谨慎使用。

（三）在内容结构方面

各章、各节的文字,字数应尽量均匀,有时从论文章节结构的安排,就可以看出论文作者的组织能力,所以各章节文字绝不可太过于悬殊。如果有些章节的材料稍多,删去又觉得可惜,可以将原来的一节分为上下两节。有时,用一节或两节的篇幅也无法容纳的内容,可以从以前的节提升为章,这样就可以避免章节字数不够平均的毛病。另外,也要考虑到章节与章节间的承接关系,不可让人有突兀的感觉。

第五节 学位论文的修改与定稿

一、学位论文修改应注意的方面

一般来说,在论文初稿完成之后,还要进行论文修改,而且修改的过程并不比论文写作简单。有些人在初稿完成之后,觉得松了一口气,结果在之后的修改环节发现工作越来越多。所以建议大家在正文和导论、结论全部完成后,可将论文搁置一段时日,再来修改。修改时,应着重注意以下几个方面:

(一)思想观点的修改

写文章的主要目的是表达自己的思想,宣传自己的主张,如果自己的认识不深刻,甚至有错误,就不可能使别人得到教益,甚至会给人不好的影响。观点的修改可以从以下几个方面入手:第一,要综观全局,立足全篇,审视文章的中心论点是否正确、集中、鲜明、深刻,是否具有创新性,文题是否相符,若干从属论点与中心论点是否一致,某些提法是否全面、准确。第二,对于论文中出现的主观、片面、空泛的地方,要进行强化、增补等改写工作,将偏颇的改中肯,片面的改全面,模糊的改鲜明,粗浅的改深刻,松散的改集中,有失分寸的改恰当,陈旧的改新颖,立意太低的加以升华。第三,修改论文的标题。论文的题目是论文的"眼睛",如果题目短小、精练、鲜明,就能传神生辉,使人一看就有兴趣。所以对初稿的题目进行斟酌、推敲和改动,是非常重要的。

(二)整体浏览,理清论文脉络

结构是学术论文表现形式的重要因素,是论文内容的组织安排。结构的好坏,直接关系着论文内容的表达效果;结构的调整和校正,关系着全文的布局和安排。

修改结构,应主要抓好以下三个方面:第一,层次是否清楚,思路是否通畅。一般可以先从大小标题之间的关系来看文章的思路和层次。如果论文不设小标题,则必须从内容来判断。第二,结构是否完整。论文要有一个完整的结构。一篇论文要有绪论、本论、结论三大部分,这三部分应协调一致,即要有引人入胜的开头,有材料有分析的论证,有鲜明有力的结尾,同时还要审视各个部分的主次、详略是否得当。第三,结构是否严密。一篇论文必须是论点与论据,大论点与小论点之间有严密的逻辑性。为了使结构严谨和谐,对全文各部分的过渡和照应、结构的衔接、语气的连贯等方面,也要认真地考虑和修改。

(三)反复阅读,斟酌论文内容

进行论文修改的第二步,是要认真阅读论文内容,纠正其中的错误,补充其中的不足。最重要的一点是不能有理论上的错误,这就要求论文作者能够透彻地理解文中的各种概念和术语,不能在理论概念等方面含糊不清。文史类论文内容相对单一,而管理类论文除了文字内容,还应当将图表、公式、图像、实验数据等内容一一对应,而这也意味管理学科的作者需要更加细心地斟酌论文的内容。如果在这个过程中遇到难以解决的困难,一定要向导师寻求帮助。

(四)论文中其他细节的修改

1. 增删资料

增删资料主要是指对论文引用的材料增加、删除或调整。材料是文章的"血肉",它是证明观点的论据,是论点成立的依托,因而对选用材料的基本要求有三点:一是必要,即选用能够说明观点的材料;二是真实,即所用的材料必须符合实际,准确可靠;三是合适,即材料引用要恰当,不多不少,恰到好处。

修改材料一般分两步进行:第一步,查核校正。主要是查核材料本身是否真实、可信、准确,发现疑点和前后矛盾的地方,一定要搞清楚、弄明白。如果引用了经典作家的话,如有条件最好核对原文,把一切失误、失实和有出入的材料予以删除或改写准确,以保证论文建立在坚实可靠的基础之上。第二步,根据论证中心论点和各分论点的要求,对材料进行增加、删除、调整。

2. 加强论据

有时作者为证明某一论点,会尽量搜集更多的证据,但论据有时是无所不在的,匆忙中搜集到的论据也许略显不足,也可以借修正的机会,略加补充。另外,如有论点不够周全的地方,也可以略加修订。

3. 润色文字

语言是表达思想的工具,要使论文写得准确、简洁、生动,就不能不在语言运用上反复推敲修改。一些学术期刊的编辑认为,润色文字主要在三个方面下工夫:一是表达清楚简练。用最少的文字说明尽可能多的问题,是一篇高质量论文必不可少的条件;二是文字表达的准确性。为了语言的准确性,就要把似是而非的话改为准确的文字;三是语言的可读性,为了语言的可读性,要把平淡的改为鲜明的,把拗口的改为流畅的,把刻板的改为生动的,把隐晦的改为明快的,把含混、笼统的改为清晰、具体的。

4. 增补附注

撰写初稿时,有该加注的地方而未作注,有的附注出处一时找不到的,都可以在修正时加以增补。

二、论文修改技巧

论文的修改技巧包括热改法和冷改法。

论文写作的热改法,是指初稿完成后,趁热打铁,立即进行修改的方法。这种方法的优点是:记忆清晰,印象鲜明,改动及时,避免遗忘;其缺点是:由于作者处于写作兴奋状态,对需要删改的部分不易看出,往往难以割爱。

所谓冷改法,就是初稿完成后,放上一段时间再修改的方法。这种方法可以避免热改法不够冷静、不够清醒的缺点。因为人脑的思维具有滞后性,初稿一旦写成,作者的思想和情绪还难以从论文中超脱出来,按原来固定的思路,难以发现初稿中的问题,也难以判断论文写作的得失和成败。只有把稿子搁上一段时间,作者头脑冷静了,原来的偏爱和偏见也淡薄了,重读初稿,就容易摆脱原来固定思路的束缚。特别是作者经过阅读有关资料和思索有关问题后,产生新的感受和新的认识,再看初稿就容易发现不完善、不妥当之处,通过删除多余、增补不足,使论文水平有新的提高。古人对这种方法有较多论述。李渔在《闲情偶寄》中说:"文章出自己手,无一非佳;诗、赋、论,其初成,无语不妙,迨易日经时之后,取而视之,则妍媸好丑之间,非特人能辨别,我亦自解雌黄矣。"唐彪在《读书作文谱》中也说:"当其甫作就时,疵病亦不能自己,惟过数月始能知之。……当时能确见,当改则改之,不然且置之,俟迟数月,取出一观,研媸了然于心,改之自易。"现代作家中也有不少人谈过这方面的经验,鲁迅曾说:"等到成后,搁它几天,然后再来复看,删去若干,改换几字。"在实践中也有不少人是这样做的。作家起草时据说总是随便找些纸张,笔不停地写,写完之后就搁在一边,过几天思想冷静之后,再进行加工修改,把写完的东西抄在白纸上,边抄边改,又过若干时间,拿来再改,经过几次修改后,才清清楚楚地写在稿纸上。这些经验,在实践中都是行之有效的,对于论文写作的修改也是适用的。

三、论文定稿

所谓定稿,指的是在教师的指导下,对学生毕业论文的选题、内容、结构以及文字表达等,做最后的定夺和拍板,使之固定下来,不再改动的一个过程。在定稿过程中要注意以下几个方面的工作:第一,学生完成终稿。学生应在教师的指导下,按照学校规定的截止时间,通过多次修改,完成论文正稿工作。包括:按照学校规定的毕业论文格式进行排版和文字编辑,如制作论文封面,中英文题目、摘要和关键词的确定,制作论文目录,根据格式规范要求编排正文内容、标题、图表、公式、注释、参考文献、页眉页脚、页码、附录等各项内容;对论文进行校对,对论文的文字、用语、用词、标点符号、数字、公式、问题格式进行多次校对,以保证论文符合规范要求。第二,指导教师做最后的审阅。由指导教师对学生提交的终稿作最终审阅,并对论文中存在的问题再一次提出修改意见。第三,学生根据指导教师的意见对论文进行认真的最后一次修改。第四,学生对论文进行查重,以确保论文的重复率控制在学校规定的范围之内。第五,学生对论文进行最后的编校,以确保符合论文的规范要求。

第六节 范 文

高科技企业研发人员工作积极压力影响因素研究
靳 娟

论文初稿

摘要:在文献研究和访谈法的基础上编制高科技企业研发人员工作积极压力影响因素调查问卷,对获取的数据进行统计分析,结果显示:工作本身对于工作积极压力的正向影响最强,而在工作本身的维度中,工作丰富性表现出了更重要的作用。激励机制和变革型领导方式对研发人员工作积极压力也产生重要影响。最后,对如何激发研发人员的工作积极压力提出了相应的对策建议。

关键词:高科技企业;研发人员;工作积极压力;影响因素;问卷调查;数据分析

一、引言

在现代社会,为了适应多变的市场环境,提高自身的竞争优势,企业必须随着时代的发展而迅速调整,组织变革的节奏日益加快。在此过程中,员工面临的不确定性因素增加,工作节奏加快,任务日趋复杂,信息量陡然增多,导致员工工作压力问题日益突出。长期以来,人们对压力问题的研究只关注于消极压力方面,研究的焦点是寻找压力源并提出压力应对方式,以缓解压力对个体身心健康带来的消极影响。1976年,Hans Selye[1]首次提出"积极压力(eustress)"的概念。他认为,从健康和医学的角度来看,压力有"积极压力"和"消极压力"之分,积极压力产生于人对外界环境做出有效应对后产生的自信、成就感等,有助于提高个体的健康水平以及帮助个体更出色地完成工作任务。20世纪90年以来,西方积极心理学兴起,它重视关注人类行为中的积极情感、态度和行为的研究,为积极压力的研究提供了重要的理论基础。2002年,Luthans[2]正式提出"积极组织行为学"的概念,为工作积极压力指明了研究方向和方法,大大推动了工作积极压力的研究。

近年来,随着知识经济时代的来临,我国高科技企业发展势头迅猛。在激烈的市场竞争中,高科技企业核心竞争力的源泉是创新,而研发人员是技术创新的主体,其技术创新能力和水平直接决定着企业的技术和服务创新能力,进而决定着企业的生死存亡,因此,如何充分调动研发人员工作和技术创新的积极性是人力资源管理的核心问题。本文在前人研究的基础上,用实证的方法分析高科技企业研发人员工作积极压力的影响因素,在此基础上提出激发研发人员积极压力的对策建议,以期为高科技企业人力资源管理和压力管理提供指导和借鉴。

二、文献综述

(一)积极压力的内涵

积极压力的概念最早由加拿大著名生理学家、压力之父 Han Selye(1976年)[3]提出。他认为,压力虽然是身体对任何要求的一种非特异性生理反应,但是,由于受到遗传、年龄、药物等内在和外在因素的共同影响,在个体身上呈现出了"特异化"的效果。因此,必须重视并区分两种应激效果:积极压力和消极压力。积极压力是一种有益的压力,表现为个体成功地适应环境的要求或刺激,给人带来一定满足感或其他正面的感觉,其生理健康未受到明显的伤害;消极压力则与刺激引起的挫败感、应激性疾病等相关联,持续的消极压力还会导致焦虑、苦闷和抑郁。Quick(1997年)[4]等人认同Han Selye的观点,将积极压力界定为非特异化生理反应受到一系列调节因素影响而带来的建设性的、积极的结果。

事实上,Selye 和 Quick 的"非特异性生理反应"理论主要基于动物实验,其适用性逐渐受到人们的质疑。后续研究表明,人在受到压力源刺激后所产生的反应具有高度特异化的特征,而且同其高级神经中枢活动存在密切关系。因此,人与动物在积极压力方面的表现具有截然不同的特点:动物的反应是否"积极",应当主要根据其应激后的生理效果来判断,而人的反应中兼具生理和心理两个方面的变化,可以通过即时心理活动来判断其反应是否积极。

Simmons 和 Nelson(2004年)[5]曾提出了整体压力理论模型,这是当前影响最大的积极压力理论。首先,他们明确指出,积极压力是个体通过对压力源的评价,肯定其对于个人的有益程度或对幸福感的提高程度,从而做出的积极反应。从理论上讲,积极压力表现为生理、心理和行为三方面的综合反应。在后续研究中,他又对积极压力给出了一个可操作性的定义:积极压力是个体对压力源的积极心理反应,以积极的心理状态作为衡量指标。其次,他们认为在同一压力源的作用下,积极反应和消极反应可能同时存在,它们是两种相互独立又相互联系的概念,而不是一个维度的两端。

基于 Simmons 和 Nelson 的观点,结合本研究的特点,笔者认为,工作积极压力是个体通过对工作场合各种压力源的评价而做出的积极反应,以积极心理状态、积极情感作为主要指标。

(二)积极压力的影响因素

在压力源刺激下,个体的积极反应是如何产生的?这个过程受到哪些因素的影响?对积极压力影响因素的探讨是学者们关注的重点。

1. 工作本身

Karasek(1979 年)[6]认为,工作活动中包含工作要求和工作控制两个关键特征,它们共同影响着工作压力。工作要求是指存在于工作情景中反映员工所从事的工作任务量和困难程度的因素,即压力源;而工作控制则反映员工能够对自我工作行为施加影响的程度。当工作要求和工作控制均处于高水平时,个体工作动机增强,有利于提高员工的工作绩效和工作满意度感。在这种情况下,高工作要求非但不是压力源,反而是对员工的刺激因素,产生工作积极压力。

闵锐、李磊(2008 年)[7]在对企业员工的积极压力源进行实证分析后认为,对工作的控制和员工的积极压力反应之间无相关性联系,而工作对员工的意义、工作的可预知性、工作的重要性、工作的丰富性则能让员工充分发挥自己的才智,实现人生的价值,更有助于积极压力的产生。

Cavanaugh、Boswell、Roehling 和 Boudreau(2000 年)[8]在一项研究中指出,工作的挑战性与积极反应相关。他们认为这种压力源虽然会带来压力,但同时给个体带来成长机会和未来的回报,能激发个体的成就动机,因此会产生积极的情绪。

刘妮娜(2012 年)[9]将工作积极压力分为目标知觉、可管理性、积极情感和工作投入四个维度,研究发现,内源性压力源(即工作本身)与积极压力总体正相关,与目标知觉和工作投入两个维度具有显著的正相关。

高科技企业研发人员是知识型员工。与普通员工相比,他们更加重视能够促进他们不断发展、有挑战性的工作,对知识、对个体和事业的成长有着持续不断的追求,希望在工作中施展个人才干,实现自身价值,成就一番事业。斯蒂芬·P.罗宾斯[10]提到激励的特殊问题时如是说:"激励知识工作者,金钱和提升都不是最佳选择,因为他们一般有较高的报酬并喜欢自己的工作。他们工作中的奖励主要是工作本身。"因此,工作本身是影响研发人员积极压力的重要因素,据此,本研究提出如下假设:

H1:工作本身对研发人员工作积极压力具有正向的显著影响。

2. 激励机制

Slegtist(1996年)[11]提出过一个努力——报酬模式,认为当组织能够改善报酬时(这里的报酬不仅指金钱,还包括尊重和自尊),个体往往能产生积极情绪,工作中会更加努力和投入。

石林(2005年)[12]指出,若一个人在工作中得到的报酬合理,工作成绩得到上级肯定,个人技能得到发挥,则会产生平等、自尊等积极心理,上述因素会促使个体自我提升,为产生积极压力奠定基础。

一个完善的激励机制对员工所产生的积极作用毋庸置疑,高科技企业研发人员也不例外。在当前生活压力日益增大的情况下,研发人员首先需要获得一份与自己贡献相符的收入并使得自己能够分享自己创造的财富,但是,在研发人员的激励结构中,成就激励和精神激励的比重远远大于金钱、股权等物质激励。作为知识型员工,他们更希望看到工作的成果,认为成果的数量和质量才是其工作能力与效率的证明。因此,研发人员非常注重他人、组织及社会的评价,并强烈渴望得到组织、社会的认可和尊重,同时注重个人成长。

基于此,本研究提出以下假设:

H2:激励机制对研发人员工作积极压力具有正向的显著影响。

3. 领导方式

Bell和Carter(2004年)[13]指出,在高压力源刺激下,变革型领导行为和交易型领导行为均与员工的积极工作情感存在正相关。

杨眉、石林(2006年)[14]将领导方式分为四种类型,以北京部分企业员工为样本,研究发现,混合型领导行为(变革型行为和交易型领导行为)和积极压力反应存在显著相关,变革型行为和交易型领导行为与积极压力反应存在相关,而放任型领导行为和积极压力反应弱相关。

作为知识型员工,研发人员不仅拥有知识资本,精通本专业,而且大多具有突出的个性。他们信奉真理,崇拜科学,尊重知识,不会人云亦云,不会随波逐流,更不会趋炎附势、惧怕权势或权威。相反,他们会因专注于对真理的探索和知识的追求而蔑视任何权威。此外,在高科技企业,由于研发人员掌握着独有的专业知识和技能,可以对上级、同级和下属产生重要影响,因此,在传统组织结构中的职位权利往往对他们不具有绝对的支配力和约束力。据此,本研究提出如下假设:

H3:领导方式对研发人员工作积极压力具有正向的显著影响。

4. 人际关系

闵锐、李磊(2008年)[15]在研究积极压力源时发现,人际关系包括与领导的关系、与同事的交流、团队精神均与积极反应相关。因为这些因素能让员工感到快乐和平和,自我感觉精力旺盛,在工作中更放松,心情更舒畅。

刘妮娜(2012年)[16]研究发现,外源性压力源(绩效考核、职业生涯管理、人际关系、工作流程、工作安全感等)对工作积极压力各维度具有显著的负向预测作用。

朱华珍(2012年)[17]采用刘妮娜的压力源问卷,对高校辅导员的工作积极压力进行调查,发现外源性压力源与积极压力的多个维度负相关,即外源性压力越大,辅导员的积极压力体验越少。

作为知识型员工,研发人员倾向于拥有宽松、自主的工作环境和轻松、和睦的工作氛围,对人际关系的和谐比较敏感,他们渴望得到更多的尊重与信任。主要表现为他们更多地需要被组织、领导和同事承认与肯定、尊重与理解。因此,本研究提出以下假设:

H4:人际关系对工作积极压力具有正向的显著影响。

三、访谈过程及问卷编制

为了进一步深入了解高科技企业研发人员工作积极压力的影响因素,笔者挑选了腾讯公司、爱立信中国公司的10名研发人员,其中7名男性,3名女性,依据事先编制好的访谈提纲,对他们进行个别和深度访谈。每次访谈时长约为30分钟,访谈内容如下:"第一,请回忆一下,最近工作中有没有遇到压力事件?事件发生时有没有过积极反应?第二,是什么原因促使你产生积极反应?请详细说明其过程:当时发生了什么?发生这些是由什么引起的?牵涉到哪些人?周围的状况是怎样的?"具体访谈操作流程是:首先,研究者陈述访谈目的;其次,对被访谈者的基本信息进行登记,并了解其所处工作环境的状况;再次,依据访谈提纲进行提问和追问;最后,对访谈内容做简要总结。

访谈结束后对访谈记录和录音进行整理。首先作主题分析,根据条目出现的频率,整理出相应的类目,并参照"工作压力源问卷"(Cavanaugh,2009年)、"工作积极压力问卷"(Simmons,Nelson,2007年)、"积极压力问卷"(任海燕,2007年)、"工作积极压力问卷"(冯军,2010年)、"企业员工工作积极压力调查问卷"(刘妮娜,2011年),最终总结归纳出16个条目。然后征求3位人力资源专家的意见,将这些条目归类到5个维度上。这5个维度分别是:①工作本身,包括工作的重要性、工作内容的丰富性、工作职责和标准的明确性、工作量、高工作控制5个条目;②激励机制,包括合理的报酬、工作成绩得到认可、个人技能得到发挥、完善的晋升体系4个条目;③领导方式,包括变革型领导行为、领导对个人的指导两个条目;④人际关系,包括与领导的关系、与同事的关系两个条目;⑤管理状态,包括公司的管理方式、公司的沟通渠道、公司文化3个条目。将上述16个条目延伸出30个题目,进而形成本研究的调查问卷,即"高科技企业研发人员工作积极压力影响因素问卷",并请专家进行了评价。问卷分为两个部分:第一部分是人口学信息,包括性别、年龄、工作年限、职务等;第二部分是工作积极压力影响因素。问卷采用里克特5级评分法,即非常同意计5分,同意计4分,不确定计3分,不同意计2分,非常不同意计1分。

基于访谈结论,本研究提出以下假设:

H5:公司管理状态对研发人员工作积极压力具有正向的显著影响。

四、数据分析

(一) 样本的描述性统计

为确保调查的全面性与科学性,笔者选取了北京市昌平区高科技园区的 7 家高科技公司,分别向不同层级的研发人员发放问卷,问卷发放采用纸质发放和网上发放相结合的方式。共发放问卷 108 份,回收 108 份,均为有效问卷。样本的描述性统计如表 1 所示。

表 1 样本的描述性统计

变量	类别	样本数(份)	百分比(%)
性别	男	62	57.4
	女	46	42.6
年龄	29 岁及以下	43	39.8
	30~39 岁	52	48.1
	40~49 岁	10	9.3
	50 岁及以上	3	2.8
学历	大学本科	20	18.5
	硕士研究生	56	51.9
	博士及以上	32	29.6
婚姻状态	已婚	53	49.1
	未婚	52	48.1
	离异	3	2.8
	丧偶	0	0
工龄	1~5 年(含未满 1 年)	26	24.1
	6~10 年	46	42.6
	11~15 年	16	14.8
	16~20 年	11	10.2
	21 年及以上	9	8.3
职称	基层	68	63.0
	中层	37	34.3
	高层	3	2.7

(二) 项目区分度检验

项目的区分度是评价项目质量的主要指标和依据。本研究采用 27% 分位法,按测验分数将样本从低到高排序,得分前 27% 被划分为高分组,得分后 27% 被划分为低分组,对各题项做独立样本均值比较的 T 检验。从表 2 可以看出,30 个项目的 T 值均达到了显著水平,说明项目具有良好的鉴别力,全部予以保留。

表 2 项目区分度检验

项目	T	项目	T	项目	T
V1	−6.12**				
V2	−5.07**	V17	−8.22**		
V3	−7.03**	V18	−5.65**	V27	−7.02**
V4	−4.96**	V19	−7.18**	V28	−6.17**
V5	−8.13**	V20	−6.86**	V29	−5.36**
V6	−5.24**	V21	−6.48**	V30	−5.75**
V7	−6.75**	V22	−5.72**		
V7	−8.64**	V23	−4.96**		
V8	−4.83**	V24	−5.69**		
V9	−7.51**	V25	−8.01**		
V10	−5.67**	V26	−6.52**		
V11	−8.15**				
V12	−6.33**				

注：* 表示 $p<0.5$，** 表示 $p<0.01$

（三）信度分析

克朗巴哈 α 系数是描述问卷的内部一致性的信度系数，它反映了问卷中项目之间的相互关联程度。运用 α 系数对问卷进行信度分析，结果如表 3 所示。总量表的 Cronbach α 值为 0.860，各分量表的 Cronbach α 值均大于 0.600，据此可以认为，量表具有较高的信度。

表 3 总量表和分量表的 Cronbach α 信度值

变量名称	Cronbach α
工作本身	0.638
激励机制	0.762
领导方式	0.754
人际关系	0.653
管理状态	0.715
问卷总信度	0.860

（四）效度检验

本研究将采用收敛效度和区分效度来评估建构效度。使用 SPSS 17.0 软件进行分析，结果显示：总体量表的 KMO 值为 0.882，Bartlet 球形检验结果显著（Sig＝0.000），说明变量之间存在较多的共同因素，适合做因子分析。接着采用主成分分析法，并选用变异数最大正交转轴法，提取出 5 个因子，与设计的问卷完全吻合，累计解释方差为 68.135%。统计结果表明，30 个测项在同一因子上的负荷值均大于 0.5，而跨因子负荷则很小，说明问卷具有较高的收敛效度和区分效度。

（五）模型拟合与假设检验

在对模型进行分析和比较时通常以卡方统计量（χ^2）来进行检验，一般以卡方值 $p>0.05$ 作为判断标准，表示模型具有良好的拟合度，但是卡方统计量容易受样本量的影响，因此除了卡方统计量外，还要参考其他拟合指标。目前，模型的拟合度主要包括三大类指标：第一，绝对拟合度指标。这类指标用来确定模型可以预测协方差阵和相关矩阵的程度，主要有卡方值（χ^2）、标准化均方根残差（SRMR）、拟合优度指数（GFI）和近似误差均方根（RMSEA）四个指标；第二，简约拟合度指标。这类指标用来评价模型的简约程度，主要有简约基准拟合指数（PNFI）和简约拟合指数（PGFI）两个指标；第三，增值拟合度指标。这类指标是指理论模型与虚无模型的比较结果，主要有正规化适配指标（NFI）、增值适配指标（IFI）和比较适配指标（CFI）三个指标。

选取以上 9 个模型拟合度指标对模型的拟合度进行分析，结果如表 4 所示。

表 4 模型拟合度分析结果

指标	绝对拟合度				精简拟合度		增值拟合度		
	χ^2/df	GFI	SRMR	RMSEA	PNFI	PGFI	NFI	IFI	GFI
评价标准	<3.000	>0.900	>0.080	<0.080	>0.500	>0.500	>0.900	>0.900	>0.900
本模型	1.806	0.932	0.086	0.072	0.621	0.694	0.968	0.936	0.936

从表 4 可以看出，9 项指标均能较好地满足拟合指数所设定的标准，由此可以认为本研究提出的模型与数据拟合度良好，模型可以有效地检验提出的假设。

（六）假设验证和模型结果分析

模型通过整体拟合度检验后，便可进行路径系数检验，进而验证模型设立的研究假设。本研究运用 AMOS 17.0 进行统计分析，得到的理论模型路径系数和假设检验情况如表 5 所示。表中的"w"代表工作积极压力。

表 5 模型结果分析

	Std. Estimate	P	假设	检验结果
w←工作本身	0.489	***	H1	通过检验
w←激励机制	0.423	***	H2	通过检验
w←领导方式	0.387	***	H3	通过检验
w←人际关系	0.336	***	H4	通过检验
w←管理状态	0.312	***	H5	通过检验

根据表 5 的统计结果，假设 H1、H2、H3、H4、H5 的 P 检验值均达到小于 0.05 的显著性水平，说明假设都通过了检验。即工作本身、激励机制、领导方式、人际关系和管理状态都对工作积极压力产生较为显著的影响，与其有正相关的关系。

在拟合过程中,采用最大似然估计法对其参数进行估计形成的路径如图1所示。

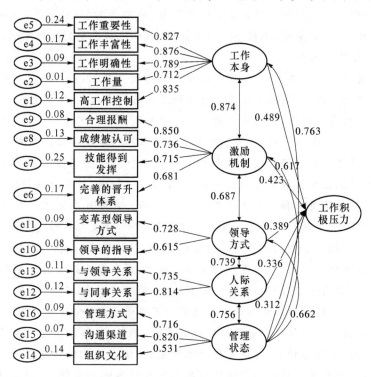

图1　结构方程模型

根据表5和图1的模型结果,工作本身(0.489)对于工作积极压力的正向影响最强,而在工作本身的维度中,工作丰富性(0.876)表现出了更重要的影响作用。除此之外,激励机制(0.423)也是工作积极压力的重要影响因素。其中,合理报酬(0.850)、成绩被认可(0.736)、技能得到发挥(0.715)和完善的晋升体系(0.681)均会不同程度地对工作积极压力产生影响。还有,领导方式(0.389)对研发人员工作积极压力也产生重要影响。其中,变革型领导方式(0.728)对工作积极压力具有更为显著的影响。

五、对策建议

基于前述研究结论,笔者提出如下建议,以激发研发人员的工作积极压力,使其充分发挥工作潜力和创造性,提升企业的创新能力,最终提高企业的竞争力和绩效。

(一) 注重工作设计,使工作内容更加丰富

工作本身特别是工作的丰富性是影响研发人员工作积极压力的重要因素,因此,高科技企业应重视工作设计,提高工作的复杂性和挑战性,在工作内容中增加管理的成分,提升工作对员工的吸引力,满足员工的成就感和工作幸福感。具体方法包括:①工作扩大化。让研发人员不断接受新的工作任务,要求他们掌握更多的知识和技能,从而提高其工作兴趣;②工作轮换。让研发人员从事几种不同的工作,在工作中需要运用不同的能力和智慧;③工作丰富化。做到分工明确,增加研发人员在项目中的责

任,包括控制项目质量、保证项目的计划性及节奏感方面的责任;④工作参与。多加强信息沟通,让研发人员及时了解企业的战略目标、战略方向、经营状况,鼓励他们就企业发展问题提建议、出主意,积极参与到决策中来,让他们感受到企业对他们的重视。

(二)完善激励机制

研发人员作为知识型员工,不仅关注个人的劳动回报,对个人成长和个人发展也有着强烈的追求。因此,高科技企业应关注研发人员的个人成长,健全人才培养机制,完善人才晋升体系。首先,合理确定研发人员的薪酬。要在工作分析的基础上进行工作评价,参照行业薪酬水平确定,使研发人员的贡献和薪酬成正比。其次,引入职业生涯管理系统,管理者应当根据研发人员的个人兴趣、特点,并与企业战略目标紧密结合,为他们制定职业生涯的目标和实现路径,设计职业通道,并给予他们分阶段的职业咨询和职业帮助,使员工和企业共同发展,实现双赢。在研发人员职业生涯的管理中,最为关键的是职业生涯发展通道的设计。在多数企业,研发人员的发展机会相对管理人员要少一些,因此,在职业生涯通道的设计上,为了给研发人员提供更多的机会,可以为他们设计双重职业通道:一条是专业技术通道,在本专业领域继续发展;另一条是管理通道,可实现从技术人员向管理阶层的转变,两条职业通道层级结构平等。最后,高度重视研发人员的培训工作。研发工作需要不断学习新知识才能与时俱进,研发人员对于学习新知识和新技能有着最为强烈的需求,因此,高科技企业要制定相应的研发人员知识和能力培养计划,实施有针对性的培训,提升他们的研发能力和团队合作能力,提高其职业素养。培训的内容应当基于对组织战略的分析,不仅包括本专业领域的专业知识和技术能力,还应包括人际沟通能力、团队合作意识、市场导向意识等方面的培训。培训方案的设计要根据组织资源状况而定,要具有针对性和实用性。在培训方法的选择上,关键有两点:第一,要根据注意研发人员个体差异,提供个性化的培训;第二,比较简单有效的培训方法是成立研发人员学习小组,由几个志同道合的研发人员组成,定期就某个技术问题进行专题自由讨论,甚至可以进行实验,形成专题讨论的结论,并鼓励他们将实验的结果运用到实际工作中去。为了保证学习的积极性,企业可以给小组每个人划拨一定数额的经费,购买相关书籍或组织活动。对于新入职的研发人员,可以采用导师制,由部门指定一个经验丰富的老员工作为导师,负责制订新员工的工作计划、培训计划,定期与其沟通,帮助新员工快速成长。

(三)改进领导方式

研发人员作为典型的知识型员工,是那些拥有知识并且运用其知识进行创新型工作的人,他们具有自主性较高、重视与领导的沟通、劳动成果一般难以量化等特点。变革型领导风格主要关注与下属建立积极而深厚的感情联络,激发并提升下属的价值观和需求层次以及个人潜能,与下属保持良好的沟通状况并鼓励下属超越个人兴趣而去关心和追求企业的共同目标。因此,此种领导方式对于激发研发人员的积极压力具有正向影响作用,据此,研发团队领导应注意从传统领导方式向变革型领导方式的转变,可以从以下几个方面入手:第一,建立扁平化的组织结构,增加管理的幅度,这样做有利于缩短上下级距离，密切上下级关系。由于管理幅度较大，研发人员有较大的自主性、积极性和满足感。第二，团队领导者要充分授权，给予研发人员一定的工作自主权和自由度，给他们表现自我的机会，突现自身的价值。第三，领导者要与研发人员共同设立具体的、明确的、难度适中且具有一定挑战性的目标，并在达到目标的进程中进行及时沟通和反馈，尽量让他们理解并接受目标，并就目标实现过程中的困难提出解决方案，提供相应的帮助，使他们能够顺利实现绩效目标。

参考文献

[1] Selye,H. Stress in health and disease. Boston：Butterworths,1976.

[2] 弗雷德·鲁森斯.组织行为学[M].王垒,姚翔,董佳瑾,译.北京：人民邮电出版社,2016.

[3] Selye,H. Stress in health and disease. Boston：Butterworths,1976.

[4] Quick,J. C.,Quick,J. D.,Nelson,D. L.,Hurrell,J. J. Preventive stress management in orgnizations[M]. Washington,DC：American Psychological Association,1997.

[5] Nelson,D.,& Simmons,B. L. Eustress：An elusive construct,an engaging pursuit. Research in Occupational Stress and Well Being,2004,3,265-322.

[6] Karasek. R. A. Job demands, job decision latitude, and mental strain：imPlieations for job redesign. Adminisrrarive Science QuarIer, 1979,24(2)：285-308.

[7] 闵锐,李磊.对员工压力管理中积极压力源的分析[J].华东经济管理,2008,22(9)：136-138.

[8] Cavanaugh,M. A.,Boswell,W. R.,Roehling,M. V.,& Boudreau, J. W. An empirical examination of self-reported work stress among U. S. managers. Journal of Applied Psychology,2000,85,65-74.

[9] 刘妮娜.企业员工积极压力及其影响因素研究[D].暨南大学硕士论文,2011：42-45.

[10] 斯蒂芬.P.罗宾斯.组织行为学精要[M].郑晓明,译.北京：机械工业出版社,2014.

[11] 许小东,孟晓斌.工作压力应对与管理[M].北京：航空工业出版社,2004.

[12] 石林.关于积极压力研究的思考[M].北京：社会科学文献出版社,2005.

[13] Cavanaugh,M. A.,Boswell,W. R.,Roehling,M. V.,& Boudreau, J. W. An empirical examination of self-reported work stress among U. S. managers. Journal of Applied Psychology,2000,85,65-74.

[14] 杨眉,石林.工作压力反应及其与领导方式的关系研究[J].应用心理学,2006,12(3)：226-231.

[15] 闵锐,李磊.对员工压力管理中积极压力源的分析[J].华东经济管理,2008,22(9)：136-138.

[16] 刘妮娜. 企业员工积极压力及其影响因素研究[D]. 暨南大学硕士论文, 2011:42-45.

[17] 朱华珍. 高校辅导员工作积极压力的调查研究[J]. 社会心理科学, 2012(11):83-86.

论文定稿(黑色字体为修改部分)

摘要：基于工作特征模型，着重研究工作本身和高科技企业研发人员工作积极压力之间的关系。以问卷调查的方式获取样本数据，采用结构方程模型对数据进行统计分析，结果显示：工作特征五个因子，即技能多样性、任务同一性、任务重要性、工作自主性、工作反馈与工作积极压力都有显著正相关关系，其中，技能多样性对于工作积极压力的正向影响效果最强；工作自主和工作反馈也表现出了较重要的影响作用。最后，对如何激发研发人员的工作积极压力提出了相应的对策建议。

关键词：高科技企业；研发人员；工作积极压力；**工作特征模型**；问卷调查；数据分析

一、引言

在现代社会，为了适应多变的市场环境，提高自身的竞争优势，企业必须随着时代的发展而迅速调整，组织变革的节奏日益加快。在此过程中，员工面临的不确定性因素增加，工作节奏加快，任务日趋复杂，信息量陡然增多，导致员工工作压力问题日益突出。长期以来，人们对压力问题的研究只关注于消极压力方面，研究的焦点是寻找压力源并提出压力应对方式，以缓解压力对个体身心健康带来的消极影响。1976年，Hans Selye[1]首次提出"积极压力(eustress)"的概念。他认为，从健康和医学的角度来看，压力有"积极压力"和"消极压力"之分，积极压力产生于人对外界环境做出有效应对后产生的自信、成就感等，有助于提高个体的健康水平以及帮助个体更出色地完成工作任务。但在实际的研究中，包括Selye在内的研究者们基本将重心集中在消极压力方面，这是由于两次世界大战给人类带来太多的负面问题，"二战"以来心理学家普遍重视对心理疾病、心理创伤等消极心理问题的研究，以帮助人们走出战争的阴影。因此，在相当大程度上，"压力(stress)"一词直接指代消极压力，积极压力并没有得到足够的关注。20世纪90年以来，西方积极心理学兴起，它重视人类行为中的积极情感、态度和行为的研究，为积极压力的研究提供了重要的理论基础。2002年，Luthans[2]正式提出"积极组织行为学"的概念，为工作积极压力指明了研究方向和方法，大大推动了该领域的研究。

近年来，随着知识经济时代的来临，我国高科技企业发展势头迅猛。在激烈的市场竞争中，高科技企业核心竞争力的源泉是创新，而研发人员作为技术创新的主体，其技术创新能力和水平直接决定着企业的技术和服务创新能力，进而决定着企业的生死存亡，因此，如何充分调动研发人员工作和技术创新的积极性是人力资源管理的核心问题。**本文以工作本身为切入点，基于工作特征模型**，用实证的方法分析高科技企业研发人员工作积极压力的影响因素，在此基础上提出相关对策建议，以期为高科技企业压力管理和人力资源管理提供指导和借鉴。

二、文献综述

(一) 积极压力的内涵

HanSelye(1976年)[3]认为,压力虽然是身体对任何要求的一种非特异性生理反应,但是,由于受到遗传、年龄、药物等内在和外在因素的共同影响,在个体身上呈现出了"特异化"的效果。因此,必须重视并区分两种应激效果:积极压力和消极压力。积极压力是一种有益的压力,表现为个体成功地适应环境的要求或刺激,给人带来一定满足感或其他正面的感觉,其生理健康未受到明显的伤害。Quick(1997年)[4]等人认同Han Selye的观点,将积极压力界定为非特异化生理反应受到一系列调节因素影响而带来的建设性的、积极的结果。

事实上,Selye和Quick的"非特异性生理反应"理论主要基于动物实验,其适用性逐渐受到人们的质疑。后续研究表明,人在受到压力源刺激后所产生的反应具有高度特异化的特征,而且同其高级神经中枢活动存在密切关系。因此,人与动物在积极压力方面的表现具有截然不同的特点:动物的反应是否"积极",应当主要根据其应激后的生理效果来判断,而人的反应中兼具生理和心理两个方面的变化,可以通过即时心理活动来判断其反应是否积极。

Simmons和Nelson(2004年)[5]曾提出了整体压力理论模型。首先,他们明确指出,积极压力是个体通过对压力源的评价,肯定其对于个人的有益程度或对幸福感的提高程度,从而做出的积极反应。从理论上讲,积极压力表现为生理、心理和行为三方面的综合反应。在后续研究中,他们又对积极压力给出了一个可操作性的定义:积极压力是个体对压力源的积极心理反应,以积极的心理状态作为衡量指标。其次,他们认为在同一压力源的作用下,积极反应和消极反应可能同时存在,它们是两种相互独立又相互联系的概念,而不是一个维度的两端。最后,导入一个新概念"savoring"。"savoring"的本意是"品尝、欣赏",这里的含义是指个体愿意承受压力,并且为持续承受压力不断做出的努力,具体表现为工作中的高度投入。可见,savoring是与"应对"相对应的概念,前者表现为承受、延续积极压力,而后者表现为减轻乃至缓解消极压力所做出的努力。

综上,自Han Selye提出积极压力的概念以来,众多学者从不同角度对其进行研究,目前学术界对积极压力的概念还没有达成共识。基于Simmons和Nelson的观点,结合本研究的特点,笔者认为:工作积极压力是个体通过对工作场合各种压力源的评价而做出的积极反应,以积极心理状态作为主要测量指标。

(二) 积极压力的影响因素

在压力源刺激下,个体的积极反应是如何产生的?这个过程受到哪些因素的影响?对积极压力影响因素的探讨是学者们关注的重点。

1. 激励机制

Slegtist(1996年)[6]提出过一个努力—报酬模式,认为当组织能够改善报酬时(这里的报酬不仅指金钱,还包括尊重和自尊),个体往往能产生积极情绪,工作中会更加努力和投入。

石林(2005年)[7]指出,若一个人在工作中得到的报酬合理,工作成绩得到上级肯定,个人技能得到发挥,则会产生平等、自尊等积极心理,上述因素会促使个体自我提升,为产生积极压力奠定基础。

2. 领导方式

Bell 和 Carter(2004年)[8]指出,在高压力源刺激下,变革型领导行为和交易型领导行为均与员工的积极工作情感存在正相关。

杨眉、石林(2006年)[9]将领导方式分为四种类型,研究发现,混合型领导行为(变革型行为和交易型领导行为均高)和积极压力反应存在显著相关,变革型行为和交易型领导行为与积极压力反应存在相关,而放任型领导行为和积极压力反应弱相关。

3. 人际关系

闵锐、李磊(2008年)[10]在研究积极压力源时发现,人际关系包括与领导的关系、与同事的交流、团队精神均与积极反应相关。因为这些因素能让员工感到快乐和平和,自我感觉精力旺盛,在工作中更放松,心情更舒畅。

刘妮娜(2012年)[11]研究发现,压抑的工作氛围对工作积极压力各维度具有显著的负向预测作用。

朱华珍(2012年)[12]采用刘妮娜的压力源问卷,对高校辅导员的工作积极压力进行调查,发现紧张的人际关系与高校辅导员积极压力的多个维度负相关。

4. 工作本身

Cavanaugh、Boswell、Roehling 和 Boudreau(2000年)[13]在一项研究中指出,工作的挑战性与积极反应相关。他们认为这种压力源虽然会带来压力,但同时给个体带来成长机会和未来的回报,能激发个体的成就动机,因此会产生积极的情绪。

刘得格、时勘、王永丽、龚会(2011)[14]的研究证实了这一观点。他们将组织压力源划分为挑战性压力源和阻碍性压力源,挑战性压力源包括时间约束、高工作负荷、工作范围、高工作责任,阻碍性压力源则包括组织政策、工作不安全感、低效率的办事流程、角色模糊等。研究发现,挑战性压力源与员工的工作投入、整体工作满意度显著正相关。

刘妮娜(2012年)[15]将工作积极压力分为目标知觉、可管理性、积极情感和工作投入四个维度,研究发现,工作责任、时间压力、工作量与积极压力总体正相关,与目标知觉和工作投入两个维度具有显著的正相关。

综上,国内外学者关于工作积极压力影响因素的研究取得了重要成果,提出了许多有价值的观点,但还存在较多不足和问题:第一,缺乏系统性和深入研究;第二,缺乏实证研究。

三、理论基础和研究假设

(一)理论基础

工作特征模型(Job Characteristics Model,JCM),也称五因子工作特征理论,由哈佛大学教授 Richard Hackman 和伊利诺伊大学教授 Greg.Oldham 提出（1976年）[16]，它是工作丰富化的核心。该模型认为工作的核心维度包括：技能的多样性、任务的同一性、任务的重要性、工作自主性和工作反馈。其中：技能的多样性（Skill Variety）也就是完成一项工作涉及的范围，包括各种技能和能力；任务同一性即工作的完整性（Task Identity），也就是在多大程度上工作需要作为一个整体来完成——从工作的开始到完成并取得明显的成果；任务的重要性（Task Significance）即自己的工作在多大程度上影响其他人的工作或生活——不论是在组织内还是在工作环境外；主动性（Autonomy）即工作在多大程度上允许自由、独立，以及在具体工作中个人制订计划和执行计划时的自主范围；反馈性（Feedback）即员工能及时明确地知道他所从事的工作的绩效及其效率。

根据这一模型，一个工作岗位可以让员工产生三种心理状态：即感受到工作的意义、感受到工作的责任和了解到工作的结果。这些心理状态又可以影响到个人和工作的结果：即内在工作动力、绩效水平、工作满足感、缺勤率和离职率等，从而给予员工内在的激励，使员工以自我奖励为基础的自我激励产生积极循环。

（二）研究假设

1. 技能多样性、任务同一性、任务重要性与工作积极压力

根据 Hackman 和 Oldham 的研究结论，工作特性核心维度中的技能多样性、任务同一性、任务重要性会让员工体验到工作的意义，从而产生较高的内在工作动机。笔者认为，作为知识型员工，研发人员有着强烈的成长和发展的需要，如果他们具有高内在工作动机，在面对工作场所的压力时，往往会做出积极反应，愿意全力以赴去战胜困难，让自己得到锻炼，能力得到提升。闵锐、李磊（2008年）[17]在对企业员工积极压力源进行实证分析后提出，工作对员工的意义能让员工充分发挥自己的才智，实现人生的价值，更有助于积极压力的产生。据此，本研究提出如下假设：

H1：技能多样性对研发人员工作积极压力各维度具有显著正向影响。

H2：工作完整性对研发人员工作积极压力各维度具有显著正向影响。

H3：任务重要性对研发人员工作积极压力各维度具有显著正向影响。

2. 工作自主性与工作积极压力

作为知识型员工，研发人员拥有知识资本，精通本专业，从事的是创造性劳动，对新知识、新事物的探索适合在独立、自主的环境下进行，他们希望在工作中拥有更多的自主权和控制权，可以按照自己的想法决定工作流程、工作进度、工作质量监控等，这样才会产生较强的工作满意度、积极情绪和创造欲望。Karasek（1979年）[18]的工作控制理论认为，工作活动中包含工作要求和工作控制两个关键特征，它们共同影响着工作压力。当工作要求和工作控制均处于高水平时，个体工作动机增强，有利于提高员工的工作绩效和工作满意度感。据此，本研究提出如下假设：

H4：工作自主性对研发人员工作积极压力各维度具有显著正向影响。

3. 工作反馈与工作积极压力

与普通员工相比,研发人员更加重视能够促进他们不断发展、有挑战性的工作,对知识、对个体和事业的成长有着持续不断的追求,希望在工作中施展个人才干,实现自身价值,成就一番事业。斯蒂芬·P.罗宾斯在提到激励的特殊问题时如是说:"激励知识工作者,金钱和提升都不是最佳选择,因为他们一般有较高的报酬并喜欢自己的工作。他们工作中的奖励主要是工作本身。"[19]对工作结果的反馈使他们及时了解工作的结果,知道自己工作中出现哪些问题,哪些方面值得肯定,哪些方面需要改进,这对于他们的成长、进步和实现个人价值都是至关重要的。据此,本研究提出如下假设:

H5:工作反馈对研发人员工作积极压力各维度具有显著正向影响。

四、问卷设计

本研究的第一个问卷是"高科技企业研发人员工作积极压力影响因素问卷"。笔者基于工作特征模型的五个维度,参考已有成熟量表,包括"工作压力源问卷"(Cavanaugh,2009年)、"哥本哈根社会心理学问卷",即COPSOQ(Tage S Christensen and Vilhelm Borg,1999年),发展出了23个题项,进而形成本研究的初始调查问卷,然后请3位心理学专家对问卷进行了评价,并根据专家意见对问卷进行了修订,形成正式问卷。问卷分为两个部分:第一部分是人口学信息,包括性别、年龄、工作年限、职务等。这部分的数据能有助于笔者更好地理解研究结论;第二部分是工作积极压力影响因素。问卷采用里克特5级评分法,即非常同意计5分,同意计4分,不确定计3分,不同意计2分,非常不同意计1分。

本研究的第二个问卷是工作积极压力状态问卷。采用Simmons和Nelson(2007年)的"工作积极压力问卷"[20]。经过美国多个被试者的检验,该问卷具有较高的信度和效度。笔者首先请4名心理学专业研究生翻译了该问卷,然后经过回译、再翻译的过程。同时,为了解决初始问卷一些项目晦涩难懂的问题,笔者又请了2名英语专业的研究生进行语句的梳理,以确保符合中国人的语言习惯。

该问卷从四个维度测量工作积极压力,即积极情绪、希望感、富有意义、可管理性。其中:积极情绪是一种愉快地投入状态,它反映了一个人感到热情、活跃与警醒的程度;希望感是建立在对事件成功预期上的一种思维模式;富有意义是一个人愿意花多少精力去解决问题和达到要求,并且觉得值得去做、愿意迎接挑战的程度;可管理性是指在某种程度上个人感觉到自身资源可以自行支配,有能力应付工作中的各种要求。问卷共包括28个题目,采用五级计分法。

五、数据分析

(一)样本的描述性统计

为确保调查的全面性与科学性,笔者选取了北京市昌平区高科技园区的7家高科技公司,分别向不同层级的研发人员发放问卷,问卷发放采用纸质发放和网上发放相结合的方式。共发放问卷108份,收回108份,均为有效问卷。样本的描述性统计如表1所示。

表 1　样本的描述性统计

变量	类别	样本数(份)	百分比(%)
性别	男	62	57.4
	女	46	42.6
年龄	29 岁及以下	43	39.8
	30～39 岁	52	48.1
	40～49 岁	10	9.3
	50 岁及以上	3	2.8
学历	大学本科	20	18.5
	硕士研究生	56	51.9
	博士及以上	32	29.6
婚姻状态	已婚	53	49.1
	未婚	52	48.1
	离异	3	2.8
	丧偶	0	0
工龄	1～5 年(含未满 1 年)	26	24.1
	6～10 年	46	42.6
	11～15 年	16	14.8
	16～20 年	11	10.2
	21 年及以上	9	8.3
职称	基层	68	63.0
	中层	37	34.3
	高层	3	2.7

(二) 信度分析

克朗巴哈 α 系数是描述问卷的内部一致性的信度系数,它反映了问卷中项目之间的相互关联程度。运用 α 系数对问卷进行信度分析,结果如表 2 所示,所有题项的 Cronbach α 值均大于 0.7,据此可以认为,问卷数据具有较高的信度。

表 2　各变量的 Cronbach α 信度值

变量名称	测量题项数目	Cronbach α	变量名称	测量题项数目	Cronbach α
技能多样性	4	0.738	积极情绪	9	0.860
任务同一性	3	0.762	希望感	6	0.795
任务复杂性	6	0.754	富有意义	7	0.821
工作自主	5	0.757	可管理性	6	0.782
工作反馈	5	0.715			

(三) 效度检验

本研究将采用内容效度和收敛效度来评估建构效度。内容效度是指在问卷的项目中能否反映出所要测量变量的特征。在问卷编制、修订的过程中,研究者征询了心理学专家的意见,请他们对初始问卷的内容进行审核,最终形成了本研究的问卷,因此问卷具有良好的内容效度。

使用 SPSS 17.0 软件进行分析,结果显示:本研究问卷的各组变量 KMO 值均大于 0.7,说明变量之间存在较多的共同因素,同时,Bartlet 球形检验结果显著(Sig=0.000),适合做因子分析。接着采用最大方差法对变量做旋转因子分析,得出各变量的因子载荷系数均大于 0.6,说明问卷具有较高的收敛效度。

(四) 模型拟合与假设检验

在对模型进行分析和比较时通常以卡方统计量(χ^2)来进行检验,一般以卡方值 $P>0.05$ 作为判断标准,表示模型具有良好的拟合度,但是卡方统计量容易受样本量的影响,因此除了卡方统计量外,还要参考其他拟合指标。目前,模型的拟合度主要包括三大类指标:第一,绝对拟合度指标。这类指标用来确定模型可以预测协方差阵和相关矩阵的程度,主要有卡方值(χ^2)、标准化均方根残差(SRMR)、拟合优度指数(GFI)和近似误差均方根(RMSEA)四个指标;第二,简约拟合度指标。这类指标用来评价模型的简约程度,主要有简约基准拟合指数(PNFI)和简约拟合指数(PGFI)两个指标;第三,增值拟合度指标。这类指标是指理论模型与虚无模型的比较结果,主要有正规化适配指标(NFI)、增值适配指标(IFI)和比较适配指标(CFI)三个指标。

选取以上 9 个模型拟合度指标对模型的拟合度进行分析,结果如表 3 所示。

表 3 模型拟合度分析结果

指标	绝对拟合度				精简拟合度		增值拟合度		
	χ^2/df	GFI	SRMR	RMSEA	PNFI	PGFI	NFI	IFI	GFI
评价标准	<3.000	>0.900	>0.080	<0.080	>0.500	>0.500	>0.900	>0.900	>0.900
本模型	1.806	0.932	0.086	0.072	0.621	0.694	0.968	0.936	0.936

从表 3 可以看出,9 项指标均能较好地满足拟合指数所设定的标准,由此可以认为本研究提出的模型与数据拟合度良好,模型可以有效地检验提出的假设。

(五) 假设验证和模型结果分析

模型通过整体拟合度检验后,便可进行路径系数检验,进而验证模型设立的研究假设。本研究运用 AMOS 17.0 进行统计分析,得到的理论模型路径系数和假设检验情况如表 4 和表 5 所示。

表 4 变量关系路径系数和显著性检验

变量关系	标准化路径系数	C.R	P	显著性
技能多样性与积极情绪关系	0.206	4.872	***	显著
任务同一性与积极情绪关系	0.275	3.961	***	显著

续表

变量关系	标准化路径系数	C.R	P	显著性
任务重要性与积极情绪关系	0.314	3.157	***	显著
工作自主与积极情绪关系	0.306	4.508	***	显著
工作反馈与积极情绪关系	0.278	3.005	0.002	显著
技能多样性与希望感关系	0.323	5.331	***	显著
任务同一性与希望感关系	0.186	2.889	0.005	显著
任务重要性与希望感关系	0.292	3.774	***	显著
工作自主与希望感关系	0.315	4.762	***	显著
工作反馈与希望感关系	0.307	3.219	***	显著
技能多样性与富有意义关系	0.388	3.175	***	显著
任务同一性与富有意义关系	0.196	2.163	0.005	显著
任务重要性与富有意义关系	0.274	3.058	***	显著
工作自主与富有意义关系	0.302	3.135	***	显著
工作反馈与富有意义关系	0.257	3.343	***	显著
技能多样性与可管理性关系	0.379	3.526	***	显著
任务同一性与可管理性关系	0.221	2.892	0.005	显著
任务重要性与可管理性关系	0.276	3.301	***	显著
工作自主与可管理性关系	0.314	3.325	***	显著
工作反馈与可管理性关系	0.330	3.767	***	显著

表 5 模型结果分析

	Std. Estimate	P	假设	检验结果
w←技能多样性	0.489	***	H1	通过检验
w←任务同一性	0.312	***	H2	通过检验
w←任务重要性	0.357	***	H3	通过检验
w←工作自主	0.423	***	H4	通过检验
w←工作反馈	0.408	***	H5	通过检验

表 5 中的"w"代表工作积极压力。根据表 5 的统计结果,假设 H1、H2、H3、H4、H5 的 P 检验值均达到小于 0.05 的显著性水平,说明假设都通过了检验,即技能多样性、任务同一性、任务重要性、工作自主、工作反馈都对工作积极压力产生较为显著的影响,具有正相关的关系。其中,技能多样性(0.489)对工作积极压力的正向影响最强,工作自主(0.423)和工作反馈(0.408)也表现出了重要的影响作用。

六、对策建议

基于前述研究结论,笔者提出如下建议,以激发研发人员的工作积极压力,使其充分发挥工作潜力和创造性,提升企业的创新能力,最终增强企业的竞争力。

(一)注重工作设计,扩大工作涉及的范围

如何扩大工作所涉及的范围,促使研发人员掌握多种技能和能力,以激发其积极压力,这是管理者在工作设计时要考虑的重点。具体措施可以从以下几个方面入手:①工作丰富化。在原有的工作中增加新的内容和成分,促使研发人员学习新的知识,掌握不同技能;②任务组合。将现有的过细分割的研发任务组合起来,形成一项新的、内容广泛的工作;③工作扩大化。让研发人员不断接受新的工作任务,要求他们掌握更多的知识和技能,从而提高其工作兴趣;④工作轮换。让研发人员从事几种不同的工作,在工作中需要运用不同的能力和智慧。

(二)提高工作自主性

提高工作自主性的措施包括:第一,建立扁平化的组织结构,增加管理的幅度,这样做有利于缩短上下级距离,密切上下级关系。由于管理幅度较大,研发人员有较大的自主性、积极性和满足感。第二,团队领导者要充分授权,给予研发人员一定的工作自主权和自由度,包括控制项目质量、保证项目的计划性及节奏感方面的责任,给他们表现自我的机会,凸显自身的价值。特别是在工作任务相对独立,即该项工作对其他工作依存度较低或不需要较多地与他人合作时,更应尽量减少对研发人员的束缚,给予他们较多的空间和决定权。第三,在明确项目目标的前提下,让研发人员运用自身独特的技能来自主决策完成工作。第四,提倡研发人员工作方法多元化,激发其工作热情。

(三)开通反馈渠道

首先,管理者应和研发人员一起设立具体的、明确的且具有一定挑战性的绩效考核指标,尽量让他们理解并接受目标。其次,在达到目标的进程中,管理者应和研发人员进行及时沟通和反馈,就目标实现过程中的困难提出解决方案,提供相应的帮助,使他们能够顺利实现绩效目标。绩效辅导可以采取两种方式:经常性的指导反馈以及定期召开绩效回顾会议。经常性的指导反馈即鼓励、帮助研发人员完成绩效计划中的关键绩指标,它可以确保他们一开始就把工作朝着正确的方向推进,省去大量的花在等待问题出现后再去解决的时间,同时能确保工作结果同下一道工序的同事所期望的"产品"一致;定期召开绩效回顾会议,即用正式会议的形式回顾跟踪研发人员绩效计划完成情况、期间所遇问题及需要提高的能力。定期回顾能确保在向他们提供必要的指导后,使其达到或超越既定的绩效目标。实际绩效管理中应采取何种方式取决于工作的具体情况,或取其一,或两者结合使用。最后,管理者要掌握绩效反馈的技巧。绩效反馈需要较高的技巧,管理者要关注研发人员是比较有个性的个体,反馈的时候要注意方式方法,同时还要根据每个人的特点采取不同的沟通和交流方式。特别要注意在对其现有绩效进行总结的基础上,提出未来努力方向和详尽的改进措施和方案,使研发人员有明确的奋斗目标,激发研发人员进一步发挥自己的潜力和创造力。

参考文献

[1] Selye,H. Stress in health and disease. Boston:Butterworths,1976.

[2] 弗雷德·鲁森斯.组织行为学[M].王垒,姚翔,董佳瑾,译.北京:人民邮电出版社,2016.

[3] Selye,H. Stress in health and disease. Boston:Butterworths,1976.

[4] Quick,J. C.,Quick,J. D.,Nelson,D. L.,Hurrell,J. J. Preventive stress

management in orgnizations[M]. Washington,DC:American Psychological Association,1997.

[5] Nelson,D. ,& Simmons,B. L. Eustress:An elusive construct,an engaging pursuit. Research in Occupational Stress and Well Being,2004,3,265-322.

[6] 许小东,孟晓斌.工作压力应对与管理[M].北京:航空工业出版社,2004.

[7] 石林.关于积极压力研究的思考[M].北京:社会科学文献出版社,2005.

[8] Bell J,Carter A. Does your team leader lessen or increase your stress? Paper given at the BPS Division of Occupational Psychology Coference. 7~9 January 2004, Stratford,UK.

[9] 杨眉,石林.工作压力反应及其与领导方式的关系研究[J].应用心理学,2006,12(3):226-231.

[10] 闵锐,李磊.对员工压力管理中积极压力源的分析[J].华东经济管理,2008,22(9):136-138.

[11] 刘妮娜.企业员工积极压力及其影响因素研究[D].暨南大学硕士论文,2011:42-45.

[12] 朱华珍.高校辅导员工作积极压力的调查研究[J].社会心理科学,2012(11):83-86.

[13] Cavanaugh,M. A. ,Boswell,W. R. ,Roehling,M. V. ,& Boudreau, J. W. An empirical examination of self-reported work stress among U. S. managers. Journal of Applied Psychology,2000,85, 65-74.

[14] 刘得格,时勘,王永丽,等.挑战—阻碍性压力源与工作投入和满意度的关系[J].管理科学,2011,24(2).

[15] 刘妮娜.企业员工积极压力及其影响因素研究[D].暨南大学硕士论文,2011:42-45.

[16] Hackman,J. R. & Oldman,G. R. Motivation through the design of work:Test of a theory. Organization Behaviour and Human performance,1976,16,250-279.

[17] 闵锐,李磊.对员工压力管理中积极压力源的分析[J].华东经济管理,2008,22(9):136-138.

[18] 斯蒂芬·P.罗宾斯.组织行为学精要[M].郑晓明,译.北京:机械工业出版社,2014.

[19] 许小东,孟晓斌.工作压力应对与管理[M].北京:航空工业出版社,2004.

[20] Simmons,B. L. ,& Nelson,D. L. Eustress at work:extending the holistic stress model. In D. L. Nelson,& C. L. CooPer(Eds.),Positive organizational Behavior London:Sage Publications, forthcoming,2007:40-53.

本章思考题:1. 开题报告主要包括哪些内容?
2. 如何编写学位论文的提纲?

第八章
本科毕业论文的答辩

根据《中华人民共和国学位条例暂行实施办法》的规定,学士、硕士、博士学位的获得者必须撰写学位论文,通过学校答辩委员会组织的答辩,合格的才能授予相应学位。因此,本科生在完成毕业论文的写作之后,还要参加毕业论文答辩,才能顺利获得相应学位,论文答辩是取得学位的重要环节。本章主要介绍毕业论文答辩概述、答辩前的准备、答辩的程序和技巧。

第一节 本科毕业论文答辩概述

一、毕业论文答辩的概念

毕业论文答辩是一种有组织、有准备、有计划、有鉴定的比较正规的审查论文的重要形式。具体来讲,毕业论文答辩是在学生完成论文写作、指导教师完成论文评阅后,由各院系组织的答辩委员会(或小组)教师和学生面对面的由答辩老师提问、学生当面回答问题的方式对学生论文质量进行考核的重要环节。

二、毕业论文答辩的特点

毕业论文答辩是一种问答式辩论,基本形式包括"问""答""辩"。毕业论文答辩具有以下几个特点:第一,直接性。论文答辩是教师和学生面对面的沟通与交流,这里既有直接的思想交流,也有情感方面的交流。教师可以直接提问和质疑,学生可以直接应答、解释、辩白。这种沟通方式可以加深教师对论文的全面理解和深入理解,而且学生也可以很快明白自己论文的优点和不足。第二,即兴性。这是指在答辩过程中,老师的问题是根据学生所选题目即兴的提出,没有固定的模式。学生回答问题也没有太多的时间进行思考,属于即时回答。这种即兴提问、即兴回答的方式,有助于锻炼学生的应变能力和思维能力,有助于及时发现论文中存在的不足,进一步对论文进行完善。第三,立体性。论文答辩的全过程是动静结合、有条有理、有深有浅。所谓动静结合,是指教师提问、学生思考后答辩,有动有静;有条有理,是指教师提问,学生有礼貌地回答,教师提问常用"请你回答"的句子,学生回答完问题常说声"谢谢";有深有浅,是指教师所提问题有浅显的也有深奥的,有难度,但是也不能给学生太大压力。

三、论文答辩的目的

论文答辩的目的,对于组织者即校方和答辩者即论文作者是不同的。

（一）组织者

对于组织者来说,通过毕业答辩要达到如下目的:第一,进一步考查和验证毕业论文作者对所著论文的认识程度和当场论证论题的能力。一般来说,从学生所提交的论文中,已能大致反映出各个学生对自己所写论文的认识程度和论证论题的能力。但由于种种原因,有些问题没有充分展开细说,有的可能是限于全局结构不便展开,有的可能是受篇幅所限不能展开,有的可能是作者认为这个问题不重要或者以为没有必要展开详细说明的,有的很可能是作者说不下去或者说不清楚而故意回避了的薄弱环节,有的还可能是作者自己根本就没有认识到的不足之处等。通过对这些问题的提问和答辩就可以进一步弄清作者是由于哪种情况而没有展开深入分析,从而了解学生对自己所写的论文的认识程度、理解深度和当场论证论题的能力。第二,进一步考察毕业论文作者对专业知识掌握的深度和广度。通过论文,虽然也可以看出学生已掌握知识面的深度和广度,但是撰写毕业论文的主要目的不是考查学生掌握知识的深度和广度,而是考查学生综合运用所学知识独立地分析问题和解决问题的能力,培养和锻炼他们进行科学研究的能力。学生在写作论文中所运用的知识有的已确实掌握,能融会贯通地运用;有的可能是一知半解,并没有转化为自己的知识;还有的可能是从别人的文章中生搬硬套过来的,其基本含义都没搞清楚。在答辩会上,答辩小组成员把论文中有阐述不清楚、不详细、不完备、不确切、不完善之处提出来,让作者当场做出回答,从而可以检查出作者对所论述的问题是否有深广的知识基础、创造性见解和充分扎实的理由。第三,审查毕业论文是否为学生独立完成,即检验毕业论文的真实性。撰写毕业论文,要求学生在教师的指导下独立完成,但它不像考试、考查那样,在教师的严格监视下完成,而是在一个较长的时期(一般为一个学期)内完成,难免有少数不自觉的学生会投机取巧,采取各种手段作弊。尤其是像电大、函大等开放性大学,学员面广、量大、人多、组织松散、素质参差不齐,很难消除抄袭剽窃等不正之风的出现。指导教师固然要严格把关,可是在一个教师要指导多个学生的不同题目、不同范围论文的情况下,对作弊很难做到没有疏漏。而答辩小组或答辩委员会由三名以上教师组成,鉴别论文真假的能力较强,而且在答辩会上还可通过提问与答辩来暴露作弊者,从而保证毕业论文的质量。

（二）答辩者

对于答辩者(毕业论文作者)来说,答辩的目的是通过答辩,按时毕业,取得毕业证书。学生要顺利通过毕业论文答辩,就必须了解学校组织毕业论文答辩的目的,然后有针对性地做好准备,对论文中的有关问题作进一步的推敲和研究,熟悉论文中提到的基本资料,了解有关的基本理论和文章的基本观点。

第二节 毕业论文答辩前的准备

一、校方的准备工作

对于校方来说,答辩前的准备主要是做好答辩前的组织工作。这些组织工作主要有:审定学生参加毕业论文答辩的资格,组织答辩委员会,拟订毕业论文成绩标准,布置答辩会场等。

(一)审查学生参加毕业论文答辩的资格

参加毕业论文答辩的学生要具备一定的条件,这些条件如下:第一,必须是已修完高等学校规定的全部课程的应届毕业生和符合有关规定并经过校方批准同意的上一届学生。第二,学生所学课程必须全部考试、考查及格;实行学分制的学校,学生必须获得学校准许毕业的学分。第三,学生所写的毕业论文必须经过教师指导并有指导教师签署同意参加答辩的意见。

以上三个条件必须同时具备,缺一不可,只有同时具备了上述三个条件的大学生,才有资格参加毕业论文答辩。另外,具备了上述三个条件的大学生,规定要进行论文答辩的除了个别有特殊情况经过批准者外,只有经过答辩并获得通过才准予毕业。

(二)组织答辩委员会或答辩小组

在毕业论文答辩前,必须成立答辩委员会或答辩小组。答辩委员会是审查和公正评价毕业论文、评定毕业论文成绩的重要组织保证。

答辩委员会由学校和学校委托下属有关部门统一组织。答辩委员会一般由3~5人组成,其中应有两人或两人以上具有高级或中级职称,并从中确定一位学术水平较高的委员为主任委员,负责答辩委员会会议的召集工作。

(三)拟订毕业论文成绩标准

毕业论文答辩以后,答辩委员会要根据毕业论文以及作者的答辩情况,评定论文成绩。为了使评分宽严适度,大体平衡,学校应事先制定一个共同遵循的评分原则或评分标准。

例8-1 北京邮电大学本科毕业论文评分标准

指导教师评语:主要包含选题背景、意义;论点是否正确、论据是否翔实、论证是否充分;设计(论文)成果、价值;论文写作、文本规范;工作量、工作态度;不足和希望等方面。

答辩小组评语:主要包含选题背景、意义;论点是否正确、论据是否翔实、论证是否充分;设计(论文)成果、价值;论文写作、文本规范;答辩情况;不足和希望等方面。

毕业论文的成绩,一般分为优秀(90~100分)、良好(80~89分)、中等(70~79分)、及格(60~69)分、不及格(60分以下)五个档次。

(四)布置答辩会场

毕业论文答辩会场地的布置会影响论文答辩会的气氛和答辩者的情绪,进而影响到答辩会的质量和效果。因此,学校应该重视答辩会场的设计和布置,尽量创造一个良好、安静的答辩环境。

二、答辩委员会的准备工作

答辩委员会成员确定以后,有关人员一般要在答辩会举行前半个月把要答辩的论文送到答辩委员会成员手里。答辩委员会成员接到论文后,要认真仔细地审读每一篇要进行答辩的论文,找出论文中论述不清楚、不详细、不确切、不周全之处以及自相矛盾和值得探讨之处,并拟定在论文答辩会上需要论文作者回答或进一步阐述的问题。

在答辩时,答辩老师会提出多少问题,提什么问题?这是每一个参加答辩的学生都十分关心的问题,同时又是一个十分复杂且很难把握的问题。因为,每一篇论文都有自己的内容、形式、特点和不足。根据论文的不同情况,答辩老师的提问必然也会千差万别。另外,即使是同一篇论文,不同的答辩老师所要提问的重点也会有所不同。所以,就某一篇论文来说,答辩老师会提什么问题,是很难说得准、猜得到的。论文作者在准备答辩时,猜题是没有必要也没有益处的,但这并不等于说答辩老师出题是任意的、毫无规律可循的,学生就没有必要准备了。

事实上,答辩老师拟题提问是有一定的范围并遵循一定的原则的。了解答辩老师的出题范围和原则,对学生如何准备答辩是很有帮助的。下面就答辩老师的出题规则作些说明。一般来说,答辩老师出题是有严格的界定范围的,即答辩老师在论文答辩会上所提出的问题仅仅是论文所涉及的学术范围之内的问题,一般不会也不能提出与论文内容毫无关系的问题,这是答辩老师拟题的大范围。在这个大范围内,主答辩老师一般是从检验真伪、探测能力、弥补不足三个方面提出三个问题。第一,检验真伪题,主要是围绕毕业论文的真实性拟题提问。它的目的是要检查论文是不是学生自己写的。如果论文不是通过自己辛勤劳动写成的,只是抄袭他人的成果,或是由他人代笔之作,就难以回答出这类问题。第二,探测水平题,这是指与毕业论文主要内容相关的,探测学生水平高低、基础知识是否扎实,掌握知识的广度和深度如何来提出问题的题目,主要是论文中涉及的基本概念、基本理论以及运用基本原理等方面的问题。第三,弥补不足题,这是指围绕毕业论文中存在的薄弱环节,如对论文中论述不清楚、不详细、不周全、不确切以及相互矛盾之处拟题提问,让作者在答辩中补充阐述或提出解释。例如,在一篇选题为"把股份合作制引入开发农业之我见"的论文中,答辩时,主答辩老师提出了如下三个问题:"第一,请简要谈谈学术界对股份合作制性质方面的争议。""第二,合作经济与股份制经济有何区别?""第三,稳定家庭联产承包责任制与发展股份合作制有无矛盾?请简述理由。"又譬如,在"把山区经济推向市场的思考与对策"一文中,答辩时,主答辩老师提出的三个问题是:"第一,你在写这篇论文时,收集了哪些方面的资料,是怎样收集的?""第二,市场有几重含义?与此相联系,你是怎么理解市场经济的?""第三,请你谈谈把山区经济推向市场的有利条件和不利因素。"当然,在答辩过程中,根据论文的内容和答辩的具体情况,答辩老师还可以适当插问。例如,在上述第一篇论文中,答辩老师觉得学生对合作经济说得很含糊,就在学生回答完了第二个问题后,插问了"请你谈谈我国20世纪50年代农村有哪几种合作制形式,它们的性质有何区别?"的问题。通过对这些问题的提问和答辩,答辩委员会就会了解毕业论文是不是学生自己通过辛勤劳动写成的,即检查了论文的真实性;也大体上摸清了学生对所学知识掌握的深度和广度,以及学生临场的应对能力和对知识理解的透彻程度;同时也能清楚论文中薄弱环节的原因,从而有利于对论文的质量和学生的知识能力做出合理、公平的评价。

主答辩老师在具体的出题过程中,还需要遵循以下几个原则:第一,理论题与应用题相结合的原则。一般来说,在提问的问题中,应该有一个是关于基础理论知识的题目,还有一个是要求学员运用所学知识分析和解决现实问题的题目。第二,深浅适中、难易搭配的原则。即在提问的问题中,既要有比较容易回答的问题,又要有一定深度和难度的问题。同时,对某一篇论文所提问题的深浅难易程度,应与指导老师的建议成绩联系起来。凡是指导老师建议成绩为优秀的论文,答辩老师所提问题的难度就应该大一些;建议成绩为及格的论文,答辩老师应提相对浅一些、比较容易回答一些的问题。第三,点面结合、深广相联的原则。第四,形式多样、大小搭配的原则。

三、答辩者的准备工作

答辩前的准备,最重要的是答辩者的准备。要保证论文答辩的质量和效果,关键在于答辩者。论文作者要顺利通过答辩,在提交了论文之后,不要有松一口气的思想,而应抓紧时间积极准备论文答辩。

那么,答辩者在答辩之前应该从哪些方面来准备呢?第一,要写好毕业论文的简介,主要内容应包括论文的题目,指导教师姓名,选择该题目的动机,论文的主要论点、论据和写作体会,以及本议题的理论意义和实践意义。第二,要熟悉自己所写论文的全文,尤其是要熟悉主体部分和结论部分的内容,明确论文的基本观点和主论的基本依据;掌握论文中所使用的主要概念的确切含义和所运用的基本原理的主要内容;同时还要仔细审查、反复推敲文章中有无自相矛盾、谬误、片面或模糊不清的地方,有无与党的政策方针相冲突之处等。如发现有上述问题,就要做好充分准备——补充、修正、解说等。只要认真设防,堵死一切漏洞,这样在答辩过程中,就可以做到心中有数、临阵不慌、沉着应战。第三,要了解和掌握与自己所写论文相关联的知识与材料。如,关于自己所研究的这个论题,学术界的研究已经达到了什么程度?目前,存在着哪些争议?有几种代表性观点?各有哪些代表性著作和文章?自己倾向于哪种观点及理由;重要引文的出处和版本;论证材料的来源渠道等。对这些方面的知识和材料都要在答辩前做到比较好的了解和掌握。第四,论文还有哪些应该涉及或解决,但因力所不及而未能接触的问题;还有哪些在论文中未涉及或涉及很少,而研究过程中确已接触到了并有一定的见解,只是由于觉得与论文表述的中心关联不大而没有写入等。第五,对于优秀论文的作者来说,还要搞清楚哪些观点是继承或借鉴了他人的研究成果,哪些是自己的创新观点,这些新观点、新见解是怎么形成的等。对上述内容,作者在答辩前都要做很好的准备,经过思考、整理,写成提纲,记在脑海中,这样在答辩时就可以做到心中有数,从容作答。

另外,在答辩前,应准备好相关 PPT。关于 PPT,笔者有以下建议供大家参考:第一,关于模板:不要用太华丽的企业商务模板,学术 PPT 最好低调、简洁一些。推荐底色为白底(黑字、红字和蓝字)、蓝底(白字或黄字)、黑底(白字和黄字),这三种配色方式可保证幻灯片质量;动手能力强的同学可以自己做符和课题主题的模板,其实做法很简单,就是把喜欢的图在"幻灯片母版"模式下插入就行了。第二,关于文字:不要太多,要精练;字体大小最好选 PPT 默认的,标题用 44 号或 40 号,正文用 32 号,一般不要小于 20 号;标题推荐黑体,正文推荐宋体;如果一定要用罕见字体,记得答辩的时候一起复制到答辩电脑上,不然会显示不出来;正文内的文字排列,一般一行字数在 20~25 个,一般为 5~6 行,不要超过 10 行;行与行之间、段与段之间要有一定的间距,标题之间的距离(段间距)要大于行间距。第三,关于图片:图片在 PPT 的位置最好统一,整个 PPT 的版式安排不要超过 3 种;图片最好统一格式,这样一方面显得很精致,另一方面也显示出做学问的严谨态度;图片的外周有时候加上阴影或外框,会有意想不到的效果;照片选用 jpg 格式就可以了,示意图推荐 bmp 格式,直接在 Windows 画笔里按照需要的大小画,不要缩放;PPT 里出现图片的动画方式最好为两种以下,以低调朴素为主;动手能力允许的话,学习一下 Photoshop 里的基本操作,一些照片类的图片,在 Photoshop 里做一下曲线和对比度的基本调整,质量会好很多。

第三节 毕业论文答辩的程序及答辩提问方式

一、毕业论文答辩的程序

毕业论文答辩的一般程序如下:第一,答辩主持人宣布答辩程序和要求,确定答辩人先后顺序。第二,答辩人介绍毕业论文的主要观点、内容和结论,时间为 5~10 分钟,然后认真听取评委提出的问题并做好记录。第三,第一位答辩学生自述论文和接受评委提问结束后,到准备席准备;下一位答辩学生到答辩席自述论文和接受提问,依次类推。第四,学员逐一回答完所有问题后退场,答辩委员会根据论文的质量和答辩情况,商定通过还是不通过,并拟定成绩和评语。第五,召回学员,由主答辩老师当面向学生就论文和答辩过程中的情况加以小结,肯定其优点和长处,指出其错误或不足之处,并加以必要的补充和指点,同时当面向学生宣布通过或不通过。答辩人应虚心听取主答辩老师的小结并且要作记录,最后向答辩老师以及同学们致谢。第六,论文成绩评定。答辩小组就毕业论文答辩情况,写出评语,给出答辩成绩。成绩采用无记名投票方式评出。答辩小组按学校统一的评分标准和评分办法,在参考指导教师、评阅教师和答辩结果的基础上,评定每个学生的总成绩。第七,答辩材料提交。答辩材料包括:每位学生的材料(包括开题报告、指导记录表、评阅人评分表、指导教师评分表、答辩申请表、答辩情况表、综合成绩评分表、优秀论文专家推荐表等);答辩秘书在答辩小组组长的指导下认真填写的相关表格。答辩材料齐全后交各专业主任审核,如有缺失,答辩组长和秘书负责督促学生及指导老师、评阅人补齐。每位指导老师须妥善保存每位学生的毕业论文资料的电子版,最后由各专业主任汇总并妥善保存。

二、答辩提问方式

在毕业论文答辩会上,主答辩老师的提问方式会影响到组织答辩会目的的实现以及学生答辩水平的发挥,因此,主答辩老师应注意自己的提问方式。

答辩教师的提问安排在答辩人自述之后,是答辩中相对灵活的环节,有问有答,是一个相互交流的过程,采用由浅入深的顺序提问,采取答辩人当场作答的方式。

(一) 提问要贯彻先易后难的原则

主答辩老师给每位答辩者一般要提三个或三个以上的问题,这些要提的问题按先易后难的次序提问为好。所提的第一个问题一般应该考虑到是学生答得出并且答得好的问题。学员第一个问题答好,就会放松紧张心理,增强自己能答好的信心,从而有利于在以后几个问题的答辩中发挥出正常水平。反之,如果提问的第一个问题就答不上来,学生就会背上心理包袱,紧张加剧,产生慌乱,这势必会影响到对后面几个问题的答辩,因而也难以正确检查出学生的答辩能力和真实学术水平。

(二) 提问要实行逐步深入的方法

为了正确地检测学生的专业基础知识掌握的情况,有时需要把一个大问题分成若干个小问题,并采取逐步深入的提问方法。如,有一篇"浅论科学技术是第一生产力"的论文,主答辩老师出的探测水平题是由以下四个小问题组成的:"第一,什么是科学技术?""第二,科学技术是不是生产力的一个独立要素?"在学员做出正确回答以后,紧接着提出:"第三,科学技术不是生产力的一个独立要素,为什么说它也是生产力呢?""第四,你是怎样理解科学技术是第一生产力的?"通过这样的提问,根据学生的答辩情况,就能比较正确地测量出学生掌握基础知识的扎实程度。如果这四个问题一个也答不上,说明该学生专业基础知识没有掌握好;如果四个问题都能正确地回答出来,说明该学生基础知识掌握得很扎实;如果能回答出其中的2~3个,或每个小问题都能答一点,但答得不全面,或不太正确,说明该学生基础知识掌握得一般。倘若不是采取这种逐步深入的提问法,就很难把一个学生掌握专业基础知识的情况准确测试出来。假如上述问题采用这样的提问法:"请你谈谈为什么科学技术是第一生产力?"学生很可能把论文中的主要内容重述一遍,这样就很难确切知道该学生掌握基础知识的情况是好、差,还是一般。

(三)采取温和的态度和商讨的语气开展讨论

当答辩者的观点与自己的观点相左时,主答辩老师应以温和的态度和商讨的语气与之开展讨论,即要有"长者"风度,施行善术,切忌居高临下、出言不逊。千万不要以"真理"掌握者自居,不要轻易使用"不对""错了""谬论"等全然否定的断语。要记住"是者可能非,非者可能有是"的格言,要有从善如流的气度。如果作者的观点言之有理,持之有据,即使与自己的观点截然对立,也应认可并乐意接受;倘若作者的观点并不成熟、不完善,也要善意地、平和地进行探讨,并给学生辩护或反驳的平等权利;当自己的观点不能为作者接受时,也不能仗势欺人,以权压理,更不要出言不逊。虽然在答辩过程中,答辩老师与学生的地位是不平等的(一方是审查考核者,另一方是被考核者),但在人格上却是完全平等的。在答辩中要体现互相尊重,做到豁达大度,观点一时难以统一也属正常,不必将自己的观点强加于人,只要把自己的观点亮出来,供对方参考就行。事实上,答辩老师讲得越客气、平和,学生越容易接受,越容易重新审视自己的观点,达到共同探索真理的目的。

(四)采用启发式、引导式的方法

当学生的回答答不到点子上或者一时答不上来时,应采用启发式、引导式的提问方法。参加过论文答辩委员会的老师可能都遇到过这样的情况:学生对老师所提的问题答不上来,有的就无可奈何地"呆"着;有的是东拉西扯,与老师绕圈子,其实是不知道答案。碰到这种情况,答辩老师既不能让学员尴尬地"呆"在那里,也不能听凭其"瞎聊",而应当及时加以启发或引导。学员答不上来有多种原因,有的是原本掌握这方面的知识只是由于问题完全出乎他的意料而显得心慌意乱,或者是出现一时的"知觉盲点"而答不上来,这时只要稍加引导和启发,就能使学员"召回"知识,把问题答好。只有通过启发和引导仍然答不出或答不到点子上的,才可判定他确实不具备这方面的知识。

第四节　毕业论文的答辩技巧

一、关于自述报告

在毕业论文答辩过程中,学生首先要介绍一下论文的概要,这就是所谓的"自述报告",必须强调一点的是它是"自述"而不是"自读"。这里重要的技巧是不能照本宣读,把报告变成了"读书"。"照本宣读"乃是第一大忌。

自述报告的内容主要包括写作动机、缘由、研究方向、研究内容、研究范围、围绕这一论题的最新研究成果、自己在论文中的新见解、新的理解或新的突破。

所谓"削繁去冗留清瘦,画到无时是熟时",就是说,自述报告应尽量做到词约意丰,一语中的,要突出重点,把自己的最大收获、最深体会、最精华与最富特色的部分表述出来。这里要注意三点:一是忌主题不明;二是忌内容空泛,东拉西扯;三是忌平平淡淡,没有重点。总之,要力求做到概括简要,言简意赅。自述报告不能占用过多时间,一般以十分钟为限。

例8-2　自述报告之一

尊敬的答辩组的各位老师和同学:

大家早上好!我是来自2006级×××的学生××,我的论文指导老师是×××老师。我的论文题目是"贵州酒文化旅游开发探析"。

首先,我想谈谈我写这篇毕业论文的目的及意义。其实关于酒文化的旅游开发和设计虽然已经有很多人做了研究,其中关于贵州酒文化的旅游开发也有涉及,但是我依然选择了这个作为自己的论文题目,首先是基于自己的兴趣爱好;同时,也是基于以下三个方面的考虑:

第一,现在随着国内旅游业发展的进一步深入,旅游模式逐步升级,开始由观光游时代向体验游时代转变,旅游类型也开始由大众旅游向专业化、多元化方向发展,专题旅游已经成为一种旅游发展的趋势。本文的酒文化旅游正是一种专题旅游。本文的写作目的也就是在专题化旅游开发的大背景下,为贵州省的旅游规划和发展提供一种声音,一个思路。

第二,我们知道,旅游的生命在于特色,有了特色旅游业的发展才能长远,酒文化旅游就是贵州旅游的一大特色。贵州作为茅台的故乡,不仅有悠久的酒文化历史,更有丰富的酒文化旅游资源。探讨贵州的酒文化旅游开发,不仅对贵州有着特别的意义,对国内酒文化的旅游开发也是一种典范带动。

第三,我选择这个题目,老实说,我一开始是觉得这方面的文献资料比较充分,应该易于开展论文的撰写。

其次,我想重点说一下本文的主要内容及探讨的主要问题。本文主要阐述了酒文化以及酒文化旅游的内涵,同时重点对贵州发展酒文化旅游的条件和存在的问题进行了分析,在此基础上对贵州酒文化旅游产品的开发提出了一些建议。

本文主要有五个组成部分:

第一,酒文化旅游概述,在这一部分我首先介绍了酒文化、酒文化旅游的定义,并重点阐明了贵州酒文化旅游资源的类型。

第二,对贵州开展酒文化旅游的条件进行了分析,主要从地理气候、资源条件、社会文化、政府政策等方面做了阐述,从而充分论证了贵州酒文化旅游开发的可行性和必要性。这是本文的一个难点。

第三,对贵州酒文化旅游开发中现在存在的突出问题进行了分析,如酒旅分家严重,产品单一,开发创新力度低,缺乏专业化的策划、推广和营销等。我认为这是本文的亮点。

第四,针对贵州现存的问题,我尝试给出了贵州酒文化旅游产品开发的建议,通过挖掘、整合、再塑造贵州酒文化,进一步开展酒文化旅游节庆活动,彻底激活酒旅游的活力,从而塑造民族酒品牌,创造出品牌效应,进而开展酒乡旅游,打造出成熟的酒文化旅游线路,最终结合其他行业推进贵州酒旅游的综合开发,真正实现贵州旅游业的再发展、再辉煌。我认为这正是本文为数不多的一个创新之处。

第五,最后总结全文,给出方向。

最后我想说一下本文的缺陷及我的写作体会。由于本人水平所限,对某些概念和方法的理解还不是很深刻,其中关于开发的畅想也只是学生凭着现在学的知识,在分析了贵州现状的基础上给出的一些建议,思考肯定还不够深刻也不够全面。同时我觉得本文的最大缺陷是没有相应数据分析和图表解释,以致文章的阐述缺乏足够的说服力。一方面是自己的专业数据收集、处理能力不够,另一方面就是现有专业的、权威的、最新的酒文化旅游的数据缺乏。没有相应部门的统计,获取当然不易。此外虽然我已经很仔细地检查过了,但是依然可能还存在一定的错别字或语句不是很通顺的地方。所以请各位老师多批评指正,让我在今后的学习与工作中做得更好。

我的陈述完毕,请老师提问。谢谢!

例 8-3 自述报告之二

尊敬的各位老师:

上午好!

我的论文题目是"我国汽车出口贸易现状及对策分析"。这篇论文是在我的指导老师的悉心指点下完成的,在这段时间里,刘老师对我的论文进行了详细的修改和指正,并给予我许多宝贵的意见和建议。在这里,对他表示我最真挚的感谢和敬意!下面我将这篇论文的写作研究意义、结构及主要内容、存在的不足向各位老师作简要的陈述,恳请各位老师批评指导。

首先,我想谈谈为什么选这个题目及这篇文章的研究意义。我当时之所以选择"我国汽车出口贸易现状及对策分析"这个题目是因为,近几年来,尤其是加入WTO

之后,我国的汽车出口贸易进入了一个市场规模、生产规模迅速扩大的时期,中国汽车出口贸易的快速增长,引起了世界对中国汽车业的关注。中国的自主品牌已成为国际汽车市场上一股不可忽视的力量。全面融入世界汽车工业体系的时代,中国现已成为具备完整的汽车工业生产体系的生产大国,在汽车产品出口方面也取得了很大进步,呈现出自主品牌出口占主导地位的新特点。在经济危机的影响下,中国汽车产品出口形势不容乐观,缺乏规模经济、产品科技含量低、售后服务体系不健全等问题仍然存在。在国际市场竞争日益激烈的情况下,制定中国汽车出口的长远发展策略是当前亟待解决的问题。研究中国目前汽车出口的现状,根据汽车出口贸易的总额和特点,研究分析当前中国汽车出口贸易存在的问题,并提出解决的措施,有利于中国汽车出口贸易向一个良性的趋势发展,有利于中国对外经济和贸易的发展,同时有利于塑造我国一个更好地对外的形象。

其次,我想谈谈这篇文章的结构和主要内容。我的论文主要分为以下三个部分:第一部分通过海关总署汽车出口贸易总额的数据,分析近几年来汽车出口贸易的特点及其出口优势。近几年来,我国汽车出口贸易的主要特点表现在:汽车产品及整车出口加速;自主品牌汽车成为出口主力;出口市场多元化态势;出口规模加大,向发达国家延伸;我国汽车出口贸易的优势主要表现在三个方面,分别是:后发优势、低成本优势、企业产品出口意识不不断的增强。第二部分找出了汽车出口贸易中存在的问题,通过综合各种贸易总额数据和文献以及自己的思考,我认为中国汽车出口贸易主要存在以下三个方面的问题:缺乏规模经济;缺乏自主品牌;服务体系不健全。第三部分是基于问题提出的对策分析,主要从政府和企业两个层面,提出了相关的对策分析。政府方面的对策主要有:加快国内汽车企业的兼并重组,实现规模经济;整顿出口秩序,规范出口行为;引导强化企业自主研发能力;加强物流业发展。企业方面的对策主要是:提升自主研发能力;研发和推广新能源汽车;重视产品的售后服务。

我的论文结论是:我国汽车出口贸易存在许多优势,但同时也存在许多问题,我们需要政府和企业共同努力,解决好汽车出口贸易中存在的问题和缺陷,进一步提高我国汽车出口贸易的核心竞争力。

最后,我想谈谈这篇文章存在的不足。在这篇论文的写作过程中,我尽可能多地收集资料,虽然从中学到了许多有用的东西,也积累了不少经验,但由于自己学识浅薄,认识能力不足,在理解上有诸多偏颇和浅薄的地方;也由于理论功底的薄弱,存有不少逻辑不畅和词不达意的问题;加之时间紧迫和自己的粗心,与老师的期望相差甚远,许多问题还有待于进一步思考和探索,借此答辩机会,恳切地希望各位老师能够提出宝贵的意见,多指出这篇论文的错误和不足之处,我将虚心接受,从而进一步深入学习研究,使该论文得到完善和提高。

以上是我的论文答辩自述,敬请各位评委老师提出宝贵的意见。谢谢!

二、学生答辩时要注意的问题

学生在答辩时要注意以下问题:

(一)携带必要的资料和用品

首先,学员参加答辩会,要携带论文的底稿和主要参考资料。在答辩会上,主答辩老师提出问题后,学员可以准备一定时间后再当面回答,在这种情况下,携带论文底稿和主要参考资料的必要性是不言自明的。其次,还应带上笔和笔记本,以便把主答辩老师所提出的问题和有价值的意见、见解记录下来。通过记录,不仅可以减缓紧张心理,而且还可以更好地了解老师所提问的要害和实质是什么,同时还可以边记边思考,使思考的过程变得很自然。

(二)要有自信心,不要紧张

在做了充分准备的基础上,同学大可不必紧张,要有自信心。树立信心,多给自己打气,消除紧张慌乱心理很重要,因为过度的紧张会使本来可以回答出来的问题答不上来。只有充满自信,沉着冷静,才会思路流畅,在答辩时有良好的表现。

(三)听清问题后经过思考再作答

主答辩老师在提问题时,学员要集中注意力认真聆听,并将问题回答略记在本子上,仔细推敲主答辩老师所提问题的要害和本质是什么,切忌未弄清题意就匆忙作答。如果对所提问题没有听清楚,可以请提问老师再说一遍。如果对问题中有些概念不太理解,可以请提问老师做些解释,或者把自己对问题的理解说出来,并问清是不是这个意思,得到肯定的答复后再作回答。只有这样,才有可能避免答非所问,答到点子上。

(四)回答问题要简明扼要,层次分明

在知道主答辩老师所提问题的确切含义后,同学们要在较短的时间内做出反应,充满自信地以流畅的语言和肯定的语气把自己的想法讲述出来,不要犹犹豫豫。在回答问题时:一是要抓住要害,简明扼要,不要东拉西扯,使人听后不得要领;二是要力求客观、全面,留有余地,切忌把话说"死";三是要条分缕析,层次分明;四是要注意吐词清晰,声音适中等。

(五)对回答不出来的问题,不可强辩

在答辩过程中,有时答辩委员会的老师对答辩人所做的回答不太满意,还会进一步提出问题,以了解论文作者是否切实掌握了这个问题。当遇到这种情况时,答辩人如果有把握讲清,就可以申明理由进行答辩;如果不太有把握,可以审慎地试着回答,能回答多少就回答多少,即使讲得不很确切也不要紧,只要与问题有所关联,老师会引导和启发我们切入正题;如果确实是自己没有搞清楚的问题,就应该实事求是地讲明情况,表示今后一定认真研究这个问题,切不可强词夺理,进行狡辩。因为,答辩委员会的老师对这个问题有可能有过专门研究,再高明的学生也不可能蒙骗他。这里我们应该明白:学生在答辩会上,某个问题答不出来是不足为奇的,因为答辩委员会成员一般是本学科的专家,他们提出来的某个问题答不上来是很自然的。当然,所有问题都答不上来,一问三不知就不正常了。

(六) 当论文中的主要观点与主答辩老师的观点相左时,可以与之展开辩论

在答辩过程中,有时主答辩老师会提出与我们的论文中基本观点不同的观点,然后请我们谈谈看法,此时我们就应全力为自己的观点辩护,反驳与自己观点相对立的思想。主答辩老师在所提的问题中,有的是基础知识性的问题,有的是学术探讨性的问题,对于前一类问题,是要我们做出正确、全面的回答,不具有商讨性,而后一类问题,是非正误并未定论,持有不同观点的人可以互相切磋商讨。如果我们所写的论文的基本观点是经过自己深思熟虑的,又是言之有理、持之有据,能自圆其说的,就不要因为答辩委员会成员提出不同的见解,就随声附和,放弃自己的观点。否则,就等于是自己否定了自己辛辛苦苦写成的论文。有的答辩老师提出的与我们论文相左的观点,并不是他本人的观点,他提出来无非是想听听我们对这种观点的评价和看法,或者是考考我们的答辩能力或我们对自己观点的坚定程度。退一步说,即使是提问老师自己的观点,我们也应该抱着"吾爱吾师,吾更爱真理"的态度,据理力争,与之展开辩论。但要注意,答辩本身是非常严肃的事情,切不可与答辩教师争吵,辩论应以文明的方式进行。

(七) 精神高度集中

答辩过程是一次智力劳动过程,答辩人要始终保持清醒的头脑,精神高度集中,正确作答。首先,要仔细聆听答辩老师的问题,然后经过缜密的思考,组织好语言。其次,回答问题时要求条理清晰、符合逻辑、完整全面、重点突出。如果没有听清楚问题,可以请答辩老师再重复一遍,态度诚恳,有礼貌。当有问题确实不会回答时,也不要着急,可以请答辩老师给予提示。

(八) 要讲文明礼貌

论文答辩的过程也是学术思想交流的过程,答辩人应把它看成是向答辩老师和专家学习、请求指导、讨教问题的好机会。因此,在整个答辩过程中,答辩人应该尊重答辩委员会的老师,言行举止要讲文明,有礼貌,尤其是在主答辩老师提出的问题难以回答,或答辩老师的观点与自己的观点相左时,更应该如此。答辩结束后,无论答辩情况如何,都要从容、有礼貌地退场。

三、回答问题的技巧

在回答问题时,同学们所要掌握的技巧是,思考每个问题所要答的"中心""症结"

"关键"在哪里？从哪一个角度去回答问题最好？应举什么例子来证明？回答问题的内容实质上是一段有组织的"口头作文"。根据笔者的经验，回答问题的技巧包括如下几个方面：

（一）紧扣主题

对于毕业论文答辩委员会成员来说，他们不可能对每一位同学的毕业论文内容有全面的了解，有的甚至连毕业论文题目也不一定熟悉。因此，在整个论文答辩过程中，学生能否围绕主题进行，能否最后扣题就显得非常重要了。另外，答辩委员一般也容易就论文题目所涉及的问题进行提问，如果学生能自始至终地以论文题目为中心展开论述，就会使评委思维明朗，对我们的毕业论文给予肯定。

（二）人称使用

在毕业论文答辩过程中必然涉及人称使用问题，笔者建议大家尽量多使用第一人称，如"我""我们"。即使论文中的材料是引用他人的，也要用"我们引用"了哪儿的数据或材料，毕业论文是自己写的，所以要更多使用而且果断、大胆地使用第一人称。这样，会使答辩老师产生作者"工作做了不少"的印象。

（三）用词准确，清晰明白

1. 用词准确
正面回答问题，不转换论题，更不要答非所问。
2. 重点突出
抓住主题、要领，抓住关键词语，言简意赅。
3. 清晰明白
开门见山，直接入题，不绕圈子。

四、注意非语言表达

（一）语速适中

同学一般都是首次进行毕业论文答辩的。无数事实证明，在论文答辩时，有一些同学说话速度往往越来越快，以致毕业答辩委员会成员听不清楚，影响了毕业答辩成绩。故毕业答辩学生一定要注意在论文答辩过程中的语速，要有急有缓，有轻有重，不能像连珠炮似的"轰向"听众。

（二）目光移动

毕业生在论文答辩时，一般可脱稿，也可半脱稿，也可完全不脱稿。但不管采用哪种方式，都应注意自己的目光，要将目光时常地瞟向论文答辩委员会成员及会场上的同学们。这是毕业生用目光与听众进行心灵的交流,使听众对自己的论题产生兴趣的一种手段。在毕业论文答辩会上,由于听的时间过长,委员们难免会有分神现象,这时,毕业生用目光的投射会很礼貌地将他们的神"拉"回来,才能使委员们的思路跟着自己的思路走。

(三) 体态语的运用

有人将人的体态分解为最小单位来研究(如头、肩、胸、脊、腰等),认为凹胸显现怯懦、自卑,挺胸显示情绪高昂,但过分则为傲慢、自负,肩平颈正显示正直、刚强,脊背挺拔体现严肃而充满自信,但过于如此,就会被人看作拘泥、刻板、保守,略为弯腰表示有度,稍稍欠身可表示谦虚礼貌。孙中山先生曾说过:"其所具风度姿态,即使全场有肃然起敬之心,举动格式又须使听者有安静祥和之气。"他的这番金玉良言,对我们确实有很大的启发。虽然毕业论文答辩以口语为主,但适当的体态语运用会辅助我们的论文答辩,使我们的论文答辩效果更好。特别是手势语言的恰当运用会显得自信、有力、不容辩驳。相反,如果我们在论文答辩过程中始终直挺挺地站着,或者始终如一地低头俯视,即使我们的论文结构再合理、主题再新颖、结论再正确,论文答辩效果也会大受影响。所以在毕业论文答辩时,同学们一定要注意使用体态语,如手势、身体姿势等。

(四) 时间控制

一般在比较正规的论文答辩会上,都对学生有答辩时间要求,因此,学生在进行论文答辩时,应重视论文答辩时间的掌握。对论文答辩时间的控制要有力度,到该截止的时间应立即结束,这样,不仅显得有准备,而且对内容的掌握和控制也轻车熟路,容易给毕业论文答辩委员会成员一个良好的印象。故在毕业论文答辩前应该对将要答辩的内容有时间上的估计。

毕业论文答辩之后,作者应该认真听取答辩委员会的评判,进一步分析、思考答辩老师提出的意见,总结论文写作的经验教训。一方面,要知道通过这次毕业论文写作,自己学习和掌握了哪些科学研究的方法,在提出问题、分析问题、解决问题以及科研能力上得到了提高;知道自己还存在哪些不足,作为今后研究其他课题的借鉴。另一方面,要认真思索论文答辩会上答辩老师提出的问题和意见,加深研究,精心修改自己的论文,求得纵深发展,取得更大的战果,使自己在知识上、能力上有所提高。

第五节 范 文

大学生积极压力影响因素研究——基于高校管理视角

杨 凯

摘要:在现代社会中,人们都面临着各种各样的压力。到目前为止,对压力的研究已经取得了许多有意义的研究成果,但是这些研究大多关注压力的消极方面。然而,压力不仅具有消极作用,同时也能起到积极作用,积极心理学中将压力的积极方面定义为积极压力。它是个体通过对压力源的评价而做出的积极反应,"希望""意义感""管理能力"和"积极情绪"是积极压力的潜在指标。

本文主要通过行为事件访谈、开放式问卷调查以及统计分析等方法,以一百多位在校大学生为研究对象,从实证角度出发,通过定性、定量相结合的分析,提炼出基于学校管理视角下的大学生积极压力影响因素(按重要顺序排序):教务安排、学校、人际关系、老师(学院)、校园活动和辅导员,并根据这些影响因素针对性地提出一些学校管理的建议,以提高我国大学生心理健康教育的水平。

关键词:积极心理学;大学生;积极压力;影响因素

目　　录

第一章　绪论

1.1　选题背景

1.2　选题的意义

1.2.1　理论意义

1.2.2　现实意义

1.3　研究内容

1.4　研究方法

1.5　研究创新点

第二章　文献综述

2.1　压力

2.1.1　压力的概念

2.1.2　压力的积极影响

2.2　积极压力的内涵

2.2.1　积极压力概念的来源

2.2.2　Selye 对积极压力的论述

2.2.3　Quick 对积极压力的论述

2.2.4　积极压力的定义

2.3　积极压力的影响因素

2.3.1　个体因素

2.3.2　环境因素

2.4　积极压力国内研究现状

2.5　积极压力国外研究现状

2.5.1　Simmons 等人的研究

2.5.2　积极压力的结构与测量

2.5.3　其他相关研究

第三章　访谈及问卷编制

3.1　访谈实施

3.1.1　访谈对象

3.1.2　访谈提纲

3.1.3　访谈结果

3.2　问卷设计与发放

第四章　问卷回收及结果分析

4.1　问卷回收

4.2　问卷结果分析

4.2.1　信度分析

4.2.2　效度分析

4.2.3　探索性因子分析

4.2.4　人口统计学因素分析

4.2.5　问卷结果

第五章　结论及建议

5.1　研究结论

5.2　对学校管理的建议

第六章　总结与展望

6.1　总结

6.2　研究局限性与展望

参考文献

致　　谢

附　　录

第一章　绪　　论

1.1　选题背景

自从20世纪三四十年代加拿大学者Hans Selye和美国生理学家Cannon开创了心理学领域的压力研究以来，其作为心理学研究领域的重要内容一直被广泛重视，特别是当今社会广泛存在的生存竞争，压力问题更引起了社会各界的普遍关注。这从压力的定义中就可以得以证实。Selye于1936年将压力定义为"压力是人体在愉快或不愉快的条件下，对任何需求做出的非特异性反应"，并提出愉快或不愉快的经历都有可能导致压力。与愉快经历相关的是积极压力(eustress)，与不愉快经历相关的是消极压力(distress)。

随着社会经济、政治、文化、科技等多方面的迅速发展，社会竞争日益激烈。人们所要承受的压力越来越大，呈现普遍化趋势。当代大学生作为社会人群的重要组成部分，也不可避免地感受到压力的存在。关于"大学生压力"的选题属热门课题，许多心理学著作和资料中都对大学生压力问题进行了相关的深入探讨，理论基础深厚，研究成果丰富。但是,在已有的文献中,绝大部分的研究集中于消极压力,聚焦于压力给个体和组织带来的负面影响以及如何减轻压力,如果压力仅仅带来负面的影响,组织所要做的就是降低压力即可。但是在现实中,压力不仅存在消极的一面,还存在积极的影响。积极心理学中将压力的积极方面定义为积极压力。它是个体通过对压力源的评价而做出的积极反应,"希望""意义感""管理能力"和"积极情绪"是积极压力的潜在指标。因此,我们有必要另辟蹊径,对大学生积极压力问题进行深入系统研究。

1.2 选题的意义

1.2.1 理论意义

由于大学生身心发展尚未完全成熟,自我调节和自我控制能力不强,在面临一系列重大人生课题时,往往容易陷入压力的漩涡之中难以自拔,更有甚者,产生心理障碍或心理疾病,导致极端行为的发生。大学生的心理健康问题尤其是压力问题不仅关系到大学生个体身心的和谐发展,而且直接影响到和谐社会的构建。所以在大学生群体中展开积极压力研究至关重要,其不仅可以有效促进大学生心理健康状况的改善,还可以激发大学生自身积极力量的增加,促进大学生身心健康发展,为大学生心理健康教育提供可能的理论与操作依据。

1.2.2 现实意义

目前,我国处于社会转型期,社会竞争的日益激烈、社会经济体制的变革必然对大学生的社会生活造成一定的冲击。而大学生作为我国社会中文化层次较高的群体,对社会的发展变化及矛盾冲突较为敏感,加之他们处在由不成熟到成熟的过渡阶段,在处理自己面临的各种困惑与压力时,难免会产生心理问题:学习方法的失当,学习方式的困惑,学习动机的不足,学习取向的迷惑;情感挫折中的暗恋、失恋、网恋、同居以及性行为引发的困惑;严峻的社会就业压力和迷茫的职业生涯规划等使大学生倍感沉重。此外,人际交往障碍、大学生活适应不良、经济压力繁重、个人生理困惑、家庭问题纷繁等如同一张大网,交织在大学生活中。所以对大学生积极压力影响因素进行探索,积极开展大学生心理健康教育至关重要。

1.3 研究内容

压力不光产生消极影响也具备各种积极的影响力,如果我们能够引导大学生将校园生活中的消极压力更多地转化为积极压力,那么将极大地解决大学生的心理问题,帮助学生有效疏导内心的负面情绪,减少毕业季跳楼、校园暴力等惨案的发生,同时还可以激发大学生自身积极力量的增加,有助于大学生更快更平和地融入复杂的社会中,促进大学生健康成长。

因此,如何引导大学生产生更多的积极压力就成为问题的关键。本文主要研究的问题就是大学生积极压力的影响因素,试图通过弄清各个因素的重要程度以及相互之间的关系,从而更好地引导大学生产生利于自身发展的积极压力。同时由于影响因素过于广泛,为了使研究结果更加精确,更加具有现实意义,作者将在本文中缩小研究范围,从学校角度出发,主要研究基于学校管理视角下的大学生积极压力影响因素,并在本文末端有针对性地提出一些学校管理的建议。

具体研究思路如下：首先根据研究目的，通过查阅积极压力的相关文献资料提前准备好要问的问题，设置好提纲。然后挑选不同年级、不同性别以及不同专业的大学生来进行访谈，并按事先设计好的表格记录受访人的答案。再根据访谈法得到的结果以及翻阅积极压力相关调查问卷得到的各类信息来设计问卷的问题及选项，之后在网上通过问卷星发布问卷并收集结果。最后利用 Excel 和 SPSS 软件对调查数据进行统计分析。

1.4 研究方法

为了更好地达到研究目的，在此次研究中笔者综合运用多种方法。文献检索法、比较研究法、系统分析法、访谈法、问卷法、统计学方法贯穿使用，同时采用定量与定性相结合的分析方法。本文以定性分析为主，以定量分析为辅。定性分析有助于找出科学的方法，而辅以定量分析是为了以现实为依托。采取定性分析的方法初步对当前大学生积极压力的影响因素进行分析，然后采用定量分析法和统计法对大学生积极压力的各个影响因素进行进一步的深入研究。

1.5 研究创新点

本文的创新点主要表现在研究对象的创新以及研究方向上的创新。

第一，在研究对象方面的创新。本文的研究对象为当代在校大学生，此前对积极压力方面的研究对象多为已工作人员，如医护人员、警察、高校辅导员、互联网从业人员等，对于大学生这个特殊群体并未深入研究，所以本文在一定程度上填补了这方面的空白。

第二，在研究方向上的创新。本文主要研究积极压力的影响因素，而此前的一些文献都侧重于研究积极压力的结构特征，同时本文着重研究了基于学校管理视角下的积极压力影响因素，这更是此前从未涉及过的领域，所以本文能够很好地填补这方面的空白，并为今后的大学生心理健康教育打下良好的理论基础。

第二章 文献综述

2.1 压力

2.1.1 压力的概念

压力是什么？这是一个十分复杂的问题，因为仅从文献中能够查阅到的关于压力的定义就不下 40 种。在心理学领域中，压力又被译作"应激"，是由 Selye 在《各种伤害作用引起的综合征》一书中率先提出来的。Selye 第一次系统提出了压力的概念，被公认为是"压力之父"。Selye 对压力的定义为：压力是身体对于任何要求的一般反应，无论这种要求是由愉快的刺激引起的，还是由不愉快的刺激引起的。Selye 还提出了一般适应综合征(GAS)的概念，即环境或刺激对有机体的要求可能是不同的，可是个体对它的反应却是固定不变的。Selye 认为"下丘脑—脑垂体—肾上腺皮质"轴在 GAS 的产生中具有重要的作用。20 世纪三四十年代，生理学家坎农最先将压力的概念引入了社会学领域，他认为，压力就是在外部因素影响下的一种体内平衡的紊乱他主要关心压力反应的具体机制,他的研究主要集中于身体的交感神经—肾上腺系统,坎农使用"体内平衡"这一术语来描述身体在面对环境变化时保持体内稳定的反应过程。20世纪六七十年代,Lazarus等人对压力的研究做出了重要的贡献。他们主要关注压力及其应对中的心理行为过程,强调认知在其中的重要作用。把压力看作是个体与环境间失衡而产生的一种主观能动过程,这种观点至今仍在压力研究中占有重要的地位。

关于压力的理解有很多,归纳起来主要有反应观、刺激观、刺激—反应观、主体特征观四种观点和静态学说、动态学说两种学说,如表1所示。

表1 压力定义的种类

类别	视角		主要观点
刺激观	静态学说	压力源的角度	外界刺激产生压力,研究重点压力源
反应观	静态学说	压力作用的结果	压力是个体对刺激物的主观感受,重点研究压力与身心健康、疾病之间的关系
主题特征观	静态学说	主体能力	压力是由于能力与需求失衡导致
刺激——反应观	动态学说	认知交易	压力是个体与环境动态交互作用的结果,既研究压力源,又研究压力的结果

反应观把压力看作是个体面对某些刺激物的主观感受,是个体的紧张反应,强调人的心理和精神方面,并将引起个体反应的刺激称为压力源。

刺激观认为压力是外界环境刺激引起的个体身心紧张和恐惧,强调的是人的生理反应。其核心在于何种环境能够产生紧张反应。

刺激—反应观融合了以上两种观点,将压力理解为个体与环境动态交互作用的结果。如Quick于1987年对压力的定义:"压力是指个体在高要求或紧急情境下自然产生的身心反应"。Lazarus认为个体感受到的压力与个体对情境的认知评价相关,是个体特征与环境刺激物之间相互作用的结果,并随着时间和任务的变化而变化。

主体特征观将视角转向自身能力与个体的需求匹配程度,认为当两者之间出现失衡时,将会产生压力。

2.1.2 压力的积极影响

1. 激发动力

压力较为显著的积极影响在于能够激发出个体的能动性,对个体行为的调节作用也在此。平常人们常说的"压力变动力",就是当个体感到有压力时,没有选择无动于衷而是积极应对,对已有的压力事件采取有效的行为措施。压力的动力性表现在对适应行为的积极增力作用和消极减力作用两个方面。在适度压力或轻度压力下,个体可以在理智控制的范围内,充分发挥主观能动性,对压力事件进行有效处理,从而增强自身的承受力。面对压力采取积极措施的大学生,在应对过程中会增强自尊和自信,在以后处理各种压力事件时,会表现出极大的勇气和能力,本身的动力性也会大为增长。

2. 积极仿同

所谓积极仿同,指的是在一个人遭遇压力而感到痛苦时,仿效他人获得成功的经验和方法,使自己的思想、信仰、目标和言行更适应环境的要求,进而在主观上增强自己获得成功的信念,以此冲淡因压力而产生的焦虑和维护个人的自尊。一般来说,大学生在感受到压力来袭时的积极仿同就是把眼光放在别人具有、自己又感到羡慕的某些品质上,或者说简单地将自己与周围的示范榜样、优秀同辈视作一体,仿同这些人在面对压力时采取的积极态度和行为,沿着别人的"足迹"仿效前进,用来减轻自身的压力感,提高对自我的认同和信心。在日常生活中,大学生可以将某些历史人物、社会成功人士或者权威作为自己的仿效对象,或者仅仅把同宿舍同年级中的某一位自己羡慕敬佩的人作为榜样,从他们的人生经历中汲取力量,时刻激励自己,最终战胜压力,取得成功。

3. 适度补偿

所谓适度补偿,是指当主客观条件的限制导致个人目标无法达成时,设法以新的目标代替原有的目标,以现在的成功体验去弥补原有压力带来的痛苦,称之为补偿。就是我们通常所说的"失之东隅,收之桑榆"。补偿包括适度补偿和过度补偿。适度补偿对缓解压力有一定的积极作用,而过度补偿则是不可取的。因而,补偿要注意掌握"度"。大学生一旦感受到压力,应积极找寻符合社会规范和个人发展需要的新目标、新活动并为此不懈努力,用来弥补旧有压力带来的心理创伤。这些方式不仅可以达到自己既定的需求目标,同时还可以减轻心理上的消极情绪。

2.2 积极压力的内涵

2.2.1 积极压力概念的来源

综合分析以往文献可发现,研究者几乎把消极压力作为了压力的代名词。过去的研究中的压力反应都是指消极反应,压力对健康起负面的作用。其实,Selye 在提出压力这一概念时就提出了还存在好的压力,并把它命名为"积极压力(eustress)"。但是在后来的研究中,人们主要关注的是消极压力,而对积极压力的研究却拒之门外。

随着积极心理学运动的发展,理论界都在以一种更加积极的态度来研究心理现象,强调个体的力量,对健康的定义也不再仅仅局限于没有疾病。在这种情况下,积极压力的概念逐渐浮出了水面,但很少有人对此进行研究,其主要原因是关于积极心理学及其对健康的影响的理论和方法的发展不够完善(Edwards、Cooper,1988 年)。随着心理学家对积极心理学的关注,并在积极心理状态方面取得了丰富的研究成果,对积极压力的研究也成为可能。

2.2.2 Selye 对积极压力的论述

在积极压力重新开始受到关注的时候,研究者们依然倾向于呈现它初始的概念。但因为这一概念受到的关注太少,所以,它还停留在原有的水平上而没有发展。但本研究还是从介绍积极压力最初的定义开始,以便能够对积极压力有一个全面的认识。

Selye 是最早提出积极压力这一概念的人,他认为压力不只会产生负面的作用,还存在一种好的压力,Selye 把这种好的压力命名为积极压力。他指出,积极压力是其压力理论的一部分。Selye 对积极压力的论述是随着时间而变化的。他指出,身体压力水平在无所事事的时候最低,但是还没有达到零。愉快的经历与不愉快的经历一样,都可以引起身体压力的增加(但并不一定是消极压力)。

一般性(nonspecific)在 Selye 的研究中是一个重要的概念。从这个观点出发,Selye 认为,压力反应在因果上都是一般性的。根据这个理论,Selye 认为,个体在面对压力的时候没有区分压力源是积极的还是消极的。环境只要变化就会引起个体的反应。所以,积极和消极的刺激产生同样的压力反应。根据 Selye 的概念,所有的情境都会产生一般的压力反应,一般来说,对身体的各个系统都会产生潜在的影响。在这里我们可以看出,Selye 基本还是从生理的角度对压力进行界定。即无论刺激如何,身体会产生一种一般性的反应,但同时,Selye 又提出压力反应的效果是不同的。接下来 Selye 对积极压力和消极压力进行了进一步的澄清。他使用积极压力和消极压力的术语来表示这种一般反应的效果。Selye 对压力源、压力、积极压力、消极压力的关系的论述如下:在日常生活中,我们必须区分两种类型的压力作用,它们是积极压力和消极压力。在积极压力和消极压力下,身体经历着一般的反应,无论压力源是积极的还是消极的。然而,积极压力引起的反应后果比消极压力引起的反应后果要小得多。这取决于个体是如何"利用"它的。

在 Selye 对压力的描述中,他似乎根据压力反应的效果来区分积极压力和消极压力,但又似乎在用积极压力和消极压力来区分压力的不同类型,而且,至于压力反应的效果确切是指什么,Selye 也没有明确的论述。而且后来的研究证明,当面对压力源时,个体的生理反应并非"非特异性"的。虽然 Selye 对积极压力的论述不甚清楚,但他提出的积极压力概念还是具有重大意义的,积极压力的概念对后来的研究者产生了很大的影响,引发后来的研究者在压力研究中增加了对积极压力的思考。

2.2.3　Quick 对积极压力的论述

Quick 等人(1997 年)把压力反应定义为:压力反应是当个体面对要求或压力源的时候自然能量一般性的、无意识的启动。他们把积极压力定义为:压力事件和压力反应的健康的、积极的、建设性的结果。Quick 等人对积极压力的研究是基于耶基斯—多德森定律的,他们认为,积极压力实际上就是好的健康和高工作绩效。而减少消极压力就是达到这一目的的方法。他们提出了"避免消极压力"的概念,而没有论述要提高积极压力体验。

Quick 等人提出了积极压力的概念,而且他们的模型表示,积极压力和消极压力是两个不同的结构,认为积极压力就是不存在消极压力。因为消极压力总是和健康状况相联系的,正如他们对健康的界定,健康就是不存在疾病(Quick,1987年)。但是健康的概念远不止不存在疾病。

Quick等人根据压力的后果来划分积极压力和消极压力,但是他们对其中的机制也没有明确的解释。而且只是根据压力源的数量、大小来划分积极压力和消极压力也是不完整的,Matheny等人指出,除了压力源的量对压力反应有影响之外,压力源的其他特性也对压力反应有重要影响。

2.2.4 积极压力的定义

Selye和Quick都是根据压力的效果来定义积极压力的。Greenberg延续了这一定义方式,他在《全方位压力管理》(2006年)一书中指出,积极压力是指能够产生积极结果的压力。如压力源使个体提高了工作成绩或者最终实现了个体的成长,那么这种压力就是积极压力。他举例如下,如果学生接受一次考试,那么这次考试就是一个积极压力源。因为,考试促使同学们寻找更好的方法来应对考试,并且从考试中学到了更多的知识。因为这样的压力对个体是有利的(他们学到了更多的知识),所以此压力为积极压力。

积极压力和消极压力反应是与压力源直接联系的,并非压力过程的所有方面反应了对压力源的实际反应。与压力相关联的其他状态,比如幸福感、疾病、倦怠作为压力反应的产品和后果更合适。我们也认为,实现个体成长,提高了健康状况,增强了个体的主观幸福感等属于压力带来的后果。压力源与压力后果之间还存在许多其他更重要的因素。按照压力后果作为对积极压力的定义并不合适。因此,相对于这一定义,我们更认同Simmons对积极压力的定义。他通过总结已有的研究文献认为,根据不同的反应,可以把压力定性地分为积极压力和消极压力。他认为,积极压力是个体通过对压力源的评价而做出的积极反应,以积极心理状态作为主要指标。

2.3 积极压力的影响因素

通过翻阅大量文献,积极压力的影响因素大致可以分为以下两类:个体因素和环境因素。

2.3.1 个体因素

1. 人格特质

人格特质是预测个体压力感知的重要因素之一(Simmons和Nelson,2007年)。以往的研究表明具有某些人格特质的个体在面对压力源时更能做出积极的评价,进而产生积极的压力反应。

已有部分学者对开放性特质和积极压力反应之间的关系进行了研究,但其研究得出的结论却并不一致(Judge,Heller和Mount,2002年;Penley和Tomaka,2002年;Saksvik,Saksvik和Nordvik,2004年)。而Saksvik、Berg、Hetland和Hilde(2011年)的研究进一步指出对于从事不同职业类型的个体来说,大五人格对其积极压力反应的预测作用不尽相同。其中,尽责性特质对从事不同职业的个体的积极压力反应,都具有显著的预测作用。外向性特质只与社会传统行业中个体的积极压力反应存在相关。开放性特质与传统行业中个体的积极压力反应存在弱相关。而宜人性特质与研究型、传统型行业中个体的积极压力反应都存在相关。

乐观作为个体人格特质的一种,与积极压力密切相关。Peterson(2000年)指出乐观在任何抽象水平上都是存在的,可以从"广义"和"狭义"两个角度进行区分,前者能带来活力和复原力;后者则可能是个体学习的结果,能够帮助个体适应特定的情境并以此带来积极的结果。乐观可以从诸多方面影响积极压力反应,既能使个体产生更加积极的初级评估,又能使个体相信自己有能力应对特定的情境。控制点分内、外两类。具有内控特质的个体往往把结果归因为自身的原因,而外控特质的个体更容易相信结果是由他人或者一些不可控的因素导致的。研究发现控制点是一种可以影响积极压力反应的个体特质。Lefcourt和Davidson-Katz(1991年)指出内控人群更倾向于将要求视作机遇而非威胁,更倾向于问题指向的反应模式,更容易产生积极压力。而Fevre、Matheny和Kolt(2003年)在其压力模型中,将内控和外控作为影响压力反应的个体特征的一种,指出其会影响个体对压力源的评价进而导致不同的压力反应。

此外,Nelson和Simmons(2004年)建立了整体压力模型,指出积极压力受多种人格特征因素的影响,包括乐观主义、自尊、坚韧性和控制点等。

2. 认知评价

从心理变化来看,个体产生何种压力反应,取决于个体对环境和自身认知评价的结果,在积极压力的产生过程中也是如此。Edwards和Cooper(1988年)认为个体的自我意识及其认知评价对积极压力的产生都起着重要作用。Lazarus和Folkman(1984年)的认知交互理论更是明确指出,压力的后果在很大程度上取决于个体对压力源的评价,当个体将压力源评价为积极压力源时,积极压力就可能产生。Nelson和Simmons(2004年)在整体压力模型中明确了认知评价在积极压力产生过程中的作用,指出前者是后者的认知机制。McGowan、Gardner和Fletcher(2006年)及Gardner和Fletcher(2009年)分别采用实验研究对认知评价和积极压力的关系作用进行了验证,最终得出了一致结论,即对工作要求的挑战性评价和问题中心策略可以作为积极压力的前因变量。

3. 人口统计学因素

人口统计学变量是以往对积极压力研究中涉及较多的变量,主要包括:性别、年龄、职务类别、受教育程度等。在已有积极压力的人口学变量研究中,可能由于不同研究者的研究被试不同,研究的结果也不尽相同。Simmons对护士群体在工作中的积极压力情况进行了研究,其中考察了年龄、性别变量对积极压力的影响。O'Sullivan和Geraldine(2011年)以大学本科生为样本,对积极压力、希望、自我效能感和生活满意度的关系进行了研究,指出性别、种族、年龄和社会经济状况对个体的积极压力反应产生影响。国内学者在中国文化背景下对人口学变量在积极压力中的影响作用也进行了一系列研究。闵锐(2008年)研究发现,性别、工龄和学历并不是影响企业员工积极压力反应的关键性因素,而年龄和职务是影响员工积极压力反应的重要因素。冯军

(2010年)研究指出,工作积极压力及其各维度在年龄、职位及学历三个人口统计学变量上存在着不同程度的差异。暨南大学刘妮娜(2011年)在其硕士论文中,对不同特征的企业员工在积极压力反应上是否具有差异性进行了检验,结果显示企业员工积极压力在性别、年龄、工作年限和学历等人口统计学变量上均存在差异性。河南大学赵娟娟(2011年)以医护人员为对象进行了研究,指出处于不同人口学特征变量下的医护人员在整体积极压力以及各维度上存在不同程度的显著差异。

2.3.2 环境因素

1. 压力源

压力源是指那些能够引起个体压力反应的事件和情境。根据交互作用理论,压力的后果在很大程度上取决于个体对压力源的评价,因此,当个体将压力源评价为有利于自身时,积极压力也就可能产生。此前,不同学者对此进行了研究,但得出了不同的研究结果。根据 Theorell 和 Karasek(1996年)的要求控制模型,Quick、Quick、Nelson 和 Hurrell(1997年)的参与管理概念以及 Siegtist(1996年)的努力—报酬模式,当个体在工作中能够拥有较高的控制,可以参与决策的制定,组织能够改善工作报酬,提升个体的自尊时,个体往往能够产生积极压力反应并出现较高的生产力。Cavanaugh、Boswell、Roehling 和 Boudreau(2000年)指出挑战性压力源与积极压力反应有关。而 Gibbons、Dempster 和 Moutray(2009年)在对护士群体的压力结构进行研究后,指出实践机会中的体验学习可以作为一种积极压力源,用来预测护士群体的积极压力反应。

我国学者石林(2005年)指出,当一个组织或一项工作有利于个体的自我提升时,个体在面临压力源时就可能产生积极压力。闵锐和李磊(2008年)对员工压力管理中的积极压力源进行分析后发现,对工作的控制并不能让员工产生积极压力反应,而工作对员工的意义、工作的预知性、团队精神以及与同事的交流则更有助于积极压力的产生。刘妮娜(2011年)研究后发现内源性压力源对积极压力的目标知觉、可管理性及工作投入维度具有正向预测作用,与积极压力整体及积极情感维度关系不明显。

2. 组织支持感

组织支持感是员工对于组织重视自己的贡献和关注其幸福感的全面看法。组织支持理论最早是由美国心理学家 Eisenberger(1986年)根据互惠原则与社会交换理论提出的。该理论指出当员工感受到组织的支持时,员工就可以获得良好的激励,员工在工作中就会有很好的表现,同时,对威胁刺激的感知就可以弱化。研究表明,组织支持感在压力源与积极压力反应间发挥着显著的作用。

Stamper 和 Jonlke(2003年)研究发现组织支持在角色压力和压力结果间发挥显著缓冲效应。而 Asad 和 Khan(2003年)研究指出,具有较高组织支持感的员工的工作压力水平往往相对较低。我国学者袁少锋和高英(2007年)以知识型员工为样本,实证研究后指出组织支持在积极压力源与积极压力反应间发挥显著的中介作用,即积极压力源通过组织支持促进员工积极的压力反应。而且高英(2008年)在随后的研究中,进一步证实组织支持在压力源与压力反应间既存在中介作用也存在调节作用,其能缓解消极压力产生的不良反应,促进积极压力产生良性反应。

2.4 积极压力国内研究现状

目前,国内专家学者对积极压力的研究还没有形成比较系统、统一的结论。作者在收集有关积极压力的文献时,发现国内直接探讨积极压力的研究较少,有些研究只是将积极压力作为部分加以考察,仅局限于简单的描述阶段。大多研究比较集中于对压力的消极影响的考察,对压力的积极作用的研究较少。且目前所进行的大多数积极压力方面的研究对象多为工作人员,对大学生积极压力的探讨少之又少。可见本文对于大学生积极压力影响因素的探讨能够弥补这一空缺,为高校引导学生积极向上发挥作用。

在我国的学者中,任海燕在 Nelson 和 Simmons 研究的基础上,以北京市 3 个市区及 4 个郊区各警种的警察为被试者,以自编积极压力问卷为测量工具,得出不同性别、不同年龄警察的消极压力和积极压力得分有显著差异的研究结果。

曹德辉(2003 年)对小学积极压力教育运作机制进行了初步探索,在他的研究中提出:适度的学习压力会使学生的身心处于一种积极的准备状态。在一定程度上,学习压力会成为学生学习行为的一种动力,对他们的学习产生积极作用,这种学习压力称之为积极学习压力。

冯军以北京市各类企事业单位的员工为研究对象,通过半结构化访谈,初步将积极压力归纳为 7 个维度,分别是:积极心理状态、积极工作表现、意义感、控制感、希望、主动意愿、坚韧性。通过发放正式问卷实证分析,最终将积极压力提炼为 5 个维度,分别为:积极情绪、坚韧态度、挑战期待、希望感受、良好状态。

张林等人自编了大学生压力应对方式问卷,考察全国各地抽样的 2 007 名大学生心理压力应对方式的特点,总结了不同大学生的不同应对压力的方式。

郑红在国外压力应对认知评估干预研究的基础上,结合当代积极心理学的理论与研究成果提出了一种课堂训练模式——大学生积极压力应对认知评估训练研究。研究结果显示,积极压力应对认知评估训练在改善大学生对生活事件的认知和降低消极生活事件的影响方面具有积极作用,尤其是在人际关系因子、学习压力因子和受惩罚因子方面作用显著;积极压力应对认知评估训练对大学生应对方式的总体改善没有明显的作用,但大学生对训练效果的认可程度影响大学生应对方式,对训练效果自我评价越高,解决问题因子分越高,并且高评定组与低评定组有显著差异。

幸怡在"大学生积极压力研究"一文中通过对当代大学生积极压力的结构特征的研究,得到其结构特征为六个维度,分别是:希望感、自信心、挑战期待、成就感、克服困难、提高效率;同时还得出性别、年级与学科对于积极压力程度均没有显著影响。

2.5 积极压力国外研究现状

2.5.1 Simmons 等人的研究

Simmons 等人在促进积极压力的研究与发展方面做出了杰出的贡献。他提出了有趣的"浴缸比喻"用来形容压力研究的情形。"浴缸比喻"如下：某人如果想要洗一个舒服的热水澡，他会用热水和冷水一起来调节浴缸中的水量与水温。浴缸中的水量由两方面来控制——流入浴缸的水量及排出浴缸的水量。浴缸中的水温由两个阀门流入的水的温度来决定——流入的热水和流入的冷水。基于这种比喻，Simmons等人认为，研究者应该用同样的态度看待压力。过去研究者对流入浴缸的冷水（消极压力）进行了大量研究，发现了很多关于冷水的信息——它的来源，减少冷水流入浴缸的方法，增加其流出浴缸的方法（控制消极压力反应或应对消极压力）。除此之外，对冷水（消极压力）进入浴缸所产生的生理、心理及行为的长期后果也做了大量研究，取得了许多有意义的成果。他们同时也指出，通过"浴缸比喻"很容易看出我们对于压力（浴缸）的了解是不全面的。我们不仅要研究浴缸中的冷水（消极压力），还需要研究其中的热水（积极压力），以便对个体的压力体验形成一个更完整的认识。一个更完整的压力模型一定包括两个方面——积极压力和消极压力。他们通过总结已有的研究文献认为，根据不同的反应，可以把压力定性地分为积极压力和消极压力。Simmons及其同事们提出了压力的整体模型（Holistic Model of Stress），这一模型把积极压力看作是分离并独立于"消极压力"的一种反应。他们对护士的研究表明，护士们保持了工作中的积极投入性，对工作要求的积极反应，这与她们的主观幸福感有显著的联系。高级护士面临的压力源就是面对死亡与濒临死亡，但是她们对工作的希望和投入比她们的同事更大一些。这些研究表明即使在压力很大的工作中，积极压力也可以存在。与消极压力中应对的概念相对应，Simmons及其同事还提出了"品味（savoring）"这一概念，品味是指个体提升或延长积极压力体验的过程。他们指出大部分个体不仅偏爱积极压力，而且也需要在工作中尽情享受、延长这一积极反应。例如，某人与其上级建立了良好的信任关系，而这种良好的关系是他们希望感的源泉，则个体会努力保持或加强这种关系以延长积极的体验。

2.5.2 积极压力的结构与测量

许多压力研究者都意识到了积极压力、积极压力反应的存在，但却很少有人对此进行研究。Edwards和Cooper（1988年）认为，出现这种情况的主要原因是由于积极心理状态及其对健康的影响的理论和方法学的发展不充分。随着心理学家对积极心理学的关注，并在积极心理状态方面取得了丰富的研究成果，对积极压力的研究也成为可能。Edwards和Cooper表示，积极心理状态的测量对积极压力的测量起重要的作用。他们表示，在积极压力的测量中最重要的一点就是确立积极心理状态的指标，而不仅仅是不存在消极的心理状态。他们还表示，积极压力和消极压力并不是一个连续体的两端，而是两个不同的结构，它们的测量需要各自的多变量指标。所以，对于一个给定的压力源，同一个体即可以做出积极的反应，也可以做出消极的反应。这与Lazarus和Folkman的观点不谋而合。

Nelson和Simmons提出，积极压力的指标应该是积极心理状态，如态度和情感。相对稳定的性格变量不适合做积极压力的指标。指标变量应该是能够随着对压力源的评价而改变的,工作态度就是一个较好的指标。本研究选取的积极压力的指标有"积极情绪"(Positive Affect,PA)、"富有意义"(meaningfulness)、"富有希望"(hope)和"易于管理"(manageability)。

1. 积极情绪

积极情绪是指个体一种愉快的投入,反映个体感觉精力充沛、活跃、警觉的程度。积极情绪可以作为一种特质,也可以作为一种状态进行测量。当作为一种状态来测量时,代表的是个体在某个特定的情景下的积极情绪反应;当作为一种特质来测量时,代表的是个体在一般情况下的情绪反应差异。采用积极和消极情绪量表(PANAS)中的积极情绪部分(PA)进行测量。这部分量表包括1个项目,采用5点计分。

2. 希望

最新的希望概念及希望理论模型是由 Snyder 及其同事提出的。他们认为儿童或成人的生活是以目标为基础的,这种有关目标的思维可以理解成以下两个组成部分:动力和路径。动力部分是指启动个体行动,并支持个体朝向目标持续沿着既定路径迈进的动机和信念系统;路径部分是一系列有效地达到个人所渴望的目标的方法、策略和计划组织的认知操作。负责启动与维护个体行动的动力思维和负责寻找最佳策略以及此路不通时,能够及时变通方法的路径思维是希望必不可少的两个组成部分。因此,Snyder 对希望的定义是:个人建立在对事件成功预期上的一种思维和行为反应倾向。它包括动力(一种目标指向的能量)和路径(到达目标的计划和途径)。对希望状态的测量可以采用成人希望状态量表(ASHS)(Snyder,1996年)。本量表包括6个项目,采用8点计分。

3. 意义感和管理能力

意义感和管理能力是一致感的两个维度。一致感(Coherence)是由 Antonovsky 在1979年首先提出的。他将一致感定义为个体在多大程度上广泛、持久地相信自己的内部和外部环境是可以预见的,相信事情在多大的可能性是有结果的,而且能够合理地期待这个结果。Antonovsky 认为"一致感"包括三个动态上相互关联的成分:理解性(Comprehensibility)、意义感(Meaningfulness)和管理能力(Manageability)。理解性是指个体在多大程度上将自己和社会环境看作是可以理解的、有序的、结构化的,而且是前后一致的。意义感是指个体感觉生活有意义,对生活中的问题和需要值得投入精力,盼望接受挑战的程度。管理能力是指个体在多大程度上认为自己所拥有的资源能够应对情景的要求。Antonovsky 在1987年编制了"一致性量表(SOC)"。这个量表包括29个问卷项目,反映了一致感中的三个维度。另外,"一致感量表"还有一个仅有13个项目的简版。

2.5.3 其他相关研究

Simmons 及同事们已经发现,希望、意义感、管理能力和积极情绪是积极压力的有效指标。与积极压力相关的其他心理指标还有,Arie Shiron 和她的同事们关注的"活力"(vigro),活力是指和工作中重要因素的持续交互作用所产生的积极情感反应。活力是和"身体力量""活泼认知""情绪能量"的感觉相关的。Thomas Britt 和她的同事们正在研究卷入(engagement)这一变量。在他们关于士兵的研究中,自主(Self-Reliance)是和意义性工作中的卷入相关的。他们的研究表明个体面临压力的情境也可以产生积极的反应,特定的个体特征(例如坚强)可以有利于这个过程。兰彻斯特大学的 Verena Kusstatscher 和 Cary Cooper 正在研究在工业社会中"积极情绪"的作用。

第三章 访谈及问卷编制

3.1 访谈实施

3.1.1 访谈对象

为了获取到不同性别、不同年级以及不同学科的数据,我们在选择访谈对象时,尽可能地使各个类别的比例平均,同时为了避免地域差异带来的影响,我们选取了北京邮电大学、武汉大学以及华南理工大学三所不同地域的大学学生作为研究对象。最终本次研究访谈了10人,其中男生6人,女生4人;在年级上大一2人,大二3人,大三2人,大四3人;专业上理科3人,工科4人,文科3人。这可以看出访谈对象的各个类别占比都很平均,使研究更具有代表性和广泛性。

3.1.2 访谈提纲

访谈主要采用单独面对面访谈的方式进行,主要是获取两个方面的信息:一方面是被访者面对压力时有怎样的心理反应(即是否为积极压力);另一方面是上述被访者中表现出积极压力的人对学校管理的哪些方面很满意或者学校的哪些管理方式令其感到积极向上,以及上述被访者中表现出消极压力的人对学校管理的哪些方面不满意或者学校的哪些管理方式令其感到厌恶和消极。

针对第一方面的信息,如何确定被访者的应激反应是积极压力还是消极压力是关键。由之前所提及的文献资料,我们可以得出积极压力的指标主要有四项:"积极情绪"(Positive Affect,PA)、"富有意义"(meaningfulness)、"富有希望"(hope)和"易于管理"(manageability)。再借鉴辛怡在"大学生积极压力研究"一文中得出的大学生积极压力结构特征的六个维度:希望感、自信心、挑战期待、成就感、克服困难、提高效率,笔者拟出以下五个问题来判断被访者的应激反应是积极的还是消极的:

你是否在最近的校园生活中遇到一些压力事件?请阐述一下具体情况;

你遇到这次事件或类似事件时,内心是否充满了动力和去克服它的欲望?

在解决掉此次或此类事件后,你是否有一种满足感或成就感?

在今后的生活中,如再次遇到此类事件,你是否有信心去战胜它们?

你是否期望遇到更多类似的压力事件来锻炼自己的能力,促使自己成长?

在提究上述五个问题并得出相应结论后,笔者将针对不同的情况提出不同的问题。这些问题的拟定则是根据之前在网上搜寻的相关文献资料以及现有的大学生积极压力问卷,再根据笔者的假设来完成的。

首先是针对上述被访者中表现出积极压力的人:

你觉得你们学校的文化是积极向上的吗?学习氛围是否浓厚?这些对你产生什

么影响？你觉得宿舍环境是否干净？宿舍氛围是否融洽？这些对你产生什么影响？你觉得学习哪门课时最让你有成就感或者你最喜欢哪门课？这门课的授课老师是怎样讲课的？你觉得学校设置辅导员有什么作用？对你帮助大吗？你是否经常参加各类社团活动？感觉对自己有什么影响？你是否听过心理辅导讲座？感觉对自己帮助大吗？面对就业、出国和考研的选择以及后续努力时，哪些因素使你渡过了难关或者你觉得哪些方面会极大地帮助你去克服它？你觉得学校哪些方面最令你满意？哪些方面对你影响最深？或者还有哪些让你感到积极向上的因素？

然后是针对上述被访者中表现出消极压力的人：

你觉得自己身边的人跟自己的状态一样吗？周围学习氛围如何？你所在宿舍的氛围是否融洽？同学之间有没有矛盾？对自己有什么影响？有没有哪门特别讨厌的课程？或者觉得没有自信能去学好的课程？这门课的授课老师是如何讲课的？你是否参加过社团活动？感觉对自己有什么影响？你是否听过心理辅导讲座？感觉对自己帮助大吗？面对就业、出国或考研的压力时，你觉得自己缺少哪方面的帮助或关心？平时是否经常和辅导员进行有效的沟通？遇到难题时是否会去主动找辅导员？是否挂过科？与辅导员有因此而谈过话吗？效果如何？考试周会不会压力猛增？考试安排对你有没有影响？你觉得学校有哪些地方令你感到不满和焦虑？哪些方面会促使你产生消极的情绪？

在提完问题之后，笔者还要求每一位被访谈者谈一谈一个其表现出积极压力的事件，以及在这个事件中，有哪些因素促使其产生积极压力。

3.1.3 访谈结果

在访谈结束后对访谈记录进行了整理。总共有7人表现出积极压力，3人表现出消极压力。

在表现出积极压力的7人中，所有人都觉得校园文化积极向上、周围学习氛围浓厚，并且这些环境因素也对他们的心理产生了积极的影响；6人觉得宿舍环境融洽且干净整洁，这为他们提供了良好的学习和休息的环境；所有人都表示最喜欢上那种授课方式较为风趣幽默、具有互动且授课老师较为开明的课，他们认为这极大地增加了他们对所学课程或专业的喜好程度；5人参加过社团活动，并认为这不仅丰富了他们的阅历，也让他们在学习之外得到了放松，结交了许多的朋友；所有人都听过心理辅导讲座，但5人认为作用并不明显；在面对就业、出国和考研的难题时，除了家里人的支持外，辅导员的关心、学校就业指导中心的帮助以及来自学长学姐的解惑是他们最直接的外在动力，这些因素无一不使他们充满着积极的能量去面对挑战。同时在访谈的最后，他们提出学校的各类设施，如操场、自习室、食堂、健身房和篮球场等是否完善也对他们的积极心理有一定的影响。

在表现出消极压力的3人中，3人都觉得自己周围的学习氛围不是特别好，周围也有很多像自己一样的人；2人觉得宿舍气氛较为紧张，与室友之间或多或少有些矛盾，这也在一定程度上影响了他们的日常生活；3人都觉得讲课死板的老师最不受他们欢迎,使他们失去了学习的兴趣;1人参加过社团活动,但其并未完全融入社团中去,也没交到什么新朋友;3人都听过心理辅导讲座,但都表示作用不大;在面对就业、出国或考研的压力时,3人觉得很迷茫,并不知道能从哪里获得有效的信息和帮助,3人都未听过学校就业指导中心的宣讲会,也没有参加过师兄师姐的经验交流会;3人都很少和辅导员沟通,也不会在遇到困难时主动去找辅导员;2人挂过科,辅导员也专门找他们谈过话,但效果一般;3人都表示考试周压力骤增,尤其是在考试安排过于密集、考试场次过多时,常常感到力不从心,看不到希望;最后1人还提出课程安排较为不合理,上午12点下课,下午1点半上课,导致他们并无午休时间;1人指出食堂饭菜种类单一、口味较差、价格过高,这些影响了他的日常校园生活,日积月累会对心理产生一定影响。

3.2 问卷设计与发放

首先根据访谈结果,大致得出基于学校管理视角下的大学生积极压力影响因素的六个维度:学校、学院、辅导员、老师、宿舍、人际关系。其次根据相关文献和访谈的具体记录,又将每个维度分成若干个子维度。具体情况如图1所示。

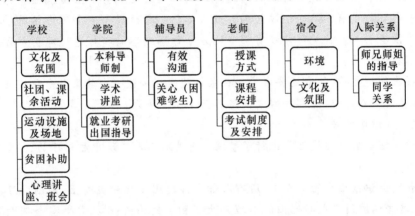

图1 子维度

然后参考现有的大学生积极压力问卷围绕6个维度以及17个子维度进行问卷的编制。具体编写思路如下:在调查问卷的项目评价上采用5点式评价法,即1表示不重要,2表示不太重要,3表示一般重要,4表示重要,5表示非常重要。问卷开头先简单介绍积极压力的概念,让调查对象有个大致了解,随后将每个子维度延伸出相应题目,让调查对象做出自己的判断。将问卷(见附录)编号后,请有关老师和专家对问卷进行了评价,然后利用问卷星将其发布在网上。

第四章 问卷回收及结果分析

4.1 问卷回收

笔者最终回收了144份问卷,其中答题时间小于60秒的有10份,为了研究的严谨性和科学性,将其作为无效问卷删除,最终收回有效问卷134份,有效率达93%。在134位调查对象中,男性为72人(53.73%),女性为62人(46.27%);大一学生有

42人(31.34%),大二学生有9人(6.72%),大三学生有21人(15.67%),大四学生有62人(46.27%);文科生有53人(39.55%),理科生有21人(15.67%),工科生有60人(44.78%)。

4.2 问卷结果分析

4.2.1 信度分析

为了检验问卷的结果是否可信,利用 SPSS 23.0 软件对问卷结果进行了信度分析。结果如表 2 所示,α 信度系数为 0.891,显然大于 0.8,表明该问卷的信度非常好。

表 2 信度分析结果

克隆巴赫 Alpha	基于标准化项的克隆巴赫 Alpha	项数
0.891	0.896	21

再分析每个选项修正后的项与总计相关性,结果如表 3 所示,辅导员对挂科同学单独指导以及宿舍环境干净卫生两项问题的一致性系数小于 0.4,所以应该删除。

表 3 项总计统计

	删除项后的标度平均值	删除项后的标度方差	修正后的项与总计相关性	平方多重相关性	删除项后的克隆巴赫 Alpha
校园文化积极向上	78.40	92.887	0.481	0.527	0.887
校园学习氛围浓厚	78.38	91.546	0.589	0.546	0.885
校园课余活动丰富(创业比赛、唱歌比赛、模拟面试等活动)	78.66	89.924	0.634	0.581	0.883
校园拥有相应的足球场、篮球场、健身房等满足学生课余运动需求	78.34	93.310	0.402	0.413	0.889
学生社团多样化,社团活动丰富	78.75	91.179	0.485	0.498	0.887
定期举行心理辅导讲座	79.28	89.374	0.530	0.557	0.886
定期班会及座谈会制度	79.72	89.393	0.473	0.639	0.888
定期举行学术性讲座,培养学生专业兴趣	78.96	88.472	0.595	0.509	0.884
学校就业指导中心能为学生就业提供指导和帮助	78.66	89.413	0.566	0.493	0.885
学校为考研、出国同学举行经验交流会	78.63	89.241	0.623	0.544	0.883
为贫困生提供基本补助和勤工俭学的校园工作	78.33	92.403	0.492	0.573	0.887
本科生导师制的建立	78.90	89.682	0.506	0.470	0.887

续表

	删除项后的标度平均值	删除项后的标度方差	修正后的项与总计相关性	平方多重相关性	删除项后的克隆巴赫 Alpha
辅导员定期一对一交流	79.46	89.078	0.479	0.596	0.888
辅导员对挂科同学单独指导	79.49	91.109	0.378	0.513	0.891
老师授课方式灵活,课堂民主开明	78.42	90.771	0.569	0.556	0.885
课程安排适宜	78.32	92.325	0.540	0.702	0.886
考试安排及制度人性化	78.25	93.679	0.465	0.646	0.888
宿舍环境干净卫生	78.37	93.739	0.372	0.427	0.890
宿舍文化积极融洽	78.28	91.723	0.470	0.530	0.887
同学之间互帮互助	78.36	91.284	0.548	0.564	0.885
直系学长学姐在学习和求职方面进行指导	78.56	92.745	0.451	0.470	0.888

4.2.2 效度分析

为了检验测验分数与想要测量的特征的一致性,又利用 SPSS 23.0 软件做了效度分析。先对删除两项后的 19 项变量做了整体的效度分析,结果如表 4 所示,KMO 值为 0.803,巴特利特球形度检验的显著性概率为 0.000,显然效度很高,非常适合做因子分析。

再根据之前的 6 个假设维度分别对各自的小维度进行效度分析。首先是学校方面,效度分析结果如表 5 所示,KMO 值为 0.747,巴特利特球形度检验的显著性概率为 0.000,效度较好,可以做因子分析。

表 4 KMO 和巴特利特检验

KMO 取样适切性量数		0.803
巴特利特球形度检验	近似卡方	1 108.177
	自由度	171
	显著性	0.000

表 5 KMO 和巴特利特检验

KMO 取样适切性量数		0.747
巴特利特球形度检验	近似卡方	340.357
	自由度	28
	显著性	0.000

对学院方面进行效度分析结果如表 6 所示,KMO 值为 0.762,巴特利特球形度检验的显著性概率为 0.000,效度较好,可以做因子分析。

在辅导员方面,由于被删除一个子维度问题,所以只剩一个因子,不必做因子分析。同理,宿舍方面也只剩一个因子,不必做因子分析。

对问卷进行效度分析,结果如表 7 所示,KMO 值为 0.590,巴特利特球形度检验的显著性概率为 0.000,效度可以接受,可以做因子分析。

表 6　KMO 和巴特利特检验

KMO 取样适切性量数		0.762
巴特利特球形度检验	近似卡方	113.882
	自由度	6
	显著性	0.000

表 7　KMO 和巴特利特检验

KMO 取样适切性量数		0.590
巴特利特球形度检验	近似卡方	146.018
	自由度	3
	显著性	0.000

最后对人际关系方面进行效度分析,结果如表 8 所示,KMO 值为 0.500,巴特利特球形度检验的显著性概率为 0.000,考虑到只有两个因子,所以不必做因子分析。

表 8　KMO 和巴特利特检验

KMO 取样适切性量数		0.500
巴特利特球形度检验	近似卡方	25.681
	自由度	1
	显著性	0.000

4.2.3　探索性因子分析

问卷分析采用探索性因子分析法对假设出的 6 个大学生积极压力影响因素进行检验和降维。探索性因子分析是指分析影响变量、支配变量的共同因子有几个且各因子本质为何的一种统计方法,它是一类降维的相关分析技术,用来考察一组变量之间的协方差或相关系数结构,并用以解释这些变量与为数较少的因子之间的关联。

本研究中对问卷数据进行主成分分析法,采用最大方差法进行正交转轴旋转,最终提取特征值大于 1 的因子共 5 个,累积解释的旋转平方和载入为 64.515%,即累积解释的变异量为 64.515%,具体数据如表 9 和表 10 所示。

表 9　旋转后的成分矩阵 a

	成分				
	1	2	3	4	5
课程安排适宜	0.810				
考试安排及制度人性化	0.795				
同学之间互帮互助	0.692				0.478
宿舍文化积极融洽	0.597				0.519
直系学长学姐在学习和求职方面进行指导	0.431				
本科生导师制的建立		0.740			
学校为考研、出国同学举行经验交流会		0.652			0.422
学校就业指导中心能为学生就业提供指导和帮助		0.571			
为贫困生提供基本补助和勤工俭学的校园工作		0.550		0.516	
老师授课方式灵活,课堂民主开明	0.484	0.535			
定期班会及座谈会制度			0.892		

续表

	成分				
	1	2	3	4	5
定期举行心理辅导讲座			0.687		
辅导员定期一对一交流		0.510	0.597		
定期举行学术性讲座,培养学生专业兴趣		0.459	0.512		
校园文化积极向上				0.801	
校园学习氛围浓厚				0.611	
校园拥有相应的足球场、篮球场、健身房等满足学生课余运动需求				0.578	0.446
学生社团多样化,社团活动丰富					0.778
校园课余活动丰富(创业比赛、唱歌比赛、模拟面试等活动)				0.406	0.559

表10 总方差解释

成分	初始特征值			提取载荷平方和			旋转载荷平方和		
	总计	方差百分比	累积(%)	总计	方差百分比	累积(%)	总计	方差百分比	累积(%)
1	6.618	34.832	34.832	6.618	34.832	34.832	2.853	15.015	15.015
2	1.829	9.624	44.457	1.829	9.624	44.457	2.678	14.096	29.111
3	1.477	7.775	52.232	1.477	7.775	52.232	2.297	12.090	41.201
4	1.273	6.702	58.934	1.273	6.702	58.934	2.293	12.067	53.268
5	1.060	5.581	64.515	1.060	5.581	64.515	2.137	11.247	64.515
6	0.883	4.646	69.161						
7	0.805	4.239	73.400						
8	0.761	4.003	77.402						
9	0.719	3.783	81.185						
10	0.577	3.039	84.224						
11	0.503	2.649	86.873						
12	0.470	2.472	89.345						
13	0.439	2.313	91.658						
14	0.400	2.108	93.766						
15	0.295	1.551	95.318						
16	0.285	1.502	96.819						
17	0.239	1.260	98.079						
18	0.200	1.051	99.130						
19	0.165	0.870	100.000						

提取方法:主成分分析法。

由表9可知,因子1包括课程安排适宜;考试安排及制度人性化;同学之间互帮互助;宿舍文化积极融洽;直系学长学姐在学习和求职方面进行指导。因子2包括本科生导师制的建立;学校为考研、出国同学举行经验交流会;学校就业指导中心能为学生就业提供指导和帮助;为贫困生提供基本补助和勤工俭学的校园工作;老师授课方式灵活,课堂民主开明。因子3包括定期班会及座谈会制度;定期举行心理辅导讲座;辅导员定期一对一交流;定期举行学术性讲座,培养学生专业兴趣。因子4包括校园文化积极向上;校园学习氛围浓厚;校园拥有相应的足球场、篮球场、健身房等满足学生课余运动需求。因子5包括学生社团多样化,社团活动丰富;校园课余活动丰富(创业比赛、唱歌比赛、模拟面试等活动)。

因子1可概括为人际关系及课程考试安排,因子2可概括为老师(教学指导,就业、出国、考研指导,金钱资助),因子3可概括为辅导员(班会、心理辅导),因子4可概括为学校(文化、氛围、设施),因子5可概括为校园活动(社团活动、各类大赛)。其中鉴于因子1中人际关系与课程考试安排关系较小,单独对其两部分进行探索性因子分析。具体步骤为对问卷数据进行主成分分析法,采用最大方差法进行正交转轴旋转,将提取的因子数固定为1,最终结果如表11和表12所示。人际关系部分累积解释的旋转平方和载入为64.582%,即累积解释的变异量为64.582%,可以接受;课程考试安排部分累积解释的旋转平方和载入为85.465%,即累积解释的变异量为85.465%,也完全符合。所以再将因子1拆开为两个因子:人际关系(同学、学长学姐、宿舍)和教务安排(课程、考试)。同时为了方便归纳总结及逻辑的通顺,且考虑到"定期举行学术性讲座,培养学生专业兴趣"一项在因子2和因子3中值分别为0.459和0.512,差别在可接受范围内,所以将该项从因子3调到因子2中。

表11 总方差解释

成分	初始特征值			提取载荷平方和		
	总计	方差百分比	累积(%)	总计	方差百分比	累积(%)
1	1.937	64.582	64.582	1.937	64.582	64.582
2	0.717	23.897	88.480			
3	0.346	11.520	100.000			

提取方法:主成分分析法。

表12 总方差解释

成分	初始特征值			提取载荷平方和		
	总计	方差百分比	累积(%)	总计	方差百分比	累积(%)
1	1.709	85.465	85.465	1.709	85.465	85.465
2	0.291	14.535	100.000			

提取方法:主成分分析法。

4.2.4 问卷结果

本研究最终按照上述因子分析结果将大学生积极压力影响因素(基于学校管理视角)分为 6 个维度：学校、辅导员、老师(学院)、教务安排、人际关系和校园活动。然后用 Excel 做平均数处理后得出每个维度及子维度的平均得分，结果如表 13 所示。从表中我们可以看出 6 个维度之间的重要程度：教务安排＞学校＞人际关系＞老师(学院)＞校园活动＞辅导员。同时我们还能得出各个子维度之间的重要性排序。

表 13

序号	维度	子维度	子维度平均分	维度平均分
1	学校	文化	4.23	4.25
		氛围	4.25	
		运动设施及场地	4.28	
2	辅导员	心理讲座	3.25	3.14
		有效沟通	3.72	
		班会	2.91	
3	老师(学院)	出国考研经验会	3.99	3.97
		本科导师制	3.72	
		贫困补助	4.3	
		授课方式	4.21	
		就业指导	3.96	
		学术讲座	3.66	
4	教务安排	课程安排	4.31	4.34
		考试安排	4.37	
5	人际关系	师兄/姐的指导	4.07	4.23
		同学关系	4.27	
		宿舍文化及氛围	4.34	
6	校园活动	社团	3.87	3.92
		课余活动	3.96	

问卷的最后一问是开放式问题，题目为"你觉得还有哪些非常重要的积极压力影响因素(基于学校管理视角)"。从最终收回的问卷结果来看，主要集中在宿舍管理以及校园设施这两个方面。许多人表示楼管与学生之间的关系也会很大程度上影响到

他们的积极心理,同时还有一部分人表示宿舍生活环境太差,影响到学习和生活心情,不利于积极压力的产生;还有很多人表示学校的设施过于落后,如食堂就餐环境差、菜品单一乏味、图书馆较小、自习室过少以至于没有学习的场所等,也都不利于积极压力的产生。此外还有少数人认为毕业制度会影响到他们的积极性,目前各类学分设置过于复杂,同时学校可以适当安排校外企业参观学习,以方便学生们更好地融入到社会当中。

第五章 结论及建议

5.1 研究结论

由问卷结果,我们可以得出教务安排对于大学生产生积极压力有很大的影响。第一是课程安排的紧凑与否会给学生的学习生活带来很直接的影响,而考试制度及安排的合理与否更关系到学生的成绩,所以对积极压力的影响也不言而喻;第二是学校,大学生大部分时间都生活在校园之中,学校的主流文化以及学习氛围都会对学生的心理产生潜移默化的影响,而篮球场、操场、健身房等运动设施及场地的完善能为大学生们积极进行体育锻炼提供一个良好的基础,有助于他们通过体育锻炼释放内心的消极压力,并从快乐中获取积极的能量,同时食堂饭菜可选择性、自习室的数量、宿舍的环境、毕业的标准都会影响到大学生的积极压力;第三是人际关系,不管是同届学生之间的交流,还是与师兄师姐(师弟师妹)之间的沟通,和谐的人际关系总会为学生在心理上带来积极的影响,宿舍的日常氛围也是大学生在校期间绕不开的环境因素;第四是老师(学院),老师的授课方式会影响到学生对课程的喜好程度以及掌握的熟练度,学院举办的学术讲座能够让大学生对自己所学的专业有一个更加深刻的认识,从而避免因为迷茫而失去前进的动力,对贫困生适当的补助或者提供勤工俭学的机会能避免其因家庭条件而产生自卑感,也能在一定程度上培养他们的成就感,本科生导师制度的建立能够解决初入校园的新生的各类疑惑,同时也能让其对自己的大学生活有一个明确的规划,而学院所提供的就业信息指导、出国考研的经验交流会议也能让即将毕业的大学生们更加积极乐观地去面对这些挑战;第五是校园活动,丰富多彩的社团活动能够为大学生的课余时间提供一些有意义的选择,同时能让他们扩充自己的交际圈;第六是辅导员,作为大学生与学校之间的沟通桥梁,辅导员日常的关心和解惑是帮助他们形成积极压力的重要推力,而必要的心理讲座及班会活动能及时遏制一些消极压力的产生。

综上所述,基于学校管理视角下的大学生积极压力影响因素一共有6个维度(按重要性排序):教务安排、学校、人际关系、老师(学院)、校园活动和辅导员。

5.2 对学校管理的建议

压力是把双刃剑,它对个人的身心健康、生活质量和学习效率都有着重要的影响。当人感觉到适度的压力时,会有意识地调整自己,以适应这种变化,这种压力就可以变成发展的动力,也就是积极压力。在此,本文结合大学生积极压力影响因素的研究成果,提出一些能够促进大学生产生积极压力的学校管理方面的建议。

第一，由上述研究结果我们知道教务安排对大学生积极压力的产生有着巨大的影响。学校应该合理地安排课程，不能让学生有太强的压迫感，比如应该将4年所要学习的课程均分到8个学期中，不应让某个学期的课程明显多于其他学期，这样会让大学生们在该学期的学习过程中感到迷茫以及面临过多的压力，而课少的学期又过于悠闲，自我松懈；还有应合理安排一天当中的上课时间，例如在访谈中有许多人提到其所在学校中午12点下课，下午1点半上课，并没有给学生留够午休的时间，时间一长便会影响到学生们的休息，也会在无形中给他们带去消极压力。此外学校还应该合理地安排考试时间，设立人性化的考试制度，学校应尽量将学生们不同科目的考试时间错开，不要安排得过于密集，方便学生安排复习和休息时间，同时应在设立考试制度前先与学生进行互动，听取一些建议，尽量减少学生因考试制度过于严苛死板而消极对待考试的影响。

第二，是学校方面。古有孟母三迁的故事，可见生活环境对一个人来说是多么的重要，所以学校作为学生日常学习和生活的场所，一定要营造一个浓厚的学习氛围，保持一个积极向上的校园文化，具体方式有举办校园文化节、多方位宣传校训（积极向上的口号）、举行各类学术讲座、增设各类奖学金等，而宿舍环境也至关重要，学校应尽量保证宿舍设施能够满足学生们日常的学习和生活，每栋楼都应设有自习室和阅览室供学生学习，有休息室供学生放松娱乐。同时为了方便学生学习，学校应该留有足够多的教室供学生自习使用，图书馆应有足够的位置供学生阅览图书，食堂的饭菜及设施也应尽量满足学生的需求，做到饭菜可口且种类多样化，食堂位置充足以免学生排队就餐。体育锻炼作为学生强身健体以及缓解压力的重要方式，也对积极压力有重要影响，所以学校还应确保篮球场、足球场、操场、健身房等设施能够满足学生的需求，并可以定期举办一些校内篮球赛、足球赛和趣味运动会等，便于学生们积极压力的积攒。

第三，是人际关系和校园活动方面。大学生每天接触最多的就是同学，不管是和同届同学还是和师兄师姐（师弟师妹），都会对积极压力的形成产生巨大影响，学校应尽量引导学生之间积极沟通、互帮互助，形成良好的交友氛围。同时可定期举办一些校园活动，以锻炼学生们的沟通能力和扩充他们的朋友圈，如各类趣味活动（夺宝奇兵）和大型比赛（演讲比赛、模拟面试大赛、辩论赛、智力棋赛、创新创业大赛等）。为了搭建一个好的沟通渠道，学校还可以定期组织一些学长学姐经验交流会，让高年级学生向低年级的分享一些就业、出国和考研的建议，也可以重视学校社团文化的建设，丰富社团种类，引导社团活动多样化发展。学生在校期间还会经常接触到另一个人群——楼管，他们与学生的宿舍生活息息相关，他们的一举一动都会对学生有潜移默化的影响，所以学校在选聘楼管时，应挑选积极向上、和蔼可亲的人，培训他们的沟通能力并定期进行评比，这样也能引导学生产生更多的积极心理。

第四，是老师和学院方面。学校可以大力实施本科生导师制度，定期对老师进行培训及评比（由学生评选），然后组织评选结果较差的老师去旁听优秀教师的课，学习他们的授课方式及课堂氛围。学院还可定期组织优秀老师举行一些学术讲座，培养学生的专业兴趣；也可组织学校的就业指导中心定期举行一些就业指导会和出国考研信息交流会，为学生答疑解惑，减轻压力。同时学院还应重点关照贫困学生，可为他们提供最基础的助学金，也可为他们提供一些力所能及的校园工作，让他们学会靠自己的力量，这样既能培养他们的成就感，也能避免他们因为经济条件落后而产生自卑情绪。

第五，是辅导员方面。学校应定期对辅导员进行培训和评比（由学生评选），培训内容主要包括沟通能力以及对学生心理辅导方面的技巧。同时辅导员也应积极与学生进行沟通，了解他们的想法和心理状态，如若发现学生有异样，应及时对其进行心理辅导，并鼓励身边同学多帮助他，以免发生跳楼自杀等惨案。辅导员还应定期组织一些以心理健康为主题的班会或讲座，可以设计一些相关的小游戏，既能拉近辅导员与学生之间的距离，也能培养学生们的积极心理，引导积极压力的产生。

第六章 总结与展望

6.1 总结

本文主要通过行为事件访谈、开放式问卷调查以及统计分析等方法，以一百多位在校大学生为研究对象，从实证角度出发，进行定性与定量相结合的分析，提炼出基于学校管理视角下的大学生积极压力影响因素（按重要顺序排序）：教务安排、学校、人际关系、老师（学院）、校园活动和辅导员，并根据这些影响因素针对性地提出一些学校管理的建议，以提高我国大学生心理健康教育的水平。

6.2 研究局限性与展望

在本研究中，问卷调查的对象多为北京、上海、广州、武汉和南京等地的高等院校的学生，且最终回收问卷数为144份，样本地域性及数量上都具有一定的局限性。同时为了使研究更加精准与实用，本文只重点探讨了基于学校管理视角下的大学生积极压力影响因素，并没有讨论其他方面，如家庭因素、社会因素等。在未来研究大学生积极压力影响因素时，可以考虑将研究面拓展到更多的领域，并将研究对象拓展到全国各地各类型的在校大学生。

本章思考题：在毕业论文答辩前和答辩过程中应注意哪些问题？

参考文献

[1] 冯光明,蔡运记,冯靖雯.经济与管理类毕业论文写作指导[M].北京:清华大学出版社,2013.

[2] 卢红芳,贾迪扉,李慧敏,等.学术论文写作[M].北京:经济管理出版社,2015.

[3] 尤利群,王旭坤,余慕鸿.管理类学生毕业论文的指导与写作[M].杭州:浙江大学出版社,2009.

[4] 陈晓萍,徐淑英,樊景立.组织与管理研究的实证方法[M].北京:北京大学出版社,2012.

[5] [美]迈克尔.E,等.人文与社会科学学术论文写作指南[M].北京:北京大学出版社,2012.

[6] 刘桂华,卢红芳,贾迪菲,等.学术论文写作[M].北京:经济管理出版社,2015.

[7] 贾怀勤.管理学研究方法[M].北京:机械工业出版社,2006.

[8] 林聚仁,刘玉安.社会科学研究方法[M].济南:山东人民出版社,2008.

[9] 秦伟,吴军,刘畅.社会科学研究方法[M].成都:四川人民出版社,2000.

[10] 林庆彰.学术论文写作指引:文科适用[M].北京:九州出版社,2012.

[11] 贾洪伟,耿芳.方法论:学术论文写作[M].北京:中国传媒大学出版社,2016.

[12] 周新年.科学研究方法与学术论文写作——理论、技巧、案例[M].北京:科学出版社有限责任公司,2016.